KB181583

달리는 기차에서 본 세계

달리는 기차에서 본 세계: 기관사와 떠나는 철도 세계사 여행

1판 1쇄 | 2015년 12월 16일
1판 2쇄 | 2015년 12월 31일
1판 3쇄 | 2024년 9월 20일

지은이 | 박홍수

펴낸이 | 정민용, 안중철
편집 | 윤상훈, 이진실

펴낸 곳 | 후마니타스(주)
등록 | 2002년 2월 19일 제2002-000481호
주소 | 서울 마포구 신촌로14안길 17, 2층(04057)
전화 | 편집_02.739.9929 팩스_0505.333.9960

페이스북 | facebook.com/humanitasbook
블로그 | blog.naver.com/humabook
이메일 | humanitasbooks@gmail.com

인쇄 | 천일인쇄
제본 | 일진제책

값 20,000원

ISBN 978-89-6437-242-5 03900

● 한국출판문화산업진흥원 2015년 우수출판콘텐츠 제작 지원 사업 선정작입니다.

달리는 기차에서 본 세계

기관사와 떠나는 철도 세계사 여행

박흥수 지음

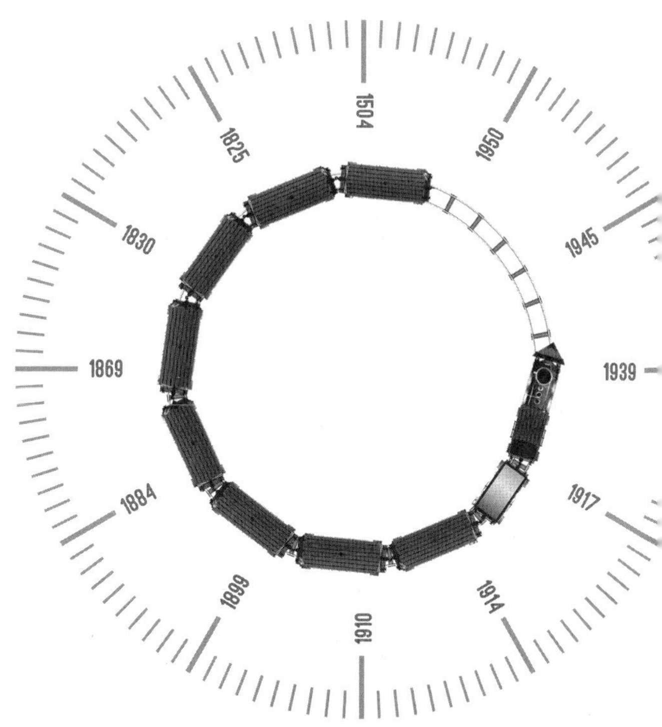

후마니타스

|차례|

1부 철도의 기원을 찾아서

2부 영국, 철도의 시대가 시작되다

3부 철도가 바꾼 것들

4부 대륙횡단철도와 아메리칸드림

5부 철도, 제국의 무기가 되다

6부 전쟁과 철도

7부 해방의 함성과 한국전쟁의 포화 속에서

어릴 적 영등포 기차역의 풍경

우리 동네 철길

어렸을 적 내가 살았던 동네에는 철길이 있었다. 사실, 집 앞이라 해도 틀린 것은 아니었다. 집을 나서서 불과 20여 미터만 걸어가면 기차가 거의 다니지 않는 단선 철로가 놓여 있었으니 말이다. 이 철로를 기준으로 아이들의 놀이 영역도 나뉘었다. 작은 폭의 철로였지만, 그 경계선을 넘어서려면 늘 주의가 필요했다. 언제든지 들이닥치는 철길 건너편 아이들의 텃세가 만만치 않았기 때문이다. 반대의 경우도 성립했다. 철길 건너편의 제법 힘이 센 아이가 우리 구역으로 넘어올지라도 우리는 주인답게 노려보거나 위협을 가했다.

그렇다고 항상 적대적으로 지냈던 것만은 아니다. 신나게 뛰어놀기 위해서는 넓은 공간이 필요했기 때문이다. 저녁놀이 질 무렵이면 어김없이 나타나 한창 놀고 있는 친구들을 납치해 가는 엄마들을 피하기 위해서도 그랬다. 우리들에겐 신사협정이 필요했다. 이 신사협정은 내가 속한 구역의 아이들이 더 적극적이었다. 철길 건너편에는 우리 구역에 없는 만홧가게가 있었고, 쫀드기와 줄줄이 사탕을 미끼 상품으로 진열한 문방구도 무려 두 개나 있었기 때문이다. 게다가 마른 국수 면발 가

게와 반찬가게에서는 극장 초대권도 얻을 수 있었다.

큰길의 연흥극장이나 경원극장 같은 영화관의 상영 프로그램이 바뀔 때면 자전거 프레임에 둥글게 묶은 영화 포스터를 싣고 동네를 돌아다니는 아저씨가 있었다. 전봇대나 가게 문짝에 능숙한 솜씨로 옛 포스터를 제거하고 새 포스터를 붙이는 포스터 맨 아저씨를 따라 다니며 초대권을 구걸할 때에도 철길 건너편 구역에서 해야 했다. 아저씨가 목재 덧문 위에 "다다닥!" 소리를 내며 박는 스테이플러를 어른이 되면 꼭 사야겠다고 마음먹기도 했다.

이 철길은 지금의 영등포역에서 쪽방촌이 몰려 있는 곳으로 난 선로였는데, 경인가도를 지나쳐 문래동 경성방직을 가로질러 이어진 일종의 산업용 작은 지선이었다. 유년 시절 정말 어쩌다 한 번 있을까 말까 한 일이었지만 기차가 마을을 지나가면 온 동네 사람들이 몰려나와 구경을 했다. 기차는 아주 느린 속도로 한두 량의 화차를 끌고 마을을 지나갔다가 다시 돌아와 영등포역으로 사라졌다.

아이들은 기차 뒤를 따라가다가 기차가 영등포역 구내로 들어가고 거대한 철문이 닫히면 일제히 쇠창살에 달라붙어 저마다 괴성을 지르거나 철문을 흔들다가 역 직원이 달려오면 일제히 필사적으로 도망을 갔다. 아이들 사이의 소문에 의하면, 걸리면 1백만 원을 물어 줘야 했기 때문이다. 학생 버스비가 50원도 되지 않았던 시절의 황당한 헛소문이었다.

이 철문은 종종 무임승차자들의 비밀 통로로 이용되기도 했는데, 표가 없는 사람들은 개찰구가 아닌 이 철문을 몰래 타고 넘었다. 때때로 역무원들이 잠복근무를 하다가 철문을 넘는 사람들을 검거하기도 했고, 달리는 열차에 돌을 던지는 아이들을 단속하기도 했다. 나 역시 이 철문을 종종 넘어 다녔다. 선로 위에 못을 올려놓고 열차가 지나간 뒤에 수거해, 언제 나타날지 모를 무장간첩을 잡을 표창을 만들기도 했다. 서울지하철이 처음 개통되었던 1974년 8월 15일, 당시 초등 2학년생이었던 나는 대낮에 과감히 철문 밑을 낮은 포복으로 통과한 후, 전철 승강장까지 잠입, 청량리역까지의 왕복 여정을 무사히 마치고 돌아온 적도 있었다. 한번은 집에 놀러 온 중학생 외삼촌을 철문으로 안내해, 인천행 전철에 태워 경인선을 유람하기도 했다.

가난한 이주민들의 관문, 영등포역

산업화 시기, 전국에서 몰려온 도시 빈민들 중에서도 가장 가난한 사람들이 모여 살았던 영등포역 주변. 그곳에서 달리는 기차의 기적 소리를 들으며 유소년 시절을 보낸 게 기차와 나의 첫 인연이다. 이왕 말이 나온 김에 이야기를 좀 더 해야겠다.

영등포역은 부산의 초량역과 더불어 1901년 8월 21일 경부선 철도 기공식이 열렸던 서울의 중요한 기점이었다. 영등포역이 경부선의 주요 기점이 되었던 이유는 이미 개통된 경인선을 통해 경부선 철도 건설에 소요되는 자재를 손쉽게 운반할 수 있었기 때문이다. 지금은 구로역에서 경부선과 경인선이 갈라지지만, 영등포역은 개설 당시부터 오랫동안 한국 철도의 중요한 분기점 역할을 해왔다.

현재 철도의 여객 수송 분담률은 16퍼센트 정도이지만, 1960~70년대 산업화 시기에는 수송 분담률이 70퍼센트에 가까웠으므로 철도의 위상은 높을 수밖에 없었다. 특히, 1970년에 경부고속도로가 완공되기 전까지만 해도, 지방에서 서울로 올라오기 위한 교통수단은 철도가 절대적이었다. 이런 상황에서 영등포역은 경부선·호남선·전라선·장항선 등 서울로 향하는 주요 간선들을 모두 아우르는 역이었다. 말하자면, 당

영등포 역사

시 영등포[●]는 산업화 과정에서 일어난 대이주의 시기에 열차를 이용해 수도 서울에 진입하기 위해서는 반드시 통과해야만 하는 '포털'이었다.

이처럼 농촌의 해체가 시작되고 이주의 행렬이 서울로 밀려들면서 영등포역과 그 주변은 가장 붐비는 곳이 되었다. 영등포로 들어온 가난한 이주민들은 서울의 흑석동·봉천동·난곡·목동 등의 산자락에 들어가 달동네 판자촌을 형성했다. 안양천을 따라 가리봉동과 안양, 경인가도 쪽으로는 개봉동·오류동·광명시·부천·역곡·인천에 이르기까지 사람들이 몰려들었다. 서울역이 종착지였지만, 대부분의 열차들은 영등

● 지금은 영등포역 일대와 여의도를 포함하는 구역으로 줄어들었지만, 영등포구는 한때 지금의 구로구·금천구·강서구·양천구·동작구·관악구 일대를 모두 포괄하고 있었다.

포역에만 도착하면 예정 시간을 넘겨 정차하기가 일쑤였다. 쏟아지는 승객들을 한바탕 토해 내기까지 한참을 기다려야 했던 열차는, 몇 명 남지 않은 승객을 태운 채 서울역으로 향했다.

한국 철도 최초의 노선인 경인선을 따라 새로운 공장들이 들어섰다. 이 공장들은 경인선 철로와 경인 국도를 따라 나란히 들어서 영등포역에 이르렀다. 한국 경공업의 중심지가 된 경인가도의 공장에서는 수많은 기능공들이 쇠를 깎았다. 아직 소년티를 못 벗은 조보 견습생부터 우람한 근육질을 자랑하는 숙련공에 이르기까지, 공장에서 땀을 뻘뻘 흘리며 일했다. 불에 달궈진 철편을 두드리는 망치 소리가 끊이지 않았고 용접공들이 만들어 내는 불꽃들이 곳곳에서 타올랐다.

학교를 파하고 돌아오는 길에서 어김없이 지나치게 되는 공장들에서는 얼굴에 그을음이 새카맣게 묻어 있는 사람들을 쉽게 볼 수 있었다. 점심시간이면 노란 색 양은 도시락을, 쇠망치질을 하는 받침대 같은 곳에 아무렇게나 올려놓고 단무지나 마늘장아찌, 김치가 전부인 반찬에 보리밥을 떠먹었는데 이빨이 유난히 하얗게 빛났다. 그들도 한때 희망과 두려움을 담은 보따리를 가슴에 품고 고향을 떠나 영등포역에 내렸을 것이다. 그리고 "초보자 환영, 식당 및 기숙사 완비"라고 적힌 전단지를 손에 쥔 채, 영등포역 광장을 가로질러 구로공단행 보성 여객이나 보영 운수 버스를 탔을 것이다. 그들은 국가로부터는 '산업 역군'으로 불렸지만, '공돌이', '공순이'라 더 많이 불렸다. 이런 공장들은, 부모들이 아이들을 데리고 지나갈 때면 "공부 안 하고 놀기만 하면 너도 저렇게 돼!"라고 가르치는 산교육의 현장이기도 했다.

영등포역은 정말 멋진 역이었다. 백화점이 들어선 지금의 조악하고 볼품없는 민자 역사하고는 차원이 다른, 기품 있는 역이었다. 멀리서 보면 시립미술관이나 음악당처럼 웅장하게 서 있었다. 당시 아이들에게 인기가 있었던 마징가 제트나 로봇 태권브이의 기지라고 해도 괜찮았을 만큼 거대한 직사각형 기둥들이 떠받치고 있던 역사는, 드넓은 광장을 품은 채 영등포 로터리 쪽을 바라보고 서 있었다. 역 안에는 높은 천장이 있었고, 유리창에 구멍을 뚫은 매표창구 좌우로 타는 곳과 나오는 곳이 있었다. 만약 영등포역이 보존되어 있었다면 파리의 오르세Musée d'Orsay 같은 훌륭한 미술 전시관도 될 수 있었으리라는 생각이 들곤 한다.

80년 5월 영등포역, 짧았던 '서울의 봄'

영등포역에서 가장 인상에 남는 일 가운데 하나는 1980년 5월의 일이었다. 당시 중학생이었던 나는 동네 아이들이 영등포역에 대단한 구경이 났다며 모두 달려 나가기에, 초등학교 3학년인 동생의 손을 잡고 행렬에 끼었다. 경사진 광장에는 엄청난 인파가 몰려 있었고, 시장이 있는 영등포 로터리 쪽에서는 어깨동무를 한 긴 대열이 끝도 없이 광장으로 꾸역꾸역 들어오고 있었다. 버스나 택시를 비롯해 모든 자동차가 그대로 멈춘 채 도로는 마비되어 있었다. 여의도 쪽으로 연결된 도로로도 한 무더기의 사람들이 몰려들고 있었다.

대학생 시위대였다. 광장을 가득 메운 대학생들을 구경꾼들이 둘러쌌다. 박수를 치는 사람도 있었고, 혀를 차는 사람도 있었다. 가끔 동네를 돌며 도무지 알 수 없는 행동을 보이는 아저씨가 어느새 나타나 덩실덩실 춤을 추는 모습도 보였다. 대학생들은 역 광장에 자리를 잡고 어깨동무를 하고 앉아 노래를 부르고 연설을 하고 박수도 쳤다.

역 광장에서 벌어진 장관에 정신을 놓았다가 그만 동생을 잃어버리고 말았다. 다급한 마음에 이리저리 찾기 시작했는데, 녀석은 몇몇 동네 꼬마들과 광장 맨 앞쪽에서 대학생들이 들고 있는 대형 태극기 한쪽 귀통이를 들고 서 있었다. 시위대와 뒤섞여 태극기를 잡고 깔깔대고 있는 동생을 붙잡아 구경꾼들 사이로 데려 나온 기억이 아직도 생생하다. 이제 중년의 나이가 되어 함께 늙어 가고 있는 동생은 술이라도 한잔하게 되면 자신이 1980년 5월 민주 항쟁의 시기에 그 어린 나이에도 대형 태극기를 들고 선두에서 시민들을 이끌었다고 너스레를 떨곤 한다.

영등포역에서 시위가 있고 나서 며칠 뒤, 학교에 가려고 영등포역 앞 버스 정류장으로 향하는데, 군용 트럭과 소총을 맨 군인들이 광장을 가득 메우고 있었다. 그러고 나서 또 며칠 뒤 학교 애국 조회 시간에 교장 선생이 군대가 사람을 죽인다는 유언비어를 유포하는 사람은 반드시 신고하라는 훈화를 했다. 텔레비전 뉴스와 신문을 비롯해 곳곳에서 '유언비어'라는 말이 난무하자 수업 시간에 유언비어가 무슨 뜻이냐고 질문하는 아이도 있었다. 일부 선생들은 광주에 간첩들이 너무 많아 순진한 시민들을 속이고 있다고 했다. 당시 영등포역에서는 광주로 가는 기차를 탈 수 없었다. 짧았던 서울의 봄은, 긴 겨울을 앞두고, 그렇게 멈춰서 버렸다.

달리는 기차에서 본 세계

운명인지 우연인지 지금은 공사가 된 철도청에 입사하여 매일 영등포역을 지나는 기관사가 되었다. 그리고 노조 집행부의 간부를 맡게 되면서 담당한 분야가 철도 민영화를 막아 내는 일이었다. 노조 간부를 그만두고 다시 현장의 기관사로 복귀해서도 10여 년을 정부의 경쟁과 사유화에 대한 반대 지점에서 공부하며(사실은 빈둥거리는 시간이 대부분이었지만) 철도에 대해 하나둘 배워 나가다가 점점 샛길로 빠지게 됐다.

철도가 인류 역사에 등장한 이후 철도를 둘러싸고 일어난 모든 것들이 얼마나 매력적인지 뒤늦게 깨닫게 된 것이다. 기관차, 선로, 역, 철도원들뿐만 아니라 사랑과 이별, 전쟁, 역사, 예술에 이르기까지 철도와 관련된 것들을 찾아 순례를 떠나는 여행은 기차를 타고 달리는 것만큼이나 흥미진진했다. 또한 운이 좋아서 세계 여러 나라의 철도를 경험하고 그곳의 철도 노동자들을 만나는 행운도 누릴 수 있었는데 그만큼 할 이야기도 많아졌다. 이 신나는 여행을 혼자서 독차지하기에는 너무 아깝다는 생각에 객차의 빈 옆자리를 선뜻 내어 주듯 내가 경험하고 배운 것들에 대해 글을 쓰기로 마음먹었다.

이 글은 우연한 계기로 쓰게 되었다. 2012년 겨울 어느 날, 친구와 함께 〈프레시안〉 기자와 저녁을 먹을 기회가 있었다. 가벼운 반주가 몇 순배 돌았을 때 버릇처럼 철도 이야기를 시작하게 되었다. 이때 옆에 있던 친구가 나를 가리키며 "이 친구가 술버릇이 고약하다. 알코올이 혈관을 어느 정도 장악하게 되면 그때부터 철도 이야기를 두서없이 늘어놓는데 가끔은 재미있는 이야기를 한다."고 나의 음주 습관을 고발했다. 사실 기분 좋게 술을 한잔 걸칠 경우 2박3일 정도는 쉬지 않고 철도 이야기를 할 자신이 있었던 나는 친구의 말에 적당한 반박 거리를 찾지 못했다. 이때 앞에 앉았던 기자가, "그렇다면 〈프레시안〉에 연재를 한번 해보면 어떻겠냐?"는 제안을 해 왔고 술김에 호기를 부려 덜컥 그 제안을 받아들였다.

이후 정식 협의를 거쳐 2주에 한 번씩 금요일에 원고를 넘기면 편집 과정을 거쳐 일요일 판에 기사를 게재하기로 합의했다. 그러나 연재를 해야 한다는 현실을 맨 정신으로 자각한 뒤에는 자신감보다 두려움이 온몸을 감쌌다. 유력 언론사의 지면을 차지했다가 연재를 펑크 내거나 함량 미달의 글을 올릴 경우 언론사와 그 독자들에게 폐를 끼치는 것은 물론, 개인적으로도 얼굴을 들고 다닐 수 없을 것 같았기 때문이다. 또

제법 여유가 있을 것이라고 생각했던 2주 간격의 기고는 나의 피를 말렸다. 2주에 한 번씩 2백자 원고지 50여 매 정도를 써내는 것은 보통일이 아니었다. 나는 전문적으로 글을 쓰는 사람도 아니고 당시 국토부가 추진했던 철도 경쟁 체제의 문제점을 밝히는 글도 수시로 써야 해서 원고를 펑크 내지 않으려면 늘 식은땀을 흘려야 했다. 마감을 지켜야 하는 글을 쓰는 사람들의 성질이 왜 더러워지는지도 이해할 수 있었다.

이런 가운데에서도 연재를 이어 갈 수 있었던 힘은 주변의 인내와 격려였다. 작가나 된 양 모든 일을 내팽개친 채 집구석 책상 한쪽을 점거하고 노트북과 씨름하는 모습을 참아 냈던 아내 신정화 님과 지선·혜선 두 딸에게 미안함과 고마움을 전한다. 글을 읽고 응원해 준 나의 동료들이 없었다면 이 글을 쓸 수 없었을 것이다. 일일이 이름을 부르고 싶지만 혹시 한 명이라도 누락시켜 실망을 끼치게 될까 봐 단체로 고마움을 전한다. 교사로 일하는 나의 동생 박영수는 글이 실릴 때마다 평가와 격려를 아끼지 않았고 가끔씩 술을 사 필력을 유지시켜 주었다.

머릿속에 담고 있는 것들을 글로 옮기는 것은 만만치 않은 일이었다. 이야기의 객관성을 확보하기 위해 문헌을 뒤져야 했다. 참고 자료를 구하다 보면 감자 줄기 캐듯 더 필요한 것들이 딸려 나왔다. 이것들을 일일이 읽어 내는 것도 만만치 않은 시간과 노력이 필요했다. 덕분에 인터넷 서점 플래티넘 회원에 등극해 구매 때마다 마일리지를 3퍼센트 더 얻고 머그컵이나 베개, 파우치 같은 사은품을 챙기는 대신 '북 푸어'로 전락했다. 그나마 파산을 면할 수 있었던 것은 시립도서관 덕분이었다. 내가 사는 동네 인근의 강동 도서관과 고덕 도서관을 기본 서고로, 필요에 따라서 정독과 남산, 용산도서관을 애용했다. 책상 위에는 늘 십여 권이 넘는 대출 도서들이 쌓여 있었다. 공공도서관은 이 연재를 이어 가게 해 주는 엔진 같은 존재였다. 글을 쓰기 위해 울며 겨자 먹기로, 혹은 시간에 쫓겨 읽어야 했던 책들은 롤플레잉 게임 유저 앞에 나타난 거대한 괴물 같을 때도 많았다. 그런데 시간이 지나자 그렇게 흡수한 내용들은 뼈가 되고 살이 되었다. 게이머가 레벨이 올라가고, 권투 선수가 훈련을 통해 맷집이 단련되듯이 책을 읽으면 읽을수록 속도도 빨라졌고 필요한 부분을 찾아내는 능력도 나아졌다. 아주 가끔씩은 마감을 코앞에 둔 사실을 깜빡 잊은 채 책 읽는 재미에 빠졌다가 뒤늦게 정신을 차리고 내 자신을 원망하기도 했다. 이럴 때면 시간은 뒤에서 몽둥이를 들고 뛰어왔고 나는 죽어라 노트북 자판을 두드리며 밝아 오는 태양을 향해 도망쳐야 했다. 어쨌든 장기 연재를 통해서 얻은 것 중의 하나는 공부하는 재미였다. 연재할 때 마주하게 되는 여러 가지 현실적 난관을 미리 알았더라면 쉽게 도전하지 못했을 것이다. 잘 모르고 겁이 없었던 게 천만다행이었다. 〈프레시안〉에 연재할 때 내 글을 편집하느라 고생한 김윤나영, 최하얀, 박세열 기자와 캐리커처를 멋지게 그려 주신 손문상 화백에게 감사의 인사를 전한다. 또 일찍부터 출판을 약속하고 오랜 시간 기다려 준 후마니타스 여러분에게도 특별한 고마움을 전한다.

• • •

이 책은 철도를 타고 떠나는 근대 여행기이다. 자유로운 여행, 특히 열차 여행이 으레 그렇듯이 눈부신 속도로 달리기도 하고, 걸음걸이처럼 서행하기도 하고, 고장이 나서 한참을 서 있어야 할 수도 있다. 때로는 전혀 다른 길로 접어들기도 할 터인데 모든 것을 기관사에게 맡기고 차창밖에 펼쳐진 세계를 함께 즐기기를 당부 드린다.

1

철도의 기원을 찾아서

고개를 돌려 버스가 달려온 길을 돌아보았다.
기원전 놓인 돌들이 햇빛을 받아 반들반들 빛나고 있었다.
이 길을 따라 로마의 자랑인 군단 병사들이 행군을 했다.
수천 년간 이어져 온 길 위에, 카이사르가 원정을 나섰던 그 길에 내가
서 있다는 사실이 가슴속에서 묵직한 무엇인가를 솟구치게 했다.

5천 년 전
피라미드 도로의 비밀

철도鐵道란 무엇일까? 철鐵로 이어진 길? 이것만으로는 설명이 많이 부족하다. 철도는 길과 그 위를 달리는 기차를 최소한의 한 묶음으로 한다. '선로(레일)'라고 불리는 것을 좀 더 엄밀히 표현하자면 '궤도'라고 할 수 있다. 철도의 본래적 의미를 따진다면 궤도라는 말이 더 적확하다. 궤도의 특징은 무엇인가? 무엇이든 그 궤도를 이탈하면 안 된다는 것이다. 인공위성은 궤도를 이탈하는 순간 우주 쓰레기로 전락해 버린다. 기차도 마찬가지이다. 궤도를 벗어난 기차는 더 이상 기차가 아니다. 철도의 가치는 열차가 오직 궤도 위에 존재할 때만 실현될 수 있다.

그렇다면, 이동 수단으로서 궤도 위를 달리는 시스템이 등장하게 된 것은 언제부터일까? 산업혁명을 통해 동력을 가진 기관차가 본격적으로 운행되기 이전에도, 말이 끄는 궤도형 마차가 이미 있었다. 하지만 그 기원을 마치 생물의 계통을 종, 속, 과, 목 등의 단계로 거슬러 올라가듯 추적해 보면, 결국 우리는 지구 곳곳에서 삶의 터전을 찾아 이동해야 했던 인류가 남긴 발자국들을 발견하게 된다. 그 발자국들을 따라 여러 개의 길들이, 다양한 모습의 궤도가 만들어졌다.

피라미드의 거석은 어떻게 운반됐을까

중학생 시절 매주 일요일에는 〈장학퀴즈〉라는 프로그램이 방영되었다. 꽤나 인기가 있었던 것으로 기억한다. 고등학생들이 텔레비전에 나와 문제를 맞혀 우승자를 가리는 프로그램이었는데, 지금도 교육방송을 통해 이어지고 있다. 이 프로그램의 영향으로 수업 시간에도 가끔씩 퀴즈 대회가 열리곤 했다. 몸풀기식 기본 상식으로 "세계에서 제일 높은 빌딩은?"과 같은 문제는 단골 출제 문제 가운데 하나였다. 아이들은 엠파이어스테이트 빌딩이라고 대답해서 곧잘 틀리곤 했다. 정답은, 과거에는 엠파이어스테이트 빌딩이었지만 이제는 세계무역센터 빌딩이라며, 둘 다 미국의 뉴욕에 있다는 해설이 덧붙여졌다. 세계무역센터 빌딩은 9·11 사태로 사라져 버리고 없지만, 세계에서 제일 높은 빌딩은 그 전에도 이미 주인이 수시로 바뀌었다. 언젠가는 밀려나겠지만, 현재 세계에서 제일 높은 빌딩은 2010년 완공된 아랍에미리트의 두바이에 있는 '부르즈 할리파'Burj Khalifa로 828미터의 높이를 자랑하고 있다.

그렇다면 인간이 세운 건축물 가운데 가장 오랫동안 세계 최고의 높이라는 타이틀을 보유했던 건축물은 무엇일까? 정답은 이집트의 기자 지역에 있는 피라미드이다. 최소 3천8백 년 이상, 학자들에 따라서는 4천5백 년 이상 챔피언 타이틀을 보유했다고 한다. 기자의 피라미드 가운데 가장 높은 것은 이집트의 네 번째 왕조인 파라오 쿠푸의 무덤으로, 약 146미터에 달한다고 한다.

이 피라미드의 원형은 이집트 사카라에 있는 계단식 피라미드인데, 고대 이집트 제3왕조의 두 번째 왕 조세르Djoser의 오른 팔이자 재상이었던 임호테프Imhotep는 자신이 모시던 조세르 왕을 위해 이 계단식 피라미드를 건설했다. 임호테프는 멀리 수도 멤피스가 내려다보이는, 높이 솟은 목재 전망대에서 돌덩이들이 저 멀리서부터 옮겨지는 모습을 지켜보며 매우 흡족한 표정을 지었을지도 모른다. 그는 선대의 노동과정으로부터 얻은 지혜를 집대성해 돌을 효과적으로 운반하는 방법을 더욱 개선했으며, 이를 통해 조세르 왕가의 피라미드 단지를 만들 수 있었다.

그러나 이 웅장한 석조 건물인 피라미드가 어떻게 만들어졌는지는 몇 가지 가설과 추측만 있을 뿐 현대의 과학기술로도 정확히 알아내지 못하고 있다. 일반적으로는 피라미드 건설에는 지역 주변에 널리 퍼져 있는 석회암을 사용했다고 하지만, 사용된 돌들 가운데에는 수백 킬로미터나 떨어져 있는 곳에서 채취한 화강암도 있다고 한다. 도대체 그것은 어떻게 가능했을까.

고대 이집트의 상형문자를 해석한 바에 따르면, 돌들은 나일강을 따라 배로 이동하다 건설 현장에 가까운 나루터에서 육지로 내려진 후 다시 옮겨졌다고 한다. 석재 채취 현장에서 일정한 크기로 잘린 돌들은 나무로 만든 썰매 위에 올려져 배에 실렸다. 나루터에서 육지로 썰매째 내려진 거대한 돌들은, 다시 사람이나 동물의 힘에만 의지해 건설 현장까지 상당한 거리를 이동해야 했다. 이런 어려움 때문에 상당수 피라미드들은 아예 석재가 많은 곳 주변에 건설되었다.

아메넴헤트 3세Amenemhat Ⅲ의 신전이 있는 다흐슈르Dahshur의 붉은 피라미드 건설 현장으로부터, 남동쪽으로 대략 1킬로미터 정도 남짓 떨어진 곳에서 채석장의 유적이 발견되었다. 그곳으로부터 피라미드 건설 현장까지 돌들을 나르는 3개의 이동로가 있었는데, 이 도로들의 폭은 대략 12~15미터에 이르렀다.[1] 나중에 소개되겠지만 고대 로마의 가도나 케이티엑스 고속 열차의 복선 폭도 이와 비슷하다.● 어쨌든, 짧은 거리라 해도 무거운 돌을 움직이기 위해서는 만만치 않은 노력이 필요했다. 게다가 이 접근로들로 매일 3백~6백 개의 돌이 운송되었다고 한다. 피라미드 단지로 가장 유명한 기자 지구의 멘카우라Menkaura 피라미드를 만들기 위해 인근에서 옮겨진 돌 하나의 부피가 8.5 × 5.3 × 3미터에 달하고 무게가 220톤이나 됐다고 하니 쉬운 일이 아니었다.[2] 돌을 옮기기 위해서는 길을 닦아야 했는데 그 길은 보통의 인간이 다니는 길이 아니라 무거운 석재를 옮기기 위한, 잘 닦인 평평한 길이어야 했다.

인간이 다니는 자연 상태의 길을 자세히 보면 짧은 구간이라 해도 진흙을 압축했을 때 나타나는 주름처럼 많은 높낮이가 있다. 사람이 걸을 때에는 크게 문제 되지 않지만, 엄청나게 무거운 재료를 옮길 때 길이 너울처럼 파도치면 곧바로 난관에 부딪히게 된다. 따라서 길을 평탄하게 하는 작업이 필요한데 철도 또한 이 평탄한 기초가 반드시 필요하다. 철도 용어로 '노반'이라고 부르는, 레일을 받치는 평탄한 길이 없으면 기차는 달릴 수 없다. 사람들은 레일 위로 기차가 달린다고 생각하지만 철도를 아는 사람들은 노반이라는 평탄한 길 위에 레일이 놓여 있고 그 위를 기차가 달린다고 생각한다.

이를 측면에서 보면, 잘 다져진 단단한 노반과 그 위에 얹힌 레일, 이 레일을 일정 간격으로 지지하며 고정시키는 침목과 쇠못, 다시 노반과 침목에 얹힌 레일을 단단히 결합시키고 거대한 기차로부터 가해지는 충격을 분산시키는 자갈이 있다. 자갈밭에 놓인 레일 위에 기차가 있고, 만약 전기로 달리는 기차라면 그 위에 전력을 공급하는 전차선까지 그려 놓아야 완결되는 구조이다.

이런 구조를 가장 밑에서 지지하는 노반의 중요성은 두말할 필요가

● 고대 로마 가도의 폭은 6미터에서 10미터에 이른다. 일부 학자들은 프랑스의 테제베(TGV)나 한국의 고속철도 차량인 케이티엑스의 폭이 2.9미터이므로, 복선의 폭이 거의 일치하는 셈이다.

없다. 봄철 해빙기 혹은 여름의 홍수나 태풍 등으로 선로가 영향을 받았을 경우 선로 시설 관리자가 챙겨야 할 중요한 점검 부위가 바로 레일을 지지하고 있는 노반이다. 노반의 지력이 약하거나 부실하면 겉으로는 보이지 않지만 선로가 공중에 떠 있는 것이나 다름없다. 노반의 유실에 따른 열차 사고는 곧바로 대형 참사로 이어진다. 철도 사고 관련 자료 사진을 볼 때, 노반이 유실되어 긴 선로와 침목이, 계곡에 놓인 흔들다리처럼 공중에 매달린 모습을 보면 기초가 약한 노반이 얼마나 위험한가를 다시 생각하게 된다.

철길은 고대에서 시작됐다

고대 이집트인들은 나루터에서 피라미드 공사 현장까지 철도의 노반처럼 평탄한 길을 닦았다. 그런데 초기에는 돌을 실은 썰매의 무게 때문에 썰매의 날이 땅속에 박혀 제대로 앞으로 나가지 못했다. 이집트인들은 강도가 높은 나일 강의 진흙을 퍼다가 썰매가 다니는 길에 발랐다. 나일 강의 진흙이 굳은 덕분에 단단해진 노반은 썰매의 날이 땅속으로 박히지 않도록 막아 주었다. 또한 땅바닥과 썰매 날의 마찰을 줄여 주기 위해 윤활제를 발랐는데, 자연에서 채취한 기름을 붓기도 했지만 다량의 우유를 뿌려 마찰을 줄이기도 했다고 기록은 전한다. 그러고 나서 비로소 수월하게 돌을 운반할 수 있었다. 그러나 마른 진흙이 아무리 단단하다 한들 수백 톤이 나가는 돌의 무게를 완벽하게 받칠 수는 없었을 것이다. 썰매의 날은 땅에 박히지는 않았지만 길게 두 줄로 패인 길을 만들었고 이것은 음각 궤도가 되었다. 썰매는 이 궤도 위를 지나 공사 현장으로 이동했다.

썰매를 끄는 데는 주로 황소가 이용되었다. 고대 이집트인들이 남긴

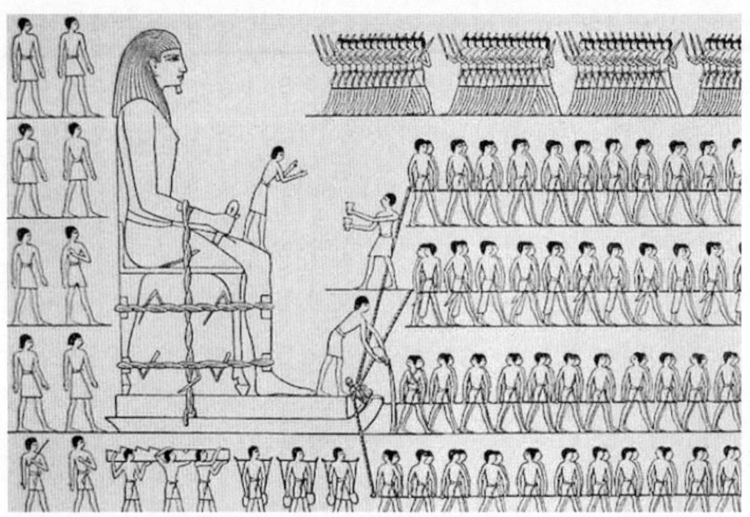

이집트인들은 거대한 돌을 어떻게 옮겼을까는 오랫동안 수수께끼였다.

기록에 따르면, 썰매에 실린 거대한 육면체의 석재를 황소 세 마리가 운반하는 과정이 묘사되어 있다.[3] 그러나 사람이 돌을 운반하기도 했다. 인부 수십 명이 여러 가닥의 줄을 연결해 운반했다. 이집트 벽화에 남겨진 기록에 따르면 거대한 석상 하나를 172명의 일꾼이 끄는 모습도 보인다. 60톤에 이르는 돌을 45명의 인부가 윤활 블록을 이용해 운반했다는 기록도 있다. 빵 10덩어리와 맥주 한 잔을 일당으로 받은 고대의 인부들은 바퀴도, 철로 된 도구도 없이 오직 인간의 힘으로 거대한 건축물을 만들어 냈다.

고대인들은 운반을 쉽게 하기 위해 썰매나 돌 밑에 둥근 통나무를 여러 개 대어 바퀴처럼 이용하기도 했는데, 무거운 자재를 훨씬 효율적으로 운반할 수 있었다. 어쩌면 이 통나무 바퀴가 노반 위에 얹힌 레일처럼 철도에 더 가까운 형태일 수 있겠다. 철길의 원시적 형태는 고대에서부터 시작되고 있었다고 볼 수 있다.

고대 그리스인의 철도 디올코스라인과 중세 오스트리아의 라이스추크 철도

고대 이집트를 떠나 새로운 문명이 꽃피기 시작했던 시기로 점프해 보자. 이번에 살펴볼 곳은 서양의 정신세계가 뿌리를 두고 있는 고대 그리스다. 고대 그리스 철학을 말할 때 가장 먼저 등장하는 사람들이 밀레토스의 자연철학자들이다. 이 밀레토스는 오늘날의 터키 영토인 에게해의 소아시아 쪽 이오니아 지역의 제일 남쪽에 위치한 도시였다. 가장 비범한 그리스 종족이라고 불리는 이오니아 인들은 에게 해 연안에 12곳의 도시를 번창시켰다. 이 도시들은 동양과 서양이 만나서 용해되는 용광로 같은 역할을 했다. 그중에 동방의 관문 역할을 했던 밀레토스는 세계의 모든 것을 구경하고 체험할 수 있는 국제도시가 되었고 자연스럽게 학문과 철학이 꽃필 수 있는 풍부한 자양분을 갖게 되었다.

고대 그리스인의 철도

실크로드의 종착지였던 밀레토스는 동방의 문화적 세례를 가장 먼저 받았다. 천문학과 이에 필연적으로 따라오는 달력, 수학, 계량법, 동전을 비롯해 이것들을 전파하는 사람들이 모여드는 밀레토스는 당시 세계에서 가장 복잡한 도시였다. 온 세계 사람들로 북적이며 날마다 진기한 광경이 펼쳐지는 무대였을 밀레토스를 상상할 때면 영화 〈스타워즈〉의 타투인 행성이 떠오른다. 행성의 지배자 자바의 용병들, 여기저기서 들어온 은하계의 밀입국자들, 다스베이더의 제국군, 제다이의 기사, 광속 화물선으로 한몫 챙기려는 한솔로 같은 중개업자들이 섞여 있어 일촉즉발의 묘한 분위기가 감도는 마을 말이다. 밀레토스는 현재 터키의 영토인데, 이 밀레토스에서 동쪽 내륙으로 조금 들어간 카파도키아Cappadocia라는 지역에서 실제로 〈스타워즈〉의 외계 행성 장면이 촬영되기도 했다. 수많은 언어가 사용되고 다양한 종교가 숭배되며 낯선 인종들이 교류하는 곳에서, 세계의 근원적인 모습을 찾고자 하는 철학적 움직임이 시작된 것은 어쩌면 당연한 일이었다.

최초의 자연철학자 중에서도 첫 등장인물인 탈레스Thales가 활동했던 시기는 기원전 6세기 전반이라고 전해진다. 탈레스는 철학자이기 이전에 이집트를 자주 왕래하면서 무역을 했던 상인이었다. 탈레스는 여행을 많이 한 것으로도 유명한데, 당대 사람들이 그렇듯이 정치와 수학, 특히 동방에서 전래된 천문학을 습득해 일식을 정확히 예측함으로써 사람들을 놀라게 한 과학자이기도 하다. 서양 고대 철학의 첫 번째 인물인 탈레스가 살았던 기원전 6세기의 밀레토스를 비롯한 이오니아 지방의 도시들은 그리스의 도시국가들과 긴밀히 연결되어 있었다.

밀레토스에 도착한 동방의 진귀한 물품들은 배를 이용해 아테네로 옮겨졌다. 아테네에 도착한 물건들은 그리스 전체로 퍼져 나갔을 뿐만 아니라 다른 나라들로 다시 수출되었다. 가깝게는 이탈리아와 발칸반도의 여러 나라들에, 멀리는 아프리카에까지 전달되었다. 그리스 남부 지도를 유심히 보면 아테네를 중심으로 사람이 앞뒤로 양 다리를 벌리고 있는 모습을 하고 있다. 이 한쪽 다리의 끝이 코린토스Corinth라고 불리는 지역이다.● 사람의 발뒤꿈치 같기도 한 코린토스 지역 끝에 거대한 펠로폰네소스 반도가 붙어 있는데, 두 개의 땅덩어리가 끊어질 듯 아슬아슬하게 달려 있다. 이 지형이 고대 그리스에서 선로를 깔게 만든 원인이 되었다.

아테네 항을 출발한 무역선들이 목적지로 향하기 위해서는 에게 해 남단을 거쳐 지중해로 나아가 이오니아 해로 진입하는, 펠로폰네소스 반도를 끼고 도는 원양항해를 해야 했다. 고대의 선박 건조 능력과 항해 기술로, 거친 에게 해를 지나 지중해를 도는 것은 만만한 일이 아니었다. 그리스 인들은 코린토스 지역의 잘록한 허리에다 선박이 이동할 수 있는 길을 놓는 아이디어를 생각해 냈다.

코린토스 땅 끝에 모인 그리스 인들은 단단한 석회암으로 평행하게 선로를 깔았다. 궤도의 간격은 광궤로 알려진 시베리아 횡단철도의 궤도 폭보다 10여 센티미터가 넓은 1.6미터였다. 현재 철도의 표준 궤도가 1.43미터이니 이 기준으로 보면 초광궤를 깐 셈이다. 폭은 3.4~6미터로, 이 폭을 기준으로 그 위를 지나갔을 배의 크기를 생각해 보면 한강 유람선 정도도 안 되는 배를 타고 바다로 나갔다는 것인데 고대인들은 간이 상당히 컸을 게 분명하다. 코린토스와 펠로폰네소스 사이의 잘록한 허리 사이를 관통하는, 6~8.4킬로미터 길이의, 그리스 최초의 철도인 디올코스Diolkos 라인이 기원전 6백 년에 운행을 시작했다. 석회암으로 만들어진 선로 위에 바퀴가 달린 평평한 카트(이런 형태의 화차를 현대 철도에서는 평판 화차flat-car라고 부르는데, 수출입용 컨테이너나 탱크, 트럭

● 신약성서의 주요 저자인 바울이 이 코린토스 지역의 기독교 신자들에게 사랑한다면 성질부터 죽이고 일단 오래 참아야 한다는, 유명한 성경 구절을 담아 보낸 편지 묶음이 바로 신약성서의 "고린도 전서", 즉 고린도인들에게 보내는 첫 번째 편지이다.

코린토스 근처 서쪽
끝의 디올코스 라인

같은 군수물자를 운반하는 데 쓰인다)가 준비되고, 이 위에 에게 해에서 이오니아 해로 넘어갈 배가 오른다. 배라기보다는 보트 수준에 가까운, 무게 25톤, 길이 35미터, 높이 5미터의 돛대를 장착한 삼단 노 갤리선이 운반 중 파손에 대비해 단단히 묶인 채 이동을 시작한다.

이 열차를 운행하기 위해 112명에서 142명의 사람들이 동원됐다. 시간이 촉박한 화물을 위해 급행열차도 운행되었다. 이때에는 180명 정도의 인부가 열차를 끌었다. 디올코스 열차의 속도는 시속 2킬로미터였다. 전체 구간을 이동하는 데 세 시간 정도가 소요됐다. 디올코스 라인이 가동되자 해상무역의 신기원이 열렸다. 목숨을 걸고 거친 바다에서

| 고대 철도 디올코스 라인 |

수백 킬로미터를 우회해야 했던 고대 그리스인들에게 이는 혁명적인 변화를 몰고 왔다. 영국 과학사학자 M. J. T 루이스Michael Jonathan Taunton Lewis에 따르면, 디올코스 라인은 궤도 위에서 바퀴가 이탈하지 않아야 한다는 철도의 모습을 정확히 구현한 고대 철길이라고 말한다.[4] 이용자에게 통행료를 받아 해상무역 과정에서 이익을 챙긴 디올코스 노선은 서기 1세기까지 약 650년 정도 유지됐는데, 현대의 모든 철도 노선을 포함해 가장 오랫동안 이용된 노선이다.

탈레스에 이어 자연철학자 가운데 이 디올코스 노선을 이용했을 가능성이 높은 사람은 기원전 525년 출생했다고 알려진 파르메니데스Parmenides다. 그는 이탈리아 남부 엘레아Elea에서 태어났으며, 엘레아 학파의 사상가였다. 파르메니데스는 이곳저곳 여행을 다니며 사람들을 만났는데, 이런 연유로 후대에 떠돌이 음유시인으로 불리기도 한다. 플라톤이 쓴 "대화" 편에 파르메니데스가 제자였던 제논 및 청년 소크라테스와 이야기하는 광경이 나오는데 장소는 아테네였다. 이탈리아 남부에서 아테네로 가기 위해서는 이미 운행되고 있던 디올코스 철도를 이용했음이 분명하다.

서양 철학의 주요 논제가 된 존재와 무, 있음과 없음에 대한 최초의 문제 제기자로 불리는 파르메니데스는 이곳저곳을 방랑하면서 여행하는 사람만이 얻을 수 있는 깨달음을 얻는다. 어느 한 지역이나 사회에서 절대화된 가치가 또 다른 지역에서는 아무것도 아닐 수 있음을 직접 보면서, 우리가 숭상하는 가치들이 허구 투성이라는 사실을 일깨워 준다. 파르메니데스는 밤의 나라를 등지고 빛의 나라의 여신을 찾아 떠나는 여행을 말했다. 진리와 이성이 한편이고 가상과 억지가 한편인 싸움에서, 참된 앎은 순수한 이성의 인식으로 획득된다고 말했다.[5] 영화 〈반지의 제왕〉에 나오는 간달프 할아버지 같은 포스로 정의의 실현을 위해 노력해야 한다고 가는 곳곳마다 열변을 토했을 이 노회한 시인의 모습이 아른거린다. 이 코린토스 해협은 19세기에 와서야 프랑스 자본에 의해 운하가 건설되면서 배를 타고 수로로 이동할 수 있게 되었다.

말이 끄는 형태의 철도는 고대 그리스의 몰타에서 시작됐으며, 돌을 깎은 레일을 이용한 노선들은 고대 로마제국의 여러 곳에서 발견된다. 고대에 이어서 중세 유럽에서도 철도의 흔적들이 발견되는데, 독일 서쪽 프라이부르크Freiburg 대성당의 스테인드글라스에는 궤도가 그려져 있다고 한다. 1350년경으로 추정되는데, 대성당의 유리창 그림에까지 등장할 정도면 궤도를 이용한 수송이 적지 않았음을 보여 준다.

산악용 열차의 원조, 5백 년 된 라이스추크 철도

1504년 운행을 시작한 라이스추크Reisszug 철도는 현존하는 가장 오래된 철도 시스템으로, 1515년 마토이스 랑Matthäus Lang 추기경에 의해 기록된 문서에 처음 등장한다. 나중에 오스트리아 잘츠부르크의 대주교가 되는 마토이스 추기경은 잘츠부르크에 처음 등장한 이 새로운 형태의 교통수단에 대한 기록을 남긴다.[6] 라이스추크 노선은 영화 〈사운드 오브 뮤직〉(1965년)에 나오는 논베르크Nonnberg 수도원 광장에서 호헨잘츠부르크Hohensalzburg 성으로 운행되는 궤도 교통수단인데, 산 위에 있는 성까지 산등성이에 레일을 만들어 운행했다. 높은 산을 오르는 수단인 만큼 삼으로 엮어 만든 밧줄을 연결해 승객들을 태워 끌어올렸다. 케이블을 연결한 산악용 열차의 원조 격이라 할 수 있다.

라이스추크 노선의 출발지인 논베르크 수도원 광장은 동쪽 성벽 아래에 있었다. 이곳은 역사상 한 번도 적에게 함락된 적이 없는, 요새화된 성이다. 성을 오르기 위해서는 65도의 가파른 경사를 타야 한다. 또한 성채의 중심으로부터 일정한 간격으로 다섯 개의 방벽이 둘러싸고 있으며, 열차는 육중한 나무문으로 만든 다섯 개의 관문을 통과해야만 산 위의 성 안에 도착할 수 있었다.

초기에는 썰매 형태로 운행되다가 나무로 만든 레일과 바퀴가 도입되어 철도의 모양새를 갖추게 되었다. 이 열차는 1910년경까지 사람이나 동물의 힘으로 움직였으니 기계의 힘을 빌리지 않고 자연력으로 4백 년이나 운용된 셈이다. 이후 몇 번의 개조와 리모델링 과정을 거쳐 1988년에서 1990년에 현재의 모습을 갖추게 되었다. 이제는 쇠로 만든 선로가 깔리고, 삼으로 엮은 밧줄 대신 강철 케이블이 연결되어 전기 모터가 열차를 끌어올린다.

천장과 측면을 전망 유리로 두른 산뜻한 차체가, 검은 망토를 입고 모

현존하는 가장 오래된 철도,
라이스추크 철도

자를 깊게 눌러쓴 수도사들 대신, 선글라스와 디지털 카메라를 든 관광객들을 태운 채 운행되고 있는 5백 년 된 철도. 오랜 세월이 흘렀지만 호헨잘츠부르크 산악 열차는 페스퉁스반Festungsbahn이라는 이름을 달고 잘츠부르크 시내를 내려다보며 오늘도 달린다.

고대하던 잘츠부르크에 갔지만……

2012년 가을, 고대하던 잘츠부르크에 갈 기회가 있었다. 공공운수연맹 국제부와 철도노조 정책팀이 프랑스연대노조SUD-Rail의 초청을 받아 기획하게 된 유럽 철도 실사 팀의 마지막 일정이었다. 물론 잘츠부르크의 라이스추크 철도 탐방은 계획에 없었다. 오스트리아 국철과 민영회사가 빈-잘츠부르크 노선에서 경쟁을 통해 효율화되고 있다는 국토부 주장의 타당성을 확인해 보기 위해, 오스트리아 국철 관계자들과의 인터뷰를 진행하고, 경쟁이 도입되었다는 노선의 열차를 시승하는 것이 목적이었다.

실사 팀은 빈에서 오스트리아 국철을 이용해 잘츠부르크로 간 다음 돌아올 때는 민간 회사의 열차를 타고 빈에 도착하는 여정을 계획했다. 편도 약 세 시간, 왕복 여섯 시간, 숙소에서 역으로 오가는 시간까지 더하면 하루를 꼬박 투자하는 일정이었다. 안개 낀 알프스 자락을 달리는 잘츠부르크 경유 취리히행 오스트리아 국철이 운행하는 특급열차에 앉아 있으면서도 마음속은 만 갈래의 상념으로 갈라졌다. 12시, 막 점심시간이 시작돼 사람들이 음식점으로 서서히 모여들기 시작하는 시간에 잘츠부르크 중앙역에 도착했다.

빈으로 돌아가는 민간 회사의 열차는 1시간 20분 뒤에 있었다. 오스트리아 국철에 비해 열차 운행 횟수가 적은 베스트반Westbahn이라는 민간 철도 회사의 스케줄상 다음 열차를 타게 되면 잘츠부르크 시에서 머물 수 있는 시간은 늘어나지만 빈으로 돌아가서 해야 할 일을 못 하게 된다. 열차 시간을 늦출 수 있는 입장이 아니었다.

잘츠부르크까지의 왕복 열차 탑승 실사를 마치면 공식 일정은 끝나지만 개인적으로 빈 시내의 지하철과 광역 철도 시스템을 돌아보기로 계획을 세웠기에 잘츠부르크에 오래 머물 수는 없었다. 만약 시간이 허락한다면 빈 공항에 내려 입국장을 통과하면서 안내 포스터에서 본 구스타프 클림트Gustav Klimt 특별전을 단 30분만이라도 볼 수 있었으면 했다. 근처 벨베데레Belvedere 궁전 미술관에서 클림트의 〈키스〉를 원화로 볼 수 있다니, 내 마음은 이미 공항에서부터 키스하기 직전처럼 울렁거렸다.

호텔의 관광 안내 코너에서 구한 잘츠부르크의 지도를 열차 안에서 몇 번이나 숙지하고 시립 도서관에서 대출해 가져간 잘츠부르크 여행 안내 책자를 반복해서 확인했다. 잘츠부르크 중앙역에서 시내까지는 트램으로 15분 정도 걸린다. 왕복 30분, 교통 체증이 발생할지도 모르니까 10분 정도 여유를 두고, 열차 출발 시각 5분 전까지 역으로 돌아온다고 가정하면, 잘츠부르크 시내에서 머물 수 있는 시간은 30분 남짓이었다. 함께 점심을 먹자는 일행에게 양해를 구하고 홀로 중앙역 앞의 트램 정류장으로 뛰었다. 다시 올 수 있을지 알 수 없는 여행자에게 점심 한 끼를 건너뛰는 것은 일도 아니었다.

다양한 번호의 트램들이 중앙역 정류장으로 들어왔고, 트램을 기다리는 동안 현지인들에게 몇 번 버스를 타야 하는지 거듭 확인했다. 시간이 급할수록 뜻대로 되지 않는 법인지 버스는 7분을 넘게 기다리고 나서야 탈 수 있었다. 설사가 날 때처럼 입안이 마르고 아랫배가 살살 당기는 기분이었다. 시간이 있었다면 방문했을 모차르트 박물관을 지나, 잘츠부르크 시내를 구시가지와 신시가지로 나누는 잘자흐 강을 건너 트램을 내렸다. 땀을 삐질삐질 흘리며 논베르크 대성당 광장을 안내하는 이정표를 확인하고는 뛰다시피 골목길을 걸었다.

중세의 모습을 간직한 거리와 건물에서는 금방이라도 머리에 가발을 쓴 사람들이 유쾌한 목소리로 떠들며 나타날 것만 같았다. 모차르트가 수시로 들락거렸을 술집이며 상점들도 눈에 띄었다. 드디어 호헨잘츠부르크 성으로 올라가는 '리프트'라고도 부르는 라이스추크 철도의 시작점, 수도원 광장 입구에 도착했다. 광장 한쪽에는 마차들이 중세의 모습으로 관광객들을 기다리고 있었다. 광장 중앙에서는 행위 예술가들이 구경꾼들에게 둘러싸여 공연을 하고 있었다.

이제 광장만 통과하면 성으로 올라가는 열차를 보거나 타거나 할 수 있는데, 전화벨이 울렸다. 누군가 내게 전화를 한 것이 아니라, 중앙역으로 돌아가야 할 마지노선으로 정한 시각에 맞춰 놓은 알람이 울린 것이다. 오랫동안 그리워했던 애인을 코앞에 두고 발길을 돌리는 심정이 이럴까? 냉정하게 돌아서 트램 정류장으로 뛰었다. 중앙역에는 예상보다 5분이나 일찍 도착했지만 5분이 더 주어졌더라도 할 수 있는 것은 없었다. 새로 운행되기 시작한 민영 회사 열차가, 숨을 몰아쉬고 있는 여행자를 태우고 잘츠부르크 역을 출발했다. 5백 년의 역사를 간직한 산악 열차가 등 뒤에서 나를 자꾸만 부르는 것 같았다. 나이를 먹을수록 인생은 선택하지 못한 것에 대한 아쉬움들로 채워지는 것이 아닐까 하는 생각이 들었다.

로마의 위대한 길,
아피아 가도

모든 길은 로마로 통한다

고대 그리스에서 중세 오스트리아까지 달려왔는데 이번에는 다시 고대로 돌아가 보자.● 철도는 인공적 하드웨어인 선로로 이어진 길이다. 사람들이 자주 다녀서 자연스럽게 형성된 길이 아니라 목적의식적으로 만들어진 길이다. 사회적 동물인 인간이 목적의식적으로 만들었다는 것은 공동체의 필요에 의해 만들어졌음을 의미한다. 우리는 이런 것을 '사회 기반 시설'이라고 부른다.

사회 기반 시설을 뜻하는 영어 단어 '인프라스트럭쳐'infrastructure의 어원은 기초, 토대, 하부구조라는 의미의 라틴어 '인프라'infra에서 시작한다. 기초나 토대는 사람이 인공적으로 건설해야 한다. 이렇게 인공적으로 건설된 구조물을 '스트룩투라'structura라고 부른다. 사회적 필요에 따라infra + 인공적으로 건설된structura 것이 바로 '인프라스트룩투라'라

● 이렇게 뒤로 갔다가 다시 앞으로 나아가는 걸 철도에서는 '스위치백'(switchback)이라고 부른다. 높은 산을 오르내리는 산악 열차의 운행 방식으로 쓰이고 있다. 한국에도 영동선의 통리-나한정 구간에서 73년간 스위치백 시스템으로 운행되었던 노선이 있었다. 터널이 새로 뚫리면서 2012년 6월 27일 대전발 동해행 화물열차를 마지막으로 역사 속으로 사라졌다.

고 명명된 사회 기반 시설이다.[7] 사회 기반 시설은 공동체 전체를 위한 것이다. 당연히 건설과 운영의 주체는 공공일 수밖에 없다.●

고대 그리스 문명의 뒤를 이은 로마 문명은 서양 문명의 모든 기초를 품고 있는 씨앗이라 불린다. 많은 역사가들이 이탈리아의 작은 도시 로마가 고대 서양 문명의 축으로 부상하게 된 여러 가지 배경과 이유를 들고 있다. 그중에서도 "모든 길은 로마로 통한다."라는 말처럼 고대 로마를 잘 설명하는 것도 없다. 로마는 이 길을 통해서 시작됐고 완성됐다. 로마인들은 길의 중요성을 간파했다. 기원전 세계 문명에서 유일하게 하드웨어로서의 도로를 소유하게 된 로마 사회는 압도적인 힘으로 주변 지역을 제패하게 된다.

로마는 제국으로 발전하는 과정에서 끊임없이 전쟁을 수행했다. 팍스 로마나Pax Romana는 지금의 팍스 아메리카나Pax Americana처럼 곳곳에 파병을 했다. 로마 중심의 세계 질서를 위협하는 카르타고Carthago나, 대량 살상 무기를 숨겨 두었을 것 같은 의심이 가는 갈리아Gallia 족 등 '악의 축'들을 제거하기 위해 수시로 원정을 시도했다. 이 원정을 신속하고 과감하게 수행할 수 있게 했던 것이 바로 고대의 로마 가도들이다. 로마에 도전하는 세력들을 번개처럼 응징할 수 있는 기동타격대는 잘 닦인 로마 가도를 통해, 미처 적들이 상상할 수 없는 시간에 로마의 군사력을 보여 줬다.

● 공공을 뜻하는 영어 '퍼블릭'(public)은 인간이 사회적 동물이라는 전제하에 자신만의 이해관계를 벗어나 사회 전체에 대해 각성된 시민 의식을 갖는다는 것을 의미한다. 민영화 또는 사유화를 뜻하는 '프라이버티제이션'(privatization)이라는 말이 박탈을 뜻하는 라틴어 '프리바투'(privatus)에서 왔다는 것은 의미심장하다. 민영화는 다수의 이익을 위해 존재하는 것들을 소수의 전유물로 만드는 것이며 이것은 사회 구성원들의 권리와 이익을 박탈하는 것에서 출발한다.

2천 년 넘게 이어진 로마의 길, 아피아 가도를 가다

2012년 10월 이탈리아 철도를 조사하기 위해 로마에 갔다. 로마에 도착한 날은 토요일이어서 공식 일정이 없었다. 로마 도심 테르미니Termini 중앙역 근처의 호텔에 체크인을 하니 이미 늦은 오후가 되었다. 호텔에서 쉬겠다는 일행을 뒤로하고 테르미니 역 광장으로 나왔다. 로마는 다른 유럽의 대도시들과 달리 지하철이 1호선과 2호선 단 두 개 노선으로 운행된다. 시내 곳곳에 유적들이 많아 이를 보호하기 위해 지하철을 더 건설하지 않았기 때문이다. 이 두 개의 노선은 로마 시내를 X자로 운행하는데, 유일한 환승 지점이 테르미니 역이다. 당연히 유동 인구도 많다.

로마의 날씨는 10월 중순임에도 불구하고 반팔이 전혀 어색하지 않을 정도로 햇살이 따가웠다. 이 따가운 햇살 아래 전 세계에서 온 여행자, 관광 가이드, 상인, 현지인, 소매치기 들이 한데 어우러져 토요일 오후를 달궜다. 유럽의 상당수 중앙역들이 그렇듯이 테르미니 역도 한쪽이 막힌 채 선로를 ㄷ자 형태로 역사가 품고 있다. 역사 밖의 광장에는 로마 주변 각지로 운행되는 버스 터미널이 있다. 이 터미널을 지나면 트램과 자동차들이 다니는 큰길이 나온다. 큰길을 건너면 로마 시내를 관광할 수 있는 투어 버스 전용 정류장들이 있다.

버스들은 세계 여러 나라에서 운행되는 시티 투어 버스처럼 티켓을 끊으면 그 노선이 운행되는 시간 동안 어디에서나 자유롭게 타고 내리는 방식이다. 콜로세움이나 '진실의 입' 같은 유명 관광지를 순회하는 노선을 포함해 여러 종류의 노선이 있고, 각각의 노선에 따라 출발하는 곳도 일정 간격 떨어져 있다. 나는 다른 노선들은 모두 팽개치고 고대 로마 가도인 아피아 가도Via Appia를 달리는 투어 버스를 찾았다. 물어물어 지붕이 없는 예쁜 초록색 2층 버스를 발견할 수 있었다. 내가 찾던 아피아 가도 투어 버스였다.

버스를 타고 아피아 가도를 따라 달리는 로마 외곽의 변두리 길은 고대의 길을 재현한 것이 아니라 그 길 자체였다. 고개를 돌려 버스가 달려온 길을 돌아보았다. 기원전에 놓인 돌들이 햇빛을 받아 반들반들 빛나고 있었다. 이 길을 따라 로마의 자랑인 군단 병사들이 행군을 했다. 기마병을 앞세운, 붉은 망토의 집정관이 탄 마차가 지나고 그 뒤를 군단의 주력인 중무장 보병들이 백인대장을 앞세워 섰었다. 또 뒤를 이어서 경보병들과 군무원들이 따르는 모습을 상상했다. 고대의 길은 수많은 역사를 간직한 채 그 위에 또 새로운 사람들의 발걸음을 받아들이고 있다. 수천 년간 이어져 온 길 위에, 카이사르Gaius Julius Caesar가 원정을 나섰던 그 길에 내가 서 있다는 사실이 가슴속에서 묵직한 무엇인가를 솟구치게 했다.

'아피아 가도는 도로의 여왕'

로마인들은 아피아 가도를 '도로의 여왕'이라고 불렀다.[8] 당대의 저술가 스타티우스Publius Papinius Statius가 남긴 기록을 보면, "아피아 가도는 도로의 여왕이다."Appia teritur regina longarum viarum라는 찬양의 글귀가 보인다. 이것은 경인선을 달리는 최초의 기차를 보고 놀라움을 금치 못했던 사람들이나, 철도의 웅장함을 노래한 시인처럼 당시 아피아 가도가 연 새로운 세상에 대한 칭송이었다.

아피아 가도는 기원전 312년에 로마가 건설한 최초의 가도이다. 훗날 모든 길은 로마로 통한다는 대명제를 만들게 한 그 첫 출발지가 바로 아피아 가도이다. 로마에서 이탈리아의 남쪽, 장화 모양의 이탈리아 지도에서 발목 쪽에 위치한 로마로부터 뒷굽 쪽에 있는 브린디시Brindisi까지를 연결하는 540킬로미터의, 한국으로 치면 경부선에 해당하는 노선이라고 볼 수 있다. 아피아 가도가 만들어진 뒤 기원전 220년에는 집정관이었던 가이우스 플라미니우스Gaius Flaminius에 의해 플라미니아 가도가 착공된다. 로마에서 북쪽으로 나아가 아펜니노Appennino 산맥을 넘어 종착지인 리미니Rimini까지 340킬로미터의 노선으로 아피아 가도에 비해 짧은 구간이지만, 평지로 이루어진 아피아 가도와 달리 산악 지역인 플라미니아 가도의 공사가 훨씬 어려웠을 것으로 추정된다. 이 플라미니아 가도는 경의선이라 볼 수 있겠다.

아피아 가도와 플라미니아 가도가 연결되면서 이탈리아는 남북을 관통하는 초현대식 첨단 도로를 갖게 됐다. 이 두 가도의 효용성이 입증되면서 본격적인 도로 건설이 시작되었고, 주요 간선과 지선들이 탄생하게 된다. 오늘날의 영국을 말하는 브르타뉴Bretagne까지 포함한 유럽과, 북아프리카와 중동에 걸친 로마 가도는 간선만 8만 킬로미터에 이르고 지선까지 합하면 15만 킬로미터에 달하는 엄청난 인프라스트룩투라였다. 현재 유럽의 독일·프랑스·영국·이탈리아·스페인·스웨덴·폴란드·터키 등 철도 운영 노선이 긴 나라들의 철도 노선 길이를 모두 합한 것과 맞먹는다.

로마의 가도를 예외로 한다면 19세기까지도 인류는 근대적 의미의 길을 갖지 못했다. 길은 비만 오면 진창이 되어 걸을 수가 없었다. 소나 말이 진흙 밭에서 허우적거리고 수레바퀴는 속수무책으로 갇혀 있어야 했다. 이런 상황에서 전천후로 이용할 수 있는 도로가 생긴다는 것은 사회가 혁명적으로 도약할 수 있는 기반이 마련되었음을 의미했다. 가도는 도시의 한복판을 관통하도록 되어 있었으며, 도로에 대한 접근성이 높아짐에 따라 도시민들의 생활수준도 향상되었다.

로마 가도의 첫째 목적은 군용이었다. 따라서 가도의 건설은 당연히 군대의 몫이었다. 고대 로마제국의 힘의 원천이었던 군사력은 집정관이 이끄는 군단 병력을 핵심으로 했다. 이 군단 병력의 주력은 중무장 보병이었는데, 중무장 보병은 전투 시에 맡는 역할이었고 평상시에는 비무장 공병이 더 맞는 말일 수도 있겠다. 로마군은 따로 공병을 두지 않고 도로 건설에서부터 숙영지 조성에 이르기까지 모두 병사들이 맡아서 했다. 시오노 나나미조차 "로마군은 곡괭이로 이긴다."[9]라고 말했다.

2천 년을 이어온 튼튼한 로마 가도

아피아 가도는 마차 전용 길을 깔고 이 바깥에 배수로를 파서 도로 파괴의 가장 큰 적인 물이 빠져나가도록 만들어졌다. 배수로 옆에는 다시 인도를 깔아 걸어서 이동할 수 있도록 했다. 이 인도는 도보여행을 하는 민간인 전용 도로이기도 했다. 로마의 중무장 군단병이 중앙 도로를 이용해 행군할 때 맞닥뜨리는 사람들은 양옆의 인도를 이용해서 길을 막는 일이 없도록 했다. 로마의 가도들이 일상에서 얼마나 유용하게 사용됐는지는 카이사르가 교통 체증에 대응한 법을 제정한 것에서도 잘 알 수 있다.

카이사르가 집권한 기원전 1세기 중엽의 로마는 서구 세계의 중심이었다. 아마도 지금의 뉴욕이나 런던, 파리 같은 분위기를 풍겼을 것이다. 막 북아프리카나 루비콘 강 건너 북이탈리아 전선에서 돌아온 군인들, 지중해를 건너 로마로 들어온 아프리카인들, 마케도니아·그리스·비잔티움(이스탄불)·중동에서 온 방문객들과 상인들이 가도를 이용해 한데 모여들어 하루도 조용할 날이 없었을 것이다. 이에 따라 도로에 체증이 생기고 교통사고로 인한 사상자도 늘어났다.

카이사르는 '율리우스 도로법'을 만들어 일출부터 일몰 때까지 공공

아피아 가도

목적이 아닌 마차나 수레는 로마에 진입하지 못하도록 금지시켰다.[10] 이 법이 시행되자 로마 시내는 교통지옥에서 해방되고 제대로 걸어 다닐 수 있는 도시가 되었다. 성곽 밖에서 해가 지기만을 기다렸다가 지평선 너머로 태양이 사라진 후 일제히 로마 시내로 쇄도하는 수많은 마차와 수레들의 모습은 새로운 교통법이 만들어 낸 진기한 풍경이었다. 해 질녘 로마 시내로 앞다투어 들어오는 마차 바퀴들의 굉음은 도로 주변 주민들의 원성을 샀으며 사회문제로 떠오르기도 했다. 그러나 로마 시내에서는 걸어 다녀야 한다는 율리우스 교통법에 따라 카이사르도 걸어 다녔다. 카이사르가 암살당하던 날 브루투스Marcus Jurius Brutus로 알려진, 칼을 품은 암살자는 걸어가는 카이사르를 뒤따르며 적당한 살해 시점을 노렸다고 한다.

고대 로마 가도는 지표면에서 1~1.5미터 깊이로 파내려 가서 길을 평탄하게 한 후 자갈을 까는 1단계 시공을 했다. 이것이 최하층 구조다. 이 위에 돌과 자갈과 점토를 섞어서 깔고 이 위에 다시 잘게 부순 돌멩이를 아치형으로 깐다. 잘게 부순 돌멩이들은 철도에서 선로의 안전성을 강화하기 위해 자갈을 깐 것처럼 가도가 받는 압력을 지탱해 주는 완충 역할을 맡았다. 아치형의 설계는 비가 올 경우 도로 양옆으로 자연 배수가 될 수 있도록 한 것이다. 마지막 최상층에는 사방 70센티미터로 두껍게 자른 돌을 빈틈없이 붙여 완벽한 포장도로가 되게 했다. 이렇게 탄생한 로마의 가도들은 전에는 생각할 수 없는 것들을 가능하게 했다.

"로마 가도가 어떤 모습이었는가를 그로부터 2천 년 뒤에 태어난 현대인이 상상하려면 고속철도를 떠올리는 것이 가장 간단할 것이다."[11]

로마 가도는 로마를 중심으로 한 세계 각지의 물리적 거리를 고속철도처럼 대폭 단축시켰다. 비만 오면 움직일 수 없는 조건에서 주야간을 불문하고 언제든지 전천후로 이동할 수 있다는 것은 2천 년 전의 과학기술과 사회 발전 정도를 따져 볼 때 혁명적인 일이었다.

현대 철도에도 쓰이는 기원전 이정표

물질적 토대가 정치적·법률적 구조를 생성해 내듯이 기원전 120년경에 드디어 인류사 최초라고 할 수 있는 '셈프로니우스Sempronius 도로법'(율리우스 도로법보다 훨씬 구체적인 내용을 담고 있다)이라는 본격적인 도로교통법이 만들어진다. 이 법에 의해 로마 가도에는 마일스톤milestone, 즉 구간 이정표가 생긴다. 1로마마일인 1밀리아레는 1.4~1.5킬로미터 정도의 거리인데 1밀리아레마다 사람의 평균 키 높이 정도에 지름 30센티미터의 기둥 모양 이정표를 세웠다.

이정표가 세워지자 사람들은 자신들이 어느 정도 거리를 지나왔는지 쉽게 알 수 있었고 방문하고자 하는 사람의 집을 찾기도 쉬워졌다. 한국에서 도입된 도로명 주소 방식이 이때 시작됐다고 볼 수 있다. 아피아

로마 가도의 구간 이정표

가도의 로마 기점 20번째 이정표 옆에 있는 붉은 흙벽 집이라고 알려주면 택배 기사는 마차를 타고 로마 시내에서 30킬로미터 정도 외곽에 사는 수취인을 찾을 수 있었다.●

철도 노선에도 이 같은 이정표가 있다. '킬로정표'라고 불리는데 2백 미터마다 철도 선로 옆에 세워져 있다. 눈썰미가 좋은 사람이라면 경부선 전철을 이용해서 수원이나 천안을 여행할 때 창밖으로 선로의 가장자리를 보시라. 파란 바탕에 흰색이나 노란 바탕에 검은색으로, 쇠로 된 직사각형의 판에 숫자가 쓰여 있다. 이 숫자는 경부선 킬로정표의 기준이 되는 서울역에서 몇 킬로미터 떨어져 있는지를 나타내는 이정표다. 파란 바탕 위에 써있는 숫자는 1천 미터 단위의 킬로미터를 나타내고,

● 도로명 주소는 기준이 되는 도로가 주요 간선으로서의 역할을 하거나 철저한 계획을 바탕으로 도시 개발이 이루어진 곳에 합당한 방식이다. 산업화 시기 우후죽순으로 불어난 도시 빈민들의 생활공간이 진화를 거듭하고 개발이익을 좇아 무원칙한 확장이 이루어진 한국의 도시들에서 도로명 주소가 자리 잡는 데는 많은 난관이 있다. 공무원이나 전문가로 자처하는 사람들이 시대적·역사적 배경을 분석하지 않고 현지에서 좋아 보인다고 도입한 해외 사례는 회수를 건너온 탱자가 되기 쉽다.

철도 노선에는 2백 미터마다 킬로정표가 서 있다. 기준역으로부터 몇 킬로미터 떨어져 있는지를 나타내므로 정확한 위치를 파악할 수 있다.

노란 바탕에 나타난 숫자는 2백 미터 단위의 숫자이다. 킬로정표들은 경부선을 포함한 모든 노선의 시발역이 되는 중심 역에서부터 시작되어 선로를 따라 나란히 서 있다.

이 킬로정표는 열차의 위치를 파악하는 데 아주 중요한 기준이 된다. 기관사가 열차를 운행하다가 특정 선로에서 평소와 다른 진동이나 충격을 받았을 때는 바로 인근 역에 무전 연락을 한 후 킬로정표를 기준으로 위치를 알려주고 점검이나 보수를 의뢰한다. 또는 사고가 나거나 응급 환자가 발생했을 때 신속한 대처를 위해서도 요긴하게 쓰인다. 예를 들면 "수원-병점 사이 서울 기점 경부 하1선 ○○킬로 ○○미터에 정차해 있습니다."라고 무전을 하면 역이나 관제실에서 구급 요원이나 긴급 조치반을 파견할 때에도 정확한 위치를 파악할 수 있다.

로마의 기동력을 뒷받침한 역참 제도

카이사르처럼 고대 로마를 대표하는 사람이 있을까? 그는 정치인이자 뛰어난 군인이면서 작가로서도 손색이 없을 정도로 훌륭한 글을 남겼다. 그가 남긴 저작 중의 하나인 『갈리아 원정기』*Commentarii de Bello Gallico*[12]에는 그가 병사들을 이끌고 어떤 전술을 수행했는지 자세히 나온다. 그중에서도 그는 기습 공격과 위험에 빠진 부대를 지원하기 위해 전광석화 같은 기동력을 잘 활용했다고 한다. 긴급한 상황에서 카이사르는 하루 1백 킬로미터를 달렸다고 한다. 일반 부대 병사들의 하루 행군 속도는 20킬로미터가 안 됐다. 1백 킬로미터라는, 카이사르 기동부대의 이동 거리는 적의 예측을 빗나가게 하기에 충분했다.

군대의 성공적인 작전을 위해서도 신속한 정보 공유는 필수적이다. 가도를 통해 일찍부터 발달한 역참 제도가 이를 가능케 했다. 로마사에 대한 독보적인 저술인 『로마제국 쇠망사』*The Decline and Fall of the Roman Empire*[13]를 쓴 에드워드 기번Edward Gibbon도 로마 황제들이 넓은 제국을 수월하게 통치할 수 있었던 이유 가운데 하나는 자신들의 통치 이념과 정치적 명령을 제국 전체에 신속히 전달할 수 있도록 한 우편 제도 덕분이라고 말했다.

이런 신속한 이동을 가능하게 했던 것은 곳곳에 지친 말을 교체할 수 있는 스타치오네스stationes라는 말 보급소를 두었기 때문이다. 로마 전 가도에 걸쳐 4~5마일 간격으로 세워진 역참에는 40마리의 말들이 항상 준비되어 있었다고 한다. 이 말들은 황제의 명령을 전하는 사신만이 이용할 수 있었다. 이 사신들은 조선시대의 암행어사처럼 마패와 비슷한 것들을 소지하지 않았을까? 영어의 기차역을 뜻하는 스테이션station은 이 스타치오네스에서 비롯됐다.[14]

아피아 가도와 스파르타쿠스

수천 년의 역사를 품고 있는 아피아 가도에는 영광의 역사도 있지만 피로 얼룩진 역사도 있다. 유명한 노예 반란 사건인 스파르타쿠스Spartacus 항쟁의 주요 무대이기도 했다. 기원전 73년 발칸 반도 남동부 트라키아Thracia 출신의 노예였던 스파르타쿠스는 이탈리아 남부 카푸아Capua의 검투사 양성소 소속 검투사 준비생이었다. 정식 '글래디에이터'로 데뷔하기 위해 여러 가지 정규 과목들을 이수해야 하는 상황이었다. 그런데 이 훈련소의 악질적인 소장은 예비 검투사들을 막 부려 먹고 폐기해도 되는, 한국 사회의 인턴과 같은 취급을 했다. 복리, 후생이랄 것도 없는 처참한 대우와 교관들의 비인간적인 처우는 예비 검투사들의 가슴에 분노가 차곡차곡 쌓이게 했다.

이 시기 로마는 제2차 포에니 전쟁에서 승리한 이후 카르타고를 얻은 자신감으로 위상이 높아졌으며 경제도 활성화되었지만 안으로는 썩고 있었다. 곳곳에서 무단정치의 폐해들이 나타났고 저항의 불길이 일어났다. 이런 불길들이 결국은 이탈리아 본토로 옮겨 붙었는데 그곳이 카푸아에 있는 검투사 양성 학교였다.

정식 검투사가 되어도 소속사를 옮겨 다니며 높은 수익을 보장 받는 게 아니라 로마 시민의 예능감을 피로써 충족시켜야 했던 스파르타쿠스와 77명의 동료 예비 글래디에이터들은 반란의 횃불을 들었다. 『플루타르코스 영웅전』에서 스파르타쿠스는 노예라기에는 너무도 아까운 사람으로 묘사되어 있다. 위대한 정신과 튼튼한 신체, 신분에서 기대할 수 있는 것보다 훨씬 더 똑똑한 교양인이었으며 트라키아 인보다는 그리스 인에 가까웠다고 한다. 당시 로마는 그리스를 정복했지만 문화와 예술적으로는 로마가 그리스에 정복당했다고 역사가들은 말한다. 그리스 출신 노예들은 로마의 고위층 집에 입주해 주인이나 그 자식들의 가

정교사로 철학과 역사, 천문, 수학, 예술 등을 가르쳤다. 스파르타쿠스가 그리스 인에 가까웠다는 것은 노예 신분을 뛰어넘는 비밀을 간직한 인물이었음을 말해 준다.

스파르타쿠스와 동료들은 양성소 교관들을 단숨에 처치하고 험준한 베수비오Vésuve 산으로 들어가 빨치산 항쟁을 벌인다. 로마 당국은 이들의 반란을 과소평가하고 정규 군단이 아니라 지역에서 모집한 3천 명의 예비군을 토벌대로 투입했다가 스파르타쿠스의 부대에 참혹하게 격퇴당한다.

요즘 유행하는 이종 격투기 대회에 출전해도 하나도 '꿀릴 게' 없는 인간 병기들인 스파르타쿠스 부대의 위력은 상당했다. 검투사들은 창이나 칼을 다루는 개인 전술만이 아니라 집단적인 전투에도 능했다. 아프리카에서 잡아온 맹수들을 사냥하는 장면을 리얼 버라이어티로 재현해야 하는 노예들의 전공 필수 과정 덕분이었다. 고대 로마에서 펼쳐진 예능의 규모와 리얼리티는 오늘날의 사람들이 이해할 수 있는 정도를 뛰어 넘고 있다. 원형경기장에 물을 채우고 사람이 실제로 불화살이나 갈고리에 맞아 죽는 해전을 재현할 정도이니 〈태양의 서커스〉나 평양의 능라도 경기장에서 벌어지는 〈아리랑〉 같은 공연도 고대 로마의 공연에 비하면 아무것도 아닐 것이다.

밥 먹고 싸우는 것만 연습한 이들에게 군기 빠진 예비군들은 적수가 되지 못했다. 스파르타쿠스의 승리 소식은 이탈리아의 다른 지역 노예들에게도 전해졌다. 노예들의 탈출 러시가 이루어지고, 베수비오 산은 수호지의 양산박처럼 각지에서 로마에 대항해 싸우러 몰려온 반란군의 본산이 되었다. 스파르타쿠스는 동료 노예들의 심금을 울리는 뛰어난 연설로도 유명했다. 단지 말을 잘했다기보다는 누구보다도 노예들의 심정을 잘 이해하고 대변했기 때문이었을 것이다. 이탈리아 전역에 반란의 회오리를 몰고 왔던 스파르타쿠스 군은 처음의 78명에서 7만 명에 이르는 대부대로 발전한다.

로마의 정규 군단을 괴멸시키는 전과를 올리기도 하면서 이탈리아 남부 지역 일대에 광대한 영향력을 행사했던 반란군의 운은 3년을 거치면서 사그러 들었다. 기원전 71년 로마군 총사령관 크라수스Marcus Licinius Crassus가 이끄는, 8개 군단에 이르는 압도적 병력의 로마 정규군이 토벌 작전을 벌였다. 이때 6천 명의 노예 반란군이 포로로 잡혔다. 진압군 대장 크라수스는 로마에서, 처음 반란이 시작됐던 카푸아까지 이어지는 아피아 가도의 양옆에 십자가를 세우고 처형을 집행했다. 반란 노예들이 못 박혀 매달린 십자가들이 아피아 가도를 따라 일정 간격을 두고 이어졌다. 노예들의 시체 행렬이 아피아 가도의 이정표를 대신했다.

로마의 가도들이 수천 년을 이어 보존된 것은 튼튼하게 지어졌기도 했지만 유지 보수에도 심혈을 기울였기 때문에 가능했다. 각 가도마다 '쿠라토르 비아룸'curator viarum이라는 공적 직책으로 가도를 관리하는 책임자를 두었다. 로마가 가도의 중요성을 강조한 만큼 쿠라토르들은 고위직 공무원들로 채워졌다. 로마 가도들은 서로마 제국이 멸망한 뒤에도 유용하게 사용됐다. 콘스탄티노플에서 6세기에 이탈리아를 찾은 사절단이 아피아 가도를 보고 경탄을 금치 못했다고 한다. 착공된 지 8백 년이나 된 도로였음에도 말이다. 또한 가도들은 '비아이 푸블리카이'viae publicae라고 불렸는데 국가가 책임지는 공적 도로란 뜻이다.[15] 사회의 유지와 발전을 위해서 반드시 필요한 도로에 대한 국가 책임의 당위성은 고대인들도 잘 알고 있었던 것이다.

B.C. 6백 년	그리스 최초의 철도인 디올코스 라인이 운행을 시작
B.C. 312년	로마, 최초의 가도인 아피아 가도를 건설하기 시작
B.C. 73년 ~B.C.71년	스파르타쿠스 항쟁
1 5 0 4 년	산악용 열차의 원조, 오스트리아 라이스추크 철도가 처음 등장

B.C.600 – 1504

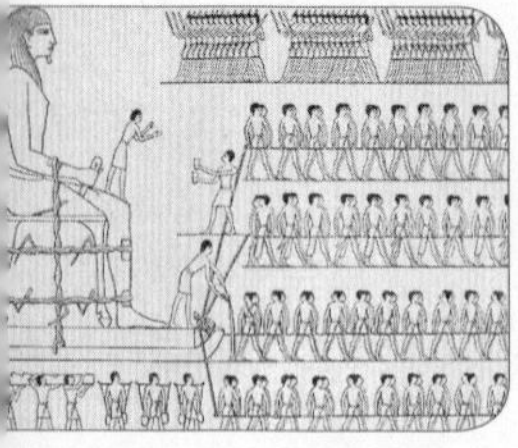

2

영국, 철도의 시대가 시작되다

“영국이 이 철도를 최초로 가졌다는 것은 로마처럼 세계를 지배할 수단을 확보했다는 걸 의미합니다. 지중해와 중동, 아프리카의 카르타고와 프랑스, 이곳 영국까지 로마인들의 머리 위에 항상 그들의 태양이 떠올랐듯이 해상무역을 장악한 영국이 철도까지 갖게 되어 영국도 해가 지지 않는 나라가 될 것입니다.”

증기기관차의 탄생

나는 쇼핑한다, 고로 존재한다. 인터넷으로 주문한 물건이 어디쯤 오는지 배송 추적을 한다. 부산의 호텔이 특가 이벤트를 벌이는 정보를 확인하고는 전망 좋은 방으로 예약하고 케이티엑스 열차표를 알아본다. 우리에게 너무도 익숙한 이 세계는 얼마나 오래되었을까? 46억 년으로 추정되는 지구의 역사를 1년으로 압축한다면 인류가 현대 문명을 누리기 시작한 것은 12월 31일 자정 2초 전이라고 한다. 상품이라는 매개체로 유지되는 현대자본주의는 그야말로 찰나에 불과한 셈이다. 굳이 이렇게 비유하지 않더라도 우리가 사는 자본주의 시대가 시작된 것은 약 4백여 년 남짓이고 본격화된 것은 불과 2백여 년이라는 짧은 역사를 갖고 있을 뿐이다. 잠시만 한눈을 팔아도 세상이 변화하는 속도를 따라갈 수 없는 이 시대는 산업혁명이라는 빅뱅의 출발점 이후 빛의 속도로 달려가고 있다. 그 대폭발의 시기에 무슨 일이 있었던 것일까?

이 출발점은 15세기부터 불붙기 시작했으며, '대항해시대'라고도 불리는 서구 주도의 지리적 확장이었다. 북아메리카라는 천혜의 대륙을 차지하고 남아메리카와 아프리카의 식민화를 통해 쌓인 부는 마침 불붙기 시작한 과학기술의 발전과 결합해 이전의 세계와는 전혀 다른 신세계를 잉태했다. 무엇인가 계속 꿈틀거리는 세상, 완전히 다른 차원의

조지 스티븐슨(1781~1848)
그가 발명한 증기기관차 로코모션 호가 세계 최초의 여객용 철도인 스톡턴-달링턴 구간을 달림으로써 본격적인 철도의 시대가 열렸다.

기계문명이 비로소 시작되는 시공간이었다.

이제 기원적인 모습이 아니라 현대 철도의 모습을 갖게 된 출발점으로 가서 철도에 대한 이야기를 본격적으로 풀어 놓을 시점이 왔다. 철도의 시작을 말할 때 절대로 빼놓을 수 없는 사람, 조지 스티븐슨George Stephenson의 이야기부터 해야겠다. 철도가 탄생하고 자본주의가 번영하던 1800년대 영국으로 달려가 보자.

증기기관, 근대 물질문명의 출입구를 열다

제임스 와트James Watt가 발명한 증기기관이 산업혁명을 촉발했다고 알려져 있지만, 증기기관의 개발은 16세기부터 꾸준히 시도되었다. 그러다가 1705년 영국에서 토머스 뉴커먼Thomas Newcomen이 그동안의 증기기관을 개량해 대기압식 상업용 증기기관을 만들었다. 이것이 산업적이며 상업적 역할을 수행한 증기기관의 첫 사례로 볼 수 있다. 토머스 뉴커먼의 증기기관은 전국의 광산에 보급되어 지하 갱도에서 석탄을 끌어올리는 데 사용되었다. 1769년 제임스 와트가 뉴커먼의 증기기관을 개량해 발전된 증기기관을 만들어 특허를 내고 상업 운전에 들어갔다. 그 결과 증기기관의 생산성은 비약적으로 높아졌다. 영국은 운 좋게도 엄청난 매장량을 자랑하는 석탄 광산을 갖고 있었는데, 증기기관의 개량은 이전에 비해 훨씬 더 많은 석탄을 채굴할 수 있게 했다. 신세계를 여는 강력한 에너지원을 확보하게 된 것이다.

아무리 기구를 사용한다고 해도 동물이나 인간의 근육을 동력원으로 하는 자연력이 만들어 내는 힘은 기계가 만들어 내는 힘에 비하면 조라할 정도로 미약하다. 기계의 힘을 생각할 때면 오래전 군대 시절의 일이 떠오르곤 한다. 졸병 때였는데 산 중턱의 테니스장을 정비하고 배수로를 파는 공사에 차출됐다. 아직 녹지도 않은 땅을 수십 명의 병사들이 삽질을 하면서 일주일 내내 흙과 돌을 파냈지만 공사는 크게 진척되지 않았다. 어느 날 공사 진행 상황을 확인하러 온 대대장이 인상을 쓴 채 돌아가고, 굴삭기와 트럭 한 대가 올라왔다. 수십 명의 병력이 일주일 넘게 씨름했던 일이 중장비 두 대가 등장해 서너 시간 뚝딱거리니 깔끔하게 정리됐다. 고대 그리스나 로마의 노예가 했던 노동 능력과 별 차이 없는 자연력으로 일주일이 넘도록 삽질을 해 댔던 일을 기계의 힘이 단 몇 시간 만에 해낸 것이다. 이런 엄청난 기계의 힘은 이제까지 인류가 경험해 보지 못한 것이었다. 증기기관은 자연력을 대체하면서 산업 전반 곳곳에 퍼져 나갔고 그 만큼 세상은 놀라울 정도로 변신했다. 증기기관의 시대로 표현되는 현대 물질문명의 출입구가 열렸다.

철도의 신화를 만든 우직한 소년 노동자, 조지 스티븐슨

18세기 영국의 뉴캐슬Newcastle에서 서쪽으로 13킬로미터 정도를 가면 와일램Wylam이라는 탄광촌이 있었다.[16] 스코틀랜드에서 빈털터리가 된 부모를 따라 잉글랜드로 건너온 로버트 스티븐슨Robert Stephenson은 이 와일램의 탄광촌에 일자리를 얻었다. 증기기관 화부로 취직한 그는 열심히 일했지만 주급 12실링으로는 아내와 여섯 명의 자식을 키워낼 방도가 없었다. 당시 대다수 영국 노동자 가족들이 그랬듯이 그의 둘째 아들 조지 스티븐슨은 철이 들기도 전에 가난이라는 굴레를 나눠 져야 했다. 조지 스티븐슨이 살던 집 근처에는 화물 마차가 끄는 트램 로드가 있었는데 동생들이 이 트램 로드로 접근하지 못하도록 막는 것이 그의 첫 번째 임무였다. 좀 더 자란 뒤에는 형과 함께 석탄 속에서 잡석과 불순물을 골라내며 일당 6펜스를 받았다. 석탄 마차를 운전할 정도가 되었을 때는 일당 8펜스를 받았다.[17] 열네 살에 일당 1실링의 화부 조수로 채용된 조지는 증기기관을 움직이는 기관사가 되는 첫발을 디디게 된다. 이때만 해도 조지 스티븐슨이 영국과 세계를 놀라게 할 철도의 아버지가 되리라고는 누구도 생각하지 못했을 것이다.

영국의 탄광에서 일하는 노동자들과 그 가족들은 양이나 소떼를 몰고 목초지를 찾아 떠나는 유목민처럼 여기저기 옮겨 다니며 살았다. 정착한 지역 탄광의 석탄 매장량이 동이 나면 새로운 탄광의 일자리를 찾아서 떠나야 했기 때문이다. 조지 스티븐슨의 가족들도 와일램 탄광-듀얼리 번Dewely Burn 탄광-미드밀 위닌Midmill Winnin 탄광-뉴번Newburn 탄광-워터 로Water-row 탄광을 전전했다.

새로 개장한 워터 로 탄광에 기관사로 채용되었을 때 조지 스티븐슨의 나이는 열일곱이었다. 어린 나이였지만 탄광에서 잔뼈가 굵은 그에게는 충분히 가능한 일이었다. 보수 면에서도 잡석을 골라내는 잡역부나 증기기관의 화부보다 대우가 나았기 때문에 가계에도 많은 도움이 되었다. 조지 스티븐슨이 이렇게 어린 나이에 기관사가 된 이유는 어려서부터 워낙 기계를 다루기 좋아했고 탄광에서 증기기관이 어떻게 작동되는지 계속 지켜볼 수 있는 일을 했기 때문이다. 열일곱 살의 소년 기관사는 탄갱 밑바닥에서부터 양수기가 제대로 물을 빨아들이는지, 증기기관이 고장 나지는 않는지 수시로 점검을 해야 했다. 당시 탄광에서 기관사의 별명은 '구멍 막는 사람'이라고 불렸다.[18] 탄갱의 수위가 낮아져 흡수관이 대기 중에 노출되면 흡입이 되지 않으므로 기관사는 수시로 탄갱 밑으로 내려가 흡수구를 막아야 했다.

조지 스티븐슨은 증기기관이라는 동력 장치의 매력에 흠뻑 빠져들었다. 작업이 중단되거나 쉬는 시간에는 부품을 일일이 분해해서 닦거나 작동 원리에 대해 고민을 했다. 그 덕분에 조지는 증기기관의 구조와 작동 방법을 손바닥 들여다보듯 파악할 수 있게 되었고, 심각한 고장도 스스로 해결할 수 있는 능력을 갖게 되었다. 주변의 동료들이나 탄갱의 노동자들로부터 대단하다는 칭송을 받는 것은 물론 고용주들도 문제없이 탄갱을 유지시키는 스티븐슨을 신뢰했다.

기관사가 된 후 증기기관에 대한 전문가로 거듭나고 소박하게나마 집안이 경제적 안정을 찾게 되자 열여덟 살의 조지 스티븐슨은 그동안 벼르던 일에 도전한다. 글을 배우기 시작한 것이다. 쉬는 시간이면 온 세계의 신기한 일들이 담겨 있는 신문을 읽어 주는 사람 주위에 둘러앉아 토끼처럼 귀를 쫑긋거리는 사람 중의 하나였던 스티븐슨은 기관을 제대로 이해하기 위해서라도 책을 읽어야겠다고 생각했다. 스티븐슨은 일주일에 세 번, 하루 1펜스라는 적지 않은 돈을 수업료로 내며 글 읽기·쓰기 야학을 다녔다. 배움에 굶주렸던 스티븐슨은 순식간에 읽기를 깨우치고 드디어 자기 손으로 자신의 이름을 쓰는 감격을 맛본다. 그의 나이 열아홉 살 때였다. 배움의 맛을 알아 버린 스티븐슨은 수학을 잘 가르친다고 소문난 앤드루 로버트슨Andrew Robertson이라는 스코틀랜드 출신의 교사가 연 야학에 입학해 수학을 배웠다. 저녁마다 로버트슨 선생을 찾아가 문제 풀이 숙제를 검사받고 새로운 숙제를 받아오는 일이 반복됐다. 늦게 배운 도둑질이 무섭다고 스티븐슨은 배움의 쾌락에 빠져 들었다. 이후 마른 솜이 물을 빨아들이듯 다양한 학문, 특히 설계나 제작 등의 기술을 익혀 전문가로 거듭나기 시작했다.

조지 스티븐슨이 처음으로 기관차를 만들어 시험 운행한 것은 1814년 7월 25일의 일이었다. 킬링워스Killingworth의 마차용 선로 위에 30톤의 화물을 실은 8량의 화차를 연결해 시속 6.5킬로미터의 속도로 오르막길을 올랐다. 조지 스티븐슨이 기관차 개발에 매달리기 전에 이미 여러 곳에서 적지 않은 사람들이 증기기관을 이용한 동력차를 만들었다. 리처드 트레비식Richard Trevithick은 1802년에 증기차에 대한 특허를 따내기도 했고 1804년에는 사우스웨일스의 머시어티드빌 선로에서 시험 운전을 하기도 했다. 그러나 실용화되지는 못했다. 가장 큰 이유는 무거운 증기기관을 장착한 기관차의 무게 때문이었다. 나무에 주철을 덧대거나 강도가 약한 주철로 만든 레일은 제대로 버텨 내지 못했고 훼손됐다. 와일램의 탄광을 소유했던 크리스토퍼 블랙킷Christopher Blackett은 1811년경 트레비식에게 석탄 운반용 기관을 주문했다. 그러나 그렇게 제작된 증기기관차는 무게가 6톤에 달했으며, 와일램의 선로 위에서 시험 운전을 막 시작하자마자 폭발해 산산조각이 났다. 이처럼 마차를 대신해 석탄을 운반할 수 있는 동력 장치를 만들기 위해 영국 곳곳에서 많은 시도가 이루어졌다. 그리고 이런 시도를 하는 사람 중에 가장 끈질기고 현명했던 사람이 바로 조지 스티븐슨이었다.

마차를 능가하는 증기기관의 탄생

이 당시 증기기관차를 만들어 실용화시키고자 했던 사람들은 최소한 말을 이용한 화물 수송 능력보다는 우월한 장치를 마련해야 했다. 그렇지만 스티븐슨이 킬링워스에서 시험한 기관차도 말의 능력과 비교해서 나은 점이 없었다. 일단 속도가 말보다는 빨라야 하는데 증기기관의 획기적인 개량 없이는 시속 5킬로미터의 평균속도를 유지하기 힘들었다. 기관차를 제작하고 유지하는 비용이 말을 유지하는 비용보다 적으리라는 보장도 없었다. 스티븐슨은 집요하게 기관차의 성능을 개량하기 위해 노력했다. 그는 증기기관차가 증기를 곧바로 내보냈던 방식을 고쳐서 연통을 이용한 증기 분사 방식을 적용했다. 지속적으로 씩씩거리는 소리를 내며 가축과 사람들을 놀라게 했던 증기기관차 대신 연통을 장착한 증기기관을 만들었다. 연통의 공기가 대기 중으로 수직으로 배출되면서 그 속도가 화실과 연통 내의 상승기류를 만들어 주어 기관의 동력이 두 배 이상 증가했다. 스티븐슨은 이전까지의 노하우를 바탕으로 완전히 다른 새로운 기관차를 만들었다. 이후 만들어진 모든 개량된 증기기관차는 이때 만들어진 기관차의 모습을 원형으로 간직하고 있다. 제대로 된 기관차의 모습을 갖게 된 이때의 형상은 어떤 것이었는지 잠시 살펴보자.

개량된 기관차는 화덕에서 나무와 석탄에 의해 데워진 고압 증기의 작용으로 실린더를 움직이는데, 기존의 것들과 달리 이 실린더와 바퀴를 직접 연결해서 효율성을 높였다. 또한 모든 바퀴에 '커넥팅로드'라고 불리는 수평의 지지대를 연결했다. 그 결과 바퀴마다 동력을 전달받아 더 큰 힘을 낼 수 있었다. 대기로 흘려보냈던 증기를 연통을 이용해 분사시킴에 따라 연료의 연소도 활성화되고 효율도 높아졌다. 드디어 제대로 달릴 수 있는 기계장치가 만들어진 것이다.

1825년 9월 27일, 드디어 영국에서 세계 최초의 정식 철도가 운행된다. 영국 중동부 스톡턴Stockton-달링턴Darlington 구간에서 조지 스티븐

조지 스티븐슨이 설계·제작한 기관차 로코모션 1호. 스톡턴-달링턴 구간에서 최초로 여객을 싣고 달렸다.

슨이 설계·제작한 기관차 로코모션 1호Locomotion No.1가 첫 기적을 울렸다. 스티븐슨이 직접 기관차를 몰고, 구경 나온 인파를 뚫고 등장했다. 이 최초의 열차는 석탄과 밀가루를 가득 실은 6량의 화물차, 스톡턴-달링턴 철도 회사의 간부들과 친구들을 태운 객차, 승객이 앉을 임시 좌석을 고정시킨 21량의 객차, 6량의 석탄 차가 마지막에 연결됐다.[19] 모두 38량의 객차와 화차를 연결한 기관차가 실험용 지원자 역할을 한 450여 명의 승객을 태우고 출발지인 브러셀턴 인클라인에서 65분 만에 14킬로미터 떨어진 달링턴에 도착했다. 시속 15킬로미터도 안 되는 보잘 것 없는 속도였지만 기관차 하나가 수백 마리의 말을 동원해야 끌 수 있는 무게를 운송하는 것은 당시에는 직접 보지 않고는 믿을 수 없는 일이었다. 열차가 도착하는 달링턴에는 이 진기한 광경을 보기 위해 구름처럼 모인 4만 명의 군중이 환호성을 지르며 새 시대를 축하했다.

스티븐슨 vs. 트레비식, 선구자의 엇갈린 운명

증기기관차를 선로에 올려 달리게 하겠다는 것은 트레비식의 신선하고 기발한 아이디어였다. 애초 트레비식이 만든 최초의 증기기관차는 당시 어디에서나 볼 수 있는 4륜 마차를 본따 만들어졌다. 도로용으로 만들어졌으니 '증기기관 자동차'라고 부르는 것이 더 맞는 말일 수도 있겠다. '트레비식의 용'이라고 불렸던 이 증기차는 특유의 파괴력과 굉음으로 남의 집 정원 울타리를 부순다든지 주변의 사람들에게 공포심을 불러일으키는 존재였다. 그러나 더 큰 문제는 영국의 도로 사정이 열악해 '트레비식의 용'이 제대로 달릴 수 없었다는 점이다. 이런 이유로 트레비식은 당시 석탄 수송용 마차가 운행되는 선로 위에 자신의 증기차를 달리게 할 아이디어를 떠올렸고 실행에 옮겼다. 그가 만든 기관차는 제법 무게가 나가는 짐을 싣고 속도도 낼 수 있었으나 시험 운행만 마치고 창고에 버려졌다가 광산으로 옮겨져 고정식 배수장치로 사용됐다. 기관차의 무게로 인해 주철 재질의 레일이 버티지 못하고 손상되어 제대로 달릴 수 없었기 때문이다. 트레비식은 기발한 아이디어와 도전정신으로 새로운 것들을 계속 만들어 냈지만 결국 철도의 탄생에는 제대로 기여할 수 없었다.

반면 조지 스티븐슨이 철도의 최고 전문가로 거듭나게 된 이유는 오직 그만이 철도의 가장 중요한 특성이 무엇인지 알았기 때문이다. 두 번째 기관차를 개발하면서 스티븐슨은 기관차만이 아니라 기관차가 달려야 하는 선로에도 눈을 돌렸다. 스티븐슨은 기관차가 수월하게 달리기 위해서는 무엇보다 선로가 제대로 만들어져야 한다고 생각했다. 제대로 된 선로라는 것은 단순히 강도만 우수해서 되는 것이 아니라 직진성과 평탄성도 중요하다는 사실을 인식했다. 그는 현대 철도 기술에서 선로 설계의 가장 중요한 요소들을 간파했던 최초의 사람이었다. 이때부터 스티븐슨은 선로와 기관차를 하나의 기계로 보았다. 기관차의 바퀴와 레일은 남편과 아내 같은 관계라고 틈날 때마다 강조하고 다녔다.[20]

이는 아주 중요한 사실이다. 이 관계가 훼손되면 기차는 트레비식의 초기 증기기관차가 그랬듯이 제대로 운행될 수 없다. 볼프강 쉬벨부쉬 Wolfgang Schivelbusch는 『철도 여행의 역사』에서 교통로와 그 위를 달리는 수단이 일체화된 것이 새롭게 등장한 철도의 가장 큰 특성이라고 말한다. 또한 그가 인용한 기욤 텔 푸생Guillaume Tell Poussin의 주장도 "철도를 구성하는 두 부분[철도가 달리는 표면과 동력] 사이에 조화가 항상 존재하기 위해서는 한쪽이 개선되면, 다른 한쪽도 그에 상응해 더 완벽해질 수 있도록 개선되어야만 한다."[21]라고 정확히 철도의 특성을 지적했다. 푸생이 이런 주장을 한 것은 1839년으로 철도가 유럽에서 막 기지개를 펴기 시작한 때였다.

철도 통합 시스템의 붕괴가 낳은 비극

과학기술이 발전한 현대에 이르러 열차와 선로의 관계는 스티븐슨이 살던 시절과는 비교할 수 없을 정로도 더 밀접해졌다. 선로를 이루는 장치들(레일, 신호체계, 전차선)이 열차와 지속적으로 결합되지 않으면 안 되기 때문이다. 철도에서는 시설 부분을 하부라고 하고 운영 부분을 상부라고 한다. 스티븐슨은 철도 시스템의 완결은 이 하부와 상부가 통합된 일체형이어야 함을 간파했다. 이런 상하 통합 시스템이 무너진 것의 결과는 참담하게도 스티븐슨의 모국 영국이 생생하게 보여 줬다.

철의 여인 대처가 강력하게 건 신자유주의 드라이브의 핵심 내용은 작은 정부, 무한 경쟁, 민영화였다. 대처리즘은 마침내 철도 민영화라는 종착역에 도착한다. 이윤과 수치적 성장이 보여 주는 성과가 다른 모든 것에 우선했다. 영국 철도의 민영화는 상부와 하부를 나누고 또 열차 운영을 담당하는 상부를 수십 개로 나눴다. 경쟁을 통한 효율화를 위해서였다.

스티븐슨이 남편과 아내 같아야 한다고 말했던 철도 시스템이 분리되자 결별한 부부는 원수가 되었다. 열차의 충돌을 막아 주는 자동 정지 장치를 설치하는 데 20억 파운드의 거금이 든다는 이유로 하부구조인 시설 부분을 담당하는 회사는 3억3천 파운드만 들여 열차 보호 경고 장치를 설치했다. 극히 일부 노선에만 고가의 자동 정지 장치가 설치되었는데 그중의 하나는 그레이트 웨스턴 사가 운행하는 런던 서부 사우스올Southall이라는 곳이었다. 더 황당한 일은 자동 정지 장치가 설치된 이 노선에서 1997년 급행열차와 화물열차의 충돌로 7명이 사망하는 사고가 발생한 것이다. 문제는 선로에서 보내 주는 자동 정지 신호를 수신할 수 있는 장치들이 열차에 제대로 설치되어 있지 않았기 때문이다.

1999년 31명이 사망한 래드브로크 그로브Ladbroke Grove 사고도 자동 정지 장치가 설치된 고속 구간이었다. 이 노선을 운행하는 템스 사는 자신들이 운영하는 열차에 선로에서 보내 주는 열차 자동 정지 신호를 수신할 수 있는 장치를 설치하지 않았다. 이유는 돈 때문이었다. '패딩턴Paddington 역 사고'라고도 불리는 래드브로크 그로브 사고 당시 충돌 직전 열차의 속도는 시속 128킬로미터가 넘었다. 민영화된 영국의 많은 철도 회사들의 대변인들이 시민들과 의원들의 항의나 질문에 대답하는 단골 멘트 중의 하나는 바로 이것이다. "비용 문제를 생각해야 합니다."

현대 철도에서 열차 충돌이나 탈선으로 수십 명이 사망하는 일은 좀처럼 일어나지 않는다. 그러나 영국에서는 세 건의 대형 사고를 포함해 여섯 번의 사고로 56명이 목숨을 잃었다. 모두 민영화 이후에 벌어진 일이다. 철도의 시설과 운영은 한 몸이라는 스티븐슨의 철학을 팽개치고 경쟁을 도입해 벌어진 일이었다.

철도의 대성공과 운하의 몰락

증기로 화물 마차를 움직인다고? 당신 미쳤군!

어쩌면 철도 종주국의 자리는 영국이 아닌 프랑스가 차지할 뻔했다. 앞서 이야기했듯이 증기를 이용해서 기계를 작동시키려는 생각들은 곳곳에서 일어났다. 프랑스의 살로몽 드 카우스Salomon de Caus도 그중의 하나였다. 특히 증기기관을 이용해 운송 수단을 만들면 되겠다는 생각을 품었다. 이때가 1640년경이었다. 살로몽 드 카우스는 시대를 잘못 타고난 불운한 사람이었다. 살로몽이 확신을 갖고 증기를 이용한 육상 교통을 이야기할수록 사람들은 그를 미치광이 취급했다. 자신의 발명이 얼마나 위대한지에 대한 보고서를 작성해 노르망디에서 직접 왕을 찾아갔던 살로몽은 궁전에서 문전박대를 당했다. 살로몽은 이번에는 추기경을 찾아가 증기로 화물 마차를 움직이는 방법을 설명했다. 추기경은 콧방귀를 뀌고 마귀 들린 이 정신 나간 인간을 쫓아냈다. 살로몽은 자신의 엄청난 계획을 이해하지 못하는 사람들을 안타까워하며 계속 추기경을 쫓아다녔다. 추기경은 스토커처럼 귀찮게 구는 살로몽을 파리의 비세트르 정신병원에 가두었다. 정신병원에 갇힌 그는 사람이 보이기만 하면 창살에 매달린 채 소리를 질렀다. "난 미치지 않았어! 정말

이야! 조국을 부강하게 만들 수 있는 발명을 한 것뿐이라고!"

정신병원의 관리인들은 가끔씩 병원을 방문하는 사람들에게 살로몽의 이야기를 해 줘야 했다. "아, 그거요? 쓸데없는 물건이지요. 당신은 상상도 못할 겁니다. 물을 끓이면 나오는 증기를 이용한다는군요."[22]

대중들은 종교나 권력을 그 시대의 가장 현명한 이성으로 착각하곤 한다. 하지만 역사 속에서 드러나는 실상은 그렇지 못한 경우가 허다하다. 이제 증기기관을 이용한 교통수단의 등장은 영국의 몫이 되었다.

석탄 생산의 증가와 새로운 운송수단의 필요

스톡턴-달링턴 구간의 철도는 우연과 필연과 행운이 교차하면서 만들어졌고 대성공을 거둔다. 스톡턴과 달링턴의 탄광 지대에서는 증가하는 석탄 생산량을 감당할 운송 수단이 절실히 필요했다. 운하를 통한 뱃길이 있었지만 수요를 감당하지 못했고, 운하 운송업자들의 횡포도 울며 겨자 먹기로 참아야 했다. 석탄 생산자들과 판매 상인들은 새로운 대안을 찾아야 했다. 이들의 대행자로 에드워드 피스Edward Pease라는 사람이 나섰다. 스톡턴과 달링턴 지대의 석탄 수송을 감당하기 위해 두 지점을 잇는 철도 건설 사업을 위한 법안을 제출한 것이다. 철도 건설 법안이 순조롭게 통과되지는 않았다. 운하 운송업자들의 반대가 심했기 때문이다. 심지어 일부 의원들은 운하 운송 회사의 소유주이기도 했다. 그러나 늘어만 가는 생산량을 감당할 운송 수단의 필요성 때문에 가까스로 스톡턴-달링턴 구간의 대체 운송 수단 설치 법안이 통과된다.

법이 통과되었지만 피스는 무엇을 어떻게 해야 할지 모른 채 헤매고 있었다. 그는 당시 쉽게 눈에 띄었던, 목재 선로 위에서 말이 끄는 트램웨이를 생각하고 있었다. 그가 곤경에 처해 있을 때 등장한 구원투수가

말이 끄는 트램의 모습(1893)

바로 조지 스티븐슨이었다. 스티븐슨은 기관차와 선로에 대해 당시 그 누구보다 뛰어난 기술과 식견을 갖고 있었다. 1821년 어느 날 피스는 자신의 집 문을 두드리는 두 사내의 방문을 받았다. 한 사람은 스톡턴-달링턴 궤도 법안이 통과된 사실을 알고 이 철도 건설 사업에 참여하고자 찾아온 조지 스티븐슨이었고, 또 한 사람은 니콜라스 우드Nicholas Wood였다. 니콜라스 우드는 수줍음을 많이 타는 스티븐슨의 '뻴쭘함'을 완화시켜 줄 친구로서 피스의 집을 찾았다.

피스는 조지 스티븐슨과의 운명적인 만남으로 안개 속을 벗어나 새로운 희망을 갖게 된다. 스티븐슨은 자신이 킬링워스에서 운행하는 기관차가 말 50마리의 견인력을 갖고 있다고 피스에게 설명하고는 직접 눈으로 확인할 것을 당부한다. 스티븐슨은 사실 애가 탔다. 왜냐하면 그가 기관차로 화물 마차를 견인할 수 있다고 말할 때마다 사람들은 앞서 이야기한 프랑스의 살로몽 드 카우스처럼 몽상가 취급을 했기 때문이다. 당시에는 증기기관을 이용하더라도 바퀴를 단 기관차가 객차를 끄는 것이 아니라, 증기기관을 선로의 한 끝에 고정시켜 로프를 이용해 당기는 것이 유용하고 이마저도 말을 이용할 수 없는 상황에서나 필요한 것이라는 고정관념이 일반적이었다.

스티븐슨은 하원의 특별위원회에서, 철도의 운행 방식에 있어 동력을 가지고 스스로 움직이는 기관차를 이용해 효율성을 높이자는 안을 법안에 추가해야 한다고 주장했지만, 단번에 거부됐다. 일반 사람들로부터 비웃음을 받았고 전문가를 자처하는 이들로부터는 노골적인 비난을 당했다. 스티븐슨의 움직이는 기관차 이야기는 신문에도 실려 웃음거리로 조롱당했지만 새로운 논쟁을 여는 계기가 되었다. 그는 자신이 운행하고 있는 킬링워스 탄광의 기관차를 본다면 사람들의 생각이 바뀔 거라고 확신했다. 스톡턴-달링턴 노선의 기획자인 피스도 다르지 않으리라 생각했다.

피스는 스티븐슨을 만나서, 그동안 전진을 가로막았던 수많은 장애물들을 하나씩 제거해 갈 수 있었다. 킬링워스에서 스티븐슨의 기관차를 직접 본 뒤에는 기관차가 끄는 철도의 신봉자로 거듭났다. 1823년 스톡턴-달링턴 철도의 수정 법안에는 확신에 찬 피스의 요구가 관철됐다. 수정안에 추가된 내용은 스스로 동력을 갖고 움직이는 기관차를 도입하고, 화물만이 아니라 승객도 수송을 하는 철도를 만든다는 것이었다. 스티븐슨은 지지부진하던 철도 건설에 새로운 추진력을 불어넣었다.

철도의 궤도 간격 : 마차의 유전자를 이어 받다

세계 최초의 대중교통용 철도인 스톡턴-달링턴 철도는 이후 건설되는 철도의 표준이 되었다. 그중에서도 선로의 궤간은 오래된 관습과 우연이 합쳐져 결정되었다. 선로의 궤간이란 두 줄로 이어진 선로의 간격을 말하는 것으로 이 위에 기차의 바퀴가 놓이게 된다. 궤간이 결국 기차의 크기 등 많은 기술적 요소들을 좌우하게 되는 셈이다. 그런데 이런 궤간을 결정하는 데에는 별다른 고민이 없었다. 이미 말이 끄는 수많은 트램 로드의 궤간이 있었기 때문이다. 이 트램 로드는 영국에서 운행되는 일반적인 마차 바퀴의 폭을 따랐는데, 영국에서 마차는 두 마리의 말이 끄는 것을 기준으로 했고, 견인 능력을 키우려면 두 마리나 네 마리를 종으로 더 연결시켰다. 한때 고급 자동차를 이야기할 때 배기량의 크기가 기준이 되듯이 당시 영국에서는 말의 마릿수로 고급 마차와 일반 마차가 갈렸다. 말하자면, 영국 상류층 여성들은 여섯 마리의 말이 끄는 고급 마차를 타고 결혼식장으로 가는 것을 꿈꾸었다.

마차에 말을 두 마리를 연결하든 네 마리를 연결하든, 두 마리를 기준으로 앞뒤로 달리게 했기에 마차의 바퀴 폭은 말 두 마리의 엉덩이 폭에 영향을 받을 수밖에 없었다. 영국에서는 이것을 기준으로 1.4미터의 폭으로 마차 바퀴 간격을 표준화시켰다.● 하지만 원래 일반적인 궤도는 협궤에서 시작했다. 궤도가 널리 사용되었던 곳은 탄광이었는데, 탄광에서 채굴한 광물을 옮기기 위해서는 궤도가 그 무엇보다 효율적이었다. 굴속에서 캔 석탄을 등짐으로 옮기는 것보다 궤도를 깔고 그 위에 운반차를 올려 미는 것이 훨씬 편했기 때문이다. 비좁은 탄광 갱도에서 궤도를 놓으려다 보니 궤도 폭은 좁을 수밖에 없었다. 갱도의 석탄 더미들은 굴 밖으로 나와 야적장까지 이어진 궤도를 이용해 운반됐다. 사람

● 오늘날 시내 곳곳에 자동차 경정비 업소가 있듯이, 영국 곳곳에는 마차 수리 업소가 있었다. 이곳에서는 부서진 차체와 바퀴의 수리, 마차에 다는 각종 액세서리나 운행에 필요한 채찍 등을 판매했는데, 이런 정비소들이 효율적으로 운영되기 위해서는 마차의 각종 부품과 부분들이 표준화되어야 했다.

들이 사용할 수 있는 형태의 탄으로 재탄생되기 위해 잡석을 골라낸 석탄은 다시 마차나 트램 마차 길을 이용해 운반되었다.

결국 영국 철도의 표준 궤간은 철도에 대한 기술적 고려나 미래 예측, 그리고 가장 적절한 치수인지와는 무관하게 우연히 정착되었다. 영국의 표준적인 마차 바퀴의 폭, 또는 초기의 석탄 운반용 트램 로드가 표준 궤간을 결정한 것이다. 정확히는 1,435밀리미터인데 이것이 철도의 국제 표준궤로 정착됐으며, 이보다 좁을 경우를 협궤, 넓을 경우를 광궤라고 한다.

철도의 궤도 간격은 상당히 중요한 의미를 가진다. 철도가 확장되던 시기에 궤간의 결정은 논란의 중심에 있었다. 건설비용부터 수송 능력까지 철도의 많은 것들에 영향을 끼쳤기 때문이다. 동아시아에서 철도를 처음 도입한 일본의 경우 전체 노선을 협궤로 건설했다. 반면 일본의 주도로 부설된 한국 철도는 표준궤로 건설되었다.

당연히, 일본이 식민지 조선의 철도를 건설함에 있어서 궤간을 어떻게 정할 것인가를 둘러싸고 일본 내에서도 심각한 논란이 일었다. 협궤와 표준궤를 놓고 정부와 군부, 재계, 정치계가 각자의 입장에서 팽팽한 줄다리기를 했다.● 결과적으로 표준궤로 정해졌는데, 일본은 만주를 통한 동아시아 침략과 식민지 수탈의 효용성 면에서 표준궤가 유리하다고 판단했던 것이다. 이후 표준궤로 건설된 조선 철도는 만주와 중국으로 진출할 수 있었다.●● 반면 같은 식민지였지만 바다로 둘러싸여 대

● 조선 철도 궤간 설정을 둘러싼 일본 내 논의에 대해서는 이 책 339-342쪽을 참조.

●● 그러나 러시아와의 국경에서는 일단 발을 멈춰야 했다. 러시아는 1.5미터 폭의 광궤를 썼기 때문에 객차 밑의 바퀴를 고정시키는 대차라는 장치를 모두 바꿔야만 러시아 철도를 이용할 수 있다.

륙으로 진출할 수 없는 타이완의 경우 일본은 한 치의 고민도 없이 협궤로 철도를 건설했다.

스페인의 경우에는 철도 건설 당시 광궤를 채택했다. 나폴레옹 군대의 침략을 경험한 스페인으로서는 프랑스 철도와 같은 표준궤를 선택할 경우 철도를 이용한 대규모 군사 이동으로 또다시 침략을 당할 가능성이 있다는 이유에서였다. 유럽과의 오랜 악연을 갖고 있던 러시아도 마찬가지로 광궤를 채택했다. 미국에서는 남북전쟁에서 승리한 연방정부가 전쟁이 끝나자마자 궤간이 달랐던 남부의 철도망을 북부의 궤간으로 통일시켰다.

궤도는 컴퓨터의 운영체제에 빗대어 말할 수 있는데, 동일한 운영체제가 아니면 호환될 수 없는 것과 마찬가지다. 즉, 프랑스가 마이크로소프트 사의 윈도우라는 운영체제를 사용했다면, 이 네트워크와의 연동성을 차단하기 위해 스페인은 애플의 운영체제를 선택한 꼴이었다. 군사적 위험이 사라진 지금, 스페인은 새로 개통된 고속철도 노선은 표준궤로 해 유럽 철도의 네트워크에 결합했다. 이처럼 궤간의 결정은 역사적 경험과 경제력, 사회 문화적 환경에 따라 나라마다 다양하게 이루어졌다.

운하업자들의 방해와 철도의 성공

다시 스톡턴-달링턴의 이야기로 돌아가 보자. 스톡턴-달링턴 철도의 성공에는 아이러니하게 이 철도의 실패를 간절히 바랐던 사람들도 한몫 기여했다. 법안이 의회에 제출될 때 존 조지 램턴John George Lambton 공작은 한 가지 조항을 끼워 넣었다. 철도로 석탄을 수송할 때 톤당 요금을 1.5페니로 제한한다는 조항이었다. 이는 선덜랜드를 중심으로 한 중북부의 항구에서 석탄을 선적하는 자신의 운하 사업을 지키기 위해서였다.[23] 이 운하를 통해 배로 운반되는 석탄은 톤당 4펜스를 받았는데 1.5페니로 철도 화물 요금을 제한하면 스톡턴-달링턴 철도 회사는 곧 망하고 말 것이라는 계산이 깔린 술수였다.

철도 회사조차도 톤당 1.5페니의 요금으로는 도저히 수지 타산을 맞출 수 없다는 낭패감이 자리 잡았다. 운하 사업자들은 철도 회사를 비웃으며 개통과 함께 파산할 운명인 철도에 애도를 표했다. 철도 회사는 궁여지책으로 운송 수입보다는 역에서 석탄을 판매하는 방식으로 손실을 막으려는 계획까지 세웠다. 운하의 보조 수단으로 사용될 노선에서 1.5페니라는 형편없이 낮은 요금으로 수익을 낼 수 있으리라고는 감히 생각도 하지 못했다.

그러나 스톡턴-달링턴 구간의 철도 운행이 시작되자 천지개벽할 기적이 일어났다. 운하보다 훨씬 빠르게 달리는 철도는 금방 운하를 대체했다. 예상 수요는 무용지물이 되었다. 철도의 효용성을 눈으로 확인한 사람들은 앞다투어 철도로 몰려들었다. 게다가 톤당 1.5페니의 싼 요금은 철도로 화물을 불러들이는 블랙홀이 되었다. 비록 문제가 있더라도 싼 요금 때문에 철도를 이용하려고 마음먹었던 사람들은 운하보다 훨씬 빠르고 편리한 철도에 푹 빠져 버렸다. 스톡턴과 미들즈브러Middlesbrough로 운반되는 석탄의 양은 폭발적으로 늘었다. 배를 이용한 연간 운송량이 1만 톤을 겨우 넘겼지만 철도로 운반되는 석탄의 양은 50만 톤을 넘었다. 철도가 개통되자 망한 것은 철도 사업자가 아니라 운하 사업자였다.

승객 수송도 예측이 빗나가기는 마찬가지였다. 스티븐슨이 '익스페리먼트'Experiment라고 이름 붙인, 낡은 역마차를 구입해 개조한 객차는 이를 타려는 사람들로 인산인해를 이루었다. 익스페리먼트 호는 한국전쟁 당시 피난민을 태웠던 객차처럼 객차 안팎에 달라붙은 사람들로 인해, 멀리서 보면 고슴도치처럼 보일 정도였다. 익스페리먼트 호가 목적지에 도착해 승객이 내릴 때면 집회가 해산되어 사람들이 흩어지는 모양 같았다는 목격담도 있다.[24] 이후 영국에서 승객 수송용 객차는 익스페리먼트라는 이름으로 불렸다. 스톡턴-달링턴 철도 덕분에 새로운 도시도 탄생했다. 좀 더 넓은 석탄 야적지를 갖춘 항구가 필요했던 피스는 새로운 철도 노선을 통해 벌어들인 돈으로 스톡턴 옆 미들즈브러 지역의 허허벌판을 사들였다. 미들즈브러는 단 몇 년 만에 영국 북동부 해안의 가장 중요하고 번화한 항구도시로 성장했다.

스톡턴-달링턴 철도는 비록 최초의 철도이기는 하지만 현재 철도의 모습과는 많은 차이가 있다. 당시에는 누구라도 일정한 요금을 지불하면 이 궤도 위에 마차를 올려놓고 이용할 수 있었다. 스티븐슨이 제작한 로코모션 호가 끄는 열차는 앞에서 달리는 마차를 향해, '칙칙폭폭' 증기가 내뿜는 소리로 압박하며 달렸다. 이 열차 뒤를 따라서 또 많은 마차들이 달렸다. 기관차가 화차와 객차를 연결해 달릴 때면 선로 변으로 많은 구경꾼들이 몰려들었다. 아이들은 증기기관차가 내뿜는 수증기를 덮어쓰고, 길게 늘어진 기차를 따라 달렸다. 초기 철도 시대의 재미있는 풍경이었다.

세계 최초의 기관차 경주 대회

디킨스와 마르크스의 가상 중계

지금부터 독자들에게 몇 가지 질문 들어가겠다.

기차 경주 대회, 보거나 들어 본 사람?

자가용 기차를 본 사람?

기차쇼에 참관해 본 적 있는 사람?

인류가 만든 교통수단 가운데 공공 교통의 역할만 수행하는 것은 철도가 유일하다. 자동차나 비행기, 배 모두 대부분 상업용으로 운행하며 개인이 소유한 자가용도 있다. 더 나아가 에프원F1 자동차 경주나 비행기의 에어쇼처럼 스포츠나 레저의 영역까지 진출해 있다. 그렇다면 이렇게 철도를 다른 교통수단과 구별하도록 하는 근본적인 차이는 무엇일까?

정해진 궤도를 달리는 철도는 경쟁이 불가능하다

교통수단 중 철도만이 궤도라는 시설 위에 존재한다. 자동차는 교통로인 도로 위에서 운전자의 자유가 완벽히 보장되는 시스템이다. 앞에 가는 차가 늦게 간다면 운전자는 이 차를 앞질러 갈 수 있다. 심지어 도로 바깥으로 나갈 수도 있다. 출근길 자동차들이 수시로 차선을 바꾸는 것은 특별한 일이 아니다. 정규 항로가 있는 비행기나 배 역시 운항 공간에서의 자율성이 보장된다. 그러나 철도는 정해진 궤도 위에서 순차적으로 운행할 수밖에 없는 근본적이면서 구조적인 문제를 안고 있다. 철도는 교통로와 운행 수단이 완전히 결합된 폐쇄적 시스템인 것이다. 이런 이유 때문에 철도에서는 시장경제에서 말하는 자유경쟁이 불가능하다. 국토교통부가 수서발 케이티엑스 경쟁 체제를 도입하겠다며 예를 들었던 서울지하철의 서울메트로와 도시철도공사는 사실 경쟁하지 않는다. 경쟁은 선택의 자유가 보장되어야만 성립될 수 있다. 서울지하철을 이용해 천호동에서 광화문을 가기 위해서는 도시철도공사가 운행하는 5호선을 타지 않으면 안 된다. 어디서 경쟁이 발생하는가?

경부고속도로 서울-부산 간을 이용하기 위해 서울의 톨게이트를 지나서 부산까지 달리는 자동차 운전자는 어떤 신호에도 제한 받지 않는다. 신호등조차 없다. 반면 서울역에서 부산역까지 운행하는 열차는 수백 개에 이르는 신호 시스템의 제어를 받는다. 각각의 신호는 선로에 설치된 장치에 의해 운행되는 열차에 전달된다. 선로에서 온 신호를 수신한 열차는 이에 조응해 열차의 속도를 제어하며 앞 뒤 열차와의 간격을 조절하고 정차할 역의 선로를 배정받는다. 열차가 다른 교통수단에 비해 탁월한 안전성이 보장되는 것은 운전자의 자율 의지가 최대한 배재된 채 촘촘한 신호체계에 의해 제어되기 때문이다. 열차의 기관사는 단순한 운전자가 아니라 선로가 보내는 신호에 열차를 조응시켜 주는 '오퍼레이터'의 역할을 수행하는 사람이다. 기관사는 신호 시스템을 기초로 하여 눈, 비나 안개 등 기후 조건에 따른 선로의 상태와 열차의 길이와 무게 등을 종합적으로 판단해 운전하게 된다. 이런 특성으로 인해 철도는 선로와 그 위를 달리는 기차, 이를 종합적으로 통제하는 관제실의 삼위일체가 무엇보다 중요하다.

19세기 영국에서, 기관차 경주 대회가 열리다

이쯤에서 고백하자면 사실 철도 경주 대회가 열린 적이 있다. 정확히 말하면 기관차 경주 대회인데 영국의 자본주의가 막 폭발하는 바로 그 시절이었다. 조지 스티븐슨의 주도로 개통된 스톡턴-달링턴 구간의 철도가 대성공을 거두자 철도를 보는 눈이 달라졌다. 눈코 뜰 새 없이 성장하는 산업을 뒷받침할 교통수단이 절실히 필요한 도시가 있었으니 바로 리버풀Liverpool과 맨체스터Manchester였다. 리버풀-맨체스터 구간의 철도 건설이 결정되고 이것을 어떻게 운영할 것인지에 대한 논의가 봇물처럼 터져 나왔다.

그러나 스톡턴-달링턴 철도의 성과에도 불구하고 기관차가 끄는 형태는 다수의 지지를 얻지 못했다. 리버풀과 맨체스터 사이에 21개의 고정 증기기관을 설치하고 로프를 연결해서 객차를 견인하자는 주장이 나오기도 했다. 아직 시속 10킬로미터 정도에 불과한 기관차의 견인력에 대한 의구심이 여전했던 것이다. 철도 건설을 맡은 회사는 혼란 속에서도 책임자인 스티븐슨을 믿었다. 하지만 많은 기술자들과 속칭 전문가들이 스티븐슨의 능력에 문제를 제기했기에 새로운 돌파구가 필요했다.

회사는 기관차 운행에 의구심을 갖는 사람과 기관차가 반드시 열차를 끌어야 한다는 사람들의 대립된 주장 속에서 기발한 제안을 한다. 기관차의 우수성을 보여 주기 위해 5백 파운드라는 거금의 상금을 걸고 기관차 경주 대회를 개최하겠다는 것이었다. 스티븐슨은 5백 파운드의

레인힐에서 열린 기관차 경주 대회 모습. 경주에서 승리한 로켓 호가 앞쪽에, 실패한 노벨티(왼쪽)와 상파레이 호(오른쪽)가 뒤쪽에 있다.

상금보다 이 대회의 우승자가 리버풀-맨체스터 구간의 기관차로 선택될 것임을 잘 알았기에 자신이 새로 제작하는 기관차 로켓 호The Rocket를 완성하는 데 심혈을 기울이게 된다. 이제 대회가 열리는 1829년 10월 레인힐Rainhill이라는 곳으로 가 보자. 마이크를 현장으로 넘긴다.

중계차 나와 주세요!!

디킨스 ı 안녕하십니까? 21세기 한국의 시민 여러분! 여기는 현지 시각 1829년 10월 6일 인류 역사상 최초로 기관차 경주 대회가 열리는 영국 리버풀 인근의 레인힐입니다. 저는 역시 인류 역사상 최초로 시공간을 뛰어넘는 실황 중계를 맡은 아나운서 찰스 디킨스Charles Dickens입니다. 오늘 해설에는 늘 이곳 맨체스터와 리버풀의 발전 상황에 주목해 오셨으며, 또 철도가 이 지역에서 앞으로 커다란 역할을 할 것이라는 주장을 펼치실 예정인 카를 마르크스Karl Marx 선생님을 모셨습니다. 안녕하십니까? 마르크스 선생님!

마르크스 ׀ 예! 안녕하십니까? 카를 마르크스입니다.

디킨스 : 먼저 한국의 독자들을 위해서 오늘 기관차 경주 대회가 갖는 의미를 간단히 설명해 주시죠.

마르크스 ׀ 리버풀과 맨체스터는 영국에서 자본주의의 확산을 폭발시키는 발화점과 같은 도시입니다. 아시다시피 리버풀은 아프리카에서 노예사냥으로 잡혀 온 노예의 집결지로, 유럽과 아메리카 대륙을 연결시켜 주는 노예 중계 무역의 본산이었습니다. 또한 영국 식민지 무역의 전진기지로서 오래전부터 고속 성장을 했던 곳이고요. 맨체스터는 새로운 공업 도시로 거듭난 곳입니다. 특히 맨체스터 지역은 영국이 폭력적으로 농촌을 해체시키고 방직 산업을 발전시킨 인클로저 운동의 결과로 나타난 도시지요.

한마디로 자본의 본원적 축적이 이루어진 과정이 담긴 도시입니다. 농촌에서 쫓겨난 농민들이 맨체스터의 방직공장에서 노동자로 다시 태어나 프롤레타리아트로 전환된 곳입니다. 워낙 많은 농민들이 유입돼서 일자리가 없는 실업자들이 공장 옆 공터나 트래퍼드 공원에서 맥주 내기 축구 시합으로 시간을 때우는데요, 이러다가 맨체스터는 축구와 술주정꾼으로 유명한 도시가 될지도 모르겠습니다.

어쨌든 리버풀과 맨체스터 이 두 곳의 결합은 영국의 공업 생산과 해외무역이 결합하는 아주 중요한 지점인데요, 이것을 이어 줄 교통수단으로서 철도가 부설되는 것은 상당한 의미가 있다고 봅니다. 철도는 인류가 이제껏 경험해 보지 못한 신화적 힘을 갖는 교통수단으로 발전할 것이 확실한데요. 그 첫 장을 여는 기관차를 선정한다는 점에서 이번 대회는 역사적으로도 아주 중요한 의미를 갖는다고 볼 수 있습니다.

디킨스 | 리버풀과 맨체스터 구간까지 길이는 어느 정도인지, 그리고 현재까지의 공사 진척 상황을 좀 설명해 주시죠.

마르크스 | 양 구간은 약 45킬로미터로 한국에서 최초로 개통될 노선인 노량진-제물포 구간의 33킬로미터에 비하면 좀 더 긴 거리입니다. 걸어 다니는 노동자들은 일반적으로 이틀에서 삼일이 걸리고요, 급행 역마차를 이용할 경우 하루에 약간 못 미치는 시간이 걸립니다. 이것을 철도로 연결할 때 과연 얼마나 걸릴지가 관건인데요, 이번 대회 결과로 소요 시간을 추정할 수 있습니다. 이미 스톡턴과 달링턴에서 기차가 운행되고 있기는 하지만, 15킬로미터도 채 안 되는 짧은 거리라는 점에서, 본격적인 영국 철도의 장을 여는 것은 이 리버풀-맨체스터 철도 노선이 될 것입니다. 현재 리버풀 쪽의 선로는 건설이 된 상태이고요, 이번 경주 대회도 리버풀-맨체스터 구간 중에 건설이 완료된 구간인 이곳 레인힐에서 열리게 된 것입니다. 전체 개통은 일 년쯤 뒤에 이뤄지리라 예측됩니다.

디킨스 | 저희가 경마나 마차 경주 대회는 본 적이 있지만 기관차 경주 대회는 처음 경험하는 건데요. 경주 방식이나 규칙은 어떻게 되는 건가요?

마르크스 | 경마처럼 여러 말들이 동시에 달리는 방식은 철도의 특성상 불가능하고요. 스키 활강 대회처럼 순번대로 일정 구간을 달려 기관차의 성능을 테스트하는 방식으로 열리게 됩니다. 대회 조직위원회의 규정에 따라 이미 10월 1일 이곳 레인힐의 리버풀 쪽 선로에 기관차를 설치해서 경주를 준비해야 했는데요. 유럽 전역에서 참가자들이 몰렸지만 실제로 열 대의 기관차만이 준비를 마쳤습니다. 그리고 예선이라 할 수 있는 사전 테스트에서 정상 작동을 하지 못한 기관차 다섯 대가 탈락하고 다섯 대만 최종 결선에 나선 상황입니다.

디킨스 | 네. 벌써 절반의 출전 선수들이 탈락한 셈인데요. 결선은 어떤 방식으로 진행되나요?

마르크스 | 예. 피겨스케이팅처럼 반드시 구현해야 할 항목들이 있습니다. 예를 들면, 기관차 무게의 세 배 이상이 되는 차량을 연결하고 시속 16킬로미터 이상의 속도를 내야 합니다. 또한 이 경주 대회 구간이 3킬로미터 정도 되는데요, 이 구간을 20회 이상 왕복해야 하며, 112킬로미터 이상의 운행 거리를 달성해야 합니다. 또 권투처럼 계체량도 통과해야 하는데요, 기관차 무게는 6톤 이하여야 하고 높이는 연통 꼭대기까지 4.5미터를 넘으면 안 됩니다.

디킨스 | 마르크스 해설 위원의 말씀을 들어 보니 규칙이 상당히 복잡한 경주입니다. 저는 잠시 이곳의 풍경을 전해 드리겠습니다. 저희가 있는 중계석은 열차가 리버풀 쪽으로 달리는 출발점에서 약 3백 미터 떨어진 곳에 있습니다. 경주 구간 총 길이가 3킬로미터 정도 되기 때문에 최종 도착 지점은 이곳에서는 잘 보이지 않습니다. 설령 보인다 하더라도 경주를 보기 위해 모여든 관중들에 가려서 제대로 보기는 힘든 위치입니다. 출발 지점을 비롯해 선로 변에는 만약의 사태를 대비해 수백 명의 경찰이 동원돼서 질서를 유지하고 있는 모습이 보이고요. 너무 많은 인파들로 경찰 병력 증원이 요청된 상태입니다. 다시 마르크스 해설 위원님과 대화를 나눠 보겠습니다.

대회가 시작되기 전에는 출전 기관차들이 레인힐에 전시돼서 많은 사람들의 관심을 끌었는데요. 이런 모습은 영국에서 처음 있는 일이지요?

마르크스 | 그렇습니다. 영국에서뿐만이 아니라 세계 최초입니다. 인간이 연료를 연소시켜 작동할 수 있는 기계장치를 만든 것은 얼마 안 된 일인데요, 현대 과학기술의 놀라운 발전이 움직이는 기계를 만드는

로켓 호

데까지 왔습니다. 세상이 얼마나 더 급속히 발전할지는 아무도 모릅니다. 이번에 출품된 기계들은 모두 훌륭한 듯 보입니다. 원래 증기기관은 탄광이나 방직공장 같은 곳에 설치된 고정 자본이었지요. 중요한 생산 수단인데요, 여기에 노동자들의 노동이 더해져야만 새로운 가치가 창출됩니다. 애덤 스미스Adam Smith도 이야기한 노동 가치이지요. 이런 고정자본에 발이 달린 모습으로 기관차들이 지난 며칠 동안 레인힐에 전시되었습니다. 마치 그리스 신화에 나오는 거대한 신들처럼 보였습니다. 이 기관차들이 자본주의를 더욱 발전시킬 것입니다. 공장에서 만들어진 상품은 결국 교환되어야 하는데요, 철도는 이 교환을 상상을 초월할 정도로 많이, 그리고 광범위하게 보장할 것입니다. 자본주의가 자신의 생산양식이 창출하는 엄청난 생산량을 감당할 수 있는 교통수단을 비로소 갖게 된 것이죠.

디킨스 ı 앗, 말씀 드리는 순간 출발 지점을 떠난 기관차가 눈에 들어오고 있습니다. 천둥 같은 소리를 내며 연통으로는 구름을 만들어 내듯이 연기를 뿜어 올리며 성난 코뿔소처럼 달려오고 있습니다. 아, 도색으로 봐선 코뿔소가 아니라 얼룩말 같군요. 노랑과 검정색으로 칠해진 차체에 하얀 굴뚝이 돋보입니다. 아, 아, 이런 장관은 제 평생 처음 봅니다. 관중들의 함성이 점점 더 커지고 있습니다. 어떻게 저토록 거대한 쇳덩어리가 달릴 수 있는지, 눈으로 보면서도 믿기 어려운 광경입니다. 지금 달려오는 기관차는 어떤 팀인지 설명해 주시죠.

마르크스 | 예, 지금 달려오는 기관차는 결선 세 번째 주자인 로켓 호입니다. 로켓 호를 운전하는 선수는 조지 스티븐슨으로 기관차 제작의 달인으로 불리는 사람입니다. 제가 전시 과정에서 로켓 호를 보면서 잠시 조지 스티븐슨 선수와 이야기를 나눈 적이 있는데요, 다른 출전 기관차들도 상당히 훌륭하지만 자신의 로켓 호는 이 중 최고라고 자신만만한 태도를 보였습니다. 지금 달리는 모습을 보니 그런 자신감이 이해가 됩니다.

철도의 나라 영국, 해가 지지 않는 나라가 될 것

디킨스 | 예, 벌써 눈 깜짝 할 새에 저희 중계석 앞을 지나쳐 지금 시야에서 사라져 가고 있습니다. 선로 변의 관중들, 거의 괴성에 가까운 소리를 지를 정도로 환호가 대단한데요. 언뜻 눈으로 봐도 마차보다 훨씬 빠르게 보입니다. 해설 위원님이 보기에 속도가 어느 정도인 것 같습니까?

마르크스 | 저도 지금 제 눈을 의심하고 있는 중입니다. 대회 규정에 따르면 평균 시속 16킬로미터 이상을 내야 한다고 하지 않았습니까? 시속 16킬로미터면 우편 배낭을 잔뜩 싣고, 객실에 사람을 태운 채 말 네 마리가 끄는 역마차 정도의 빠르기인데요. 지금 속도는 최소한 두세 배가 아닌가 생각됩니다. 공식 측정 기록이 나오면 정확히 알 수 있겠습니다만, 이전의 기관차들이 갈수록 속도가 떨어지거나, 뒤에

상파레이 호

화차를 연결하면 잘 달리다가도 움직이지 못했던 것에 비하면 대단한 모습입니다. 제가 보기에는 갈수록 속도가 더 붙는 것 같습니다.

디킨스 | 방금 기록원들이 전달한 내용에 따르면 로켓 호의 최고 속도가 시속 47킬로미터로 나왔다고 하는데요, 이게 어떤 의미인지요?

마르크스 | 예, 지금 뒤에 기관차 무게의 세 배에 이르는 화차를 연결하고 달렸거든요. 최고 속도가 시속 47킬로미터가 나왔다는 건 인류가 이제껏 도달하지 못했던 속도의 벽을 깨뜨렸다는 걸 의미합니다. 이 속도가 현실화되면 장거리 수송 수단의 일대 혁신이 오는 거지요. 지금까지 인류 역사에서 장거리 육상 수송 수단은 낙타가 유일했는데요. '캐러밴'caravan이라고 불리는 낙타 대상들의 수송 능력을 보면 북아프리카나 중동 지역에서 사용되는 단봉낙타의 경우 주로 기온이 낮은 밤에 이동하거든요. 이럴 경우 1백 킬로그램의 짐을 지고 하루 60킬로미터를 이동하는 게 최대치입니다. 일반적으로는 50킬로그램의 짐을 지고 하루 10시간을 이동해 35~40킬로미터를 이동합니다. 1톤의 화물을 지고 사하라 사막을 횡단할 경우 20마리의 단봉낙타 행렬이 8~10주를 이동해야 합니다.[25]

만약 철도를 이용해서 사하라 사막을 횡단하게 되면 낙타 수천 마리를 끌고 3, 4일 만에 이동하는 것의 효과를 나타내게 되는데요. 이것은 근본적으로 인류 역사를 바꾸게 될 것이 확실합니다. 물론 아시아의 스텝 지역과 추운 지방을 여행하는 데 이용하는 쌍봉낙타의 경우 수송 능력이 단봉낙타보다는 낫지만 철도에 비할 바가 아닙니다. 과거 고대 로마가 세계를 지배했던 수단 중의 하나가 길이었거든요. 영국이 이 철도를 최초로 가졌다는 것은 로마처럼 세계를 지배할 수단을 확보했음을 의미합니다. 지중해와 중동, 아프리카의 카르타고와 프랑스, 이곳 영국까지 로마인들의 머리 위에 항상 그들의 태양이 떠올랐듯이 해상무역을 장악한 영국이 철도까지 갖게 되어 영국도 해가 지지 않는 나라가 될 것입니다.

디킨스 ı 마르크스 선생님의 말을 듣고 보니 이게 보통 대단한 일이 아니군요. 저는 아직 실감이 나질 않습니다만 내년에 리버풀과 맨체스터 간 철도가 개통되면 꼭 타 봐야겠다는 생각은 듭니다. 겁이 좀 나긴 하지만 바람을 가르며 달리는 기분은 꽤 근사할 것 같습니다. 이제 로켓 호의 경주가 끝나고 다음 선수가 준비 중인데요. 무슨 문제가 있는지 출발선 부근이 소란스러워 보입니다. 아, 방금 출발선의 문제를 저희 중계 팀원이 말을 타고 와서 알려줬습니다. 무게 초과라는데 마르크스 선생님이 자세히 설명해 주시죠.

마르크스 ı 지금 경주에 나설 선수는 더 이상의 경쟁 상대는 없다는 뜻의 상파레이 호The Sans Pareil인데요. 기관사는 티모시 핵워스Timothy Hackworth[●] 입니다. 지금 어떤 문제가 발생했냐면 보일러하고 화차의

● 1786~1850, 영국의 증기 기관차 기술자.

노벨티 호

물통에 물을 채우니까 규정 무게를 5백 킬로그램 초과했거든요. 이러면 규정 위반으로 탈락입니다. 물을 덜어내고 달려야 할 것 같은데요.

디킨스 | 예, 문제가 해결됐는지 상파레이 호 달리기 시작했습니다. 노란색과 검정색이 칠해진 건 로켓 호와 같지만 초록색이 추가된 도색입니다. 제가 볼 때에는 로켓 호와 별다르지 않게 달리는 것 같습니다. 쏜살 같이 중계석 앞을 지났습니다.

지금은 상파레이 호의 여덟 번째 왕복인데요. 거침없이 내달리고 있는 모습입니다. 출발 지점을 돌아 다시 달리기 시작한 상파레이 호와 티모시 핵워스 기관사입니다. 아, 그런데 좀 이상하군요. 저희 중계석 바로 앞에 상파레이 호가 갑자기 섰습니다. 티모시 핵워스가 내리는군요. 이건 또 어떤 상황으로 보입니까?

마르크스 | 티모시 선수, 얼굴이 어두운 걸로 봐서 뭔가 문제가 있어 보입니다. 증기 배출도 잘 안 되는 것 같고요. 지금 운전실에서 나와 여기저기를 보고 있는데 심각한 문제가 발생한 걸로 보이는데요. 안타깝습니다. 아, 지금 경기 진행 요원이 증기기관 실린더가 파손되었다는 신호를 보내고 있죠?

디킨스 | 아, 티모시 선수, 양팔을 들어 좌우로 흔들며 경기 포기를 선언하는군요. 지금 대회 조직 위원회가 고장을 일으킨 상파레이 호를 출발지로 이동시키는 작업을 하고 있습니다. 티모시 선수, 굉장히 아쉬운 표정으로 움직이지 않는 자신의 기관차를 보고 있습니다. 다음 선수는 어떤 선수인가요?

마르크스 | 노벨티 호The Novelty입니다. 존 브레이스웨이트John Braithwaite● 와 존 에릭슨John Ericsson●● 두 사람이 공동으로 제작한 기관차인데요. 원래 이 노벨티 호가 제일 먼저 출전하기로 되어 있었는데 준비가 안 되어서 며칠 미루어졌습니다. 시험 운행 때는 제법 잘 달렸고요. 비공식이기는 하지만 최고 시속 45킬로미터라는 놀라운 기록을 보여 주기도 해서 스티븐슨의 로켓에 맞서는 다크호스로 평가되었거든요. 그런데 어찌된 일인지 본선에서는 힘을 못 쓰고 있네요.

디킨스 | 예, 노벨티 호 힘을 내길 기원하겠습니다. 파란색과 구리 색으로 칠해진 차체가 듬직해 보입니다. 드디어 노벨티 호 커다란 굉음을 내며 달리기 시작합니다. 선로 변의 관중들 또다시 환호하기 시작합니다. 노벨티 호 잘 달리고 있습니다. 이제 반환점을 돌아 규정된 왕복 횟수를 채우면 되는데요, 아무쪼록 도전이 성공하기를 기원합니다. 아, 지금 제가 말씀드리는 도중에 무슨 일이 일어난 것 같은데요? 소방대원들이 출동하는 것 같은 모습도 보이고요. 관중들이 선로 변을 에워싸고 있는 듯합니다. 잠시 기다리시면 무슨 일이 있었는지 저희 중계 팀이 사정을 파악하는 대로 알려 드리겠습니다.

● 1797~1870, 영국의 기계 기술자.

●● 1803~1889, 스웨덴 출신의 미국 기계 기술자. 남북전쟁에서 북군이 승리하는 데 결정적인 역할을 한 중장갑선 '모니터호'를 만들었다.

철도가 페스트처럼 유럽을 강타했다

마르크스 | 좀 전에 조지 스티븐슨의 기관차가 달리는 것을 보면서 참으로 복잡한 심경이 들었습니다. 이 세계의 미래가 어떻게 움직일지 궁금하고요. 철도망이 영국 전체로 또 세계로 뻗어 나간다면 영국과 같은 생산과 소비 체제를 심어 준다는 것인데요. 인류가 자연을 정복하는 것은 물론 시간을 뛰어 넘는 것은 분명한 진보이긴 하지만 이 진보의 결과가 어떤 세상을 만들지는 기대와 두려움이 교차하네요.

디킨스 | 그렇군요. 지금 눈앞에 보이는 철도가 세상에 자리 잡는다면 우리가 상상 속에서만 그렸던 것들이 현실화되겠는데요. 그런데 이런 철도가 우리 생전에, 세계는 그렇다 치더라도 영국에서만이라도 일반화될까요? 실감이 나지 않아서 그렇습니다.

마르크스 | 제가 보기에는 리버풀-맨체스터 철도가 달리기 시작하면 곧바로 영국 전체로 퍼져 나가지 않을까 생각되는데요. 그 이유는 자본주의 생산양식이 자리 잡은 이상 이 체제의 발전에 철도만큼 매력적인 수단은 없을 것이라는 생각이 들어서입니다. 철도는 전 유럽을 공포로 몰아넣으며 퍼져 갔던 페스트 병균보다 훨씬 빠른 속도로 퍼져 나갈 걸로 보입니다.

디킨스 | 마르크스 선생님의 말씀이 실감이 나질 않지만 그나마 다행이네요. 치명적인 병균은 아니니까요.

마르크스 | 하하, 그런가요? 철도는 치명적인 것이 아니더라도 그것이 운송할 체제는 치명적일 수도 있습니다. 어떤 이들에게는 치명적인 매력으로, 어떤 이들에게는 치명적인 고통으로요.

디킨스 | 아, 막 노벨티 호의 상황을 알려 오는 쪽지가 도착했습니다. 지금 노벨티 호가 출발지에서 3킬로미터 떨어진 반환점 부근에서 폭발 사고가 있었다고 합니다. 공급관이라는 장치가 압력을 버티지 못하

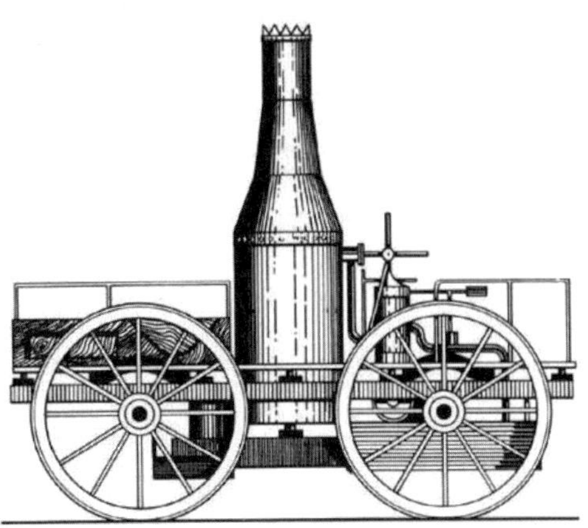

퍼시비어런스 호

고 폭발하며 떨어져 나갔다고 하는데요. 일단 경주를 중단하고 4일 후에 재경기를 갖기로 조직위가 결정을 내렸다고 합니다.

마르크스 | 예. 이렇게 되면 조지 스티븐슨의 로켓 호가 우승을 차지할 가능성이 높은데요. 앞서 탈락한 사이클로패드 호The Cycloped[•] 는 증기기관차는 아니었습니다. 벨트 위에 말이 올라가서 달리는 것으로 동력을 얻는 신기한 방식이었는데요, 말의 자연력과 기관을 결합시킨 일종의 하이브리드 엔진이라고 부를 수 있을까요? 참가 기관차를 증기기관으로만 정하지 않았기 때문에 대회 규정상 문제는 없었지만 경기 중 놀란 말이 폭주하는 바람에 기관이 망가지면서 완주에 실패했습니다. 퍼시비어런스 호The Perseverance[••] 도 불운했는데요. 레인힐

• 영국의 수학자이자 발명가인 토머스 브랜드레스(Thomas Shaw Brandreth, 1788~1873)가 발명해 대회에 참가했다.

•• 영국의 기관차 기술자인 티모시 버스톨(Timothy Burstall, 1776~1860)이 발명해 참가했다.

로 운송하는 도중에 사고로 기관차가 파손되어 5일 동안이나 수리를 하고 대회 막바지에 출전했지만 제대로 달리지 못했습니다. 참가비 25파운드만 받아 가는 걸로 그쳤죠? 이렇게 된 이상 노벨티 호가 4일 후 눈에 띄는 성능을 보이지 못한다면 5백 파운드의 상금과 최초의 기관차 경주 대회 우승의 영광은 출전 팀 중 최고의 성능을 보인 로켓 호와 조지 스티븐슨에게 돌아갈 것으로 보입니다.

디킨스 ı 예, 오늘 중계는 정규 방송 관계로 일단 여기서 마쳐야 될 것 같습니다. 이번 대회의 우승팀은 들으신 대로 조지 스티븐슨과 로켓 호가 유력해 보입니다만 아직 경기가 끝나지 않았기 때문에 끝까지 관심을 갖고 지켜봐야겠습니다. 철도로 열리는 세상이 어떤 모습일지 굉장히 기대됩니다. 지금까지 영국 중서부 리버풀의 레인힐에서, 도움말에는 카를 마르크스 선생님이었고, 저는 캐스터 찰스 디킨스였습니다. 안녕히 계십시오.

10월 14일 다시 열린 경주에서 노벨티 호는 증기 생성기의 연결 나사가 부러지는 바람에 작은 폭발이 일어났고 기관사 에릭슨은 경주를 포기했다. 레인힐 경주 대회의 우승은 로켓 호가 차지했고 스티븐슨은 리버풀-맨체스터 노선에서 움직이는 동력차가 어떤 모습을 보일지 성공적으로 시연하면서 철도 시대의 막을 열었다.

난장판이 된
리버풀-맨체스터 철도 개통식

철도의 등장과 토목공학의 대발전

자연력을 대체한, 동력을 가진 기계장치가 이동 수단의 대부분이 되어 버린 오늘날에는 철도가 친환경적인 교통수단으로 여겨진다. 하지만 최초의 기계적 이동 수단으로 등장했던 철도는 당시 사람들에게 자연을 지배하고 정복하는 파괴자로 보였다.

리버풀-맨체스터 철도는 기계문명의 거칠 것 없는 성향을 최초로 보여 준다. 철도의 효율성을 극대화하기 위해서는 몇 가지 필요한 요소가 있다. 그중의 하나가 직진성이다. 선로는 가급적이면 직선으로 이어져야 한다. 잦은 곡선은 열차의 속도를 제대로 낼 수 없게 하거니와 사고 위험도 증가시켰다. 물론 초기의 리버풀-맨체스터 철도 노선을 보면 고속철도가 달리는 현대 철도의 직진성에 비할 바가 되지 못한다. 그럼에도 자연이 형성한 꾸불꾸불한 마찻길이 전부였던 시절이었음을 감안할 때 파격적인 직진성은 동시대 사람들의 눈에는 충격으로 다가가기에 충분했다. 이 직진성을 확보하기 위해서 터널이나 다리가 계획되었다. 철도의 등장은 토목공학의 대발전을 가져왔다. 다리나 터널의 건설, 철도 역사의 건축을 통해 새로운 공법과 기술이 도입되고 적용되는 시발

웨핑 터널: 세계 최초로 대도시 지하에 뚫린 터널

점이 바로 철도의 확장이었다.

모든 이동 수단은 경사로를 오를 때 수송 능력의 현격한 저하를 겪게 된다. 철도 부설의 초창기에도 산을 타고 넘는 선로를 깔 것이냐 터널을 뚫을 것이냐에 대한 고민 속에서 설계도를 몇 번이나 다시 그려야 했다. 조지 스티븐슨은 주저 없이 터널을 뚫어야 한다고 주장했다. 열차의 저항을 줄이는 것이 최고의 목표였던 철도인들은 중력의 힘을 견디고 언덕을 올라가야 하는 기관차는 제대로 힘을 발휘할 수 없다는 사실을 잘

체트모스 늪지대를 건너는 리버풀-맨체스터 철도(1831)

알았다. 게다가 철도 초창기의 기관차 견인력으로는 경사로에서 제대로 힘을 발휘할 수도 없었다. 결국 철도의 직진성을 확보하기 위해 산을 절개해 선로를 놓았다. 마치 오래전부터 협곡이 존재했던 듯한 착각을 할 정도로 눈을 뜨고 일어나면 산이 갈라지고 새 길이 뚫렸다. 사람들은 자신들의 생활공간이 철도로 인해 전혀 낯선 모습으로 재탄생하는 것을 지켜보았다.

리버풀 항의 남쪽 끝에서 시작하는 2,057미터 길이의 웨핑Wapping

터널은 근대 토목공학의 주목할 만한 성과로 평가된다. 이 터널은 세계 최초로 대도시metropolis 지하에 뚫린 터널로 기록됐다. 처음 보는 대공사를 신기해하는 사람들을 위해 회사는 일주일에 한 번 터널 관람을 허용했다. 가스등으로 불을 밝힌 거대한 터널 안을 구경하기 위해서는 1실링의 입장료를 내야 했다. 입장료 수익은 선로 건설에 참여했다 부상당한 노동자들과 그들의 가족을 돕는 데 쓰였다. 또 다른 구간인 올리브산을 통과하는 노선은 21미터 깊이로 암벽을 절단해 3.2킬로미터나 이어진 협곡 노선으로 만들어졌다.

리버풀-맨체스터 노선 중 최대의 난 공사는 맨체스터 인근의 체트모스Chat Moss 늪지대였다. 거의 30평방킬로미터에 이르는 광활한 늪지대를 통과하지 않고서는 철도가 제 역할을 할 수 없었다. 체트모스 늪지대를 돌아서 선로를 깔면 기관차가 아무리 빠르다 한들 주행거리가 길어져 효용성이 떨어지기 때문이었다. 갖가지 이유로 리버풀-맨체스터 철도 건설을 반대하는 사람들은 체트모스 습지가 결국은 철도 건설에 나선 이들을 모두 좌절의 늪으로 몰아넣을 것이라고 장담했다.

골치 아픈 문제는 조지 스티븐슨을 도와 선로를 놓았던 로버트 스태너드Robert Stannard라는 기술자의 아이디어가 빛을 발하면서 풀렸다. 스태너드는 헤링본herringbone[청어뼈] 스타일로 목재를 깔고 돌을 넣어 기초를 다지는 방식을 생각해 냈다. 청어를 좋아하는 사람들도 청어 가시를 발라내는 일 만큼은 상당히 귀찮은 일이라고 말하는 것을 보면 청어뼈는 촘촘한 구조가 특징임을 짐작할 수 있다. 스티븐슨은 이 헤링본 스타일로 목재를 구성하고 직물을 짜듯 섬유 구조로 엮은 뒤 늪지대에 돌과 함께 차곡차곡 쌓았다. 토탄으로 이루어진 늪지대를 가로질러 든든한 노반이 생기자 리버풀-맨체스터 구간은 제 모습을 본격적으로 드러냈다.

리버풀-맨체스터 간의 노선에만 총 64개의 철교와 선로를 횡단하는 육교가 만들어졌다. 역사상 특정 구간의 연결을 위한 길을 뚫으면서 이처럼 엄청난 자금과 사람이 동원되었던 적은 고대 로마 이후 처음이었다. 길은 거대한 암벽조차 절개해 버렸고 터널과 다리를 이용해서 곧게 뻗어 나갔다. 사람들은 처음 보는, 끝이 안 보이는 곧게 뻗은 길에서 기계문명이 가져온 근대의 모습을 실감했다.

본격적인 철도의 시대를 연 리버풀-맨체스터 철도

1830년 9월 15일 드디어 리버풀과 맨체스터 간의 철도가 개통식을 갖고 운행을 시작했다. 이 리버풀-맨체스터 철도는 영국의 철도가 활화산처럼 폭발하는 출발점이 된다. 인류는 비로소 자연력으로부터 탈출해서 이동의 혁명을 이루게 되었다. 산업혁명은 어쩌면 이동 혁명과 같은 말일지도 모른다. 철도가 탄생하기 이전의 육상 교통은 마차를 이용하는 것이었다. 도로와 운송 수단의 측면에서 보자면 마차는 자연과 인간의 생산물 사이에 만들어진 어정쩡한 타협물이다. 바퀴는 둥근 모양을 하고 있다. 원형만큼 굴러가기 좋은 형태는 없기 때문이다. 그리고 이 바퀴의 표면은 매끄러울수록 마찰을 줄여 잘 달릴 수 있다. 단 바퀴만 매끄러워서는 안 되고 이 바퀴가 닿는 표면인 길도 매끄러워야 한다. 그러나 매끄러운 바퀴를 장착한 수레를 끌어야 하는 말은 매끄러운 길에서는 제대로 달릴 수 없다. 말발굽은 적당한 마찰력을 보장 받아야 제대로 추진력을 얻을 수 있기 때문이다. 따라서 마차가 달려야 하는 길은 말발굽이 미끄러지지 않을 정도의 무르고 표면이 거친 면이 있어야 했다. 반면 마차의 매끄러운 바퀴가 진행에 방해받지 않을 정도의 단단하고 부드러운 면이 존재해야 했다. 이 부조화는 마차가 일정 한계 이상

리버풀-맨체스터 철도의 첫 운행(1830)

속도를 내는 것을 허락하지 않았다. 덕분에 인류는 수천 년 동안 이동 시간에 있어 진화를 이루어 내지 못했다.

철도는 마침내 이 자연력의 조건이 주는 한계를 뛰어넘었다. 매끄럽고 단단한 길이 역시 매끄럽고 단단한 바퀴를 만나게 되자 견인력이 뽑아낼 수 있는 한계치까지 달릴 수 있게 되었다. 여기에 견인을 담당했던 말이 기관차로 대체되자 동력을 가진 기계의 힘은 거칠 것 없이 시간의 벽을 뛰어넘었다.

철도가 바꾼 길의 모든 것은 그대로 도로 교통으로 전이됐다. 자동차의 등장으로 일반 도로에서도 말은 사라졌다. 철도의 기술적 원리들과 개념이 도로에 적용됐다. 포장도로는 선로처럼 요철이 없는 매끄러운 길이어야 했다. 되도록이면 평탄해야 했으며 곧게 직선으로 뻗어 나가야 했다. 20세기에 들어서 아스팔트가 확산되면서 19세기에 자리 잡은 철도의 길을 뒤따른다. 볼프강 쉬벨부쉬가 『철도 여행의 역사』에서 기술한 증언은 새로 생긴 길의 의미를 정확히 알려준다. "이 도로들은 더 이상 전통적인 의미의 도로가 아니다. 1930년대에 전적으로 자동차 교통을 위해 건설된 현대적인 자동차도로는 독일에서는 철도Eisenbahn의 철자를 따서 '아우토반'Autobahn(고속도로)이라 불렸고, 제국 철도청에서 관리했다."[26]

리버풀-맨체스터 철도의 개통식은 엄청난 인파속에 열렸다. 스톡턴-달링턴 철도가 있었지만 사람들은 이 리버풀-맨체스터 철도가 개통되고 나서야 비로소 철도가 연 세상을 실감할 수 있었다. 얄궂게도 그와 같은 깨달음은 바로 철도 사고를 통해서였는데, 리버풀-맨체스터 철도의 개통식에서 세계 최초의 철도 사고가 발생했던 것이다.

최초의 철도 인명 사고

이제 철도사 최초의 공식 인명 사고 현장으로 가 보자. 1830년 9월 15일, 맨체스터의 리버풀로드Liverpool Road 역에서 열릴 개통식에 참석하기 위해 귀빈을 실은 특별 열차가 리버풀을 떠났다. 귀빈 열차는 증기기관차에 물을 보충하기 위해 맨체스터 외곽의 파크사이드Parkside Railway station 역에 잠시 정차했다. 철도 회사 관계자는 승객들에게 잠시 물을 채우는 중이니 객차 안에서 대기할 것을 당부했다. 이때 옆 승강장에 총리를 태운 또 다른 특별 열차가 들어왔다. 이것을 본 50여 명의 고위급 인사들이 정차해 있던 귀빈 열차에서 내렸는데, 이 중에는 전직 장관을 지낸 윌리엄 허스키슨William Huskisson 의원도 있었다. 허스키슨 의원은 총리를 지내고 있는 웰링턴 공작 아서 웰즐리Arthur Wellesley와 정치적 입장 차이로 갈등을 빚었던 과거가 있어 화해의 인사를 하고 싶어 했다.

마차가 일반적인 시절, 사람들이 마차 길을 가로질러 지인들과 인사를 나누는 일은 흔한 일이었다. 허스키슨 의원은 선로를 가로질러 총리가 앉아 있는 객차로 다가가 창문을 통해 총리와 악수를 나눴다. 총리에만 신경을 썼던 허스키슨은 조지 스티븐슨이 운전하며 다가오고 있는 로켓 호를 보지 못했다. 갑자기 나타난 기관차를 본 허스키슨은 허겁지겁 총리가 탄 객차의 문을 잡아당겼다. 그러나 객차 문이 밖으로 열리면서 손잡이를 잡은 채 매달려 있던 허스키슨 의원이 선로에 떨어졌고 로켓 호는 그대로 허스키슨의 다리 위로 지나가 버렸다. 허스키슨은 로켓 호로 옮겨졌고 스티븐슨이 운전하는 기차에 실려 병원으로 이송됐다. 고통을 멈추기 위해 엄청난 양의 아편 주사를 놓고 응급조치를 취했지만 허스키슨 의원은 몇 시간 만에 숨을 거뒀다.

눈앞에서 끔찍한 사고를 목격한 웰링턴 총리는 행사를 취소하고 리버풀로 돌아갈 것을 명령했다. 그러나 맨체스터에서 총리의 열차를 기다리고 있는 군중을 위해 어쩔 수 없이 개통식에 가야 한다는 참모들에게 설득당했다. 총리는 뒤늦게 맨체스터의 리버풀로드 역을 향해 열차를 출발시켰다. 맨체스터 외곽에 도착한 총리의 열차는 개통식을 눈 빠지게 기다리고 있던 군중들을 만나게 된다. 선로에 뛰어든 군중들이 너무 많아 지역의 관리들이나 경찰들도 손을 쓸 수 없는 지경이었다. 총리를 태운 열차는 아주 느린 속도로 인파를 헤치고 드디어 맨체스터의 리버풀로드 역에 도착했다. 리버풀로드 역에 도착한 총리의 이마에는 주름이 깊게 패였고 눈은 심하게 찌푸려졌다. 총리를 비난하는 플래카드와 깃발을 든 군중이 성난 시위대로 변해 있었기 때문이다. 시민들은 손에 든 야채와 과일을 총리에게 던지며 열차에서 내리지 말고 리버풀로 돌아가라고 함성을 질렀다. 리버풀로 돌아갈 수 있는 열차를 겨우 준비한 끝에 총리를 태운 열차는 선로를 막고 있는 술 취한 사람들을 겨우 몰아내고 군중들의 조롱 소리를 뒤로한 채 맨체스터를 떠날 수 있었다.●

세계 최초의 본격적인 철도 노선으로 여겨지는 리버풀-맨체스터 구간의 기념비적인 철도 개통식은 완전히 난장판이 되었다. 축사나 팡파르는커녕 끔찍한 사망 사고가 벌어졌고, 역사와 선로를 장악한 채 총리와 정치인들에게 저주를 보내는 시민들의 함성이 철도 개통을 알렸다. 맨체스터 시민들의 반응에 당황한 총리와, 심혈을 기울여 준비한 개통식이 아수라장이 된 걸 어쩔 줄 몰라 하는 지역 관리들과 철도 회사 직원들이 한데 어우러져 모두 볼이 부풀고 입이 나온 얼굴로 이리 뛰고 저리 뛰었다.

● 나폴레옹과의 전쟁에서 승리한 전쟁 영웅 출신 웰링턴 총리가 이처럼 맨체스터 시민들에게 공격을 당한 데에는 이유가 있었다. 경제 불황으로 생활고에 지친 시민들의 공산품 가격 인하 요구를 거절했을 뿐만 아니라, 휘그당이 내놓은 여러 가지 정치·경제 개혁안에 대해서도 반대했다. 정치·경제적으로 소외됐던 영국 북부 지역, 스코틀랜드 지역, 맨체스터와 리버풀, 글라스고 등의 시민들은 개혁안을 열렬히 지지하고 있었다는 점에서, 개혁에 반대한 총리에 대한 원성이 높았다. 그는 11월 8일 하원에서 "나는 의회의 개혁 같은 것에는 신경 쓸 시간이 없습니다."로 시작하는, 여러 개혁 조치에 반대하는 연설을 했는데, 이에 분노한 시민들의 시위로 인해 결국 11월 15일 총리와 내각은 총사퇴했다. 리버풀-맨체스터 철도 개통식 때 맨체스터 시민들로부터 야채 더미를 맞으며 야유를 받은 지 정확히 두 달 만이었다.

“조화할 수 있는 곳에서는 경쟁하지 않는다”

철도와 투기 열풍

철도의 대폭발 시대

리버풀-맨체스터 철도는 대성공을 거두었다. 몰려드는 승객과 화물을 감당할 수 없어 철도 회사는 가지고 있는 기관차를 풀가동해야 했고 추가로 기관차와 객차를 주문해야 했다. 이때까지 철도의 건설을 방해하거나 무용론을 제기했던 사람들의 태도 역시 돌변했다. 철도를 의심의 눈길로 보던 런던의 자본가들은 철도라는 황금알을 낳는 거위에 아낌없이 투자했다.

그야말로 철도의 대폭발 시대가 열렸다. 1837년 회기에만 118건의 새로운 철도 법안에 대한 심사가 진행되었다. 의회는 경쟁이 철도를 더욱 발전시킬 것이라며 신규 노선에 대한 설립 허가를 남발했다. 같은 노선에 두 개의 철도가 착공되는 일도 허다했고, 경쟁 철도 회사 간에 기술자를 서로 빼 가는 일도 벌어졌다. 자본가들은 초기 철도 건설 사업을 거들떠보지도 않았다. 그러나 철도 교통량이 눈부시게 증가하고 이에 따른 배당금이 올라가자 벌떼처럼 철도 사업에 달려들었다.

런던의 부자들이 철도에 돈을 대자 철도 주식은 최고의 우량주로 떠올랐고 가장 중요한 거래 종목이 되었다. 집안 장롱 깊숙이 숨겨져 있던 돈까지 철도 주식시장으로 몰려들었다. 자금이 모이자 새로운 선로 건설 계획을 촉진시켰고, 인구가 많은 구간에 건설되는 철도 주식에는 프리미엄까지 따라 붙었다. 철도 사업에 대한 배당률이 최소 8퍼센트에서 15퍼센트에 이를 것으로 예상되자 거대 자본가는 물론이고 거지까지도 구걸하는 돈을 모아 철도의 채권을 샀다. 이때부터 철도 사업의 성격과 목표가 달라졌다. 투기의 대상으로 전락한 철도는 일확천금을 얻을 수 있는 복권이 되었다.

투자자가 되어 버린 사람들은 철도에 대해 알 필요도 없었다. 철도가 갖는 특성이나 교통수단으로서의 역할 같은 것에는 관심도 없었다. 철도가 새로 들어가는 역의 도시에는 바로 주식시장이 들어섰고, 사람들은 서로 철도 주식을 사겠다고 아우성을 쳤다. 눈앞에서 철도 주식에 프리미엄을 붙여 팔아 횡재를 하는 사람들을 본 사람들은 이성을 잃었다. 이런 상황에서 반드시 등장하는 사람들이 있으니 전문 사기꾼들이다. 새로운 철도 계획을 거짓으로 꾸며 투자 자금을 유치한 뒤 사라지는 고전적인 수법이 등장했다. 이어 실제로 철도 건설에 나선 기술자, 변호사, 측량사, 철도 회사 직원들도 한몫 잡기 위해 일을 꾸몄다. 무모한 철도 건설 계획을 세우고, 교통량이 없는 곳도 있다고 거짓 예측을 했다.[27] 철도로 돈이 쏟아지고 있는 상황에서 일단은 부지런히 돈을 챙기자는 심보였다.

영국 의회는 불과 몇 년 전만 해도 지주와 운하 사업자의 입장을 대변해 철도 건설 법안에 대해 무관심과 꾸물거림으로 일관했다. 그러나 투기의 회오리가 불어 닥치자 금광에 달려드는 사람처럼 철도 법안을 통과시키는 데 전념했다. 의회는 시민들에게 '무한 경쟁의 혜택'을 누리게 하겠다는 명목으로 이미 놓여 있는 선로와 나란히 새로운 노선을 건설하는 법안도 승인했다. 궤간도 마음대로 정하게 하고 기관차의 형식도 자유롭게 했다. 일단 철도를 건설하겠다고 하면 승인을 못 해 줘서 안달이 났다. 수십 개의 철도 회사가 생겼고 돈에 눈이 먼 투자자들을 등에 업고 철도가 깔렸다. 철도 투자 관련 소식지로 우편 업무가 마비될 정도로 광풍이 일었다.

투기 열풍으로 새롭게 떠오른 신흥 부자는 철도 도급업자였다. 이들은 벼락부자가 되어 지주, 철도 회사 경영진, 의원으로까지 진출했다. 도급업자들이 철도 사업에서 돈을 버는 방식은 간단했다. 터널을 뚫을 때 벽돌 대신 진흙을 발랐고, 철교의 기초공사를 날림으로 했다. 석재를 넣어야 할 곳에 잡석으로 채우고 선로에 까는 자갈까지 속였다. 철도 건설 감독들은 도급업자들을 감시해야 하는 위치였지만 정부로부터 낮은 임금을 받는 감독들의 주머니는 도급업자들이 채워 주고 있었다.

철도 회사가 늘어나고 여기저기서 건설 광풍이 불자 철도 기술자들의 몸값도 폭등했다. 철도의 대가로 우뚝 선 조지 스티븐슨을 영입하기 위한 철도 회사의 경쟁이 치열하게 전개됐다. 일부 회사에서는 조지 스티븐슨에게 거액을 제시하며 이름만이라도 빌려 달라고 사정하기도 했다. 그러나 조지 스티븐슨은 "노동과 명예가 없는 돈은 필요 없다."[28]라며 이름을 빌려주는 것도, 투기 열풍에 빠진 철도 회사에 발을 들여놓는 것도 단호하게 거부했다. 더 나아가 자신이 그토록 필요성을 주장했던 철도 사업에 뛰어드는 사람들을 말리기까지 했다. 선로 건설에 뛰어든 도급업자들의 실태를 본 스티븐슨의 분노는 대단했다. 스티븐슨은 많은 선로를 건설하면서 16~19킬로미터마다 공사 구역을 나누고 노련한 주임 기술자들을 각 공구마다 배치했다. 이 기술자들 밑에, 경력이 있는 보조 기술자를 배치하고, 터널 작업과 벽돌쌓기 작업을 감독하는 경험자들을 또 배치했다.[29] 기관차가 달리기 위한 전제 조건이 튼튼한 선로임을 알고 있었기 때문이다.

탐욕에 찌든 도급업자들의 날림 공사는 얼마 안 가 대가를 치러야 했다. 터널이 무너져 내리거나 지은 지 얼마 안 된 교량이 썩어 주저앉는 일이 연이어 발생했던 것이다. 스티븐슨은 영국 철도의 상황에 점점 환멸을 느꼈다.

수십 개의 철도 회사가 경쟁을 벌이고 철도를 통해서 팔자를 고쳐 보겠다는 사람들이 몰려들었던 영국 철도의 거품이 '펑'하고 터진 것은 1845년이었다. 언제나 그렇듯이 오를 때보다 훨씬 빠르게 철도 주가가 곤두박질쳤다. 의원과 귀족들은 물론 변호사와 의사, 상인, 건달과 술주정뱅이 들, 심지어는 거지들까지 휴지조각이 되어 버린 철도 주식을 망연자실 바라보아야만 했다.

영국이 실패한 철도 효율화, 벨기에가 성공시키다

철도가 영국에서 막 발현하던 시기에 이웃나라의 최고 지도자가 될 사람이 영국에 머무르고 있었다. 나폴레옹 전쟁에 맞서 동맹군으로 참전했다가 영국에 머물러 있던 귀족 가문의 사람이었다. 그는 1831년 벨기에의 국왕이 되는 레오폴드 1세Leopold I 였다. 레오폴드는 철도가 국가의 형성과 발전에 중요한 역할을 할 것임을 간파한 사람이었다. 네덜란드와의 독립 전쟁 이후, 벨기에는 그 후유증으로 여러 가지 사회적 과제를 안고 있었는데, 레오폴드 국왕은 철도가 그 일들을 완수해 줄 것이라고 믿어 의심치 않았다. 또한 국왕은 벨기에 백성들에게 철도와 같은 교통 수단을 제공하는 것은 정부의 역할이라고 믿었다. 레오폴드 국왕은 스티븐슨을 불러들였다. 스티븐슨은 아들과 함께 벨기에로 건너가 레오폴드 국왕과 벨기에 전국에 걸친 철도망 건설 계획을 논의하고 총책임자가 된다. 레오폴드 국왕은 벨기에의 주요 도시와 지역을 잇는 철도 시스템을 만들도록 했으며, 철도가 투기의 대상이 되지 않게 앤트워프Antwerp나 브뤼셀Brussels의 증권거래소에 상장하는 것을 금지했다.

영국 철도가 경쟁 체제에서 허덕이는 동안 벨기에 철도는 국가가 주도하는 완벽한 시스템으로 자리 잡았다. 영국이 경쟁을 부추기면서 많은 돈을 지출했고 결국 실패했다는 사실을 잘 알고 있었던 레오폴드 국왕의 판단은 정확했다. 벨기에 국민들은 영국에 비해 절반도 안 되는 요금을 내고 전체 구간을 이용할 수 있게 되었다. 1835년 5월 레오폴드 국왕은 조지 스티븐슨의 공로를 치하해 기사 작위를 수여했다. 1841년에는 스티븐슨의 아들 로버트 스티븐슨에게도 기사 작위의 영광을 수여했다.

영국 정부와 입법부가 경쟁이 독점을 방지할 거라는 억측으로 철도에 경쟁을 촉진한 결과는 끔찍했다. 조지 스티븐슨은 자신이 기초를 세웠지만 실패의 길로 갔던 영국 철도에 대해 중요한 교훈을 전해 준다. 철도의 경쟁에 대해 말하는 사람들에게 조지 스티븐슨은 두 눈에 힘을 주고 단호하게 말했다.

"조화할 수 있는 곳에서는 경쟁하지 않는다!"[30]

아일랜드 이민자들, 영국을 철도의 나라로 만들다

1830년 9월 15일 리버풀-맨체스터 간 철도가 개통된 이후 영국에서 제일 많이 언급된 단어는 아마도 '철도'였을 것이다. 철도는 영국 전역을 실타래처럼 둘러 감았다. 1854년 말, 의회가 승인한 선로의 전체 길이는 2만2,499킬로미터였다. 승인을 받은 노선 전체에 철도가 깔리지는 않았지만 현재 한국 철도 노선의 다섯 배가 넘는 엄청난 길이였다. 이렇게 철도가 붐을 이루게 된 배경은 여러 가지가 있다. 물론 철도가 이제까지 그 어떤 교통수단도 이룩해 내지 못했던 속도 혁명에 성공했고, 그것이 엄청난 효용성을 가져다주었던 것이 가장 중요한 요인이다. 그러나 사회 경제적 조건들 또한 철도의 건설을 더욱 촉진했다. 이제부터 하나씩 살펴보자.

철도를 건설하는 것은 쉬운 일이 아니었다. 일단 길을 뚫고 닦는 일부터 선로를 놓는 모든 과정이 그 어떤 일보다도 고달픈 노동을 필요로 했다. 현대적인 토목 장비를 상상할 수 없는 시절의 철도 공사는 다른 공사들과 마찬가지로 인간의 노동력이 절대적이었다. 특히 거대 장치 산업인 철도는 더 많은 집단적 노동력이 필요했다. 그러나 철도 부설 공사의 살인적인 노동강도 때문에 사람들은 선뜻 참여하려고 하지 않았다.

이런 이유로 철도 공사는 더 이상 먹고 살 곳이 없는 가장 가난한 사람들의 몫으로 남겨졌다. 그 결과 영국에서 초기 철도 공사의 주역은 아일랜드에서 온 사람들이 되었다.

아일랜드 대기근이 '하나님의 심판'이라던 영국

1840년대 중반 아일랜드에서도 당시 유럽에서 유행하던 감자마름병이 발생한다. 그리고 끔찍한 대기근이 아일랜드를 휩쓸면서 곳곳에서 사람들이 굶어 죽었다. 감자마름병이 유럽 전역에 퍼졌음에도 유독 아일랜드에서 대기근이 발생한 원인은 아일랜드 인에게 감자가 절대적인 주식이었기 때문이다. 아무리 주식이라 해도 심각한 병충해로 타격을 입을 경우 다른 대체 작물로 연명을 하면 최소한의 삶은 유지할 수 있었다. 하지만 아일랜드에는 대체 작물이 없었다. 아일랜드 인들이 대체 작물을 심지 않아서 그런 것이 아니라, 밀과 옥수수 등 아일랜드에서 생산된 작물들의 대부분을 영국 출신 지주들이 본토로 가져다 팔았기 때문이었다. 대기근으로 목숨이 위태로운 아일랜드 소작인들의 상황을 아랑곳하지 않았던 지주들은 소작료로 그나마 재배되었던 감자를 강탈해 가기도 했다. 아일랜드는 지배자였던 '그레이트브리튼 아일랜드 연합 왕국', 즉 영국 정부에 도움을 요청했다. 그러나 영국은 아일랜드의 기근이, 신의 뜻을 거스른 아일랜드 인들에 대한 하나님의 심판이라며 도움을 외면했다.

아일랜드 인들은 스스로를 '한의 민족'이라고 부른다. 민족적 정서를 살펴보면 한국과 아일랜드는 닮은 데가 많을 것이다. 아일랜드의 역사는 강대국의 틈바구니 속에서 끊임없이 외세의 침략을 겪어야 했다. 얼마 전까지도 아일랜드 공화국군과 영국의 폭력적 대치가 이어졌었다.

세계의 이목을 끄는 분쟁 지역이었고 수많은 무고한 사람들이 생명을 잃었다. 아일랜드와 영국 간 갈등의 근원은 오랜 역사적 관계 속에서 형성되었지만, 그것이 극적으로 확대된 것은 가톨릭을 둘러싼 종교 대립과 대기근을 정점으로 한 비극의 역사에서 시작된다고 볼 수 있다.

현재의 영국은 잉글랜드, 웨일즈, 스코틀랜드, 북아일랜드가 합쳐진 나라이다. 이들 지역은 과거에는 각각 분리된 나라였지만 중세와 근대를 거치면서 하나로 통합되었다. 그런데 여기에 북아일랜드가 포함되었다는 것은 아일랜드 북쪽의 일부는 아일랜드 땅이면서 아일랜드가 아닌 영국이라는 나라를 선택했다는 의미가 된다. 아일랜드의 과거는 어떤 모습이었을까? 기원전 1세기에 켈트 족Celts이라고 불리는 사람들이 아일랜드에 살았다. 켈트 족 이전에도 사람이 살았지만 기원전쯤으로 역사를 거스를 정도면 켈트 족을 아일랜드의 원주민이라고 불러도 무방할 듯하다. 아일랜드에 정복자가 나타난 것은 12세기였다. 북대서양 연안을 주름잡았던 앵글로-노르만 족Anglo-Norman이 잉글랜드에서 넘어와 아일랜드를 침략하고 더블린Dublin을 중심으로 모여 살았다. 원주민인 켈트 족과 잉글랜드 침략자들은 같은 가톨릭교도들이었고 사는 지역도 달랐기 때문에 큰 갈등이 일어나지는 않았다. 그러나 영국에서 근대국가의 문을 연 튜더 왕조 시기에 아일랜드를 정복해 잉글랜드의 직접 통치가 시작되자 여러 가지 문제가 돌출되었다. 스스로를 원주민이라 여기는 켈트 인, 구잉글랜드 인과 새로 들어온 신잉글랜드 인 사이에 충돌이 일어나기 시작한 것이다. 신잉글랜드 인이란 17세기 이후 잉글랜드와 스코틀랜드로부터 넘어온 이들로, 더블린뿐만 아니라 아일랜드 전역으로 진출했다. 특히 분쟁의 화약고라고 불리는 북아일랜드에 이들 신잉글랜드 인이 터를 잡게 되면서 현재까지 이어지는 폭력의 씨앗이 심어졌다.

기존 원주민(켈트 족과 구잉글랜드인들)과 아일랜드에 들어온 신잉글랜드 인의 가장 큰 대립점은 종교 문제였다(어찌 보면 성경과 유일신을 숭상하는 동일 종교이니 종파 문제로 부르는 게 맞을지도 모른다). 종교개혁을 거쳐 신교를 받아들인 신잉글랜드 인에게, 가톨릭을 믿는 구잉글랜드인들을 비롯한 아일랜드 원주민은 미신을 숭배하는 이교도에 불과했다. 또한 강력한 중상주의 정책으로 부를 획득하고 아일랜드에 자리를 잡은 신잉글랜드인은 영국의 간섭에 대해서도 불만을 갖고 있었다. 이런 점에서 아일랜드에 정착한 신잉글랜드인의 정체성은 복잡함 그 자체였다. 아일랜드 인이지만 아일랜드의 다수를 차지하는 가톨릭교도는 아니었기 때문에 아일랜드 원주민으로부터는 침략자 내지는 본토인으로 취급당했다. 스스로는 아일랜드의 진정한 주인이라 생각하며 영국의 간섭을 배제하는 경향을 가졌지만, 영국 본토의 입장에서 이들은 독립을 꾀하는 피식민지인으로 간주되었던 것이다. 이들의 이런 미묘하고 복잡한 정체성이 아일랜드를 복잡한 이해관계의 수렁으로 몰아넣었다. 다시 말해 아일랜드는 대영제국을 이루는 식민지 모국이면서, 다른 한편으로는 영국의 지배를 받는다는 점에서 식민성을 갖고 있었는데, 이런 애증의 관계가 아일랜드를 둘러싼 문제의 발원지였다.

슬픈 항해자들, 영국 철도를 건설하다

1846년 영국 의회는 최초의 철도 사고로 목숨을 잃은 허스키슨 의원이 실현하려 했던 정책인 곡물법 폐지안을 통과시켜 수입 농산물에 대한 관세 부과를 철회한다. 이는 아일랜드의 기근을 완화해 주기는커녕 더욱 심화시키는 계기가 된다. 그 결과 1백만 명이 넘는 사람들이 굶어 죽었고, 또 이에 육박하는 숫자의 사람들이 삶의 터전을 버리고 떠나야 했다. 앞서 밝혔듯이 영국인들이 신의 심판을 받아야 한다고 주장한 사람들도 따지고 보면 같은 신을 믿는 사람들이었다. 아일랜드 인의 85퍼센트를 차지하는 가톨릭교도들이 신의 심판을 받으면서 가슴에 품은 것은 본토인들에 대한 분노였다.

아일랜드에서 불법화된 가톨릭교도들의 독립 움직임이 거세지자 영국의 웰링턴 총리가 재임 중에 가톨릭을 합법화하는 법안을 통과시켰다. 웰링턴 총리가 아일랜드 인의 입장을 고려해서가 아니라 계속 가톨릭을 불법화할 경우 독립 투쟁으로 전화할 것을 우려했기 때문이다. 아일랜드와 내전을 치르기보다는 가톨릭을 합법화해서 아일랜드를 영국 연방의 통치 아래 묶어 두는 것이 훨씬 이롭다는 판단이 작용했다. 그러나 가톨릭이 합법화되자 이는 아일랜드의 구교도들이 더욱 단결하는 계기가 되었고, 영국 본토의 정치적 반대자들과 전통적으로 아일랜드에 우호적이지 않았던 신교들은 웰링턴 총리의 가톨릭 합법화 정책을 비난했다. 이런 분위기 속에 아일랜드에 대기근이 몰아치자 영국의 프로테스탄트들과 성공회는 주님의 심판이 임했다며 아일랜드의 비극을 외면했던 것이다.

기근이 시작된 서부 아일랜드의 마을이며 길가에는 굶어 죽은 시체들이 쌓여 가는데 동부의 벨파스트 항에서는 아일랜드에서 수확한 곡물을 싣고 영국으로 향하는 배들이 줄을 이었다. 아일랜드 인에게 보내는 구호 식량을 싣고 온 배 한 척은 벨파스트 항에서 아일랜드산 곡물을 싣고 떠나는 수십 척의 배와 마주쳐야만 했다. 아일랜드 인들은 살기 위해 세계 곳곳으로 향하는 이민선을 탔다. 이민선을 탄 사람들은 그나마 뱃삯을 낼 형편이 되는 사람들이었다. 톰 크루즈와 니콜 키드먼이 주연을 맡은 할리우드 영화 〈파 앤드 어웨이〉(1992년)도 아일랜드를 떠나 미국에 정착한 이야기를 다룬 것이다. 그러나 아일랜드에서 배를 탄 사람들 모두가 이 영화에서처럼 역경을 극복하고 새로운 삶을 개척한 것은 아니었다. 약 1백만 명이 넘는 사람들이 이민선을 탔는데 이 중에 60퍼센트가 배 안에서 전염병으로 죽었다고 전해진다. 육지를 밟은 사람들은 정말 운이 좋은 사람들이었다. 영양실조에 걸린 몸으로 부실한 식사와 오염된 물을 마시며 오랜 항해를 버티기에는 역부족이었기 때문이다. 사람들은 이런 아일랜드 이민자들을 '항해자' 즉 '네비게이터'navigator라고 불렀다. 켄 로치Ken Loach 감독이 영국의 철도 민영화를 고발하는 내용으로 만든 영화 〈네비게이터〉(2001년)는 암울한 아일랜드 출신 철도 노동자들의 역사에서 제목을 빌려왔다.

아일랜드 인들의 상당수는 살기 위해 가까운 영국 본토로도 많이 몰려왔다. 아무 연고가 없는 아일랜드 인들에게 기다리고 있던 일자리는 때마침 폭발적으로 늘어나고 있던 철도 현장이었다. 아일랜드 인들에게는 선택의 여지가 없었다. 먹고살기 위해서는 네 명에서 여섯 명이 한 조가 되어 긴 레일 토막 좌우에 붙어서 연결된 줄을 어깨에 메고 날라야 했다. 저임금에 살인적인 노동, 공사 현장의 감독들이 휘두르는 채찍 아래서 아일랜드 인 이주 노동자들은 비루한 삶을 이어 나갔다. 슬프게도 아일랜드의 기근 덕에, 아니 하나님의 심판 덕에 영국 철도는 쭉쭉 뻗어 나갔다.

왜 사람들은 철도에 열광했을까

아일랜드를 비롯해 유럽 전역에 돈 감자마름병은 다른 대체 작물의 값을 올려놓았고 덕분에 말들의 사료 값도 폭등했다. 사람들도 먹을 것이 없는 판국에 사료 값이 뛰는 것은 당연한 일이었다. 곳곳에서 말들도 굶어 죽었다. 마부들은 오늘날 스마트폰이나 인터넷 검색으로 리터당

휘발유 값이 가장 싼 주유소를 찾는 운전자처럼 사료를 싸게 구할 수 있는 곳을 찾아다녔다. 마차의 무게를 줄여 말이 더 오래 달릴 수 있는 방안도 강구되었다. 에너지와 경제 위기 시대에 연비가 뛰어난 경차의 판매가 늘어나듯이 연비가 아닌 사료비 절감 효과가 뛰어난 마차를 만들기 위해 호화로운 장식을 없애거나 무게가 많이 나가는 재료를 가벼운 것으로 대체했다.

곡물가의 변동에 따라 말의 주인이나 마부들의 얼굴 표정이 바뀌었다. 당연히 마차의 운임도 계속 높아질 수밖에 없었다. 이런 상황에서 철도의 등장은 더 이상 말의 사료 값에 좌우되지 않는 안정적인 운송 수단을 갖는 것을 의미했다. 철도가 마차 수요를 흡수하는 만큼 곡물 가격이 안정되었고 사람들로 하여금 대흉작 속에서도 버틸 수 있게 해 주었다.

철도가 각광을 받은 또 하나의 이유는 철도 여행이 주는 쾌적함도 한몫했다. 장거리 마차 여행은 여행객들이 몸과 마음의 준비를 단단히 해야 할 정도로 육체적으로나 심리적으로 힘든 과정이었다. 유럽의 관광지나 청계천을 둘러보는 여유로운 마차를 생각한다면 큰 오산이다. 게다가 마차 여행객은 늘 범죄의 대상이 되었다. 무일푼이 된 사람들은 마차 노선 곳곳의 인적이 드문 곳에서 산적이 되어 나타났다.

워낙 많은 범죄로 인해 마차는 역에 도착하기까지 좀처럼 쉬지 않고 달렸으며 무장 경호원을 반드시 동행했다. 때로는 무장 경호원이 산적과 한패가 되거나 아예 마부가 산적들과 내통해서 여행객들을 산적들에게 인도하는 일도 벌어졌다. 무장 경호원은 마부의 옆에 타거나 마차 뒤에 타서 산적들의 습격에 대비했는데 산적과의 전투로 적지 않은 경호원들이 목숨을 잃기도 했다. 일상적인 범죄 이외에도 비만 오면 바퀴가 진창에 빠져서 모든 승객이 내려야 했고, 여행을 계속하기 위해서는 성인 남성들이 마차를 진창에서 빼내야 했다. 언덕길에서는 무게를 줄이기 위해 거동이 불편한 사람들을 제외하고는 내려서 걸어가야 했다. 또한 중간에 도착하는 역마다 마부가 추가 요금을 요구하기도 했고, 역마차 역 주변의 숙박업소나 식당의 바가지요금도 감수해야 했다. 마차를 털려고 마음먹은 사람들은, 장거리 여행객이란 부자이거나 그들의 하인이거나, 장거리 여행을 가야만 하는 급한 사정이 있다는 것을 잘 알고 있었기에 어떡하든 여정 전체를 통해 여행자들의 주머니를 털려고 했다.

당시 마차 여행이 어땠는지 생생히 알 수 있는 증언을 들어 보자. 찰스 디킨스의 『두 도시 이야기』*A Tale of Two Cities*에 나오는 대목이다.

> 우리의 등장인물은 역마차에서 내려 진창길을 걸어 오르고 있었다. 걷기 운동이 좋아서가 아니라 그럴 수밖에 없는 상황이었다. 말들이 질퍽이는 언덕길에서 마구를 메고 마차까지 끄는 것이 어찌나 힘들었던지 벌써 세 번씩이나 걸음을 멈춘 상황이었고, 게다가 한번은 블랙히스로 돌아가겠다고 반항하며 마차를 끌고 길을 가로지르기도 했다.[31]

진창길처럼 끔찍한 길이 아니더라도 마차 여행은 여행자에게도 마부에게도 말에게도 모두 고통스러운 일이었다. 특히 시간이 지날수록 말의 체력이 소진되는 것을 보면서 여행객들은 도덕적 미안함도 가져야 했다. 땀으로 흠뻑 젖은 몸 위로, 길을 재촉하는 마부가 채찍을 내리칠 때마다 말의 순진한 눈망울 가득 서리는 원망을 보는 것은 유쾌하지 않은 일이었다.

증언을 계속 들어 보자.

> 도버행 역마차의 분위기는 늘 그렇듯이 정감이 넘쳐서, 경비원은 승객들을 의

심하고 승객들은 경비원을, 그리고 서로를 의심했다. 모두가 자신을 제외한 나머지를 의심했고, 마부는 말 말고는 아무도 믿지 않았다.[32]

당시의 역마차가 얼마나 많은 노상강도들의 목표물이 되었는지 알 수 있는 대목이다. 특히 도버로 가는 역마차는 프랑스로 넘어가거나 돌아오는 사람들이 주로 이용하는 노선이어서 여행자들은 여행 자금을 넉넉히 챙겼다. 산적들에게는 짭짤한 소득을 올릴 수 있는 좋은 습격 대상이었을 것이다.

마차 여행을 힘들게 하는 또 하나의 원인은 객실 환경이었다. 디킨스 경의 이야기를 마저 들어 보자.

축축하고 더러운 짚이 깔려 있는, 곰팡이 핀 마차 내부는 역겨운 냄새가 났고 어두컴컴해서 커다란 개집 같았다. 털 코트와 축 처진 모자 차림의, 진흙 묻은 다리로 지푸라기 더미에서 몸을 떨며 나오는 우리의 승객 역시 커다란 개 같았다.[33]

이제 더 이상 마차 이야기를 하지 않아도 철도가 운행되기 시작했을 때 사람들이 열광했던 이유를 짐작할 수 있으리라.

기관차의 운전석이 오른쪽에 있는 이유

한국에서는 자동차를 운전할 때 도로의 오른쪽으로 통행하고 운전석은 차의 왼쪽에 있다. 그런데 영국은 정반대이다. 오른쪽에 운전석을 두는 영국의 전통은 마차에서 비롯된 것이다. 마차에서 마부의 자리는 오른쪽이어야 했다. 왜냐하면 왼손으로는 말을 다룰 수 있게 고삐를 잡아야 했고 오른손으로는 채찍을 잡아야 했다. 그런데 마부가 왼쪽 자리에 앉으면 오른쪽의 마부석 옆자리 사람에게 채찍으로 해를 입힐 수도 있고 채찍질도 부자연스럽기에 마차의 운전석은 오른쪽에 있어야 했다. 마차가 좌측통행을 한 이유도 채찍 때문이다. 우측통행을 할 경우 오른쪽 마부석의 긴 채찍이 길가의 행인을 때릴 수도 있었기 때문이다. 한국 철도 디젤 기관차의 운전석은 오른쪽에 있다. 철도 종주국 영국의 흔적이 한국 철도의 디젤기관차 운전석에 고스란히 남아 있는 것이다.

기관차의 어원은 '미쳐 날뛰다'

영국에서 철도가 확장되면서 스테이션station, 레일웨이railway, 트레인train, 로코모티브locomotive 같은 말들이 새로 등장했다. 오늘날의 컴퓨터나 아이폰처럼 신조어가 생긴 것이다. 그 가운데에서도 대표적인 것이 기관차를 뜻하는 '로코모티브'이다. 'loco'라는 단어는 영어로 미쳤다는 뜻이다. 'motive'는 움직임을 뜻한다. 미친 움직임, 혹은 미쳐 날뛴다는 의미의 단어가 기관차를 뜻하는 말이 되었다. 조지 스티븐슨이 스톡턴-달링턴 노선을 운행하기 위해 만든 기관차 이름이 바로 로코모션Locomotion 호이다. 최초의 철도를 견인한 기관차 이름을 '미친 달림이'라고 지었던 것은 당시 기관차를 처음 본 사람들이 거대한 괴물로 여기거나 '미친 거인'으로 착각해 놀라기도 했기 때문이다. 기관사는 영어로 '트레인 드라이버'train driver라고 하지만 '로코모티브 엔지니어'locomotive engineer라고 부르기도 한다. 미쳐 날뛰는 쇳덩어리 야생마, 기관차가 견인하는 세상이 인간의 손에 잡혔다. 그리고 인간이 기계력을 바탕으로 자연의 일부에서 빠져나온 시대가 열렸다. 우리가 근대라고 부르는.

영국 노동당의 탄생

철도 파업과 손해배상 소송

19세기 영국의 노동 현실

산업혁명의 선두 국가답게 눈부시게 발전하던 영국은 1870년대 대불황을 겪는다. 불황은 노동운동에도 영향을 미쳤다. 무엇보다 호황기에 겨우 조직되었던 비숙련 노동자들 중심의 노동조합들이, 불황이 시작되자마자 해변의 모래성처럼 무너져 내렸다. 전에 볼 수 없는 불황 속에서 숙련공 중심의 노조 운동 역시 극도로 무력했다. 당장의 생존을 위해 무슨 일이라도 해야 하는 노동자들이 길거리를 덮고 있는 상황에서 개인의 이해관계를 뛰어넘는 일에 매달리는 것은 쉽지 않은 일이다. 전체 노동계급 중에서 극빈 가정이 40퍼센트 이상을 차지했고, 4백~5백만 명의 노동자들이 만성 빈곤이나 기아 상태에 허덕이고 있었다. 이 가난한 노동자들의 최고 목표는 하루를 무사히 살아 내는 것이었다.

런던은 세계에서 가장 크고 부유한 도시였지만 도시의 뒷골목에는 영양실조에 걸린 노인과 아이들이 넘쳐 나는 끔찍한 곳이기도 했다. 이런 현상을 타개하겠다고 나선 사람들은 사회주의자들이었다. 과거의 무력한 노조주의를 극복하고자 신노조주의를 일으킨 영국의 급진적인 단체들은 비숙련 노동자들을 조직하기 위해 팔을 걷어붙였다. 이 운동의 발단이 된 것은 1888년 브라이언트앤메이Bryant & May co. 성냥 공장 여성 노동자들의 파업이었다. 정부가 보편적 복지를 통해 시민들의 삶을 책임져야 한다는 입장을 가진 페이비언협회의 베전트Annie Besant 여사가 성냥 공장 여성 노동자들의 현실을 폭로하면서 시작된 파업은 사회적으로 큰 반향을 일으켰다. 남성 노동자들에게조차 멸시받고 무기력했던 여성 노동자들 7백 명이 파업에 가담했다. 이들의 비참한 현실에 분노한 시민들이 파업기금에 써 달라며 성금을 보내왔다. 결국 런던 노동위원회London Trades Council가 여성 노동자들의 편에 서면서 파업은 노동자들의 승리로 끝이 났다.

이런 여세를 몰아 일어난 파업이 바로 '런던 부두 파업'Great London Dock Strike이었다. 숙련공 중심의 폐쇄적 부두 노조의 벽을 뚫고 부두 노동의 거의 모든 일을 수행하는 비숙련 노동자들이 파업에 돌입했다. 3만 명에 이르는 비숙련 노동자들이 부두를 점거한 무노조 파업이었고 여기에 다시 3만 명의 노동자들이 가세하면서 숙련공과 비숙련공, 조직과 비조직 노동자의 경계가 무너졌다. 50마일에 이르는 템스 강변에는 수만 명의 노동자들이 내건 피켓과 현수막이 물결쳤으며 밴드 공연이 펼쳐졌다. 파업을 지지하는 성금이 미국과 호주에서까지 답지했는데 그 액수가 5만 파운드에 달했다. 5주에 이르는 파업 기간 동안 파업 승리에 대한 희망이 사라지고 굶주림이 극에 달할 때 호주에서 보내온 3만 파운드의 연대 성금은 파업의 불씨를 되살리는 데 큰 힘이 됐다.[34]

한편, 영국의 철도노조는 이미 1871년에 결성되어 있었지만 새로운 노동운동의 물결 속에 1886년 새 노조 영국 철강·제련 연합 노조British Steel Smelters' Amalgamated Association를 결성한다. 노조는 집행부에 단독적인 전국 파업 선포권을 부여하고 10시간 노동제와 하도급에 대한 전면적 반대 투쟁에 나섰다. 1880년에는 조합원 수가 세 배로 늘면서 철도 노조는 더욱 강력한 노조로 거듭났다.

신노조주의가 비숙련 노동자들을 조직하고 몇 번의 파업을 일으키는 데 기여했지만 신노조주의 운동은 평화적이고 점진적으로 진행됐다. 반면 이에 대응한 사용자와 국가의 공세는 무자비했으며 결과적으로 신노조주의 운동의 소멸을 촉진시켰다. 19세기 말 영국은 더 이상 찬란한 국가가 아니었다. 빅토리아 시대의 절정기를 벗어나 내리막길을 걷고 있었다. 새롭게 부상하는 미국의 거대한 그림자가 드리우고 있었다. 통일을 이루고 강력한 경쟁자로 나선 독일도 무시하지 못할 존재였다. 영국의 자본가들은 국가 경쟁력을 강화하기 위해서는 노조의 권리를 무력화시키는 것 외에는 대안이 없다고 주장했다. 노조 때문에 경제가 무너지고 있다는 이야기가 주력 언론과 의회에서 쏟아져 나왔다. 미국이 연방 정부군이나 주 방위군으로 파업을 강력하게 진압한 결과 미국 상품이 영국보다 높은 경쟁력을 갖게 되었다는 주장이 공공연하게 제시되었다. 특히 보수당은 이 같은 주장을 앞장서 이끌었다. 반면 보수당의 대척점에 서 있었던 자유당은 이에 대해 무관심으로 일관했다.

자유당은 거물 정치인인 글래드스턴William Ewart Gladstone을 중심으로 아일랜드 자치 문제에 몰두했다. 먹고사는 문제에 치인 영국 시민들에게 자치 문제는 중요한 이슈가 아니었다. 1886년에는 자유당 내의 급진주의자 그룹이 글래드스턴에 대한 항의로 탈당했으며 자유당은 개혁 입법 과제를 더욱 멀리했다. 이런 사태는 자유당이 국내 문제를 더욱 등한시하게 되는 핑계가 되기도 했다. 결국 무력한 자유당과 자본가를 대변하는 보수당이 장악한 영국에서 노동자들은 자신들을 대변할 정치 세력을 갖지 못했고, 곧이어 대대적인 반격을 받게 된다.

파업과 손해배상 소송이 영국 노동당을 만들다

가장 먼저 시도된 것은 파업권에 대한 공세였다. 1870년대 노동조합법에 따르면 노조는 법인이 아니므로 파업으로 발생한 손실을 배상할 책임이 없었다. 그러나 잇따른 법원의 판결에 의해 노조의 책임이 인정되기 시작했다. IT 혁명으로 눈코 뜰 새 없이 세상이 변하고 있다고 느끼는 오늘날과 마찬가지로 19세기 말의 영국인들에게도 세상은 하루가 다르게 변하는 어지러운 곳이었다. 신기술이 도입되면서 타격을 받는 사람들은 숙련노동자들이었다. 그 결과 강력한 숙련공 노조인 기계 노조가 무너졌다. 숙련공이 실업자 신세로 내몰리는 상황에서 파업조차 성공시키지 못한 기계 노조의 협상력은 급격히 힘을 잃었다. 기계 산업 분야 자본가들의 공세는 거칠 것이 없었다. 1892년 미국 피츠버그 공장에서 기계 노동자들의 파업을 무참히 분쇄해 버린 카네기의 성공 사례는 영국의 자본가들에게 좋은 본보기가 되었다. 노조에 대한 사용자들의 공세는 한층 치밀하고 세련되게 진행됐으며 무자비했다. 노동자들은 고립되었으며 정치적으로 자신들을 대변할 세력이 없다는 사실에 무력감을 가졌다. 노동자들은 자유당과 보수적 광부 노조 중심으로 의석수 몇 개를 얻는 식의 '자유당-노조' 연대로는 당면한 위기를 극복할 길이 없다고 생각했다.

노동자들이 직접 정치에 참여하자고 적극적으로 나선 노조는 철도노조였다. 1899년 영국노동조합총연맹TUC 총회에서 철도노조 대표로 나선 홈스James Holmes는 새로운 결의안을 제출했다. 영국노동조합총연맹이 "다음 의회에 좀 더 많은 숫자의 노동 대표를 보낼 방법을 강구하기 위해 협동조합, 사회주의 단체, 노동조합, 그리고 여러 노동단체가 참가하는 특별 회의를 개최한다."는 이 결의안은 영국 노동당이 출범하는 계기가 되었다. 이미 1895년 총선에서 패배해 재집권에 실패한 자유당은 노동자들이 믿을 수 있는 존재가 아니었다. 총선에서의 패배보다, 개혁에 대한 전망도 실천도 없는 무능한 정치 집단으로 전락해 버린 자유당은 희망이 없다는 생각이 광범위하게 퍼졌다. 이런 상황에서 1900년 노동당이 출범했다.

노동당은 기존 정당들과 비교해 재정도 조직도 정책도 취약한 작은 정당에 불과했다. 내부의 노선 투쟁으로 참여 세력이 이탈하기도 했다. 사회주의적 강령을 노동당의 정강 정책으로 채택할 것을 주장하던 사회민주연맹Democratic Federation은 자신들의 의견이 받아들여지지 않자 탈퇴를 했다. 1900년 노동당이 참가한 첫 총선에서 얻은 결과는 참담했다. 670석의 과반수를 넘는 의석을 차지하면서 보수당이 압승하는 가운데 노동당은 철도노조 위원장인 리처드 벨Richard Bell을 포함해 두 명이 당선되었을 뿐이다. 총 의석수의 0.3퍼센트에 불과한 세력으로 노동당이 할 수 있는 일은 별로 없었다. 노동당에 대한 비난과 비관 속에 노동당의 생존이 가능할 것인가에 대한 회의가 생겨났다. 그러나 역사는 가끔씩 놀라운 대전환을 보여 준다.

1900년 8월, 총선을 코앞에 두고 태프-베일Taff-Vale 철도 회사에서 파업이 일어났다. 보아 전쟁으로 인한 석탄 특수로 최고의 호황을 누리던 태프-베일 철도의 노동자들이 열차를 세웠다. 노조를 인정하지 않고 강제 전출을 보내는 등 인사 전횡을 일삼는 회사에 대응해 파업을 일으킨 것이었다. 사측은 사용자들이 조직한 전국자유노동협회NFLA: National Free Labour Association에 대체 인력을 요청했으며, 이로 인해 노사 간의 갈등은 더욱 악화되었다. 그러나 노조의 버티기에는 한계가 있었다. 9월에 철도 운행을 재개하기로 합의하고 노동자들은 현장으로 복귀했다. 문제는 철도 파업이 끝나고 나서 벌어졌다. 회사 측이 노조를 상대로 파업에 대한 손실을 보상하라며 손해배상 청구 소송을 했다. 1년 가까이 진행된 재판에서 상원은 회사 측의 손을 들어줬다. 1870년 노조법 개혁 이후 수십 년간 유지되어 온 당연한 권리가 일시에 박탈되었다. 노조 기금은 배상금으로 바닥날 수밖에 없었으며, 파업권은 무력화되었다. 영국 자본가들의 완전한 승리요 노동권의 종말을 알리는 판결이었다. 그러나 이 판결이 엄청난 사회적 불씨가 되리라고는 누구도 예상하지 못했다.

테프-베일 판결을 본 노동자들은 분노했고 노동당은 이 분노의 물결에 앞장섰다. 램지 맥도날드Ramsay MacDonald 노동당 위원장은 전국의 노조에 노동당 가입을 촉구하는 서한을 보냈다. "의회에서 노동 정당이야말로 유일한 대안"이라는 말은 억울함을 가득 품고 있던 노동자들의 마음을 움직였다. 테프-베일 판결 이후 몇 개월 만에 노동당에 가입한 조합원이 10만 명을 넘었고 1년 후에는 20만 명이 넘었다. 1903년에 노동당은 85만 명의 당원을 거느린 거대 정당이 되었다. 노조 단위의 가입도 봇물을 이루었다. 1902년 65개였던 가입 노조가 1904년 165개로 크게 늘어났다. 무엇보다 노동당과 거리를 두었던 기계 노조와 섬유 노조 등 전통적 노조들의 노동당 가입은 영국 노조 운동의 새로운 전환을 예고했다. 노동당을 중심으로 노동자가 뭉치자 의회에서도 노동자들의 압박을 반영하는 일이 일어났다. 1905년 자유당 의원 존 번스John Burns는 태프-베일 판결의 원상회복을 내용으로 하는 노동조합 법안을 제안하고 전체 회의 열람을 성공시켰다.

1906년 총선에서 노동당은 '노동당'의 이름이 아니라 '1백만 노조원의 이름으로' 지지를 호소했다. 많은 지역구에서 노동당과 자유당은 연합하거나 상대 당의 취약 지구에 힘을 몰아줌으로써 보수당을 견제했다. 노동당은 테프-베일 판결의 무효화와 더불어 학생들을 위한 무상 급식, 노년 연금, 노동계급 주택 등 당시로서는 급진적 사회보장 정책을 제기하면서 선거판의 의제를 바꾸어 냈다. 보수당의 선거 전략은 국가 안보와 애국이었다. 자유당 후보가 영국 국기를 끌어내리는 내용의 선거 포스터를 통해 국가와 민족을 강조한 보수당의 선거 전략은 계급과 민중을 앞세운 노동당과 자유당의 공세를 넘을 수 없었다.

선거 결과는 보수당의 대패였다. 자유당은 397석을 얻어 압도적으로 승리했다. 그러나 진정한 승리자는 노동당이었다. 창당 6년 만에 29명의 의원을 당선시킨 노동당은 영국 노동자들에게 새로운 가능성을 보여 줄 수 있는 세력으로 성장했다. 1906년 노동당이 등원하자마자 발의해 통과시킨 법안은 '학교급식에 관한 교육법'이었다.[35] 보수당 의원들이 목에 핏대를 세우며 사회주의 빨갱이 법이라고 호통치는 가운데, 가난한 노동자들의 아이들에게 학교에서 따뜻한 밥 한 끼를 먹이자는 법안이 통과되었다. 얼마 지나지 않아 '산업 분쟁 법안'이 통과되었다. 노동당의 최대 과제였던 테프-베일 법을 무효화하는 법안이 보수당의 강력한 반대를 뚫고 통과된 것이다. 산업 분쟁 법안은 노동자들의 파업에 대해 손해배상을 청구할 수 없게 만들었고 노동운동의 정치화까지 수용했다.

자유당은 초기에 노동당과 우호적 연대의 관계를 유지했지만 자유당 우파 의원들을 중심으로 노동당의 급진 개혁 정책이 사회주의적이라며 노동당과 거리를 두기 시작했다. 그러나 노동당은 1880년대 고용 노동자 4퍼센트, 50만의 조직노동자가 있던 시절의 일개 노동단체 같은 조직이 아니었다. 1914년 노조 조직률 25퍼센트에 4백만 명의 조합원을 배경으로 하는 거대 정당으로 거듭났고 보수당과 어깨를 나란히 하게 되었다. 영국 노동당의 놀라운 성장 과정에 비례해서 자유당은 몰락의 길을 걸었고 마침내 소멸하게 된다. 요컨대, 철도 파업에 대한 손해배상 청구와 이에 분노한 사회적 공감대가 이 정치적 격변의 밑거름이 되었던 것이다.

프랑스혁명과 철도, 그리고 오르세 역

철도의 시대를 연 것은 영국이었지만, 프랑스에서도 변화의 움직임이 시작되고 있었다. 프랑스를 잠깐 살펴보고 가자.

1820년대에서 1870년대까지 영국과 미국이 산업혁명의 파도를 타고 기계문명을 꽃피우는 동안 프랑스는 엄청난 산통을 겪고 있었다. 따라서 산업화 초기 프랑스에서 철도 건설은 지지부진했다. 1789년 7월 14일 바스티유 감옥 공격 사건으로 상징되는 대혁명은 1830년 7월 혁명과 1848년 2월 혁명까지 반전의 반전을 거듭하면서 이어졌다. 영국에서 광산에 처음으로 궤도를 이용한 운송 수단이 쓰이고 이것이 마침내 철도로 발전한 것처럼 프랑스에서도 궤도를 이용한 운송 수단은 오래전부터 있었다. 비록 미친놈 소리를 들으며 정신 병동에 감금됐지만, 이미 프랑스의 엔지니어 살로몽 드 카우스는 17세기 중반에 기계장치를 이용해 마차를 견인할 수 있다고 장담하기도 했다. 그렇지만, 증기기관이 개량을 거듭하고 철도의 탄생을 예비하는 여러 가지 일들이 이웃나라 영국에서 진행되는 동안, 프랑스에서는 나폴레옹 전쟁을 수행하느라 정신이 없었다. 1799년, 혁명력인 '브뤼메르 18일'의 군사 쿠데타로 권력을 장악한 나폴레옹은 1803년부터 1825년까지 유럽 전역을 전쟁의 소용돌이로 몰아넣었다. 이 때문에 프랑스에서 철도의 개발과 건설은 유보됐다. 근대 초기 영국이 먼저 철도를 확장시켜 산업화의 길을 선도적으로 열어 나갈 수 있었던 것은 나폴레옹이 유럽 전역을 전쟁터로 만들어 준 덕분이기도 하다. 프랑스에서는 나폴레옹 전쟁이 끝나고 난 뒤인 1827년에야 생테티엔Saint-Etienne 광산에 석탄 운반용 철도가 처음 놓였다. 1830년에는 생테티엔-리옹 라인과 지보Givor-리브드지에Rives-de-Gier 간 화물 철도 노선에서 승객을 태우는 여객용 철도의 부분 운영이 시작되었고 1832년에야 전체 노선을 운영할 수 있었다. 이 최초의 철도가 개통된 이후에도 10년 동안 프랑스 철도의 확장은 심각한 정체를 겪었다. 반면 영국의 철도는 크게 발전했고, 벨기에·독일·스위스에서도 철도가 새로운 수송 수단으로 자리 잡고 있었다.

한국과 프랑스의 유사점을 꼽으라면 아마도 수도가 갖는 위상일 것이다. 대한민국을 '서울공화국'이라고 부르듯, 프랑스는 파리이면서 파리는 프랑스였다. 프랑크푸르트, 함부르크, 뮌헨 등 여러 도시들이 수도 베를린과 더불어 특색 있게 발전한 독일이나, 런던이 수도이기는 하지만 주로 잉글랜드만을 대표했던 영국에 비하면, 프랑스에서 파리의 위치는 절대적이다. 모든 것이 파리를 기점으로 뻗어 나가는 특성상 프랑스에서 철도가 활성화되려면 파리를 중심으로 노선이 놓여야 했다. 파리에 처음 여객용 철도가 놓인 것은 1837년 생제르맹Saint-Germain까지 운행하는 노선이었다. 파리에 철도가 건설되는 시점을 전후해서 파리에서는 어떤 일들이 벌어지고 있었을까?

혁명과 반혁명, 혼돈의 시기

파리는 허물을 벗어 던지고 있었다. 프랑스 사회 전체가 파리를 축으로 하는 소용돌이에 휩쓸려 있었다. "모든 혁명은 기존 사회를 해체시킨다. 그런 의미에서 혁명은 사회적이다. 모든 혁명은 기존의 폭력을 무력화시킨다. 그런 의미에서 혁명은 정치적이다."라는 마르크스의 말을 빌려온다면 파리는 파괴와 창조의 공간이었다. 또한 사회적이고 정치적인 혁명의 소용돌이를 일으키는 축이었다. 파리에 살고 있던 사람들이 틈만 나면 발끈해서 거리로 나가 바리케이드를 쌓았던 이유 중의 하나는 완전히 탈피하지 못한 봉건적 사회 체제 및 문화 체제가 새롭게 형성된 제조업·상업·금융·행정 등과 제대로 조응하지 못했기 때문이다. 도시는 온갖 불평등과 갈등을 담아내기에 알맞은 구조와 환경을 갖고 있어서 언제든 폭발할 준비가 되어 있는 공간이었다.

시민권은 자본주의를 위해 반드시 필요한 전제 조건이었다. 시민권을 누리게 되는 시민이라는 범주에는 자유로운 예비 노동자와 이들을 고용할 자본가가 포함되어 있었다. 귀족들과 지주들은 새로 등장한 세력들에게 기득권이 훼손당할지도 모른다는 두려움에 휩싸였다. 이런 상황에서 생존을 위해 파리로 몰려든 사람들은 파리를 더욱 인화성이 높은 공간으로 변화시켰다. 좁은 지역에 사람들이 몰려들면 생존을 위한 집단 거주지가 생긴다. 이런 주택단지들에 근대적 의미의 도시계획이 적용될 리 만무하다. 1950~60년대 서울의 판잣집과 달동네처럼 조악한 형태의 주택들이 파리 곳곳에 생겨났다. 마치 세포들이 분열하듯이 유입 인구가 증가함에 따라 도시가 확장되었고, 도시에 살고 있는 구성원들 모두는 불만에 가득 차 있었다. 질퍽거리는 거리, 상하수도의 부재에 따른 식수 부족과 오염물의 방치, 전염병, 실업, 빈부 격차는 극빈층과 상대적 빈곤층, 상인과 중소 자본가, 대자본가, 귀족 모두가 서로를 혐오하며 제거의 대상으로 여길 수 있는 환경을 제공했다. 온갖 특권을 누리고 있는 귀족들은 불온한 사상에 오염되어 국가를 혼란의 도가 니로 몰아갈 수 있는 천민들의 저항을 경멸했고 두려워했다. '비참한 사람들'Les Misérables과 이들의 동맹자를 자처하는 사람들은 파리 시내 곳곳에서 왕과 귀족들에 대항했다. 가난한 이들의 구역은 구불구불한 미로 같아서 진압군을 피해 달아나기 좋은 환경이었다. 도로 폭이 좁아 바리케이드를 쌓기에도 안성맞춤이었다. 1848년 2월 혁명은 1백 년에 이르는 프랑스혁명 과정의 변곡점이었다. 민중을 앞세워 혁명을 성공시킨 부르주아지들은 생산수단을 갖지 못한 하층계급과 스스로를 구분하기 시작했다. 결국 1848년 2월 혁명의 열매는 2년 뒤 루이 나폴레옹이 가로챘다.

파리의 혁명 세력은 1948년 2월 루이 필리프Louis Philippe왕을 쫓아내고 나폴레옹 보나파르트Napoléon Bonaparte의 조카 루이 나폴레옹Napoleon Ⅲ을 대통령으로 추대하며 두 번째 공화국을 실현한다. 나폴레옹 보나파르트는 사관학교를 졸업한 포병 장교 출신으로 1789년 프랑스 대혁명 이후 혼란에 빠진 국가를 구하겠다며 군사 쿠데타로 권력을 장악해 제1통령이 됐다. 이후 집권 연장을 위해 원로원의 추대를 받는 방식을 동원해 황제가 된다. 나폴레옹 보나파르트에 대한 평가는 극과 극으로 엇갈렸다. 1804년 공화국의 통령이 된 나폴레옹에게 〈영웅〉이라는 제목의 3번 교향곡을 헌사했던 베토벤은 나폴레옹이 황제에 취임했다는 소식을 듣고는 악보를 찢어 버렸다. 공화국과 민중을 배신한 독재자에 실망한 대음악가와는 달리, 그를 프랑스의 영광을 실현했던 인물로 기억하는 사람들은 그의 친족인 루이 나폴레옹이 다시 과거의 찬란한 시절을 재현해 주리라는 환상을 가졌다. 큰아버지인 나폴레옹 보나파르트의 후광 덕에 최고 통치자가 된 루이 나폴레옹은 혈육의 어두운 그림자만 계승했다. 루이 나폴레옹은 공화국 대통령으로서의 지위를 버리고 1851년의 쿠데타와 1852년의 황제 선언으로, 1848년 2월에 만개했던 파리 시민들의 희망을 꺾어 버렸다.

프랑스 국영 철도의 탄생

1851년 이후 파리는 대성형에 들어가게 된다. 이 성형수술의 주치의는 근대 파리의 설계자로 유명하며, 루이 나폴레옹의 총애를 받았던 조르주 외젠 오스만Georges-Eugene Haussmann이었다. 오스만은 도시를 강제로 근대성이라는 틀 안에 몰아넣었다. 1851년 파리의 엘리제 궁에서 루이 나폴레옹과 저녁을 먹은 오스만은 지방 몇 곳의 책임자로 임명되었다가 1853년 파리 지사로 입성한다. 1851년부터 1853년까지는 파리 곳곳에서 대규모 철거가 이루어졌다. 불순한 노동자들을 도시에 머물게 하는 공장들을 대거 외곽으로 이전시켰다. 하층민들의 마을들에 철거반원들이 들이닥쳐 건물을 부쉈으며, 거금을 들여 새로 지어진 근대식 건물들도 오스만의 계획에 어긋날 경우 가차 없이 헐렸다. 오스만은 '직선'에 꽂혔다.

시간과 공간의 관점에서 인류사의 거대한 획을 긋는 사건은 철도의 등장이었다. 철도는 인위적 구조물이고 이것은 자연과의 단절을 전제로 했다. 과감하게 돌파하는 기계문명으로서 선로는 직선을 요구했다. 파리에 새로 들어선 철도역 사이를 중심으로 새로운 흐름이 생겨났다. 산업과 상업 지구, 주택 지구를 움직이는 데 필요한 비용과 시간을 대폭 절감시켜 줄 수 있는 대로들이 건설되었다. 또 이들 대로를 이용해 역과 역 사이를 이어 주고 도시를 순환하는 교통수단이 필요했다. 파리에 존재하는 여러 옴니버스 회사가 하나로 병합되어 도시의 욕구를 충족시켰다. 18인승 합승 마차인 옴니버스는 확장된 대로를 다니기에 안성맞춤이었고, 대규모 수송이 가능한 철도를 타고자 하는 사람들을 집단으로 실어 나를 수 있었다. '파리 옴니버스'라는 이름으로 통합된 회사를 만든 사람은 물론 오스만이었다.[36] 철도 시스템에 맞추어 연결된 새 도로는 혁명 열기가 끓어올랐던 지역들을 둘러싸고 있었다. 진압 병력과 경찰들이 편하게 돌아다닐 수 있다는 덤도 얹어 주었다.

파리에서 대규모로 이루어진 철거 작업과 철도 건설은 불황을 극복하는 촉매가 되었다. 물밀 듯이 몰려오는 이주민들로 인해 폭발적으로 증가한 파리 인구의 상당수는 토건 개발이 만들어 낸 일자리로 생계를 유지했다. 파리의 파괴와 생성은 공공 개발로 이루어졌다. 이는 미국의 뉴딜 정책처럼 일시적으로 실업과 빈곤의 해소, 경제 성장에 도움을 주었다. 프랑스 철도는 사적 자본이 참여하기도 했지만, 다른 나라들이 개별 자본가나 그들 간의 공동 투자에 의해 건설되었던 것과 달리 정부의 주도로 확장된다. 이 뿌리 깊은 전통이 오늘날까지도 영향을 미쳐 프랑스에는 강력한 공영 철도 시스템이 유지되고 있다. 프랑스 철도가 공영 체제로 시작할 수밖에 없었던 이유는 1백 년에 이르는 혁명의 혼란기에 안정적으로 거대 인프라에 투자할 만한 자본가가 없었기 때문이다. 물론 더 큰 이유는 프랑스의 혁명 정신이다. 1800년대 중반을 풍미했던 공상적 사회주의의 한 그룹인 푸리에주의자들Fourierists, 유토피아적 세상을 꿈꿨던 콩시데랑Victor Considérant을 비롯해 다양한 혁명 참가 그룹들은 철도망의 국영화와 철도 건설이, 이성적이고 조화로운 원칙에 따라 개인의 자본에 의존하지 않고 이루어져야 한다고 주장했다. 항상 혁명에 대한 두려움을 안고 있던 정부는 '철도 건설을 위한 국민 협약'에 합의하여, 공영 철도를 원하는 시민들의 뜻을 반영했다. 파리를 중심으로 하는 방사성 철도망이 국가의 주도로 공영 체제로 자리 잡게 된 배경에는 바리케이드를 수호하며 자유·평등·연대의 깃발을 올렸던 '레미제라블'들이 있었다.

오스만의 파리 재구성은 3단계의 도로 계획을 통해 실현된다. 개선문과 불로뉴 숲을 잇는 새 대로의 폭은 애초 설계했던 규모의 세 배로 늘어났다. 오스만은 공간의 규모를 파격적으로 바꾸면서 사람들의 사고와 행위에도 영향을 미쳤다. 십자형의 대로들이 건설되고 도로는 마카담Macadam이라는 새로운 공법으로 포장되었다. 마카담 공법은 현대의 도로 건설에 일반화된, 자갈을 깔고 그 위에 아스팔트를 부어 굳히는 방법이었는데, 급진파들은 저항을 봉쇄하는 공법이라고 비난했다. 새 공법은, 포장 돌을 빼내어 바리케이드를 쌓거나 진압군에 대항할 무기로 사용하는 것을 원천적으로 봉쇄했기 때문이다.

프랑스는 파리의 건물을 철거하고 건설하는 현장과 철도 공사장에 노동자들을 불러 모음으로써 자본주의의 최대 위기인 공황을 탈출할 수 있었다. 도시 재건과 교통 시스템의 재편 작업을 통해 노동력의 공급과잉이 장기적으로 해소되었기 때문이다. 1850년 몇 가닥에 불과했던 철도망은 1870년에는 1만7,400킬로미터에 달하는 거대한 신경망이 되었다. 철도 운송망이 생기자 교통량과 산업 생산량은 더 빠르게 증가했다.

오르세 역과 오르세 미술관, 그리고 우리의 신촌역

단 한 번 과거로 시간 여행이 허락된다면 저마다 가고 싶은 시대를 고민하느라 머리를 싸맬 것이다. 그러나 어느 한 분야에 빠져 있는 사람이라면 선택의 여지가 없을지도 모른다. 나에게 타임머신 티켓이 주어진다면, 혁명과 반혁명이 충돌하고 철도가 세상을 바꾸는 19세기 파리행을 주저 없이 선택할 것이다. 영화 〈미드나잇 인 파리〉(2011년)에서 파리로 여행 온 소설가 길(오언 윌슨)은 자신이 동경하던 1920년대의 파리로 가게 된다. 이곳에서 헤밍웨이Ernest Hemingway와 달리Salvador Dali 등 당대의 유명한 예술가를 만나고 피카소Pablo Picasso의 연인 애드리아나(마리옹 코티아르)에게 마음을 빼앗긴다. 현재로 돌아온 그는 노트르담 성당 건너편의 작은 서점 셰익스피어앤컴퍼니Shakespeare & Company를 나와 센 강변에 늘어선 중고책 서점에서 눈에 띄는 낡은 책을 한 권 사게 되는데 바로 애드리아나의 이야기가 담긴 책이다. 이 책에서 애드리아나가 자신에게 마음을 갖고 있음을 알게 된 길은 다음 시간 여행에서 더욱 적극적으로 그녀에게 다가간다. 셰익스피어앤컴퍼니는 2층짜리 아주 작은 서점인데 〈미드나잇 인 파리〉에 나오기 전에도 영화에 등장했던 적이 있다. 젊은 청춘들의 로망, 여행에서의 로맨스를 다룬 영화 〈비포 선 라이즈〉(1995년)의 속편 〈비포 선 셋〉(2004년)이 시작되는 장소이다. 열차 안에서 마음이 맞은 두 청춘은 열차가 정차한 빈 역에서 각자의 길을 가야 했지만 딱 하룻밤을 같이 지내는 조건으로 의기투합한다. 흔들리는 열차는 언제든 마주치는 이성 앞에서 마음을 흔들 수 있는 조건을 갖추고 있다. 사랑을 하려면 기차를 타라. 빈에서의 하룻밤을 보내고 나서 6개월 뒤 다시 만날 약속을 하고 헤어진 두 남녀는 약속을 지키지 못하고 몇 년 만에 다시 만나게 되는데 그 장소가 바로 셰익스피어앤컴퍼니 서점이다.

이 서점에서 센 강을 따라 노트르담 성당을 등지고 계속 걷게 되면 강 건너편에 루브르 박물관이 보이고, 조금 더 가면 왼편에 오르세 미술관이 있다. 이 오르세 미술관이 자리 잡고 있는 강둑은 1782년에서 1788년 사이에 세워진 삼 호텔Hotel de Salm이 있던 곳이다. 1810년과 1838년 사이에는 기병대의 막사가 있었다. 프랑스혁명 시기 시민군을 진압하기 위한 군부대의 막사가 이곳에 있었던 이유는 그 만큼 파리 곳곳으로 쉽게 진출할 수 있었기 때문이리라. 파리의 새로운 재건기에는 외무부 청사로 계획되기도 했지만 회계법원 등 정부 기관들이 들어섰다. 그러나 센 강 오르세 둑 위 여러 정부 기관들을 포함한 건물들은 1871년 파리코뮌 기간 동안 모두 불타 없어졌다.

1899년 프랑스 정부는 폐허로 변해 있던 오르세 부지를 오를레앙 철도 회사에 양도했다. 이미 1897년부터 파리 중심부에 역을 건설하고자 후보 지역을 물색하고 있던 오를레앙 철도 회사는 루브르 궁전 등 여러 후보지 중에 오르세를 최종적으로 선택했다. 파리의 가장 우아하고 품위 넘치는 지역에 철도역을 건설하게 된 철도 회사는 주변에 걸맞은 역사 건물을 짓기 위해 노력한다. 오르세 역은 파리의 다른 역에 비해 천장이 낮고 폐쇄된 형태의 구조를 갖고 있다. 그 이유는 당시로서는 희귀한, 전기 철도 전용 역이었기 때문이다. 증기기관이 내뿜는 수증기와 연통의 연기를 확산시켜 배기할 필요가 없었기에 거대한 공간이 필요하지 않았다. 대신 주변의 유서 깊은 건물과 어울리는 격이 필요했다. 설계자 빅토르 라루victor laloux는 근대적 건축물의 새로운 주인공으로 떠오른 강철 구조물로 역을 만들기로 했다. 강철로 마감된 골격과 아치형 지붕과 기둥들은 고대의 신전 같은 느낌을 주면서도 현대 건축 기술이 유감없이 발휘되었음을 알 수 있게 해 준다. 화물 전용 리프트와 승객용 엘리베이터가 설치됐고 지하층에 16개의 선로가 놓였다. 강철 위에 유리로 덧댄 오르세 역의 천장으로 태양 빛이 굴절돼 들어왔고, 승객들은 이 화려하고 신비로운 공간에서 다른 공간으로 떠나기 위해 줄을 섰다. 높이 32미터, 폭 40미터, 길이 138미터의, 증기나 연기가 없는 산뜻한 역의 모습은 승객들을 흥분시키기에 충분했다.

모두가 알다시피 오르세는 세계적으로 유명한 미술관이다. 입구에서 입장권을 사고 길게 늘어선 줄을 따라 들어가 보안 검색대를 지나고 나면 왼편으로 전시장 입구가 나타난다. 이 입구로 들어가면 로비가 나오

오르세 역

는데 이 로비 한가운데가 오르세 역의 승강장들이 있던 자리이다. 중앙 세 개의 승강장 양쪽으로 선로가 놓여 있고 열차가 들어왔다. 중앙 쪽 외에 건물 벽 가장자리 쪽에도 승강장이 있었는데 이 승강장 안쪽의 여러 방들에 지금은 미술품들이 전시되어 있다. 2층으로 올라가면 오르세 미술관의 전체 구조를 한눈에 볼 수 있다. 천장이며 건물 기둥, 계단, 벽면 등 그 자체로 멋진 예술 작품이다. 1851년 런던 만국박람회가 열렸던 수정궁의 영향을 받았음이 분명한, 강철과 유리가 조화를 이룬 아름다운 오르세 역은 파리에서 남서부를 향하는 노선의 최고 역이 된다. 그러나 오르세 역은 1939년까지만 철도역으로 이용된다. 처음부터 큰 규모로 설계되지 않았기 때문에, 점점 커지고 길어지는 열차들을 수용할 수 없었던 것이다. 짧은 승강장 길이와 새롭게 진보된 전기철도 시스템을 적용할 수 없는 구식 역이 되어 버린 오르세 역은 파리 근교 교외선 전용으로 이용되다가 아예 폐쇄되었다.

오르세 역을 보면 서울 경의선의 신촌역이 떠오른다. 민자 역사 건설이 추진될 때 서울 한복판에 남아 있는 몇 안 되는 근대 문화유산인 신촌역을 보존하자는 운동이 일어났다. 거대한 상업 건물이 들어서더라도 신촌역만큼은 철거되지 않았으면 하고 바라는 사람들이 적지 않았다. 그리고 이런 바람을 받아들이기로 했다는 소식이 들렸다. 하지만 한국에서는 상업적 고려가 문화유산 보호보다 중요했다. 신촌역은 철거되고 민자 역사 한 귀퉁이에 영화 촬영장의 미니어처처럼 조악한 모습으로 재현되었다. 그런데도 제법 멀리 떨어져 있는 신촌역으로 진입하는 도로에서부터 곳곳에, 사라진 근대 문화유산 신촌역을 알리는 표지판이 있다. 만약 오르세 역이 한국에 있었다면 어떻게 되었을까.

1705년	토머스 뉴커먼, 대기압식 상업용 증기기관 발명
1769년	제임스 와트, 뉴커먼의 증기기관을 개량해 발전된 증기기관을 발명, 특허를 내고 상업 운전에 들어감
1814년	조지 스티븐슨, 자신이 발명한 기관차로 킬링워스의 마차용 선로 위에서 시험 운행
1825년	9월 27일 영국 스톡턴-달링턴 간 약 40킬로미터를 스티븐슨의 증기기관차 로코모션 1호가 승객과 석탄을 싣고 최초로 운행
1827년	프랑스 생테티엔 광산에 석탄 운반용 철도가 처음 놓임
1829년	10월 6일 영국 리버풀 인근의 레인힐에서 기관차 경주 대회가 열림
1830년	9월 15일 리버풀-맨체스터 철도 개통식
	생테티엔-리옹 라인과 지보-리브드지에 간 화물 철도 노선에서 여객용 철도의 부분 운영이 시작되었고, 1832년 전체 노선을 운영
1837년	파리에서 생제르맹까지 운행하는 여객용 철도가 놓임
1900년	영국 노동당 출범
1906년	총선에서 영국 노동당 29석을 얻음

1705 – 1906

3

철도가 바꾼 것들

마차가 주인이던 시절, 출발은 전적으로 마부의 마음이었다.
또는 돈이나 권력을 갖고 있는 사람에 의해서 당겨지기도 하고
늦춰지기도 했다.
그러나 새로 탄생된 시간은 그가 누구이든 사람이 시간에 맞춰야 했다.
12시에 출발하는 열차는 그가 수만 평의 땅을 보유한 부자라 해도
기다려 주지 않았다.
시간은 공평하게 사람들을 한 줄로 세웠다.

철도가 바꾼 근대의 풍경

기차역, 대합실, 승강장

역사가 깊은 세계 각국의 기차역들은 모두 그 도시의 중심부에 있다. 그러나 처음부터 그랬던 것은 아니다. 도시의 입장에서 보면 철도란 이질적인 요소였다. 근대 이전의 교통이었던 마차는 달리는 내내 주변의 경관과 호흡을 함께 했다. 공간의 한 요소였고 출발 지점과 도착 지점도 그 도시의 일상적인 생활이 이루어지는 일부였다. 마차와 도시와의 관계, 또는 마차와 도로와의 관계는 공간과의 완벽한 일체를 통해서 존재했다. 마차가 도착하는 역마차 정거장은 도시의 중앙에 있는 여러 집들 가운데 하나였고, 건축양식이나 크기에서 다른 집들과 구별되지 않았다. 또 역마차 정거장이 아니라도 마차를 사적으로 이용하는 사람들이 있었기에, 말들이 있고 마차가 있는 집이라고 해서 반드시 역마차 정거장이었던 것도 아니다. 마차는 모든 것의 일부였다. 도시의 일부였고 달리는 동안은 자연의 일부였다.

마차와 달리, 철도는 도시와 자연에 대해 완전히 이질적인 모습으로 등장했다. 철도역들은 건설 당시부터 도시의 성 밖에 건설됐다. 역과 선로를 놓기 위해서는 기존의 건물이나 도로를 해체해야 하는데 땅이나 건물 소유주의 보상 요구와 도시 거주자들의 거부감을 해소할 수 없었기 때문이다. 철도역은 역마차 정거장과는 규모에서부터 달랐다. 마차역이 도시 건물의 자연스런 일부였다면 철도역은 이질적인 건축물이었다. 역에서 나는 소음은 말 울음소리와는 차원이 다른 굉음이었다. 철도 노선은 도시를 분리시키는 장벽이 되었다. 철도는 기존의 모든 것을 해체하거나 새로운 무엇을 만들어 내는 장치가 되어 버렸다.

근대의 철도역은 두 가지 이질적인 공간으로 결합되어 있다. 하나는 대합실이라고 부르는 역의 현관 역할을 하는 곳이다. 매표소나 역 직원들의 사무실이 있고 시간표가 걸려 있으며, 여행을 시작하거나 마친 사람들이 섞여 있는 공간이다. 과거의 역들은 이 대합실을 포함한 공간을 석조 건물로 지었다. 유럽의 유서 깊은 중앙역들은 아직도 고색창연한 대리석 기둥과 붉은 벽돌로 쌓아올린 외관을 자랑하고 있다. 일본의 도쿄 역과 그것을 본따 지은 옛 서울역 건물도 화려한 석조 건물이다. 이 석조 건물을 나가면 열차를 탈 수 있는 승강장이 나온다.

마치 다른 두 세계의 연결 고리 같은 역할을 하는 곳이 바로 개찰구이다. 역무원이 게이트에 서 있고 여행객은 역무원에게 표를 내어 보인다. 역무원은 여행객이 내민 표를 받아 들어 열차에 탈 수 있는 승객인지 확인하고는 들고 있는 펀칭 가위로 표에 작은 구멍을 뚫어 준다. 이처럼 자연의 힘을 뛰어넘는 여행을 가능하게 하는, 시공간의 전환 공간인 역은 건축물의 형태도 2중 구조로 만들어졌다. 열차 탑승 승인을 거친 승객이 마주하는 공간은 미지의 세계로 뻗어 있는 선로와 승강장이다. 이 승강장을 덮은 구조물은 역의 또 다른 공간인데 거대 철골구조와 유리로 덮인 새로운 건축양식의 건물이다. 초기 승강장은 나무 지붕을 씌운 모습이었지만 철도망이 확장되면서 열차 역의 규모가 점점 커졌고, 역사 건축에 새로운 지평이 열렸던 것이다. 기원전 5세기에 시작되었다는 철기시대가, 철을 녹여 만든 기계장치를 장착한 기차와 거대 철골 역사를 통해 비로소 완성된다. 산업 혁명은 철을 중심으로 모든 것을 대체하는 과정이었다. 열차, 역, 선로, 배, 고층 빌딩, 신형 무기 모두 철이 없으면 상상할 수 없는 일이었다. 제철소가 중요한 산업의 핵으로 떠올랐고 철강 자본은 돈을 긁어모았다. 근현대는 신철기시대의 다른 말이다.

또한 상업적 유리 건축물의 출현을 도왔다는 1851년 런던 유리 궁전의 성공은 바로 기차역으로 이어졌다. 유리와 철골이 조화를 이룬 새로운 시대의 건축물이 철도 노선의 출발지와 도착지에 들어섰다. 여행자들은 역에 도착해서 익숙한 석조 건물을 통과해 전혀 낯선 철골 건물로 이동하는 동안 근대 기계문명의 새로운 공간으로 들어서고 있다는 사실을 깨닫게 된다. 반半궁전, 반半공장의 형태를 띤 철도역에 대해 건축가들은, 단 하나의 건물에 형식적으로, 그리고 근본적으로 다른 두 부분이 통합되어 있는 건축양식은 철도역 이전에는 존재하지 않았다고 말한다.[37] 철도역은 야누스의 얼굴을 한 근대의 출입구 같은 것이었다.

근대 유럽의 철도 여행자가 된다면?

열차가 운행되기 시작하자 철도역은 새로운 도시의 설계자가 되었다. 사람들의 왕래가 잦아지면서 여행객들에게 물건을 팔고 싶은 상인들이 모여들었다. 또한 잠자리나 음식을 제공하려는 사람들, 승객들을 실어 나르기 위해 마차를 끌고 마부들이 몰려왔다. 철도역을 중심으로 새로운 상권이 등장했고 도시가 확장되기 시작했다. 예컨대, 이때부터 지도에는 도시나 거리 이름에 '뉴'NEW라는 말이 우후죽순 생기기 시작하는데 철도가 만들어 놓은 새로운 현상이었다. 철도역을 중심으로 새로운 도시가 번성하고 옛 도시가 몰락하는 일들이 벌어졌고, 한때 철도 노선의 진입을 반대하던 도시들은 철도역을 유치하기 위해 사활을 걸고 의회와 철도 회사를 설득했다.

목포역처럼 철도 노선의 끝에 있는 역들은 승강장 끝이 막혀 있다. 목포역에서 선로를 넘어 가는 방법은 승강장 위를 가로지르는 역사 건물을 통해 이루어진다. 일종의 육교 역할을 하는 셈이다. 선로와 승강장이 많지 않고 열차 운행 횟수도 얼마 안 되는 상황에서는 선로를 횡단하는 것은 별로 위험하지 않은 일이었다. 그러나 철도 노선이 확장되고 한 역에 도착하거나 출발하는 열차가 많아지자 덩달아 선로가 늘어나고 승강장도 커져서 역의 규모가 점점 확장되었다. 유럽의 많은 중앙역들은 승강장의 한 끝이 막힌 구조로 만들어졌다. 이렇게 하면 육교나 지하도 없이도 승강장의 끝에서 다른 승강장으로 쉽게 이동할 수 있었기 때문이다. 물론 중앙역들은 대게 시종착역의 역할을 하고 있었기 때문에 역을 통과하는 선로를 놓지 않았다.

역사에 들어선 이용객들은 승강장 번호와 행선지만 확인하면 자신이 탈 열차가 있는 승강장으로 어렵지 않게 갈 수 있었다. 중세의 광장과 역사를 통과하면 근대의 거대 철골 구조물이 있고 그 아래 문어발처럼 여러 가닥으로 철길이 놓여 있다. 여행자는 문어의 머리에 서 있다가 다리를 하나 고르면 된다.

이제 근대 유럽의 철도 여행자가 되어 보자. 마차에서 내려 넓게 펼쳐진 역 광장을 가로질러, 도시와 얼굴을 맞대고 도시의 일부가 되어 버린 석조 건물로 들어간다. 표를 사고, 높은 천정의 중앙 홀에 달린 시계를 보면서 나무 의자에 앉아 열차 출발 시각을 기다린다. 시간 여유가 있으면 역 한쪽에 있는 카페테리아에 가서 뜨거운 커피를 마시거나 서점에 들러 간단히 읽을 책을 고른다. 억양이 뭉개지는 모노톤의 스피커에서 개표 시작을 알리면 얼른 짐을 들고 개찰구로 간다. 근엄한 표정을 짓고 있는 역무원에게 표를 내보이고 개찰구를 통과하고 나면 눈앞에 여러 갈래로 나뉘어져 있는 선로와 승강장이 보인다. 어떤 승강장에서는 증기기관이 내뿜는 수증기가 승강장을 덮어 사람들이 안개 속에 있는 것처럼 보이기도 한다. 거대한 철골 구조물과 그것을 둘러싸고 있는 유리창이 쏟아지는 비를 막아 주는 것이 다행이라면 다행이다. 행선지 표시를 한 번 더 확인하고 열차가 서 있는 승강장에 가서 열차에 오른다. 3등실 나무 의자에는 제법 여행자들이 많이 앉아 있다. 조금 더 한산하거나 조금 더 순해 보이는 인상을 가진 사람이 있는 자리를 찾아 한 칸, 한 칸 앞으로 가다가 철도 회사 완장을 차고 있는 차장과 마주친다. 여기서부터는 2등 객실이니 돌아가라고 한다. 다시 몸을 돌려 그동안 오면서 봐두었던 자리 중에 가장 마음에 들었던 자리가 어디였는지 생각하며 걷는다. 겨우 마음에 드는 자리를 발견해 창가에 앉았는데, 승강장에서 신문팔이 소년이 신문을 흔들어 대는 걸 본다. 창문을 열고 소년을 불러 신문 한 부를 산다.

인쇄술이 철도를 만났을 때

증기기관으로 달리는 철도만이 새로운 세상을 연 것은 아니었다. 증기기관은 또 다른 세상을 우리에게 열어주었다. 『타임스』는 증기를 이용한 대량 인쇄 시스템을 도입함으로써 신문의 시대를 열었다. 그렇지만 신문의 시대를 이야기할 때 철도의 역할을 빼놓을 수 없다. 하룻밤 사이에 4천 부 이상을 인쇄할 수 있는 인쇄기를 여러 대 갖고 있던 『타임스』의 인쇄소는 철도 운행 시간에 맞춰 지방으로 배송될 신문을 만들어 냈다. 신문은 철도를 타고 뉴스를 전달했고, 사람들은 어젯밤에 3백 킬로미터나 떨어진 글래스고glasgow나 맨체스터에서 무슨 일이 있었는지 바로 알게 되었다. 인쇄 기술과 철도의 만남이 가져온 변화는 신문

구독뿐만 아니라 독서에도 영향을 미쳤다. 1866년 프랑스의학연례회의Congrès médical de France는 열차 안의 독서가 일반적 현상임을 보고했다.[38] 마차 여행을 하면서 책을 읽는 것은 불가능했다. 그러나 열차 안에서는 가능했다. 독서는 창밖에 펼쳐지는 자연의 파노라마가 지루해질 즈음이나 앞에 앉은 사람과의 어색한 대화를 더 이상 이어 가기 힘들 때 적절한 이유를 대지 않아도 자신만의 공간으로 도피할 수 있는 좋은 수단이었다. 게다가 막 깨어난 근대는 진화론에서 공산주의까지 흥미진진한 이야기들을 쏟아 내고 있었다. 역사와 철학·경제·과학에 대한 책뿐만 아니라 추리소설, 연애소설, 공상과학소설이 쏟아져 나왔다. 버밍엄 노선에서 최초로 서적과 신문 판매 허가를 얻은 스미스W. H. Smith라는 이는 런던의 유스턴Euston 역에 첫 서점을 열었다.[39] 1849년의 패딩턴 역에는 1천 권이 넘는 책을 갖춘 서점이 운영됐다. 대합실 안의 서점에 들른 여행자들은 1페니를 내고 열차가 출발하기 전까지 책을 골라 읽는다. 돈을 더 내면 책을 빌려 열차 안에서도 읽을 수 있다. 다 읽은 책은 도착하는 역의 서점에 반납하면 된다. 이렇게 열차에서 책을 쉽게 읽을 수 있도록 책의 디자인도 바뀌었다. 문고판의 등장이다. 근대 이전의 독서는 귀족들의 전유물이었다. 화려한 가발을 쓰고, 두꺼운 표지를 두른 책들을 커다란 책 받침대에 놓고 읽었다. 철도 여행자들은 양장 표지의 대형 판형 책들을 읽을 수가 없었다. 마차보다 흔들림이 훨씬 적다고는 하지만, 계속되는 진동 속에 커다란 책을 두 손으로 받치면서 읽는 것은 쉽지 않은 일이었다. 얇은 표지와 작아진 판형은 철도 여행자에게 전혀 부담을 주지 않았고 제작비도 많이 들지 않아 출판사들도 만족스러웠다. 열차 안에서의 독서는 계급의 칸막이를 뛰어넘어 근대의 새로운 주인이 된 여행자들의 몫으로 확장되었다. 일반적으로 장거리 이동을 앞둔 승객들은 가벼운 소재의 읽을거리들을 챙기게 된다. 요즈음은 스마트폰이 독서를 대체했지만, 1980~90년대 군부대가 몰려 있는 지역의 시외버스 터미널에서는 단돈 1천 원에서 2천 원 정도에 세 권의 주간지를 세트로 묶어서 팔았다. 『주간 만화』, 『사건과 진실』류의 잡지들이었는데, 휴가 군인뿐만 아니라 한창 호기심이 충만한 중고생이나 중년 남성까지 여러 권의 주간지들 가운데 가장 표지가 야한 것으로 세 권씩 골랐다. 『샘터』나 『리더스 다이제스트』 같은 것들은 주로 여성 여행자들의 몫이었다.

그러나 19세기의 철도역에서 판매되거나 대여된 책들은 소설류의 문학작품뿐만 아니라 고전문학, 지리학, 고고학, 농경문화와 산업, 과학 등 다양하고 전문적인 책들까지 포함되어 있었다. 그 이유는 주로 책을 빌리는 여행자들이 2등 객실 이상을 이용하는 부르주아들이나 지식인들이었기 때문이다.[40] 하층민들이 주로 이용한 3, 4등 객실은 끊이지 않은 대화와 웃음으로 책 읽을 틈이 없었다. 근대는 교양의 시대였다. 인류가 이루어 낸 지적인 성과들을 집대성한 백과사전들이 앞다투어 만들어지고 여러 분야의 전문 서적들이 선을 보였다. 독서는 이제까지 살아온 인류의 모습, 그리고 기계문명이 만들고 있는 현실 세계에 대한 교양으로 가득 찬 보물 창고로서, 인텔리겐치아들이 미래를 주시하는 시공간이었다. 새롭게 등장한 계급에 의해 획득된 교양이 뒤를 이어 거대하게 탄생되는 계급, 프롤레타리아트에게 전이되면서 19세기는 혁명과 전쟁의 출입문을 열게 된다. 힘차게 달리는 열차를 타고.

피시 앤 칩스의 탄생

철도를 통해 열린 자본주의의 태초의 모습을 근대 영국만큼 잘 보여주는 곳도 없다. 중세를 벗어나 봉건제의 경계를 막 뛰어넘어 도착한 새로운 시대이자 근대라고 일컫는, 정형화된 자본주의를 드라마 세트장 처럼 보여 주는 시기가 빅토리아시대라고 부르는 19세기 영국이다.

마르크스는 19세기 영국 노동자의 현실을 노예에 비교했다. 단 신분적 예속에서 벗어나 자본가에게 고용되어 임금을 받는 것이 고대 노예와 다를 뿐이었다. 이른바 '임금 노예'로 불리는 산업 프롤레타리아트의 등장을 목격하면서 마르크스는 그의 방대한 저작들을 집필하게 된다. 마르크스는 근대 노동자가 생산수단으로부터의 자유와 인신의 구속을 강제당하지 않는 인격적 자유를 얻었지만 자신의 노동력을 팔아야만 생존이 가능한 현실에서 자본가에게 예속되지 않고는 삶을 유지하지 못하는 조건을 벗어날 수 없다고 생각했다. 그에 따르면, 비록 노동 계약으로 양 당사자가 서명을 하는 근대적 계약관계로 변화했지만 탈출을 방지하는 사슬이 종이와 잉크로 대체되었음을 의미했다.

아직 허리둘레가 30인치 남짓이었던 20대의 젊은 시절, 마르크스의 저작을 읽으면서 19세기 영국 노동자들을 임금 노예로 표현했던 것은 상징적 수사라고 생각했다. 그러나 1800년대 산업화 시기 영국 노동자들의 현실을 담은 여러 자료들을 보면서 단순한 수사가 아님을 알 수 있었다. 19세기 영국 노동자의 생활수준과 환경은 현재 극단적인 빈곤에 시달리는 몇몇 아프리카 빈국의 그것과 다를 바 없었다. 찰스 디킨스나 그 후대 작가인 조지 오웰George Orwell에 의해 묘사되는 가난한 이들의 생활은 지금이라면 당장이라도 국제 구호 단체의 긴급 지원 대상이 될 정도로 처참했다.

벌집 같은 구조의 주변 환경과 비위생적인 상하수도, 굶주림이 일상화된 시간들이었다. 이런 조건에서 노동자들은 하루 16시간씩 일을 해야 했다. 오늘날 서방세계가 아프리카 내전에 내몰린 소년병들을 걱정하지만 불과 150여 년 전에 해가 지지 않는 나라 영국 아이들의 상당수는 총 대신 공장의 작업 도구를 들고, 잠자는 시간과 먹는 시간을 제외한 대부분의 시간을 일해야 하는 산업 전사였다. 부실한 음식은 영양 상태를 악화시켰고 몸의 저항력을 떨어뜨려 노동력을 상실시키거나 심할 경우 목숨까지 위협했다. 1800년대 중반 영국 노동자들의 음식은 밀가루 죽에 삶은 감자를 적당히 으깨거나 튀긴 것이 전부였다. 반 고흐Vincent van Gogh가 1885년 네덜란드의 농촌에서 그린 그림에도 낡은 접시 위에 놓인 감자를 앞에 놓고 흐린 램프 불빛 아래 농부의 가족들이 저녁 식사를 하는 모습이 나온다. 퀭한 얼굴 모습과 주전자로 데운 차와 찐 감자가 전부인 식탁은 당시 사람들의 삶을 엿보게 해 준다. 영국의 노동자들은 매일 똑같은 메뉴에 이골이 나 있었지만 대안이 없었다. 그들이 받는 돈으로는 총리 관저가 있는 다우닝 가 근처의 화려한 음식점에서 제공되는 요리를 먹는다는 건 불가능한 일이었다.

철도가 개통된 후 가장 큰 혜택을 받았던 사람들은 어쩌면 철도 이용자가 아니라 감자에 질린 영국 노동자들이었다. 섬나라인 영국의 근해에서 잡힌 생선들이 철도 덕분에 상하기 전에 도시로 공급될 수 있었다. 생선 값은 철도의 운행 노선과 횟수가 많아질수록 떨어졌다. 퇴근길의 노동자들이 몰리는 식당가 중 어느 한 집이 시장에서 생선을 사다가 새로운 요리를 싼 값에 내놓았다. 이 식당은 가장 일반적인 메뉴에 튀긴 생선을 추가한 뒤 '피시 앤 칩스'Fish &Chips라는 이름으로 신메뉴를 선보였다. 결과는 대박이었다. 노동자들의 줄이 끝없이 이어졌고 식당 주인은 신메뉴를 밤이 늦도록 만들어 내야 했다. 피시 앤 칩스가 혜성처럼 등장하자 음식점 여기저기서 메뉴 항목의 가장 앞부분에 올려놨고, 영국 어디에서나 먹을 수 있는 가장 대중적이면서도 대표적인 음식이 되었다.

런던에서는 1860년 유태인 이민자 조셉 말린Joseph Malin이라는 사람이 첫 피시 앤 칩스 음식점을 개장했다고 하지만[41] 1838년에 나온 찰스 디킨스의 명작 『올리버 트위스트』*Oliver Twist*에도 튀긴 생선 요리를 하는 집이 나오는 것을 볼 때 아마도 훨씬 전에 런던에서는 작은 규모의 식당들이 피시 앤 칩스를 팔았던 것으로 보인다. 피시 앤 칩스의 등장으로 영국의 노동자들이 불포화 지방산과 비타민, 무기질을 공급받을 수 있었다. 이 영양소들은 산업혁명 한가운데에 있던 사람들의 건강과, 이들을 통해 돈을 버는 자본가의 주머니를 챙겨 줬다.

시민을 살린 런던 지하철

철도는 이제 대영제국의 심장 런던을 바꿔 놓을 차례였다. 그런데 철도는 런던의 초입에서 막혀 버렸다. 런던의 땅값은 철도 회사가 이제껏 지불했던 철도 부지 비용과는 비교할 수 없을 정도로 비쌌다. 또 거리는 언제나 사람들과 마차들로 가득 차서 공사를 벌이는 게 만만치 않았다. 사람이 살지 않는 습지나 계곡에 선로를 놓는 것과 인파로 가득 찬 도심 한복판에서 철도 공사를 벌이는 것은 완전히 차원이 다른 일이었다. 그럼에도 런던이 점점 확장됨에 따라 런던 외곽의 거주민들은 시내로 좀 더 편하게 이동하기를 원했고 대안은 철도밖에 없었다. 런던 시의원 찰스 피어슨Charles Pearson은 대담한 아이디어를 냈다. 런던의 지상에 철도를 놓을 수 없다면 땅굴을 파자는 것이었다. 이렇게 해서 세계 최초의 지하철이 등장했다. 지금이야 대도시의 지하철이 당연한 것처럼 보이지만 19세기 중반에 지하에 굴을 파 철도를 이용한다는 것은 콜럼버스의 달걀처럼 획기적인 아이디어였다.

1863년 3월 런던 지하철이 개통된다. 패딩턴에서 패링턴 스트리트까지 6.4킬로미터의 지하 세계가 열렸다. 증기기관차로 운행된 최초의 지하철은 땅속 어둠을 밝히기 위해 기관차의 전조등과 터널 내 조명으로 가스등을 사용했다.

물론 지하철이 무난하게 런던에 자리 잡은 것은 아니었다. 지하수가 터져 침수되기도 했고 지하철 건설로 건물이 손상되거나 지반이 무너졌다는 항의가 빗발쳐 적지 않은 돈을 배상금으로 지불해야 했다. 그럼에도 불구하고 철도가 가져다준 편의성은 지하 세계를 더 확장하게 만들었다. 미국 문화권을 비롯해 대부분의 나라에서 지하철을 '서브웨이'subway라고 부르고 역의 표시는 '메트로'를 뜻하는 'M' 자를 쓰고 있다. 그러나 런던을 여행하기로 계획을 세웠다면 지하철을 타기 위해 서브웨이의 위치를 물으면 목적을 달성할 수 없다. 영국에서 서브웨이는 말 그대로 지하 길이다. 영국에서 서브웨이를 찾으면 아마도 지하 차도 같은 곳을 가르쳐 줄 것이다. 영국은 지하철을 '언더그라운드'underground라고 하고, 알파벳 'U'로 표시한다. 이 언더그라운드라는 세계를 만들기 위해 런던의 기술자들과 노동자들은 굵은 땀방울을 흘렸다.

지하철 공사의 일반적 방식은 땅을 판 뒤 선로를 깔고 역을 만든 뒤 이들을 지탱하는 터널의 골격을 만든 다음에 다시 땅을 덮는 '컷 앤 커버'cut and cover라는 공법으로 진행되었다. 서울지하철의 상당 구간도 같은 방식으로 건설됐다. 그러나 이 방식은 공사 기간 동안 지상의 교통을 전적으로 방해하거나 상당 부분 침해하는 것이어서 많은 불편을 초래하게 된다. 강바닥 밑으로는 시공이 불가능했다. 런던 지하철 공사가 부딪친 커다란 난관 중의 하나가 런던 시내를 가로지르는 템스 강을 횡단하는 일이었다. 이때 도입된 토목 기술이 터널링 실드tunneling shield 공법이었다. 터널링 실드 공법은 지표면에서부터 땅을 파내는 것이 아니라 두더지가 땅을 파듯 굴을 계속 파 들어가는 방식이다. 과거 공상 과학 만화 영화에 자주 등장하기도 했는데 거대한 블레이드가 달린 기구가 회전하면서 터널을 뚫는 방식이다. 이 공법은 건설비가 많이 들고 터널 크기가 기구의 회전 블레이드 지름에 영향을 받기 때문에 넓은 공간을 확보할 수 없는 단점이 있다. 그러나 지상에 지장을 주지 않는다는 장점은 복잡한 런던 같은 도시에서 충분히 선택할 수 있는 대안이었다. 강 밑을 횡단하기 위해서는 다른 대안도 없었다.

런던 지하철은 '튜브'tube라는 애칭으로도 불리는데 런던 지하철의 승강장에 서 있으면 왜 그렇게 부르는지 쉽게 알 수 있다. 터널링 실드 공법은 터널의 모양을 둥글게 하고 시공상의 문제로 열차가 달릴 수 있는 최소한의 공간만을 확보하게 된다. 런던 지하철에서 열차가 막 진입하는 모습을 보면 마치 치약 튜브에서 치약이 짜 나오듯이 터널 속에서 지하철이 나온다.

이제 런던, 그리고 영국은 땅 위와 지하에서 철도가 지배하는 왕국이 되었다. 19세기 빅토리아 시대의 런던에서 빛을 발한 토목공사는 상하수도와 지하철이라고 볼 수 있는데 이 두 공사가 수많은 사람들의 목숨을 구하게 된다. 사람들은 런던으로 꾸역꾸역 몰려들었고 런던은 포화상태가 되었다. 런던으로 몰려든 사람들이 먹고 난 뒤 내보낸 배설물들은 템스 강으로 흘러들었다. 이 템스 강의 물을 민영 상수도 회사들이 런던 시민들에게 제공했다. 민영 상수도 회사들은 런던 시민들에게 식수만 공급한 게 아니라 콜레라 균도 함께 제공했다. 그 결과 1849년 런던 시민 1만4천 명이 콜레라로 죽었다. 1854년에도 1만 명이 죽었고 1866년에는 6천 명이 죽었다.[42] 채드윅Edwin Chadwick이 1842년에 "노동 계층의 위생 상태에 대한 보고서"를 내고 지하 하수관 공사 건설에 나서지 않았다면 런던은 콜레라의 도시가 되었을 것이다. 런던 시민들은 남녀노소를 불문하고 맥주를 마셨는데 콜레라의 공포를 벗어나기 위해 알코올에 몸을 맡긴 셈이다. 말이 나온 김에 잠시 맥주에 대한 이야기를 하자면, 영국에서 맥주는 철도와 마찬가지로 증기기관으로 인해 확산됐다. 증기기관을 이용한 대형 양조 장치가 만들어지면서 맥주가 대량생산되었던 것이다. 이제 맥주는 무게가 얼마가 나가든 운반해 줄 수 있는 철도와 만나 사방으로 퍼졌고, 인구가 많은 런던에서는 양조장들이 증기기관에 들어가는 석탄을 아끼지 않고 맥주를 만들어 돈을 벌 수 있었다. 맥주가 애용됐던 이유는 가격이 저렴한 탓도 있었지만 마음 놓고 식수를 먹을 수 없던 상황에서 열처리 과정을 거친 맥주는 위생상 안전했기 때문이었다. 아침부터 온 가족이 둘러앉아 피시 앤 칩스 접시를 앞에 놓고 맥주로 건배를 하는 모습을 상상해 보면 웃음부터 나온다. 세 살짜리 아기가 한 모금 마시고 딸꾹거리지는 않았는지.●

상하수도 건설이 완료된 덕분에 런던 시민들의 평균수명이 늘어난 것은 공사의 효과가 바로 나타난 셈인데, 런던 지하철은 시간이 좀 더 흐른 뒤에 시민들을 구하게 된다. 지하철이 런던 시민들을 하나로 뭉치게 하기 위해서는 독일 공군이 날아올 때까지 수십 년을 기다려야 했다. 런던 공습을 알리는 사이렌이 울리면 시민들은 가까운 지하철역으로 뛰어들었다. 런던의 밤하늘에 서치라이트가 춤을 추고 그 사이로 독일 공군의 도르니에 17, 메서슈미트 264, 융커스 390 폭격기가 아랫배를 열고 폭탄을 퍼부었다. 제2차 세계대전 당시 폭격으로 미처 대피하지 못했던 런던 시민 2만9,890명이 사망했다.[43] 이때 런던 지하철은 런던 시민들을 품은 어머니였다. 1940년 9월 말 17만7천 명이 지하철에서 잠을 잤다. 지하철로 숨어든 시민들은 잠만 잔 게 아니었다. 폭탄이 만들어 내는 섬광과 굉음 속에서 사람들은 생과 사의 여러 갈래 길 중 하나

● 실제로 위생상의 문제 때문에 "맥주는 저녁 시간뿐만 아니라 아침 식사 때에도 어른이나 아이 할 것 없이 마시는 보편적 음료수였다." A. N. 윌슨 지음, 윤철희 옮김, 『런던의 짧은 역사』, 98쪽.

1940년 방공호로 사용되었던 올드위치(Aldwych) 지하철 역

에 있다고 느꼈다. 이런 감정은 등화관제의 어둠 속에서 할 수 있는 모든 것을 가능하게 해 주었다.

앤드류 N. 윌슨Andrew Norman Wilson은 자신의 책 『런던의 짧은 역사』*London: A Short History*에서 공습 당시의 지하철 분위기를 말해 준다. "지하철은 폭탄을 피하는 대피소 이상 가는 곳이었다. 말 그대로, 런더너들이 한데 단결하는 곳이었고, 다른 사람과 침대를 같이 쓰던 어린 시절로 돌아간 곳이었으며, 자궁의 신비로운 어둠 그 자체이기까지 했다."[44]

죽음이 항상 곁에 있다고 느끼던 시기 매일 아침 맞이하는 태양은 사람들의 정신을 고양시켰다. 150년 역사의 런던 지하철은 거대한 토목 지하 구조물이 아니라 런던 사람들의 삶이 배어 있는 문화적 자산이다. 비싼 요금을 제외하고는, 오늘날에도 런던 시민들의 사랑을 듬뿍 받고 있다.

낯선 지역에서의 하룻밤 : 호텔의 등장

철도가 부설되고 성장한 것이 또 하나 있었으니 바로 호텔이었다. 이른 아침 출발하는 열차를 타기 위해 역 앞의 호텔에서 잠을 청하는 이들도 있었고 늦은 밤 도착하는 낯선 방문객들에게 흐린 가스등 조명으로 안내해 쉴 곳을 제공하는 것도 호텔이었다. 기껏해야 한 대에 8명에서 12명에 이르는 마차 여행객을 상대로 숙박업이 커 나갈 수는 없었다. 그러나 열차가 한 번 도착해서 많게는 수백 명에 이르는 방문객을 쏟아 내자 이들을 수용할 수 있는 사업이 절실해졌다. 철도가 놓이기 전에는 귀족들이 저택을 단기 임대해 가족들과 하인들을 묵게 했다. 그렇지 않을 경우에는 방문 지역의 아는 사람 집에 신세를 져야 했다.

철도가 만들어 낸 대량 수송의 문화는 이 문화를 뒷받침할 수 있는 시스템을 요구했다. 이제 귀족들도 철도를 이용하게 됐고 호텔의 문화에 적응했다. 굳이 하인을 부르지 않아도 되고, 일정 기간 집을 비워 달라고 요구하지 않아도 됐다. 계급적 지위에 따라 탑승해야 했던 열차처럼 호텔도 똑같이 등급이 매겨졌다. 3등 칸 객차를 이용한 여행자는 낡은 숙박 시설로 향했고, 2등이나 1등 칸을 이용한 사람들은 그에 맞는 고급 호텔을 찾았다. 호텔업이 성장하면서 최고급 호텔들이 화려하게 등장했다. 사치품으로 도배를 한 사보이 호텔에 이어 19세기가 막 끝나는 해에 세자르 리츠César Ritz가 칼튼 호텔을 개장했다. 한국의 수많은 해외 여행자들이 호텔에 묵는 것을 자연스럽게 여기듯 철도 시대에 호텔은 여행 과정에 당연히 포함되는 일부분이 되었다. 이제 호텔비만 있다면 아는 사람이 없는 도시에서도 걱정 없이 머물 수 있게 되었다.

19세기 인상파 화가들의 예술혼을 깨우다

화가들의 눈에 비친 철도

사라지는 것과 다가오는 것 : 고흐, 〈마차와 기차가 있는 풍경〉

그림 한가운데 밭을 가로지르는 길이 있다. 그 위로 말 한 마리가 끄는 마차가 외롭게 가고 있다. 커다란 마차 바퀴 위에 놓인 것은 관처럼 보인다. 말은 힘겨운지 고개를 늘어뜨린 채 걸어가고 있다. 마차는 시골의 이층집을 지나 사람들이 사는 공간으로부터 멀어져 간다. 밭의 언저리에는 농부가 마차에는 눈길도 안 주고 열심히 일을 하고 있는 중이다. 그림의 상단, 밭이 이어진 끝에는 멀리 기차가 달리고 있다. 증기기관차가 객차들을 매달고 연기를 내뿜으며 마차와 반대 방향으로 달린다. 고흐가 자신의 죽음을 예견하고 그렸다는 이 그림은 인간의 삶과는 무심한 듯 흐르는 세월을 그대로 보여 준다. 밭의 농부는 외로운 마차에 잠깐이라도 관심을 보여 줄 만하지만 일에 몰두해 있다. 삶은 어쨌든 계속되고 있는 것이고 운명을 다하면 사라지는 게 당연하다는 투다. 들판을 가로지르는 기차 역시 밭 사이에 놓인 길 위의 마차를 아랑곳하지 않고 힘차게 내달린다. 그림에서 보이는 마차와 기차의 바퀴 간격은 같다. 앞서 밝혔듯이 기차의 바퀴 폭은 마차에서 왔기 때문이다. 같은 폭을 가진 바퀴 위에서 하나는 이제 사라져 가고 있고 하나는 새 시대의 주인이 되고 있다(이 책의 161쪽 그림).

인상파, 색채의 영역에서 빛의 영역으로 들어가다

과학의 발달과 철도의 등장으로 인간을 둘러싼 것들이 정신없이 변화하고 시간의 개념도 달라지기 시작했다. 회화에 영향을 미친 것은 시간 포착 기계였던 사진기의 등장이다. 인간은 30분의 1초나 250분의 1초라는 짧은 시간을 포착할 수 있는 기계를 갖게 되자 순간의 빛을 잡아 버렸다. 사진을 본 사람들은 이제 화가들이 모두 굶어 죽을 거라고 생각했다. 그러나 새로운 시대의 화가들이 밀려오고 있었다.

인간이 인식하는 현실은 무엇인가? 인간의 의식은 인식을 어떻게 재구성하는가? 두 눈으로 본 것이 사실인가? 믿을 수 있는가? 근대의 화가들은 현실과 인식이 과거 살롱의 주인들이나 평론가들이 보듯 단단히 결합되어 있는 것이 아니라고 봤다. 현실과 인식 사이의 균열이 만들어 놓은 틈 사이로 새로운 빛을 보고 그 빛이 시간에 따라 춤추는 것을 포착한 사람들이 인상파였다.

인상파 화가들은 익숙했던 세계와는 질적으로 다른 세계가 출현했음을 알았다. 다른 세계를 '본' 사람들은 과거의 낡은 것들이 정당한 것인지 의문을 품게 마련이다. 이미 무너지고 있는 질서를 옹호하는 아카데미와 살롱의 권력자들은 인상파의 무례한 도전을 진압하려고 했지만 이미 시간을 담은 열차는 떠난 뒤였다.

인상파는 이전과는 다른 소재들(풍기가 문란하거나, 씨를 뿌리는 농민이나 일하는 노동자들, 피곤에 지친 채 여행하는 사람들)을 다루게 되는데 이것은 새로운 눈으로 대상을 현상해 일반인들의 낡은 의식을 바꾸는 안내자가 된다. 인상파 화가들이 도입한 빛의 현상 장치에는 '리얼리즘'이라는 상표가 달렸다. 물론 인상파 화가들 또한 자연을 소재로 많은 작품을 남겼지만 이때의 자연은 재구성된 자연, 화가의 눈으로 다시 본 자연이었다.

삶의 막바지에 다다랐다고 느낀 화가의 눈에, 들판을 달리는 기차는 꽤 이질적인 대상이었다. 막 등장한 철도는 고흐에게뿐만 아니라 그 시대의 모든 사람들에게 이질적인 존재였다. 거침없이 질주하는 거대한 쇳덩어리를 보고 있노라면 인간은 한없이 왜소해 보인다. 궤도 위에 올라탄 철마가 커다란 기적 소리로 포효를 하고 달리기 시작하면 인간은 어찌해 볼 도리 없이 길을 비켜 줘야만 한다. 기계문명의 새로운 시대를 연, 쇠로 된 괴물을 화폭에 담으면서 죽음을 향해 한 걸음씩 내디뎠던 화가의 심정은 어땠을까?

혼돈의 시공간을 직선으로 질주하는 기차 : 터너의 〈비, 증기, 속도〉

"나는 이해할 수 있는 그림을 그리지 않았다. 풍경이 어떻게 보이는지를 보여 주고 싶었을 뿐이다"(윌리엄 터너).

빛을 다루는 능력에 있어서 또 하나의 천재가 있었으니 영국의 화가 윌리엄 터너Joseph Mallord William Turner이다. 터너의 작품들은 아무리 인쇄가 잘된 경우라 해도 원작에 대한 호기심을 불러일으키게 된다고 한다. 색채의 미묘한 뉘앙스와 구조, 펜과 붓의 심오한 차이, 섬세한 채색의 흔적이나 빠른 필치의 드로잉 자국들이 한데 어울려 빛을 타고 놀고 있다. 터너의 작품 중에 내가 꽂혔던 것은 런던 국립미술관에 소장된 1844년 작 〈비, 증기, 속도〉라는 그림이다. 1844년이라 하면 1830년 리버풀-맨체스터 철도의 성공 이후 영국에서 철도가 폭발적으로 확장되던 시기이다. 1838년까지 영국의 철도 노선은 8백 킬로미터가 전부였다. 그러나 1851년 런던 만국박람회가 열릴 즈음에는 영국 전역에 걸쳐 9천6백 킬로미터가 넘는 철도 노선이 깔렸다. 현재 한국의 철도 노선이 4천5백여 킬로미터임을 볼 때 19세기 중반 영국 철도망의 폭발이 어떤 수준인지 짐작할 수 있다.

터너의 눈에 비친 철도는 혼돈의 세계 속에서 유일하게 정체를 알 수 있는 대상이었다. 그러나 분명하게 인식할 수 있는 철도조차 망막에 의한 인식일 뿐 그것이 만들어 낼 세상은 역시 미스터리였다. 〈비, 증기, 속도〉를 보면 땅과 하늘의 색채가 뒤엉켜 어렴풋하게 서로를 경계 지을 뿐이다. 꿈결처럼 춤추는 색채들이 어디가 하늘이고 땅이고 물인지를 묻는데, 명확히 보이는 것은 기차가 달리는 철교이다. 빛과 색이 섞여 혼돈의 시공간을 만드는 가운데에서도 일직선으로 굳게 뻗어 있는 철도는 막 질주하기 시작한 근대가 자연을 돌파하는 모습을 보여 준다. 강을 가로질러 철교 위를 달려오는 터너의 증기기관차는 카오스의 은하계를 통과해 새로운 출발역인 근대로 다가 오고 있다. 터너는 증기기관이 만들어 낸 속도의 세상을 특유의 화풍으로 담아냈다(이 책의 162쪽 그림).

강철과 유리로 지어진 철도역 : 모네의 〈생라자르 역〉

철도는 강철 혁명의 결과이기도 했다. 새로 도시 한복판에 등장한 건축물인 역사 또한 웅장한 강철 건물로 들어섰다. 많은 선로와 승강장, 연료인 석탄을 저장하는 창고, 급수 시설과 승객들의 대기 장소를 포함할 수 있는 역은 이전 시대의 건축물과는 용도와 형식에 있어서 완전히 새로운 것이었다. 강철 건축물로 만들어진 역은 시간 이동 장치 같은 것

증기의 시대 모네가 발이 닳도록 들렀던 생 라자르역의 현재 모습_철골과 유리가 조화를 이룬 역사 건물은 산업화 시대 새로운 건축양식이었다.

이어서 이곳에 들어서서 기차라는 것을 타면 눈부신 속도로 자연 속을 돌파해 전혀 낯선 다른 시공간으로 연결시켜 주었다. 화가들이 새로 등장한 역으로 눈을 돌린 건 당연해 보인다.

근대의 철도역을 그린 대표 화가로는 파리의 생라자르Saint-Lazare 역을 묘사한 모네Claude Monet가 뽑힌다. 〈수련〉 연작으로도 유명한 인상파 화가 모네는 1876년경부터 생라자르 역을 화폭에 담았다. 생라자르 역은 삼각의 맞배 지붕형 철골 구조물로 천장은 투명 유리로 채워져 채광을 돕고 있다. 증기기관차들이 내뿜는 수증기와 햇빛이 어우러져 뿌연 안개가 덮힌 듯한 공간은 빛의 변화를 따르는 데 심혈을 기울였던 인상파에게는 좋은 소재였을 것이다.

1837년 준공되어 생제르맹앙레로 출발하는 단선 노선에서 시작한 생라자르 역은 오늘날 서울역의 두 배에 이르는 27개 플랫폼의 거대한 역으로 변신했다. 하지만 그 오랜 역사에도 불구하고 현재까지도 옛 모습을 간직하고 있다(이 책의 163쪽 그림).

내일은 내일의 태양이 떠오를 거야 :
오노레 도미에 〈삼등 열차〉, 아카마츠 린사쿠의 〈밤 기차〉

철도가 탄생한 뒤 일어난 변화 중의 하나는 그동안 멸시와 냉대를 받았던 하류 인생들과 여성들이 사회에 가시적으로 등장했다는 점이다. 산업자본주의는 대규모 생산을 필요로 했다. 당연히 많은 노동력이 필요했는데, 여성과 아이에게도 예외는 없었다. 새로운 형태의 집단 거주지도 필요했다. 도시라는 새로운 생존 공간은 오직 주거를 위해 지은 집들로 이루어졌다. 농촌과 긴밀히 연결되어 있었던 중세의 도시와는 분명히 성격이 달랐다. 도시에는 사람들의 자립이나 생존을 도와줄 생산수단인 논과 밭이나 가축을 방목하는 평야가 더 이상 존재하지 않았다. 반도체 집적회로처럼 좁은 공간에 집들이 형성됐고 시간이 갈수록 집적도는 더 조밀해졌다. 이 과정에서, 생산을 담당할 밑바닥 인생들의 대규모 이동이 시작됐다. 산업화는 인류의 대부분이 태어난 지역을 벗어나지 않았던 역사를 바꿔 버렸다. 도시라는 곳은 전혀 다른 곳에서 나고 자란 이방인들이 두려움과 의심 속에 십여 센티미터의 벽돌 블록을 사이에 두고 생활할 것을 강요했다. 탄광이나 공장에 나가야만 먹고 살 수 있는 사람들은 도시의 흥망성쇠에 따라 유목민들이 새로운 목초지를 찾아 나서듯이 이동해야 했다.

3등 객실은 세상의 축소판이었다. 몰락한 부자와 2등실에 끼이지 못하는 가난한 먹물들, 승객의 대부분인 노동자들을 포함해 남녀노소가 비좁은 객차 안에 어울린 채 열차의 흔들림에 몸을 맡겼다. 전혀 들어본 적 없는 생소한 지역 사투리가 울려 퍼지는 가운데 음식을 나누고 곳곳의 정보와 소문이 교차하는 3등 객실의 모습은 신화나 성서의 한 장면을 정교하게 그리는 것에 싫증난 사실주의 화가들에게는 흥미로운 대상이었을 것이다. 풍자만화가이기도 했던 프랑스의 화가 오노레 도미에Honore Daumier는 1860년대 열차의 3등 객실 풍경을 남겼다. 평범한 서민과 노동자들에 대한 따뜻한 시선은 그가 사실주의 화가가 가져야 할 날카로운 현실 분석 능력뿐만 아니라 인간에 대한 믿음과 뜨거운 감성을 갖고 있었음을 보여 준다. 산업혁명이 몰고 온 거대한 파도에 휩쓸렸지만 새로운 희망으로 미래를 기대하는 3등 열차 칸의 사람들은 '내일은 내일의 태양이 떠오를 거야.'라는 표정으로 건강한 에너지를 보여 준다. 화폭 전면에 나오는 주인공들은 여자와 어린아이이다. 젊은 엄마가 아기를 안고 잠을 재우는지 젖을 먹이는지 아기를 내려다보며 행복한 미소를 머금고 있다. 가운데 앉은 할머니는 바구니를 무릎 위에 올려놓고는 잔잔하지만 힘 있는 얼굴을 하고 있다. 미래를 책임질 꼬마는 아직은 더 커야 할 듯 할머니에게 기대어 잠을 자고 있다. 그림 가운데 보이는 세 명의 뒤쪽에는 3등실의 사람들이 서로 눈을 마주치며 뭔가 중요한 이야기를 나누고 있다(이 책의 164쪽 그림).

오노레 도미에의 그림과 비슷한 작품은 아시아에서도 그려졌다. 1901년 일본 화가 아카마츠 린사쿠赤松麟作가 그린 〈밤 기차〉에도 어김없이 신념에 가득 찬 표정의 여인이 보인다. 오노레 도미에의 그림에 앉았던 할머니가 〈밤 기차〉에서는 뒤편으로 자리를 옮겨 낙관적인 미소를 짓고 있고, 앞에는 어린아이를 잠재운 아기 엄마가 생각에 잠겨 있다. 객실의 사람들 역시 이야기를 나누고 있다. 여성들에게도 세상이 열렸고 가난한 사람들도 보편적으로 접근할 수 있는 고속 이동 수단인 철도의 에너지는 더운 심장을 가진 예술가들의 잠자는 영감을 깨웠다(이 책의 164쪽 그림).

반 고흐Vincent van Gogh, 〈마차와 기차가 있는 풍경〉

윌리엄 터너 Joseph Mallord William Turner, 〈비, 증기, 속도〉, 1884년

클로드 모네Claude Monet, 〈생라자르 역〉, 1877년

1

2

1 오노레 도미에Honore Daumier, 〈삼등열차〉, 1862년

2 아카마츠 린사쿠 赤松麟作, 〈밤 기차〉, 1901년

철도가 개통되던 초기에는 마차를 이용했던 사람들이 철도를 이용했다. 여행자의 대부분은 마차 여행을 할 수 있을 정도의 여유는 가지고 있는 사람들이었다. 개통 초기 1등실, 2등실, 3등실을 나누었던 것은 철도 회사의 영업 전략 이전에, 교양 없고 냄새나는 하층민과 섞이기 싫었던 귀족들의 요구가 관철되었기 때문이다.

1800년대 중반에서 1900년대까지도 여러 나라의 열차에서 1등 객실들을 연결해 초호화판 식당, 응접실, 침실을 구비했다. 이어진 2등실 칸들도 호화롭지는 않았지만 쾌적한 여행을 하기에 부족함이 없었다. 반면 3등실 칸들은 좌석 간격이 좁고 불편한 데다 냉난방 시설이 부실해 1등·2등 객실에 비해 여러모로 조건이 열악했다. 3등실 칸의 승객들은 서로의 체온과 먹을 것을 나누면서 열악함을 극복했다. 열차 객실에 근무하는 차장들을 보면 전형적인 군복 스타일의 제복을 입었다. 이들에게는 1등실과 2등실의 통로에서 이동을 엄격히 제한하는 것도 중요한 임무의 하나였는데 군복 같은 제복은 열차 승객들에게 위압감을 주었다. 차장은 3등실에 공짜로 숨어든 무임 승객에게는 절대 눈을 마주쳐서는 안 될 존재였다. 첨언하자면, 세계대전이 발발해 점령국이 철도를 장악한 나라에서 이들 차장은 언제나 공포의 대상이었다. 히틀러 친위대의 비밀경찰 게슈타포나 일본 천왕의 헌병과 함께 승차해, 승객들에게 모두 승차권을 꺼내라고 명령할 때면 정당한 승차권을 가진 사람이라도 쫄지 않을 수 없었다.

시간의 탄생

1882년 니체의 광인은 '신은 죽었다'고 선언했다. 19세기에 인간과 자연에 대해 고민을 한 사람들은 자신이 의도하든 의도하지 않든 신의 품에 있던 이전 시대로부터 벗어나야 했다. 과학자, 예술가, 철학자 들은 신으로부터 드리워진 장막을 걷어 버리고 불경스러운 미지의 세계인 (그러나 이미 존재하고 있었던) 세속적인 사회로 걸어 나와야 했다. 신이 사라진 세계에서 신을 대체한 것은 무엇일까?

신은 존재한다고 하지만 눈으로 볼 수 없다. 신은 초월적 존재이기 때문에 모든 인간을 관장하며 공기처럼 감싸고 있다. 신은 절대자이기 때문에 그(녀)의 명령을 거부할 수 없다. 신의 뜻은 운명으로 받아들여야만 한다. 이런 초월적이고 절대적인 신이 사라진 뒤 신 같은 능력을 가진 절대자가 탄생했으니 바로 시간이다. 시간의 흐름은 눈으로 볼 수 없고 시계라는 상징물로 확인할 수 있을 뿐이다. 시간은 이 우주와 전 세계를 가로질러 존재하며, 생명체에게는 거부할 수 없는 시간의 심판인 죽음이 있다. 모든 인간은 시간의 관장 아래 생존하다가 사라져야 하는 운명을 피할 수 없다. 19세기에 탄생한 새로운 시간의 향연으로 들어가 보자.

자연의 시간에서 문명의 시간으로

19세기까지 이 세상에는 수많은 시간이 있었다. 인간이 시간이라고 불렀던 것은 이른바 배꼽시계라고 불리는 인체에 내장된 시계에서부터, 사회적 관습, 문화, 지구의 자전 속도 등에 따라 다양한 모습으로 존재했다. 그렇지만, 대체로 각 지역에서 시간의 기준점은 태양의 정오였다. 태양이 머리 위에 있는 순간, 즉 그림자가 없거나 그림자가 제일 작은 순간이 기준으로 선택되었던 것이다. 그러나 문제는 이 태양이 계속 움직인다(사실은 지구가 자전하는 것이지만)는 사실이었다. 한국의 위도를 기준으로 한다면 지구의 자전 속도는 분당 20여 킬로미터가 약간 넘는다. 따라서 해시계를 따라가다 보면 20킬로미터를 움직일 때마다 새로운 정오가 시작된다. 조선시대 강릉 관아에서 정오를 알리는 종을 칠 때 한양(서울)에서 점심을 먹으러 가기 위해서는 아직 11분을 넘게 기다려야 했다.

전 세계적으로 주요 도시나 항구의 가장 높은 곳에는 쇠구슬이 달려 있었는데, 이름하여 보시구報時球라고 한다. 태양 정오 시간에 맞추어 이 쇠구슬이 떨어지면 항구나 관청에서 대포를 쏘거나 종을 울렸다. 태양 정오를 알리는 종소리가 울릴 때면 사람들은 발걸음을 멈추고 자신의 회중시계를 맞추었다. 이 보시구의 손자뻘되는 게 종로의 보신각이나 뉴욕의 타임 스퀘어 광장에 있어서 1년에 한 번씩 자정에 옛 광경을 재현한다. 12월 31일 카운트다운에 이어 종이 울리면 사람들은 회중시계를 맞추는 대신 입을 맞추며 환호하는 것이 다를 뿐이다.

정오를 알리는 소리는 지구의 자전에 따라 계속 이어져 울렸다. 마치 초등학교 음악 시간에 종종 부르곤 했던 돌림노래처럼 "정오"라는 노래 가사의 첫마디가 계속 이어져 나오고 있었다. 맨해튼에서 보시구가 떨어질 때, 허드슨 강 바로 건너편에 있는 뉴저지 뉴어크Newark의 시각은

11시 59분이었던 것처럼 대략 20킬로미터마다 시간을 달리는 지구의 돌림노래는 계속됐다. 태양 정오를 따르는 삶이 커다란 문제가 될 일은 없었다. 대부분의 사람들은 태어나서 줄곧 한곳에 살았고, 설사 여행을 하더라도 걸어가는 게 다반사였고, 탈것을 이용한다 해도 나룻배나 우마차를 타고 다니는 환경에서 지역마다 시간이 다른 것은 아무런 문제가 안 됐다. 한 시간은커녕 하루나 이틀을 가더라도 시간의 혼란에 빠질 정도로 멀리 갈 수는 없었다.

셀 수 없이 많은 정오와 자정을 갖고 있던 지구에서 모든 지역의 시간들을 빨아들일 사건이 다가왔다. 인간과 동물의 근지구력에 의존했던 일들이 동력을 가진 기계장치로 대체되면서 맞닥뜨린 첫 번째 문제는 시간이었다. 런던에서 아침 7시에 출발하는 열차를 탄 후 한 시간을 달려 옥스퍼드에 도착한다면 8시에 옥스퍼드 역 승강장에 발을 내려놓아야 한다. 그러나 런던과 옥스퍼드 역의 지역 표준 시간이 달라 여행자는 역에 내리자마자 옥스퍼드 역의 시계에 자신의 시계를 맞춰야 했다. 각지에서 오는 열차를 갈아타야 하는 곳에서는 출발했던 지역 각각의 시간과 갈아탈 역의 시간, 또 최종 도착할 역의 시간들을 일일이 꿰어 맞춰야 하는 복잡한 방정식 풀이를 해야 했다. 철도 회사들은 노선별로 독자적인 자신들의 시각표를 게시했다. 철도역마다 지역 표준 시간과 철도 회사들이 걸어 놓은 시각표들이 걸려 있었고 역무원들과 승객들은 끙끙거리며 어떤 열차를 타야 하는지 계산해야 했다. 말하자면, 버밍엄 역에 내걸린 시계를 기준으로 12시 정각에 출발하는 '런던-노스웨스턴 철도회사'의 기차는, 이 철도 회사의 시각표에 따르면 12시 10분에 출발하는 셈이었다. 철도 회사들마다 모두 다른 지역 표준 시간을 기준으로 했기 때문에 어떤 역에서는 12시에 11시 55분차와 12시 05분차가 출발할 수도 있었다. 문제는 승객들의 혼란뿐만이 아니었다. 시간이 엉킬 경우 자그마한 판단 착오가 대형 사고로 이어질 수 있었다. 열차 선로와 운행 편수가 늘어날수록 사람들은 태양신으로부터 벗어나야 한다는 것을 깨달았다.

인류는 신들의 시간, 자연의 시간에서 문명의 시간으로 걸어 나와야 했다. 증기와 철도와 전신이라는 근대 과학과 기계문명의 거대한 파도가 인류의 해안에 밀어 넣은 것은 표준시였다. 새로운 점령자가 된 표준시는 사회의 보는 것에 깊은 영향을 끼쳤다. 점령군의 포고문처럼 인간의 생활과 문화 전반에 일일이 간섭했다. 해가 뜨면 생활을 시작하고 해가 지면 하루를 정리하는 뭉뚱그려진 삶의 패턴이 바뀌었다. 1848년 영국에서 세계 최초로 표준시가 채택된 것은 필연적인 결과였다. 이제 시간이 인간을 관장하게 되었다. 그것은 기존의 시간 장벽을 부수는 속도혁명으로부터 발현된 것이었다. 이전 시대에서는 결코 얻을 수 없었던 속도를 획득한 인류에게 이제 시간은 절대자이자 상대적으로 얼마든지 조절 가능한 두 얼굴의 대상이 되었다. T=S/V처럼 시간(T)은 물리학의 기초 공식으로 들어와 버렸고 속도인 V를 높이면 높일수록 얼마든지 줄일 수 있는 변수가 되었다. 철도가 빚어낸 속도의 혁명이 시간(T)과 거리(S)를 재편하면서 세상은 다른 세계로 재탄생했다.

시간은 철도 회사의 소유였다

철도가 어떻게 표준시를 탄생시켰는지 좀 더 살펴보자. 앞에서도 말했듯이, 철도의 출현은 지역마다 다른 시간을 인정할 수 없게 만들었다. 따라서 철도가 처음 만들어진 영국에서 표준시가 제정되고 영국 전역의 각기 다른 시간을 하나로 묶는 일이 진행됐던 것은 당연했다. 영국을 벗어난 세계에서는 아직 표준시가 정착되지 못했다. 그러나 철도가 세계로 뻗어 나감에 따라, 특히 면적이 영국 국토의 수십 배에 이르는 아메리카 대륙에서는 시간을 통일해야 할 필요가 더욱 절실했다.

세계 어느 나라를 가더라도 외국인들이 출입하는 호텔의 안내 데스크의 뒤쪽 벽면에는 여러 개의 시계가 붙어 있다. 그 시계 아래쪽에는 뉴욕이나 런던, 도쿄, 베이징 등 도시 이름이 붙어 있다. 표준시에 근거한 각 도시의 지역 시각을 여행자에게 알려주는 것이다. 이 세계 지역 시각은 본초자오선prime meridian이라는 그리니치 표준시를 기준으로 설정된 것이다. 본초자오선이라 하면 어렵게 들리지만 쉽게 말하자면, 자오선이란 우리 머리 위로 남극과 북극을 연결하는 선을 가리킨다. 본초란 시초점, 다시 말해 기준prime을 가리킨다. 그렇다면, 세계 표준시가 적용되기 전에 시간은 누가 정했을까? 또 오늘날과 같은 세계 표준시는 어떻게 정해지게 되었을까?

1천 킬로미터의 철도 노선이 있고 이 노선을 따라 도시와 마을들이 이어져 있다. 만약 1천 킬로미터 밖에서 출발지의 시간에 맞춰 달리기 시작한 열차가 품는 시간은 누구의 것일까? 출발지의 시간인가? 아니면 중간 도착지의 시간인가? 최종 목적지의 시간인가?

표준시가 정착되기 이전의 역으로 가 보면 쉽게 알 수 있다. 역에는 오늘날의 호텔처럼 여러 개의 시계가 걸려 있었다. 그런데 시계 밑에 붙어 있는 명찰에는 서울, 홍콩, 베를린, 파리 같은 지역명이 아니라 '이리 앤 래커워너', '뉴욕 센트럴 레일웨이', '볼티모어 앤 오하이오' 같은 철도 회사 이름이 붙어 있었다. 결국 시간은 철도 회사의 소유였고 철도 회사의 수만큼 수많은 시간이 존재했다.

1884년 이전의 북아메리카 대륙 철도역에서 "지금 몇 시죠?"라고 묻는다면 대답하는 사람은 곤란할 수밖에 없었다. 역의 공간은 이상한 타임머신 내부처럼 각기 다른 여러 시간들이 공존했기에 질문하는 사람에 대한 세심한 고려 없이 말했다가는 질문한 상대방이 열차를 놓치기 십상이었다. 역에 들어선다는 것은 여러 가지 시간이 미묘하게 공존하는 괴이한 공간으로 발을 들여놓는 것이었다. 사람들은 열차 멀미를 하기도 전에 여러 시간대가 흔드는 혼란으로 두통약을 찾아야 했다. 1870년대의 펜실베이니아 철도회사는 필라델피아 시간을 기준으로 열차를 운행하고, 자신이 운행하는 노선의 역들에 이 기준 시간에 따른 시간표를 배포했다. '뉴욕 센트럴 레일웨이'는 그랜드 센트럴 역의 '밴더빌트 시간'을 기준으로 열차를 운행했다. 이 두 회사는 가까운 지역에서 영업을 했는데도 통일된 열차 시간을 공유하지 못했다. 만약 여행자가 피츠버그 역에서 열차를 갈아타야 할 경우 갈아탈 시각과 함께 어느 회사에서 운행하는 열차인지도 알아야 했다. 어느 한 회사의 시간을 기준으로 삼을 경우 다른 회사의 시간표는 무용지물이 되기 일쑤였기 때문이다. 시간의 혼란은 미국의 철도망이 점점 더 확장될수록 심각해졌다. 대륙이 넓은 만큼 경도차가 커졌으며, 이는 시간차가 그만큼 더 커졌음을 의미했다. 중구난방인 시간들을 하나로 묶지 않으면 안 되겠다는 사회적 요구가 터져 나올 수밖에 없었다.

1883년 4월 8일 극심한 시간의 혼란에 빠져 있는 철도를 구하기 위해 미국철도연합은 세인트루이스Saint Louis에서 제1차 시간 총회를 열었다. 철도연합은 정부 기관이 아니라 미국의 철도 회사들이 모여 만든 이익 단체 성격의 협의체였다. 철도연합 사무총장 앨런이 세인트루이스에 초청한 사람들은 50여 명의 간선철도 경영자들이었다. 세인트루이스는 14개의 노선이 운영되는 곳이었고, 대표단이 어디에서 오든 극심한 시간의 혼란을 경험할 수 있는 역이었다. 시간 총회에서는 미국 철도 회사들이 사용하는 50여 개의 표준 시간을 4개로 줄이는 데 합의했다. 미국 철도 여행자들은 역에 들어서자마자 혼돈으로 몰아넣는 시간들의 장난에서 드디어 벗어날 수 있었다.

근대 표준시 결정의 중요 인물, 샌드퍼드 플레밍

세계 표준시가 제정되는 과정에서 있었던 일화들을 따라가 보자. 1884년 10월 1일 세계 표준시를 채택하기 위한 국제회의International Meridian Conference가 미국 워싱턴에서 열렸다. 이 회의 일정 끝에 그리니치 천문대를 본초자오선으로 하는 세계 표준시가 결정됐다. 이 역사적인 과정에서 캐나다 기술자이자 발명가인 샌드퍼드 플레밍Sandford Fleming에 대한 이야기를 빼놓을 수 없다.[45] 1876년 7월의 어느 날. 고향인 아일랜드를 찾았던 플레밍은 서둘러 기차역으로 향했다. 그가 열차를 타기 위해 도착한 곳은 밴도란이라는 작은 시골 역이었다. 아일랜드 간선 철도 노선 중의 하나인 런던데리Londonderry와 슬라이고Sligo를 연결하는 노선에 있는 역이다. 플레밍은 오후의 햇살을 받으며 역의 승강장에 서 있었다. 오후 5시 35분 차를 타기 위해 커다란 짐 가방을 들고 서 있던 신사는 열차 도착 시각이 다가오는데도 승강장에 자신이 혼자 서 있는 것을 이상하게 생각했다. 플레밍은 열차 도착 시각이 지났는데도 열차가 오지 않자 철도 여행자들의 필수품인 『아일랜드 철도 여행자 가이드』를 꺼내 다시 읽었다. 분명히 런던데리행 열차가 5시 35분에 밴도란 역을 출발한다고 쓰여 있었다. 마을 사람들도 심지어는 역의 안내판조차도 5시 35분 차가 맞다고 알려주었지만 이날 플레밍은 열차를 탈 수 없었다. 플레밍은 밴도란 역에 갇혔고 다음날 아침 런던데리 항에서 영국으로 가는 배까지 놓치게 된다.

이 사건은 샌드퍼드 플레밍이 철도와 관련된 시간의 모든 것들, 특히 세계 표준시를 제정하는 데 혼신의 힘을 기울이는 계기가 된다. 밴도란

발 5시 35분 열차는 오전 5시 35분발이었다. 외부 이용자가 거의 없는 밴도란 역 주변의 사람들은 모두 아침에 열차가 다닌다는 사실을 알고 있었기 때문에 문제가 되지 않았다. 역의 시계에도 안내판에도 12까지 표시된 숫자에서 오전과 오후를 나누지 않은 덕에 플레밍은 16시간을 아일랜드의 시골 역에 갇혀 있었던 것이다. 플레밍의 일기에서 '막대한 짜증'을 유발한 것으로 기록된 이 사건이, 철도사에서 플레밍이 이룩한 업적의 중요한 모티브가 된 것은 그가 캐나다 태평양철도의 책임 엔지니어가 되면서였다. 플레밍이 잃어버린 16시간은 전 세계 사람들이 낡은 시간 표시 방식 때문에 잃어야 했던 엄청난 시간 덩어리의 일부에 지나지 않았다. 플레밍의 짜증은 다음과 같은 것이었다. 왜 시간을 12시간으로 나눠 두 번 세는가? 오전과 오후로 나누어 같은 숫자로 부르는 것이 얼마나 많은 실수를 유발시키는가? 인간이 12 이상의 수를 세지 못할 정도로 바보인가? 플레밍은 5시 35분을 17시 35분으로 바꾸면서 많은 사람들이 관습 때문에, 그리고 착각으로 잃어버렸던 시간을 되찾게 해 주었으며, 많은 혼란과 갈등이 사라졌다. 플레밍이 기차를 놓친 황당한 경험이 없었다면 사람들은 더 오랫동안 12시간 체계가 주는 혼란 속에서 고생했을 것이다.

플레밍은 24시간 체계의 도입을 시작으로 거대한 지역 시간들의 아성에 도전을 시도한다. 아일랜드에서 영국을 거쳐 캐나다 토론토로 돌아와 발표한 첫 논문은 밴도란 역에서의 하룻밤을 회고하는 것으로 시작된다. 지역 시간을 폐기한 다음 표준 시간대와 전 세계를 위한 보편적 시간을 결합하면서 경도를 시간과 연결 짓고, 24시간 단위의 시계를 도입하자는 내용으로 채워진 플레밍의 첫 논문은 사람들의 이해나 지지를 받지 못했지만 세계 표준시를 향한 위대한 첫걸음이었다.

'왜 영국이 기준?' 프랑스의 반발

본초자오선, 그러니까 전 세계 태양 정오의 기준선이 되는 자오선을 어디로 설정해야 하는지는 여러 가지 난제에 부딪혀 있었다. 영국에 한해서 말하자면 그리니치 표준시가 있었고, 이를 본초자오선으로 정하는 것은 어렵지 않았다. 그러나 영국이 정한 기준을 죽어도 따르지 못하겠다고 하는 세력들도 적지 않았다. 대표적으로 영국과 원수지간인 프랑스가 있었다. 한국과 일본의 경우처럼 프랑스와 영국은 사사건건 대립과 갈등을 겪었고 전쟁도 마다하지 않았던 역사가 있다. 영국과 프랑스의 국가 대항전 축구 경기 때는 한일전을 능가하는, 양국 축구광들의 괴성으로 술집이 떠내려 갈 정도이다.

드디어 1884년 10월 1일, 본초자오선을 정하기 위한 회의가 3주간의 일정으로 시작되었다. 미국의 체스터 A. 아서Chester A. Arthur 대통령의 요청으로 워싱턴에서 열린 이 회의에서는 어떻게든 그리니치가 세계 표준시의 기준으로 채택되는 것을 관철시키려는 영국과 이를 막으려는 프랑스의 외교 전쟁이 불꽃을 튀겼다. 이 회의에 초청받은 25개 국가 중 콜레라 창궐로 불참한 나라를 뺀 19개국의 대표는 이 외교 전쟁의 소용돌이에서 어느 한쪽의 편을 들어야 했다.

회의를 주최한 아서 대통령은 각국 대표들에게 다음과 같은 내용이 포함된 서한을 보내 세계 표준시의 제정 필요성을 강조했다.

"우리는 근대 상업의 일상 업무 면에서 많은 난관에 처하게 됐습니다. 각기 자국의 표준 자오선을 사용하고 있는 우리들이 오늘 모인 까닭은 전신망과 철도망이 확장되면서 기존의 어려움들이 더욱 심각해졌기 때문입니다. 지난 몇 년간 미국과 유럽의 여러 기업과 과학자들이 세계 공통 자오선이라는 주제에 대해 논의해 왔고, 세계 공통의 자오선이 수립되어야 한다는 인식이 이제 널리 받아들여지고 있습니다."[46]

2주에 걸쳐 지속된 본초자오선 회의에서 최고 쟁점이 된 그리니치 본초자오선은 각국의 이해관계와 외교적 수사가 만들어 낸 파도에 출렁거렸다. 플레밍은 세계 표준시는 반드시 결정돼야 한다고 주장하며 중립적인 안으로 그리니치와 정반대편의, 태평양을 가르는 대척 지점의 자오선을 기준으로 설정하자고 했다. 당연히 영국의 반대에 부딪혔다. 그러나 그리니치에 대응하는 자오선을 포기하게 만든 것은 미국 대표로 참가한 루이스 러더퍼드Lewis Rutherfurd의 설득력 있는 비판이었다. 러더퍼드는 만약 그리니치의 지구 반대편 태평양 한가운데에 본초자오선을 만들면 런던은 한낮에 날짜가 바뀌게 되는데, 세계일을 변경해야 한다면 세계 최대 도시의 한복판에서 바꾸는 게 아니라 사람이 살지 않는 태평양 한복판이 낫다는 주장에 반대편에서도 별다른 반박을 할 수가 없었다. 파리 자오선을 목표로 했던 프랑스는 그리니치 자오선이 압도적인 지지를 받자, 그에 대한 양보안으로 앵글로 색슨 국가들이 미터법을 채택할 것을 주장했지만 영국과 미국에 의해 단칼에 거절당했다.● 지루한 회의와 협상과 표결 끝에 1884년 10월 13일 세계 표준시가 채택되었다. 이제 지구 곳곳에서 창궐했던 각각의 지역 표준시들이 사라지고 하나의 시간 틀에 인류가 속하게 되었다.

철도가 발명한 새 거인 : 시간

철도가 개통되고 흩어졌던 시간들이 통일된 후 시간이 모든 것을 재

● 1875년에 파리에서 17개국이 협정을 맺어, 미터법을 국제표준으로 삼기로 했으나 이 협정에 영미는 서명을 하지 않고 있었다. 이 협정에 영미도 동참하라는 맥락이다. 당시 영국과 미국은 인치법을 사용하고 있었다.

는 척도가 되고 나서부터 눈에 띄게 늘어난 것은 시계였다. 리버풀-맨체스터 철도가 개통된 이후 리버풀이 새로운 시계 산지로 거듭난 것도 철도 여행을 위해서는 시계가 필수품이 되었기 때문이다. 전 세계 역이 갖고 있는 공통점은 대형 시계가 있다는 것이다. 역사의 중앙 벽면이나 대형 탑 위에 걸린 시계는 이제 시간으로 세상의 모든 것을 흡입하겠다는 징표였다. 시계탑은 약속의 장소였다. 서울역이나, 도쿄 역, 파리 리옹 역, 런던 워털루 역의 시계탑 앞에는 누군가를 기다리는 사람들로 항상 북적였다. 여행객들은 어디서나 눈에 잘 띄면서 열차 시간에 맞춰 움직이기 쉬운 시계 밑으로 모여들었다. 급하게 역으로 달려 나온 사람들은 시계탑의 시간을 확인하고 나서야 안도의 숨을 내쉬거나 안타까운 실망의 눈빛으로 놓쳐 버린 열차를, 아니 시간을 한탄했다.

마차가 주인이던 시절, 출발은 전적으로 마부의 마음이었다. 또는 돈이나 권력을 갖고 있는 사람에 의해서 당겨지기도 하고 늦춰지기도 했다. 그러나 새로 탄생된 시간은 그가 누구이든 사람이 시간에 맞춰야 했다. 12시에 출발하는 열차는 그가 수만 평의 땅을 보유한 부자라 해도 기다려 주지 않았다. 시간은 공평하게 사람들을 한 줄로 세웠다.

『멋진 신세계』*Brave New World*의 저자인 올더스 헉슬리Aldous L. Huxley는 1936년 펴낸 『시간과 기계』*Time and the Machine*에서 "와트와 스티븐슨은 기관차만 발명한 게 아니다. 그들은 시간도 발명했다."라고 썼다.[47] 1830년대부터 벌어진 속도 혁명은 인류가 미처 예상하지 못했던 시간이라는 새로운 거인을 만나게 되었다.

근대는 개혁과 혁명의 시대였다. 종교개혁, 프랑스 대혁명, 명예혁명, 과학혁명 등 세상을 뒤흔드는 일들이 쉬지 않고 벌어졌다. 이런 혁명들 중에서도 산업혁명은 사회질서와 문화, 사상 체계들을 완전히 뒤집어 놓았는데, 이를 관통하는 매개자는 속도였다. 이 속도는 철도와 전

철도의 등장은 인간이 시간의 지배 아래 들어온 것을 의미했다. 역에는 철도 이용자들이 어디에서든 볼 수 있는 거대한 시계탑들이 세워졌다. 파리 리용역의 모습

신에 의해서 완전히 새로운 것으로 재탄생했다. 철도와 전신을 기점으로 한 이전과 이후의 인간의 삶은 모든 면에서 완전히 다른 것이었다. 빠른 이동이 일상화된 오늘날에는 체감하기 힘들지만 불과 몇 시간 만에 과거에는 도저히 도달할 수 없었던 지방에 발을 내디딘 철도 여행자가 느끼는 감회는 충격적일 수밖에 없었다.

미래의 한 시점, 부산역에 도착한 열차 승객이 불과 15분 전에 서울역 패스트푸드점에서 산 뜨거운 커피가 채 식지 않았다는 걸 경험하게 되면 시공간에 대한 감상이 현대인과 어떻게 다를까? 10분 만에 서울에서 부산까지 이동한다는 게 황당한 소리처럼 들릴 수도 있겠지만, 런던에서 맨체스터까지 혹은 보스턴에서 뉴욕까지 몇 시간 만에 이동할 수 있다는 것도 한때는 황당한 이야기였다. 과학기술의 눈부신 발달은 소

재의 혁명과 동력 추진 방식의 혁명을 통해 서울과 부산의 이동 시간을 순간으로 바꿔 놓을 수 있다. 완전히 밀폐된 진공 튜브로 만들어진 선로 안을 캡슐형 열차가 초전도 방식으로 음속의 수십 배를 달린다고 상상해 보자. 하늘을 나는 최신형 초음속 전투기보다 몇 배나 빠른 속도다. 단순한 상상 속의 이야기만은 아니다. 이런 연구는 현재 진행되고 있다. 새로운 방식의 열차는 서울에서 뉴욕 정도의 거리까지 두어 시간이면 갈 수 있다는 전망도 있다. 현재 서울에서 부산까지 가는 시간이면 뉴욕 중앙역 승강장에 발자국을 찍을 수 있다. 서울에서 약간 일찍 퇴근을 한 뒤 뉴욕 행 열차를 타고 저녁 시간 공연하는 브로드웨이 뮤지컬을 보고 나서 다시 서울의 집으로 돌아와 다음날 출근을 준비할 수도 있다. 황당한 공상과학소설 같지만 인류는 언제나 공상에서 과학으로 혁명을 현실화시키며 전진해 왔다.

일제에 뺏긴 표준시를 다시 찾아왔으나……

표준시의 개념이 없던 시절 한양(서울)의 시간은 종묘의 해시계 바늘이 정중앙에 그림자를 드리우는 시간인 오시를 정오로 해서 기준 시간으로 삼았다. 그러나 현재에는 이 해시계의 바늘이 한가운데 있을 때 서울 표준시는 12시 30분을 가리킨다. 서울의 태양 정오가 아니라 일본 표준시를 따르기 때문이다.

한양을 지나는 경도선 127도를 기준으로 선정했던 조선 표준시는 대한제국이 1908년에, 한반도가 동경 124도와 132도에 걸쳐 있음을 고려해서 127도 30분의 태양 정오를 새로운 표준시로 제정한 것이다. 대한제국의 출범은 대내외에 조선의 자주독립을 알리기 위함이었다. 외세의 간섭으로부터 벗어나 독자적인 시간과 공간이라는 정체성을 가진 국가임을 말이다. 그렇지만 127도 30분이라는 대한제국 표준시의 선포는 조선을 이은 대한제국의 모든 사람들이 그리니치 세계 표준시의 기준과 대한제국의 태양 자오선에 맞춘 시간 안으로 들어와야 한다는 것을 의미하기도 했다.

1908년은 경부선과 경의선의 직통 연결이 시작되어 부산에서 신의주까지 급행열차 융희隆熙호가 달리게 된 해이다. 경부선과 경의선은 일본이 조선 침략을 완수하기 위한 핵심 도구라는 인식 아래 사활을 걸고 추진했던 철도 노선으로, 1904년과 1905년에 잇따라 완공되었다. 1905년은 일본이 을사조약으로 조선의 강제 병합을 가속화한 시점이었다. 을사조약 이후부터 대한제국이 망하는 1910년 강제 병합까지 5년이라는 시간은 일본 제국주의에 의해 조선 왕실이 유린되는 과정이었다. 이런 상황에서 왕실이 대한제국 표준시를 선포했던 것은 난파선에서 마지막 희망의 구명정을 내리는 행위였을지도 모르겠다. 그러나 일본은 1910년 한일 강제 병합을 통해 조선의 식민지화를 완수하고 마침내 시간을 빼앗아 간다. 1912년 1월 1일 동경 127도 30분을 기준으로 했던 대한제국 표준시를 동경 135도를 기준으로 한 일본 표준시로 변경한 것이다. 일본을 여행하는 여행자가 아침을 맞을 때 한국의 같은 시간에 비해 해가 일찍 뜬다는 느낌을 받는 것은 일본이 오래전 조선의 시간을 빼앗아 갔기 때문이다. 1945년 해방이 되자마자 시간을 되찾아오려는 노력이 있었지만 남한의 통치를 맡았던 미군정은 작전 편의성이라는 단순한 이유로 일본 표준시를 여전히 고수했다.

표준시를 다시 찾아온 것은 한국전쟁이 끝나고 원정 왔던 미군이 철수한 뒤인 1954년 3월이었다. 21일 0시 30분부로 대통령령에 의해 다시 동경 127도 30분을 표준자오선으로 하는 대한민국 표준시가 지정되었다. 1954년 3월 21일 대한민국은 0시 30분을 두 번 경험하게 된다.

한 번은 일본 표준시로 한 번은 한국 표준시로. 그러나 이 한국 표준시는 오래가지 못했다. 7년 뒤 쿠데타를 일으킨 박정희를 필두로 한 군부 세력은 국가재건최고회의에서 우리나라의 표준 시간을 일본 표준시로 다시 바꿔 버렸고 지금까지 이어져 오고 있다. 무력으로 민주주의를 유린한 군대는 일본 제국주의가 조선의 시간을 빼앗아 일본 표준시로 바꾼 역사를 그대로 반복했다. 한국 표준시는 공교롭게도 군사력을 앞세운 힘에 의해 두 번씩이나 무력화되는 역사를 갖게 된 것이다.

한국 사람들은 해가 하늘 가운데에 떠 있음을 의미하는 정오의 기준이 도쿄이고 〈정오의 희망곡〉 같은 라디오 프로그램도 〈서울은 아직 오전이지만 도쿄는 정오의 희망곡〉 같은 것일 수 있다는 사실을 모를 것이다. 그러나 민족적 분노 같은 것과 무관하게 60여 년 가까이 자리 잡은 한국의 표준시를 바꾸는 것을 불가능할지도 모른다. 엄청난 비용과 혼란의 유발을 걱정하는 항공사·여행사·증권사 등을 비롯한 수많은 구성원들이 이를 도저히 감당할 수 없을 것이라고 버틸 게 분명하기 때문이다.

근대 문명과 조우한 인류의 숙명

대형 참사

철도 탄생 초기부터 최고의 과제는 앞뒤로 달리는 열차의 충돌을 피하는 것이었다. 초창기 철도는 열차가 출발하면 일정 시간을 기다린 뒤 열차를 출발시키는 원시적 추돌 방지책을 사용했다. 이런 방법의 문제는, 시간차를 두고 출발했지만 얼마 못 가 앞선 주자를 만나게 되는 여러 스포츠 경기에서 확인할 수 있다. 당연히 사고를 막을 수 없다. 앞 열차가 정상적으로 달리면 상관없지만 아무리 시간차를 두고 뒤 열차를 출발시켜도 앞 열차가 고장이나 선로 이상으로 정차해 있으면 뒤 열차와의 추돌을 피할 수 없게 된다.

1861년 8월 25일 일요일, 런던과 브라이턴Brighton을 잇는 철도 노선에는 아침부터 승객이 몰렸다. 브라이턴에서 출발하는 런던행 열차는 정기 열차 외에 임시 열차 두 편이 추가되어 세 편의 열차가 떠나기로 되어 있었다. 규정에 따라 5분 간격으로 출발시켜야 했지만 열차가 지연된 관계로 3분 간격으로 열차를 출발시켰다. 런던-브라이턴 노선에는 2킬로미터 길이의 클레이튼 터널이 있었는데 이곳에 설치된 신호체계는 모스가 발명한 전신기를 이용한 것이었다. 증기기관차가 터널에 들어서게 되면 연기가 가득하고 앞이 보이지 않기 때문에 긴 터널 구간에 우선적으로 전신 신호를 도입했다.

열차가 터널에 진입하면 입구 쪽의 신호 초소 감시원은 붉은 기를 내걸어 터널 진입을 막았다. 출구 쪽 신호원은 열차가 터널을 빠져 나오면 전신 신호를 통해 터널을 개통한다는 메시지를 보낸다. 이 메시지를 받은 입구 쪽 신호원은 붉은 신호를 노란색으로 바꿔 열차 진입을 허용한다. 이런 신호 장치는 열차가 터널에 진입하면 자동으로 색깔이 바뀌도록 열차 무게에 따라 작동하는 기계적 방식이었는데, 문제는 제대로 작동하지 않는 일이 빈번했다는 것이다. 1861년 8월 25일, 그날도 그랬다. 클레이튼 터널에 첫 열차가 진입했는데 자동으로 붉은 신호를 내는 장치가 작동하지 않았다. 신호 초소 감시자는 붉은 기를 들고 터널 입구로 달려가 후속 열차에 진입 금지 신호를 보냈다. 3분 간격으로 열차가 출발했던 데다가 늦은 출발 시간을 만회하기 위해 속도를 높였던 두 번째 열차가 터널에 너무 가까이 접근한 것이 문제였다. 기관사는 터널 입구의 신호수가 붉은 기를 흔드는 것을 보고 급제동을 걸었으나 열차는 한참을 더 달려 어두운 터널 안쪽에 정차했다. 현대와 같이 기관차에서 전 열차의 제동을 제어하는 방식이 아니라 객차마다 제동수가 수동 브레이크를 작동해야 하는 초보적 제동 시스템으로서는 제동 거리를 줄일 수 없었다.

터널 입구의 신호수는 이미 열차가 터널 속으로 사라지자 당황하며 '열차 진입'의 신호를 출구 쪽 신호소로 보냈다. 출구 쪽 신호 초소의 신호수는 황당했다. '열차 통과' 신호를 보내기도 전에 바로 '열차 진입'의 신호가 오는 것은 있을 수 없는 일이었기 때문이다. 이때 터널 출구로 첫 열차가 나와 신호 초소를 통과했다. 출구 쪽 신호수는 입구 쪽 신호수가 실수를 한 것으로 생각하고, 입구 쪽 신호수에게 '열차 개통' 전신 신호를 보냈다. 입구 쪽 신호수는 출구 쪽 신호수로부터 신호가 오자 연이어 달렸던 열차 두 대가 모두 터널을 통과한 것으로 생각하고 붉은 기를 황색기로 바꿔 세 번째 열차의 터널 진입을 허가했다.

한편 붉은 기를 보고 급히 정차해 있던 두 번째 열차의 기관사는 터널 안쪽에 앞선 열차가 있다고 생각하고 앞 열차가 완전히 통과할 때까지 후진을 해 터널 바깥쪽에서 대기하고 있어야 한다고 판단했다. 기관사가 후진을 하기 시작하고 얼마 지나지 않아 터널을 진입해 달려오는 세 번째 열차의 불빛을, 맨 뒤 객차에 승차한 사람들은 볼 수 있었다. 터널 안의 추돌 사고로 21명이 죽고 176명이 중경상을 입었다.

철도 안전 시스템의 발전은 신호체계의 발전이라고 해도 지나친 말이 아니다. 앞 열차가 출발하고 난 뒤에 역장이 시계를 보고 5분이나 10분쯤 지난 뒤에 뒤 열차를 출발시켰던 것에 비하면 현대적 신호 시스템은 비약적으로 발전한 셈이다. 선로 전 구간을 일정한 구역으로 나누어 블록화시키고, 이것을 하나의 전기적 회로로 구성하여 열차가 진행할 때마다 뒤쪽으로 안전한 영역을 확보시킨다. 눈에 보이지 않는 일종의 보호막인데 앞선 열차에 가까이 접근할수록 보호막은 더 두꺼워지도록 설계되어 있다. 겹겹이 쌓인 보호막 중의 하나라도 훼손되는 순간 이를 훼손하게 만든 후속 열차는 자동으로 속도를 줄이거나 정지하게 되는 ATS Auto Train Stop나 ATP Auto Train Protect 장치가 장착되어 있다.

현재 일반화된 ATP 시스템은 선로의 전 구간에서 운행되는 열차의 간격이 좁혀지거나 일정 거리 앞에서 열차가 정차해야 할 경우 기관사에게 허용되는 속도를 미리 알려준다. 이때 기관사가 선로와 열차 사이에 교환된 정보를 수신한 컴퓨터의 지시에 따르지 않으면 ATP 장치가 강제로 개입해 브레이크를 작동시켜 속도를 낮추거나 비상 제동을 걸어 열차를 정차시킨다. ATP는 운행 빈도가 높은 선로에서도 열차가 안전하게 고속으로 달릴 수 있게 해주는 보호 시스템이다. 그리고 ATP 시스템은 더 완벽한 안전을 확보하기 위해 지금도 진화를 계속하고 있다.

사실, 오늘날의 사고는 기술적 한계보다는 인간의 부주의와 오만, 그리고 탐욕이 합쳐져서 발생하고 있다. 외주화된 신호 설비 업체와 운영기관 사이에 정보가 유기적으로 공유되지 못하는 문제, 선로나 시설 공사 후 신호기 점검 부재, 낡은 차량 등 여러 가지 요인들이 결합되는데, 이들 요인의 공통된 이유는 비용 절감이다. 즉, 돈을 아끼기 위해 추진된 일들이 결합되어 사고를 완성하는 셈이다.

"기술이 완벽해질수록, 사고는 격심해진다."

유럽 전역을 뒤흔든 또 다른 열차 사고 현장으로 달려가 보자. 프랑스에서 본격적으로 사람들을 태우고 운행을 한 철도는 1837년에 개통된 파리-생제르맹 노선이었다. 이 노선에는 개통 일주일 만에 3만7천 명의 승객이 몰렸고 또 일주일 뒤에는 6만 명이 이용했다. 철도의 놀라운 효용성을 알게 된 사람들은 앞다투어 역으로 몰려들었다. 파리-생제르맹 노선이 개통되고 나서 2년 뒤에 파리와 베르사유 사이에 철도가 놓였다. 멋진 궁전이 있는 베르사유는 파리 시민들에게 인기가 많았고, 철도가 놓여 접근성이 좋아지면서 더 많은 인파가 몰렸다. 1842년 5월 8일은 봄기운이 완연한 따사로운 날이었다. 베르사유 궁전에 몰려든 사람들은 벚꽃 구경과 연주되는 음악, 와인에 취해 즐거운 하루를 보냈다.

해가 질 무렵 흥겨운 휴일을 보낸 사람들을 태우고 베르사유를 출발한 열차는 파리를 향해 달렸다. 열차가 파리 시내로 들어선 지 얼마 안 됐을 때, 갑자기 맨 앞에 연결된 기관차가 기우뚱하면서 한쪽으로 기울

1842년 베르사유 철도 사고

더니 뒤집혔다. 바로 뒤에 연결된 기관차가 전복된 기관차 위로 올라타면서 탈선했고, 그 위로 뒤에 연결됐던 네 량의 객차가 차곡차곡 얹혔다. 석탄이 타고 있던 증기기관차 위에 얹힌 객차들은 제단에 올린 제물처럼 불타기 시작했다. 나무로 만든 객차는 순식간에 화염 덩어리로 변했다. 현장은 아비규환의 지옥이 되었다. 살려 달라고 외치는 비명 소리에도 구조하러 달려간 사람들은 손을 쓸 수가 없었다. 객차의 출입문은 밖에서 잠그는 구조였는데, 열쇠를 가진 차장이 사고가 일어난 순간 즉사했기 때문이다. 52명이 죽었고 106명이 화상을 비롯한 치명적인 중상을 입었다. 철도 역사상 최초의 대형 사고였다. 불타는 열차에 갇힌 채 수많은 생명이 희생된 사고는 유럽과 프랑스 전역을 충격으로 몰아넣었다. 사고의 원인은 맨 앞에서 달리던 증기기관차 바퀴의 차축이 부러졌기 때문인 것으로 드러났다.

1842년의 충격적인 사고 이후 2년 뒤 발간된 『철도 증기기관 백과사전』에는 "사고" 항목에 9쪽에 달하는 상당한 양의 기술이 추가된다. "인간의 손에 의해 만들어지는 모든 것은 사고를 겪을 가능성이 있다. 기술 장치가 완벽해지면 완벽해질수록 사고 역시 일종의 상쇄 원리에 따라 격심해진다. 이런 이유에서 강력하고 완벽한 산업적인 기술 장치들, 이를테면 증기기관 그리고 기차는 가장 미세한 부분에 이르기까지 엄격히 감시되지 않는다면 정말 끔찍한 재앙으로 돌변할 소지가 있다."[48]

"첨단 장치가 적용되었기 때문에 그만큼 완벽하고 완전하다."는 말은 원전의 안전성을 강조할 때에도, 무인운전 열차 운행을 홍보할 때에도 빠지지 않고 등장한다. 그러나 첨단을 숭상하는 문화의 한편에는 인간의 오만함이 담겨 있다. 첨단 안전장치, 첨단 방어 기술, 첨단 제어장치의 활약상이 두드러지면 사회는 더 안전해질까? 인류가 만든 가장 첨단에 속하는 기술 가운데 하나는 우주 기술일 것이다. 수많은 과학자와 엔지니어들이 오랜 노력 끝에 만들어 낸 첨단 우주선들이 가끔씩 속절없이 파괴되는 모습을 본다. 첨단 기술이 작은 나사못의 기능 이상 때문에 일어나는 사고조차 막을 수 없는 불확실의 세상이 현실 세계이다.

산업혁명이 낳은 각종 기계장치들은 인간의 제어력을 벗어난 힘에 의해 파괴되었다. 수십 마리 말의 힘을 능가하는 증기기관이 갖고 있던 에너지는, 인간이 제어할 수 없는 어떤 우연적 사건 혹은 그 힘의 한계와 마주하는 순간, 자신을 파괴하면서 동시에 모든 것을 날려 버린다. 『철도여행의 역사』에 기록된 볼프강 쉬벨부쉬의 말을 들어 보자. "18세기의 마차 축의 절단은 마차 도로에서 어차피 느리고 심하게 흔들거릴 수밖에 없는 여행을 중단시킬 뿐이었다. 그러나 1842년 파리-베르사유 철도 노선에서 일어났던 증기기관차의 축 절단은 유럽 전역을 흔들어 놓은 대참사였다."[49]

시속 250킬로미터 고속철 바닥에서 철근이 튀어나왔다

파리-베르사유 철도 사고 이후에도 크고 작은 열차 사고는 이어졌다. 사람들은 문명 한가운데 일상화된 사고를 주기적으로 만나야 했고 철도 안전을 확보하기 위한 노력도 계속됐다. 파리-베르사유 철도 사고가 기관차 바퀴 축의 균열에 따른 붕괴로 드러나자 모든 열차의 바퀴 축에 대한 정비 점검이 이루어졌다. 금속의 피로도에 대한 연구도 활발해졌다. 철도의 바퀴나 바퀴 축과 관련된 부분의 이상은 아무리 작은 것이라도 끔찍한 사고로 연결될 수 있기 때문이다. 세계 최악의 고속철도 사고 역시 바로 이 기차 바퀴 때문에 일어났다. 이번에는 독일이었다.

유럽에서 프랑스에 이어 두 번째로 고속철도를 운행하게 된 독일은 프랑스의 테제베TGV를 능가하는 차량과 서비스로 유럽 철도의 왕자가 되겠다고 공언했다. 새로 등장한 이체ICE에 대한 자부심은 대단했다. 그런데 한 가지 문제가 발생했다. 운행이 시작되자마자 이체의 진동이 너무 심해 승차감에 대한 불만이 터져 나오기 시작했다. 특히 식당 칸에 대한 승객들의 불만은 독일 철도 당국조차 외면할 수 없는 상황이었다. 정상 운행 중에도 커피 잔이나 음식을 담은 접시가 테이블에서 떨어질 정도였기 때문이다. 독일 철도 기술진들이 긴급 점검에 들어가 확인한 결과 바퀴의 이상 마모 현상을 찾아냈다. 고속철도 설계팀부터 차량 제작팀까지 회의를 한 끝에 차량의 바퀴를 모두 교체하기로 결정했다. 선로나 열차 전체를 손보는 것에 비해 바퀴를 교체하는 것이 가장 저렴하면서도 효율적인 방법이라는 결론에 도달했기 때문이다.

이체의 열차 바퀴는 모노 블록 형태의 바퀴로 바퀴 하나가 한 덩어리의 강철로 이루어졌다. 독일 철도 기술진들은 진동의 가장 큰 원인을 한 덩어리로 제작된 바퀴 때문이라고 분석하고 바퀴만 교체하면 모든 문제가 해결될 것으로 판단했다. 새로 적용된 바퀴는 듀얼 블록으로 만들어졌다. 두 개의 둥근 바퀴를 내륜과 외륜으로 구분해 결합시키는 형태이다. 또 이 내륜과 외륜 사이에 탄성이 있는 고무를 장착해 승차감을 대폭 높이는 방식을 선택했다. 개통 2개월 만에 고속철도의 바퀴를 듀얼 블록 제품으로 교체하기 시작했다. 소음과 진동에 대한 불만은 바로 사라졌다. 듀얼 블록이 승차감을 획기적으로 높인 첨단 방식이라는 찬사를 받으면서 이체는 승승장구했다. 개통 2년 만에 하루 이용객이 6만 5천 명을 기록했고 경쟁 상대인 비행기를 압도했다.

1998년 6월 3일, 뮌헨발 함부르크행 고속 이체 884 열차는 오전 5시 47분 뮌헨 역을 출발했다. 1991년 6월 뮌헨-함부르크 노선을 시작으로 처음 운행된 이체는 독일이 자랑하는 고속 열차로 쾌적함과 안전성의 상징이었다. 4백여 명의 승객을 태운 이체 884 열차는 최고 시속 250킬로미터의 속도로 거침없이 달렸다. 뮌헨에서 함부르크까지는 850킬로미터의 거리로 아우크스부르크Augsburg-뉘른베르크Nürnberg-뷔르츠부르크Würzburg-풀다Fulda-카셀Kassel-괴팅겐Göttingen-하노버Hannover를 지나 종착역인 함부르크까지 약 5시간 40분 정도가 소요되는 여정이었다. 두 번째 정차 역이었던 뉘른베르크 역에서 이 열차의 맨 앞 칸인 1호차에 외르그 디트만Jörg Dittman이 아내와 여섯 살 난 아들과 함께 올라탔다. 함부르크 해변에서 휴가를 즐기기 위해서였다.

5시간을 순조롭게 달리던 열차가 하노버 역을 떠나 시속 2백 킬로미터로 에데세 마을에 접근하던 중이었다. 10시 56분, 디트만은 갑자기 일어난 사건에 눈을 의심했다. 커다란 굉음과 함께 맞은편에 앉은 아내와 아이의 좌석 팔걸이 사이로 거대한 쇠막대가 뚫고 나온 것이었다. 흡사 공포 영화의 한 장면처럼, 거대한 칼날의 팔을 가진 괴물이 벽을 뚫고 공격해 온 모양이었다. 만약 쇠막대가 10센티미터만 옆에서 튀어나왔어도 아내와 아이 둘 중 한 명의 몸을 뚫어 버렸을 것이다. 열차는 갑자기 좌우로 진동하더니 이내 안정을 찾은 듯 했지만 디트만은 놀라서 아내와 아이를 의자에서 일어나게 한 뒤 객실 밖으로 피신시켰다.

디트만은 승무원을 찾아 다른 열차 칸으로 이동했다. 디트만은 1호차에서 3호차까지 뛰어오는 거리가 상당히 멀게 느껴졌고 끔찍한 기분이었다고 회상했다. 디트만은 세 번째 칸에 이르러 순회 중인 승무원을 발견하고는 빨리 비상 정차 조치를 취해 줄 것을 요구했다. 승무원은 디트만의 말을 믿지 못하겠다는 표정으로 일단 눈으로 확인해야겠다며 함께 1호차로 가자고 했다. 승무원은 회사 규정상 비상 제동기를 사용하기 전에 사고를 확인해야 한다고 덧붙였다. 디트만이 막 1호차에 도착해 승무원에게 황당한 현장을 보여 주려고 하는 순간 디트만과 승무원은 함께 공중으로 내동댕이처졌다. 짧은 충격의 순간이 지나고 나자 피투성이가 된 승무원이 디트만에게 괜찮으냐고 물었고 디트만은 공포 속에 그렇다고 대답했다. 도대체, 이들에게는 또 어떤 일이 벌어진 것일까?

세계 최악의 고속철 참사, 두 달 전 경고 무시

1998년 6월 3일 디트만 가족이 탄 함부르크행 이체 884 열차의 1호차 객실을 맨 처음 뚫고 들어온 긴 금속조각은 디트만이 앉아 있던 객차 아래의 열차 바퀴 조각이었다. 금속피로로 균열이 있었던 듀얼 블록 바퀴 바깥쪽 원의 한 부분이 쪼개지면서 일자로 펴졌고 그대로 객실 바닥을 뚫고 들어와 버렸다. 10시 56분 종착역인 함부르크를 약 130여 킬로미터 남겨 둔 에세데 마을을 지날 때였다. 객실 바닥을 뚫은 금속조각의 반대편 끝은 선로의 침목을 긁으면서 불꽃을 일으키며 달렸다. 열차는 아직 선로 위에 있었고 디트만으로부터 사고 소식을 들은 승무원이 신속한 조치를 취했다면 비상 정차를 통해 대형 사고를 면할 수도 있었지만, 운명의 여신은 자비를 베풀 생각이 없었다.

에세데 역에는 본선과 지선으로 선로가 갈라지는 분기기가 있었다. 이 분기기에는 열차의 목적지에 따라 선로를 바꿔 주는 선로 전환기가 설치되어 있었다. 시속 2백 킬로미터로 달리는 고속 열차의 객실 바닥에 꽂혀 있던 쇳조각이 분기기를 통과하면서 선로 전환기를 움직여 선로의 방향을 바꿔 버렸다. 선로가 갈라지거나 합쳐지는 곳에 설치된 분기기는 열차가 고속으로 통과하게 되면 진로가 바뀔 위험이 있어 한국에서도 다양한 속도제한을 두고 있다. 고속 통과가 필요한 분기기는 웬만한 충격에도 움직이지 못하도록 고정 장치를 설치한다. 이런 분기기에서 이체 844열차의 1호차와 2호차는 직선으로 나 있는 본선으로 빠지고, 갑자기 선로가 전환된 3호차는 측선으로 진입하게 되었다. 분기기에는 선로 옆에 가이드 선로가 설치되는데 객차 바닥에 꽂힌 금속 바퀴 조각이 이 가이드 선로를 밑에서부터 들어냈다. 가이드 선로 조각은 고속 열차의 객실 바닥과 천장까지 뚫어 버렸다.

2호차에서 분리된 채 측선으로 진입한 3호차는 선로를 탈선했는데 불행하게도 그 앞에는 에세데 마을 철도를 가로지르는 다리의 기둥이 서 있었다. 3호차는 다리 기둥을 정면으로 들이받았고 이 충격으로 콘크리트 다리가 무너져 내렸다. 4호차부터 12호차는 차례대로 겹쳐지며 무너진 다리의 콘크리트 덩어리들과 충돌했다. 식당 칸은 아예 형체를 잃은 채 15센티미터의 높이로 구겨졌다. 12량이 연결된 410미터 길이의 열차가 접이식 자가 겹쳐지듯 1량으로 압축되었다. 사고 6분 만에 현장에 도착한 구조대는 생지옥으로 변한 선로 위에서 생존자를 찾아내는 데 온 힘을 기울였지만 승객 101명과 선로 보수 직원 두 명을 포함한 103명의 소중한 생명이 희생되는 것을 막을 수 없었다. 심각한 중상을 입은 88명 중 상당수는 지금까지도 장애로 고통 받고 있다.

사고 조사 결과 독일 철도의 정비팀은 육안 검사를 통해 열차 바퀴를 정비했음이 밝혀졌다. 정교한 장치로 바퀴의 마모도나 균열을 찾았어야 했음에도 탐지 장비의 오작동이 잦고 오랫동안 사고가 일어나지 않자 랜턴 불을 비춘 채 눈으로 하는 검사가 관행으로 자리 잡은 것이다. 그러는 동안 듀얼 블록으로 이루어진 바퀴 테두리가 금속피로에 의해 수 년 동안 균열이 진행되고 있었다. 또한 고속 운행 시의 잦은 충격과 진동으로 사고 차량의 바퀴는 살짝 휘어져 있기도 했다. 이 휘어져 있었던 부분이 결국 끊어지면서 원형을 유지하던 바퀴의 테두리가 펴지면서 객실 바닥을 뚫은 것이었다.

문제는 또 있었다. 사고 두 달 전인 4월에 기관사와 승무원이 사고 차량 바퀴에서 발생하는 소음과 진동에 대한 문제를 제기했지만 묵살되었다. 사고 발생 1년 전인 1997년에는 같은 방식인 듀얼 블록형 바퀴를 사용하는 하노버 트램 회사에서 금속피로 현상을 발견해 바퀴를 교체했다. 또한 하노버 트램 회사는 듀얼 블록 바퀴의 금속피로와 해결 방법을 다른 도시의 철도 운영 기관에 전파했다. 시속 24킬로미터 정도로 운영하는 트램 바퀴에도 발생하는 문제가 시속 250킬로미터로 달리는 고속 열차에서 발생하지 않을 수 없는 조건이었다. 그러나 독일철도공사는 자신들의 고속 열차는 문제없다며 경고를 무시했다. 7년 동안 운행하면서 아무 문제가 없었다는 것이 독일철도공사의 입장이었다. 7년 동안 서서히 진행된 금속피로는 언제든지 작은 충격에도 열차 바퀴를 분해시킬 수 있는 준비를 하고 있었다. 세계 최악의 고속철도 참사가 일어난 뒤에야 독일철도공사는 열차 바퀴 점검을 강화했으며, 이체 고속 열차의 바퀴를 모두 모노 블록의 일체형 강철 바퀴로 다시 교체했다.

1842년 5월 8일 베르사유-파리 노선 열차, 파리 시내에서 탈선 사고 발생

1861년 8월 25일 런던-브라이턴 노선 열차, 클레이튼 터널 안에서 추돌 사고 발생

1883년 4월 8일 미국철도연합, 세인트루이스에서 제1차 시간 총회 개최

1884년 10월 1일 세계 표준시를 채택하기 위한 국제회의가 미국 워싱턴에서 개최
10월 13일 세계 표준시로 그리니치 자오선이 채택됨.

1908년 대한제국, 동경 127도 30분의 태양 정오를 표준시로 정함

1910년 대한제국, 일본에 강제 병합됨

1912년 1월 1일 대한제국 표준시가 동경 135도를 기준으로 한 일본 표준시로 변경됨

1954년 3월 21일 동경 127도 30분을 표준자오선으로 하는 대한민국 표준시가 지정됨

1961년 8월 10일 박정희 정부에서 다시 일본 표준시를 대한민국 표준시로 변경함

1998년 6월 3일, 뮌헨발 함부르크행 고속 이체 열차 탈선 사고

1842 – 1998

4

대륙횡단철도와 아메리칸드림

대륙횡단철도가 완공된 이후 이 노선과 연결되는 지선들이

앞다투어 건설됐다.

미국은 세계 최고의 철도 나라가 되었다.

목숨을 걸고 수개월에 걸쳐 지나야 했던 길인 뉴욕과 샌프란시스코 간을

일주일이면 주파할 수 있게 되자 미 대륙은 이전과는 상상할 수 없는

신세계로 나아갔다.

철도 전문 변호사 링컨, 대륙횡단철도를 꿈꾸다

백인 이주민들의 정착과 원주민 공동체의 몰락

바다 건너 새롭게 꿈틀대는 땅 아메리카, 세계 최고의 철도 나라인 미국으로 가 보자. 1783년 미국은 파리조약을 통해 영국으로부터 독립을 공식적으로 인정받았다. 1775년 미국의 이민자들과 영국 사이에 전쟁이 발발하고 1776년 미국 독립이 선언된 후 8년여의 지루한 공방전 끝에 승리를 거둔 미국은 새로운 희망으로 들떠 있었다. 영국이라는 혹을 떼어 버리고 홀가분하게 아메리카 대륙의 주인으로 새 시대를 열고 있다는 자신감이 연방을 이루는 13개의 주에 넘쳐 났다. 그러나 미국의 에너지는 아직까지는 대서양 연안과 동부에 머물러 있었다. 황금이 널려 있다고 여겨지는 광활한 서부를 정복하고 태평양에 발을 담그게 될 때 미 대륙이 열게 될 세상이 어떤 것일지는 아무도 상상하지 못했다.

프로테스탄트들이 메이플라워 호를 타고 온 지 150년이 지났지만 아메리카 대륙의 주인공은 아메리카 원주민과 버펄로 그리고 이들과 어울려 사는 생명체들이었다. 1790년 대서양을 건너와 미국에 정착한 사람은 390만 명이었고 거의 대부분이 대서양 연안 80킬로미터 안에 살았다. 1830년에는 1천3백만 명으로 늘었고 1840년에는 450만 명이 애팔래치아 산맥을 넘어 서쪽으로 이주했다. 서부로의 이주는 시간이 갈수록 증가했다. 이주민들은 대선배 격인 콜럼버스처럼 황금을 찾으려는 목적을 갖고 있었다. 대서양을 건너는 이주자들은 날이 갈수록 많아졌고 공기압에 부풀어 오르는 풍선처럼 서부로의 이동은 확대되었다. 그런데 이들 이주민이 황금을 찾아 나서거나 정착을 하려 했던 땅들에는 이미 임자가 있었다. 바로 아메리카 원주민들이었다. 콜럼버스는 인도를 찾아 나섰다가 아메리카에 상륙한 후 만난 원주민을 '인디언'이라고 불렀다. 인도에 도착한 줄 알았던 콜럼버스는 인도 사람이라는 뜻으로 인디언이라고 불렀지만 아메리카 대륙의 원주민들은 인도 사람들과는 전혀 관련이 없는 사람들이었다. 아메리카 원주민들이 인디언이라는, 자신의 정체성과는 전혀 상관이 없는 이름을 부여받게 된 것은, 이들이 백인들과 만나서 어떤 굴곡을 겪게 될지를 예고하는 것이었다.

아메리카에 이주한 백인 정착민들, 특히 그 가운데서도 최고 엘리트들은 여러 가지 산적한 문제들을 해결해 나가야 했다. 처음 부딪친 문제는 프랑스와 영국으로부터 벗어나는 문제였다. 이주민들이 늘어나고 산업이 더욱 발전할수록, 이 땅에서 땀 한 방울 안 흘린 대서양 건너편 귀족들에게 통치의 대가로 돈을 바친다는 것이 점점 더 불합리해 보였다. 그래서 그들은 독립 전쟁을 일으켰다. 전쟁에서 승리한 백인 이주민들이 당면한 또 하나의 문제는 원주민에 관한 것이었다. 어찌 보면, 삶의 방식이 완전히 다른 두 집단의 충돌은 필연적이었다. 아메리카 원주민들은 자연 속에서 공동체를 이루어 살았다. 이들은 자신의 이익을 위해 남에게 해를 끼치거나 물건을 빼앗는 야만인들이 아니었다. 이들은 자신의 것이 아닌 자연을 독점하고, 값을 매겨 거래하거나 할 생각은 애당초 하지 않았다.

어린이와 청소년을 대상으로 한 책 중에 신기한 옛날이야기를 다룬 것들이 있다. 이 중에는 "어리석은 인디언, 맨해튼을 단돈 24달러에 넘기다"와 같은 철저히 백인 중심의 시각에서 쓰인 글이 있다. 1626년 네덜란드 식민지 장관 페터 미누이트Peter Minuit는 맨해튼 섬을 카나시 족으로부터 사들였다. 이때 매매 대금으로 준 것이 손도끼, 옷감, 구슬 등과 네덜란드 돈 60길더였다.[50] 이 사건을 두고, 후세의 사람들은 어리석은 원주민이 헐값에 땅을 넘겼다고 비웃고 페터 미누이트의 지혜를 칭찬했다. 하지만 아메리카 원주민들의 입장에서는 땅에 법적인 주인이 있다는 게 말이 되지 않았다. 누구든지 살 수 있도록 포용하는 게 땅이었다. 그랬기에 백인들에게도 선뜻 삶의 공간을 내어 주고 필요한 식량과 생필품을 나누어 주기도 했다. 페터 미누이트는 소유권 개념이 없는 상대에게 문서로 소유권 이전을 확약 받는 사기를 친 것이다. 이렇게 땅 문서를 만들어 소유권을 빼앗은 이유는 나중에 벌어질지 모를 아메리카 원주민들과의 소유권 분쟁 때문이 아니었다. 미국에 진출하는 영국과 프랑스 등 다른 백인 세력들에 맞서 네덜란드의 기득권을 지키기 위해서였다.

백인들이 정착한 초기부터 미합중국의 기틀이 튼튼해지는 기간은 아메리카 원주민들의 공동체가 소멸해 가는 기간이었다. 그리고 원주민 공동체에 절망의 쐐기를 박았던 것은 다름 아니라 대륙횡단철도를 비롯해, 미국 전역에 폭발적으로 건설된 철도였다.

철도 전문 변호사 링컨

사실, 독립을 이룬 신생국의 지도자들에게 원주민 문제보다 시급하게 해결해야 할 문제가 있었다. 산업적 이해관계가 현저히 다른 두 지역의 갈등이 점점 증폭되고 있었기 때문이다. 상공업을 주산업으로 하는 북부와, 대농장 위주의 농업 생산이 중심인 남부가 심상치 않은 갈등을 보였다. 남부의 대농장은 아프리카에서 강제 이주시킨 흑인 노예들의 노동으로 유지되고 있었다. 신생국 아메리카의 정치적 중심지는 워싱턴을 비롯해, 필라델피아, 뉴욕, 보스턴 등이 위치한 동북부 지역이었고, 미국 상공업의 중심지이기도 했다. 이곳 동북부는 산업 자본가와 금융 자본가들이 기득권을 행사하고 있었는데 더 많은 경제적 이득을 바랐다. 이들은 토지에 대한 자유로운 이용, 자유로운 고용, 낮은 세금을 원했다. 이런 과정에서 북동부의 이해를 대변하는 링컨Abraham Lincoln이 공화당의 대통령 후보로 선출되었다. 민주당은 북부 지지파와 남부 지지파 의원들 간의 갈등으로 분열되어 있었고 그 결과 대통령 선거에서의 승리가 불투명한 상황이었다. 결국, 초조해진 남부 지역의 권력자들은 링컨이 당선된다면, 연방을 탈퇴해 독립을 선언하겠다고 주장했다. 말하자면 판을 깨겠다는 협박이었다. 하지만 링컨은 대통령으로 당선되었고, 남부의 7개 주가 연방을 탈퇴, 남부연합을 결성함으로써, 우리가 남북전쟁이라고 부르는 내전이 시작된다.

미국이 남북전쟁으로 치닫기 직전인, 1859년 8월 14일. 링컨은 공화당 대통령 후보로서 아이오와 주 카운실 블러프스Council Bluffs의 퍼시픽 하우스 호텔 앞에서 연설을 끝낸 뒤 한 사람을 만난다. 링컨의 수행원이 철도에 관해서라면 모르는 게 없는 친구라며 28세의 청년을 소개시켜 주었기 때문이다. 그렌빌 닷지Grenville Dodge라는 이름의 이 젊은 철도 기관사는 자신이 지지하는 대통령 후보를 만난 흥분을 추스르기도 전에, 링컨으로부터 단도직입적인 질문을 받는다. "닷지, 퍼시픽 철도가 서부로 가려면 어느 길로 가는 게 제일 좋은가?"[51] 자신을 지지하는 유권자의 관심사에 보조를 맞춰, 대화를 이끌어 나가는 노련한 대선 후보의 기막힌 순발력이라 생각할 수도 있겠지만, 사실, 링컨은 청년 시절부터 철도에 관심이 많았을 뿐만 아니라 변호사가 된 이후에는 이런 자신의 관심을 살려 최고의 철도 관련 변호사로 활약하기도 했다.

1857년 세 개의 철도 회사(시카고, 록 아일랜드, 퍼시픽 철도회사)가 소송에 휘말린다. 이들 세 회사를 위해 록 아일랜드 브리지 컴퍼니라는 회사가 미시시피 강을 건너는 철교를 건설했는데, 강을 지나던 증기선이 철교의 교각을 들이받아 불에 타 가라앉는 사건이 발생했다. 증기선 선장은 철교 건설 회사를 고소했고, 이어진 법정 다툼은 선박업자 연합과 철도회사 연합의 싸움으로 확대되었다. 이 재판에서 철도 회사들의 변호를 맡은 사람이 에이브러햄 링컨이었다. 링컨은 변호사가 되기 전 수많은 직업을 전전했는데, 그중에는 선박의 조타수 경력도 있었다. 강물의 속도와 교각의 간격 등을 면밀히 조사한 뒤, 링컨은 배가 충돌한 이유는 조타수의 실수 탓이라고 주장했다. 또한 운하의 배를 위해 철교를 해체하게 되면 국가의 발전과는 반대 방향으로 가는 것이라고 말했다. 아이오와, 일리노이가 무엇 때문에 150만 명이 모여드는 거대 지구가 되었는지 생각해 보라고 배심원들을 설득했다. 운하업자들은 세인트루이스 시의 지지를 받았음에도 불구하고 링컨의 변론에 설득당한 배심원들은 철도의 손을 들어 주었다.

앞서 잠시 언급했듯이, 철도에 대한 링컨의 관심은 아주 오래전으로 거슬러 올라가도 확인할 수 있다. 23세의 젊은 나이에 일리노이 주 의회 후보로 나선 선거 유세장에서 링컨은 일리노이 강과 스프링필드를 잇는 철도 건설을 공약했다.

"일리노이 주민 여러분! 철도야말로 기상 조건에 제약받지 않는 가장 유용한 교통수단입니다!"[52]

정계 입문 초짜 후보 링컨은 보기 좋게 낙선했지만, 철도가 신생국 아메리카를 세우는 가장 튼튼한 기초가 될 것이라는 확신을 갖고 있었다.

어느새 링컨은 철도와 관련해서는 최고의 변호사로 이름을 날렸고 철도와 관련된 일이라면 무엇이든 주저하지 않았다.

이런 링컨이 대통령 후보 유세 중에 최고의 철도 기관사를 만나게 되자, 대륙횡단철도라는 자신의 꿈을 대놓고 드러낸다. 링컨의 돌직구를 받은 닷지는 놀라움을 가라앉히며 답변한다.[53]

"이곳을 출발해서 플랫밸리 외곽으로 빠지면 됩니다."

"그 이유는 뭔가?"

"철로는 위도 42도 선에 건설하는 게 가장 경제적이고 실용적입니다. 그러기 위해서는 카운실 블러프스가 출발역으로 적격입니다. 시카고에서 시작된 철로가 이곳 카운실 블러프스까지 연결됩니다. 그리고 여기서부터 플랫밸리를 따라 로키 산맥까지는 일직선으로 비교적 완만하게 이어질 수 있습니다."

닷지는 록 아일랜드 철도회사에 근무하는 동안 서부로 이어지는 최고의 노선을 찾아 탐사했던 내용을 링컨에게 설명했다. 링컨은 서부로 향하는 철도 노선에 대해 갖고 있던 궁금증을 모두 털어 놓았고 둘의 대화는 꼬리에 꼬리를 물고 이어졌다.

철도의 나라, 미국

철도의 종주국은 영국이었지만 하마터면 그 자리는 미국의 몫이 될 뻔했다. 미국에서도 궤도를 이용한 교통수단에 대한 도전이 계속되었고 증기기관차도 만들어지고 있었다. 뉴저지에 사는 존 스티븐슨John Stephenson은 1825년 자신의 집에다가 시험용 궤도를 놓고 기관차를 운행했다. 공교롭게도 영국의 철도 개척자 조지 스티븐슨과 이름마저 유사하고 이들의 아들들은 부친의 가업을 이어 철도를 확장하는 데 커다란 기여를 하게 되는데, 이들의 이름은 모두 로버트 스티븐슨이다.

1825년 영국의 스톡턴-달링턴 철도가 세계 최초의 철도로 인정받고 1830년 리버풀-맨체스터 노선이 등장함에 따라 본격적인 철도의 세계가 열렸다. 그러나 미국도 1827년 최초의 철도 회사인 볼티모어 앤 오하이오 사를 설립하고 1830년 운행을 시작했다. 거의 동시에 영국과 미국에서 철도가 개통된 셈이다. 철도의 첫 테이프를 영국이 끊긴 했으나, 철도망과 철도 기술은 미국이 영국을 앞질렀다. 오늘날까지도 이어지는 철도 기술의 모태가 된 공기브레이크 장치, 곡선 구간에서의 운행 능력을 향상시키는 보기Bogie 대차,[54] 자동 연결 장치, 침대차나 고급 객차 같은 것들은 모두 미국 철도가 만들어 낸 것이다. 미국의 철도망은 1830년부터 폭발했다. 1850년이 되자 1만4,500킬로미터 이상의 철도가 놓였는데, 매년 평균 3천2백 킬로미터씩 증가했다. 1년마다 한국 철도 노선 전체 길이에 육박하는 노선이 생긴 셈이다. 1860년에는 4만8,960킬로미터의 철도 노선이 운행됐다. 미국은, 같은 시기 1만5천 킬로미터에 불과했던 철도 종주국 영국 전체 노선의 세 배를 넘어 세계에서 운행 길이가 가장 긴 철도의 나라로 탈바꿈했다.

동부에서 철도망이 생겨나자 사람들은 대륙의 서부 끝까지 도달하는 횡단철도를 꿈꿨다. 하지만 정작 대륙횡단철도 계획이 발표되자 그 어마어마한 계획이 현실화될 것이라고는 누구도 믿지 않았다. 실제로, 이야기가 나온 뒤 30년이 지나도록, 대륙횡단철도는 실질적으로 진척되지 못했다. 그러나 링컨이나 닷지 같은 사람들은 대륙횡단철도가, 분열된 연방을 이어 주는 실밥이 될 것이라고 생각했다. 철도가 강력한 국가로 발전할 수 있는 디딤돌이 될 것임을 간파한 것이다. 엄청난 계획을 실현해야겠다고 마음을 먹는 사람들이 조금씩 늘어났다.

사실, 철도는 광활한 서부를 개발하기 위해서도, 또한 끊임없이 밀려드는 새로운 이민자들을 위해서도 꼭 필요한 교통수단이었다. 게다가, 나날이 발전하고 있던 철도 기술은 1850년대 중반 무렵에는 대륙횡단 철도에 도전해도 될 만큼 발전해 있었다. 물론, 그 기술이 도전해야 하는 자연의 거대한 장벽 역시 만만치 않았다. 대륙 횡단을 위해서는 가파른 산맥들을 넘어야 했다. 특히, 서부 캘리포니아에 있는 시에라네바다 Sierra Nevada 산맥은 높이가 4천4백 미터, 너비가 105킬로미터에 이르는 거대한 장애물이었다. 당연히, 산을 오르는 데 충분한 힘을 가진 기관차가 필요했다. 그렇지만, 그 못지않게 중요한 것은 제동장치였다. 급경사에서 속도를 줄이지 못할 경우 열차는 참혹한 운명을 맞이할 것이기 때문이었다. 가속이 붙은 질량체를 제대로 제어하지 못한다면, 그것은 아무런 소용이 없었다.

철도 기술의 발전

대륙횡단철도의 건설을 가능하게 했던, 철도 기술의 발전을 간략히 살펴보기에 앞서 초기의 증기기관차를 비롯한 객차에는 어떤 승무원들이 탔는지 잠깐 살펴보자. 우선 증기기관차를 운전하는 기관사가 필요하다. 각종 밸브와 조정 장치로 가려져 보이지도 않는 옆 좌석에는 부기관사가 타는데, 기관사가 보지 못하는 시야를 확보해 준다. 증기기관차 뒤에는 연료인 나무나 석탄은 물론이고, 증기를 생산하는 데 필요한 물을 가득 싣고 있는 탄수차가 연결되어 있고, 여기에 화부가 탄다. 화부는 기관사의 명령에 따라 화구에 나무나 석탄을 채워 넣고, 부족한 물을 계속 공급해 주어야 한다. 차종에 따라서는 부기관사와 화부의 역할을 한 사람이 맡아, 기관사와 짝을 이뤄 일을 한다. 객실 안을 책임지는 차장도 빼놓을 수 없다. 또한 객차에는 각 한 명씩의 제동수가 타고 바퀴에 연결된 손잡이를 잡고 있었다. 기관사가 신호를 하면 일제히 손잡이를 당겨 끝에 연결되어 있는 블록을 바퀴와 마찰시켜 세우는 원시적인 방법이었다.

그런데, 엄청난 굉음을 내며 달리는 열차에서 기관사는 객차의 제동수들에게 어떤 방식으로 제동을 걸거나 해제하라고 신호를 보냈을까? 바로 기적이었다. 기적 소리의 횟수에 따라 일정한 규칙을 정해 열차의 맨 뒤에 연결된 제동수라도 기관사의 지시에 따를 수 있게 했다. 이것을 철도에서는 기적 전호라고 하는데, 아직도 그 흔적이 철도 현장에 남아 있다. 기적 전호라고 부르는 기적 신호는, 짧게(0.5초), 보통으로(2초), 길게(5초) 하는 신호의 길이와 이것들을 조합해서 수십 가지가 있다. 예를 들어, 한국의 경우 기관사가 열차 출발을 독촉하는 신호는 짧게 한 번, 보통 한 번이다.

이제 다시, 미국에서 이루어진 철도 기술의 발전에 대해 좀 더 살펴보자. 대륙횡단철도를 건설하기 위해 무엇보다 중요한 것은 제동장치의 혁신이었다. 거대한 산맥을 넘는 급경사 내리막길에서 객차마다 달라붙은 제동수가 손잡이를 당기는 방식으로는 열차를 제대로 세울 수 없었기 때문이다. 1867년 미국의 발명가인 조지 웨스팅하우스George Westinghouse는 자동 공기 제동장치라는 획기적인 장치를 열차에 장착한다. 각 객차마다 공기관을 연결해 공기의 힘으로 브레이크 장치를 작동시켜 속도를 제어할 수 있게 한 것이다. 이렇게 되자 열차의 안전도는 대폭 향상됐다.

객차의 수준도 좋아졌다. 초기의 객차들에는 지붕이 없는 경우도 많았는데, 겨울에는 속도를 올릴수록 지독한 추위를 체감해야 했다. 설사 지붕이 있더라도 나무로 짠 객차에는 냉난방 장치가 없어 여행객들은 단단히 각오를 하고 열차에 올랐다. 기관차에서 튄 불똥이 객차에 옮겨 붙어 화재 사고로 생명을 잃기도 했다. 긴 나무 의자에 앉아 덜컹거리다 보면 사람들은 허리부터 엉덩이를 비롯한 온몸에 통증을 느껴야 했으며, 쥐가 나 고통을 호소하는 사람들도 있었다. 영어의 관용적 표현 중에 'wrong side of the tracks'라는 말이 있다. 기차가 마을을 지날 때 기차의 매연이나 수증기가 가난한 사람들의 거주지를 덮쳤는데, 이 지역을 일컫는 말이었다. 또한 초기 철도 시절 제일 값싼 3등석 칸인 기관차의 바로 뒤에 연결된 객차를 의미하기도 했다. 열차가 달리는 내내 기관차의 바로 뒤에 앉아 내뿜는 연기와 불똥을 뒤집어쓰며 달려야 하는 사람들이 겪은 고통은 장거리 철도 여행을 두려워하게 만들었다. 초기 철도 시대에 운행된 열차의 1등 칸은 당연히 기관차와 제일 멀리 떨어진 맨 뒤쪽에 연결되어 있었다. 1등 칸 뒤에는 제동을 조절할 수 있는 기능이 있는 차장 차를 마지막으로 연결했다. 차장은 이 차장 차에서 1등 칸으로 가 손님들의 수발을 들고, 열차 뒤의 풍경을 보고 싶어 하는 높으신 분들을 안내하기도 했다. 서울역에서 출발하는 모든 열차의 특실은 기관차의 반대쪽인 맨 뒤에 달려 있는데, 인간의 꼬리뼈처럼 기능이 없어져 버린 증기기관차 시대의 흔적이다.

시간이 지나면서 3등실 객차에도 지붕이 씌워졌고 난방을 위한 난로나 증기 보온 장치까지 설치되었다. 그리고 여기에 장거리 여행을 가능하게 하는 편의 시설인 식당 칸과 침대차, 그리고 초호화 객실들이 연결되었다. 불과 십여 년 만에 열차를 타고 장거리 여행을 하는 게 가능해졌다. 이제 아메리카 대륙을 꽉 옭아맬 철도, 19세기 인류의 위대한 도전인 미 대륙횡단철도 건설이 눈앞에 다가왔다.

두 개의 전쟁

남북전쟁과 대륙횡단철도 건설

노예제를 둘러싼 남부와 북부의 갈등

1860년대 미국은 역사상 가장 큰 전환점을 맞게 된다. 거대한 역사의 소용돌이를 일으킨 상징적 인물은 1860년 11월 대통령 선거에서 승리한 링컨이었다. 링컨의 당선은 연방으로 이루어진 미국이라는 나라가 건국 이후부터 안고 있던 여러 가지 갈등을 폭발시키는 계기가 되었다. 무엇보다 흑인 노예해방 문제가 첨예한 쟁점으로 떠올랐다. 노예해방에 반대 입장을 보여 왔던 남부의 주들은 링컨이 대통령에 당선된다면 미국이 갈라질 것이라고 경고했고 선거가 끝나자마자 행동으로 옮겼다. 1860년 12월 20일 사우스캐롤라이나 주 의회가 연방 탈퇴를 선언했다. 1861년 새해가 밝아 오자 미국의 분열은 더욱 가속화했다. 미시시피 주를 시작으로 플로리다, 앨라배마 등 6개 주가 추가로 연방을 탈퇴했다. 탈퇴한 주들은 남부연합을 만들어 노예제도를 유지하는 헌법을 제정하고 새로운 대통령도 선출했다. 링컨은 취임도 하기 전에 남북 갈등을 해결해야 하는 숙제를 안게 됐다.

노예제도는 미국 사회의 분열을 촉진시키는 중요한 발화점이었다.

19세기 초부터 노예제를 반대하는 사람들이 있었지만, 1830년대 들어 더 적극적이고 조직적인 반대 운동이 시작된다. 1831년 보스턴에서 『해방자』*The Liberator*라는 주간지를 발간한 윌리엄 로이드 개리슨William Lloyd Garrison은 노예제를 반대하는 사람들의 지지를 받는다. 개리슨은 "노예제도가 백인 사회에 끼치는 악영향이 아니라 흑인에게 가하는 해악을 봐야 한다."는 명쾌한 논리로 노예제의 문제를 지적했다.[55] 노예제도에 따른 사회 갈등은 미국 사회가 급격한 산업화의 길로 접어들면서 더 고조되었다.

북부와 남부의 경제구조는 이미 서로 다른 길로 접어들었고, 그 결과 노예제도는 도덕적인 문제를 뛰어넘어 경제적 이해관계를 반영하는 대립 구조를 만들어 냈다. 1790년경 남부의 면화 생산량은 연간 1천 톤이었으나 1860년대에는 1백만 톤에 달했다. 1천 배나 증가한 셈이다. 이렇게 면화 생산량이 증가한 주요 원인은 같은 기간 50만 명에서 4백만 명으로 늘어난 노예의 노동력 덕분이었다. 남부의 면화는 유럽으로 향하는 주요 수출품으로서 노예주인 백인들의 부를 보장했다. 따라서 노예제 폐지를 주장하는 북부는 남부의 생존을 위협하는 위험한 존재였다.

남부의 흑인 노예들은 백인들의 재산에 불과했다. 특별히 포악한 성격을 가진 주인이 아니라 해도, 채찍질은 흔한 일이었다. 주인의 돈벌이를 위해 흑인 가족들은 생이별을 해야 하기도 했다. 주인이 부부나 자식들을 갈라 일부를 팔아넘기거나 각각 다른 주인에게 양도했기 때문이다. 백인들에 저항한 노예들의 반란도 있었지만, 더 큰 보복을 당해야 했다. 노예제가 인정되지 않는 멕시코나 북부, 캐나다 등으로 탈출을 감행하는 노예들도 있었다. 물론 도망 노예들을 잡기 위한 남부의 추적꾼들이 노예들의 탈주 통로 곳곳에서 눈을 부라리고 있었다. 반란보다 더

손쉬운 방법이라고 할 수 있지만, 잡히면 죽음을 각오해야 한다는 점에서 차이가 없었다.

남부의 '추노' 꾼들은 개들을 이용하기도 했다. 먹잇감을 발견한 개들은 사지를 물어뜯는데, 적당한 때에 말리지 않으면 치명적인 결과를 초래하기도 했다. 노예 추격이 대담해진 데에는 도망 노예법Fugitive slave laws이 1850년 연방의회에서 통과된 것도 한몫했다. 이로 인해 탈주 노예로 지목된 흑인들을 잡아가는 일이 쉬워졌는데, 너무나도 가혹했던 나머지 곳곳에서 심한 반감을 불러일으켰다.

남부에서 탈출한 흑인들을 돕기 위한 노력도 북부 곳곳에서 일어났다. 이들은 캐나다나 노예제를 인정하지 않는 북부의 주들로 도망쳐 온 노예들을 조직적으로 돕는 일들을 했다. 대표적인 것이 '지하 철도'● 라는 비밀 조직이다. 실제로, 동북부의 캐나다 접경 도시에서 한밤중 철도의 터널 길을 따라 추적자들을 피해 안내를 맡았던 사람들이 있었다. 뉴욕 주의 시러큐스Syracuse는 캐나다와 인접해 있으면서도 미국 각지와 사통팔달로 대로가 연결되어 있는 도시이다. 지리적 특성으로 인해 시러큐스에는 도망 노예가 많이 찾아들었다. 이곳에서 비밀 조직 '지하 철도'를 운영한 사람은 로건Jermain Wesley Loguen이었다. 로건은 노예 어머니와 백인 주인 사이에 태어났다가 자유를 찾아 도망쳐 시러큐스에 정착한 후 목사가 되었다. 로건은 철도역의 기착지에 집을 마련하고 이곳

● 원래 지하 철도(underground railroad)라는 말은, 노예들의 탈출 경로를 철도에 빗대어 표현한 것에서 나온 말이다. 지하 철도는 흑인 노예를 '대합실'에서부터 '노선'을 따라 '역'을 거쳐 '수송'하였다. 노예 폐지론자와 흑인 노예의 처지를 동정하는 사람들로 구성된 지하 철도는 개인 또는 소규모 그룹들이 점조직을 구성하고 있었다. 안내자인 '차장'은 비밀스런 경로인 노선을 따라 안전한 가옥인 역들을 거쳐 목적지까지 흑인 노예의 탈주를 도왔다. 위키피디아 참조.

으로 몰려드는 도망 노예들을 캐나다로 도주시켰는데 그 인원이 1천5백 명이나 됐다고 한다. 목숨을 걸고 탈출한 노예가 두리번거리다가 차량 기지 터널의 어둠속에서 "탑승을 환영합니다!"라는 로건의 낮은 음성을 듣는 것은 비로소 자유로운 삶을 영위할 수 있다는, 판관의 심판을 듣는 것과 같은 것이었다.

횡단철도 노선을 둘러싼 남부와 북부의 대립

대륙횡단철도의 필요성은 미국 사회가 발전을 거듭할수록 더 강력하게 제기되었다. 19세기 중반까지 미국은 사실상 동부의 남과 북을 말하는 것이었다. 미 대륙을 세로로 나누는 미시시피 강의 동쪽과 서쪽은 완전히 다른 세계였다. 오래전부터 이민자들의 손에 의해 개발되고 근대 산업자본주의가 만든 새로운 도시들의 향연이 펼쳐지는 곳이 동부라면, 서부는 아직 길도 제대로 놓이지 않은 미지의 땅이었다. 미국이 서부에 눈을 뜨게 된 계기는 황금이었다. 캘리포니아에서 황금광이 발견됐다는 소문은 미국을 넘어 전 세계로 퍼졌고, 중국에서조차 황금을 캐기 위해 이민선이 띄워졌다. 또한 서부의 대평원이 알려진 것과는 달리 황무지가 아니라 농사짓기에 아무 문제가 없는 땅임이 밝혀지자 정착민들이 생겨나기 시작했다. 동부는 쇄도하는 이민자들로 많은 골치를 앓고 있었다. 이들 이민자의 다수가 고향에서 농부였다는 사실을 감안하면, 서부 정착은 새로운 삶을 찾아 떠나온 사람들의 꿈이 실현되는 것이기도 했다.

1836년 멕시코로부터 떨어져 나와 론스타 공화국Lone Star Republic으로 독립을 선언했던 텍사스가 1845년 미국에 합병됐다. 이어서 1848년에는 샌프란시스코와 로스앤젤레스를 포함한 거대한 캘리포니아 영토가 멕시코로부터 미국으로 넘어왔다. 영토의 확대, 황금, 대평원이라는 정착지는 아메리칸드림을 좇는 동기가 되었다. 이젠 이 꿈을 실현시킬 수 있는 물리적 장치가 무엇보다 필요했고, 사람들은 대륙횡단철도를 꿈는 데 주저하지 않았다. 이미 동부의 북부와 남부 지역에서 운행되고 있던 철도는 그 가치를 충분히 증명하고 있었다. 대륙횡단철도에 대한 논의가 시작되자 부딪친 가장 커다란 이슈는 결국 노선의 문제였다. 미시시피 강 서부로 달릴 철도가 과연 동부의 어느 지역과 연결되느냐는 남과 북의 정치인들이 정치 생명을 걸고 매달린 핵심 의제였다. 북부인들은 동북부의 철도망과 연결된 시카고가 대륙횡단철도의 동부 기점이 되어야 한다고 했다. 남부인들은 세인트루이스, 멤피스Memphis, 뉴올리언스New Orleans 등을 선호했다. 남과 북이 전쟁을 벌이기 전에 이미 대륙 철도 노선을 두고 첨예하게 갈라졌다.[56]

북부와 남부 사람들은 더욱 적대적으로 변해 갔다. 북부가 보기에 남부는 철지난 중세 봉건사회였다. 귀족처럼 노예를 부리고 폐쇄적인 자기 문화를 고집하는 남부는 진보라는 시대적 가치를 외면하는 뒤떨어진 집단이었다. 남부가 미국의 패권을 장악하게 되면 자유로운 토지와 자유로운 노동이라는 가치가 사라지고 노예제도가 전 미국을 장악하게 될 것이라고 생각했다. 이렇게 되면 북부의 백인들은 흑인 노예들에 밀려 일자리를 잃고 부랑자가 될 것이고 소수의 백인들만 잘살게 될 것이라고 생각했다. 상당수의 북부 백인들은 흑인들을 위해 노예해방을 해야 한다고 생각한 것이 아니라 노예제도가 백인들을 위협한다고 여겼기에 반대했던 것이다.

남부 사람들은 노예제가 유지시켜 주는 우월한 미국식 생활 방식에 대해 자부심을 갖고 있었다. 부랑자와 술주정꾼이 넘쳐 나고 도박과 부패가 일상화된 북부의 탐욕스런 삶이 미국의 가치를 훼손한다고 여겼다. 공장 안의 수많은 사람들, 무질서로 가득 찬 도시와 거리들, 이민자들 틈바구니에서 서로를 의심하고 어디를 가나 불결함을 떨칠 수 없는 북부의 풍경을 남부는 지옥의 묵시록처럼 생각했다.

이런 상황에서 대륙횡단철도의 기점을 선점하기 위한 남과 북의 대립은 강도를 더해 갔다. 남부가 대륙횡단철도의 기점이 되어야 한다는 논리도 일정한 설득력이 있었다. 미국의 지형상 남쪽으로 횡단하는 게 거리를 최대한 단축시켜 빠른 시일 안에 공사를 완공시킬 수 있었기 때문이다. 또한 거대한 산맥들을 피할 수 있어 공사의 난이도 면에서도 훨씬 유리했다. 그러나 한 가지 결정적인 문제가 있었는데, 남부에서 제안한 대륙횡단철도 노선을 따라가다 보면 중간에 멕시코 영토를 만나게 된다. 결국 미국 영토 한가운데를 뚫고 들어온 멕시코 영토 때문에 이 구간에서는 멕시코 국경을 따라 우회 노선을 만들어야 하는 문제에 직면했다. 뼛속까지 남부인이었던 미시시피 주 출신의 제퍼슨 데이비스 Jefferson Davis 육군부 장관은 1853년 철도 건설업자 제임스 개즈던James Gadsden을 멕시코로 파견한다. 개즈던은 멕시코 정부를 집요하게 설득한 끝에 1천만 달러를 주고 철도 건설 부지용 땅을 사들였다.[57] 지금의 뉴멕시코 주와 애리조나 주의 일부인데, 대륙횡단철도 건설을 위해, 미국 속으로 뚫고 들어온 땅을 면도날로 잘라 내듯 국경을 다시 그어 버려 통합시킨 것이다. 국경을 변경해서까지 대륙 철도 노선을 놓으려 할 정도로 남부인들의 노력은 끈질겼다.

반면 북부인들은 대륙 철도가 남부로 연결되면 노예제가 전 미국으로 확산될 것을 염려했다. 또한 발전을 거듭하고 있는 북부의 산업에 대륙 철도는 반드시 필요한 인프라였다. 그러나 북부 노선은 시에라네바다와 로키라는 거대한 두 개의 산맥을 통과해야 했을 뿐만 아니라 대부분의 노선이 원주민 거주지를 지나야 했다.

| 개스던이 멕시코로부터 구매한 땅 |

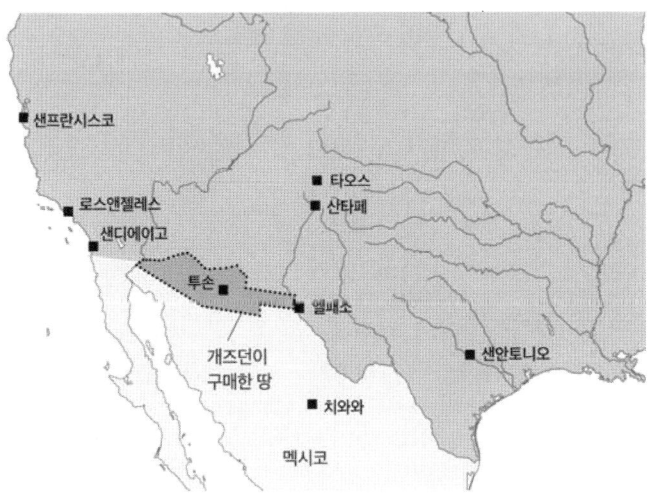

1854년, 일리노이 주 상원 의원이면서 북서부의 민주당 지도자인 스티븐 더글러스Stephen A. Douglas는 자신의 지역으로 철도가 관통하기를 바라는 마음에서 새로운 법안을 제출했다. 캔자스Kansas, 네브래스카Nebraska 지역을 미국의 준주로 편입하고 여기에 백인 정착지를 만드는 법안이 그것이다. 처음 이 법안은 남부의 격렬한 반대를 불러왔다. 왜냐하면, 새로 생기는 준주들이 미주리 타협선* 북쪽에 위치함에 따라, 자

---

* 미주리 타협(Missouri Compromise)은 1821년 미주리 주의 연방 가입을 둘러싸고 북부의 자유주와 남부의 노예주 사이에 이루어진 타협안이다. 원래 미주리 주는 1819년에 노예주로서 연방 가입을 신청했는데, 이는 당시 세력 균형(남부의 노예주 11곳, 북부의 자유주 11곳)을 깨는 것이었기에, 북부 자유주들이 크게 반발했다. 이에 따라 미주리 주의 연방 가입을 둘러싼 갈등이 심해졌는데, 때마침 메인 주가 자유주로서 연방 가입을 신청함에 따라, 다시 세력 균형을 이룰 수 있게 되어, 미주리 주와 메인 주의 연방 가입을 승인하는 미주리 타협이 이루어질 수 있었다. 타협안은 이런 세력 균형을 유지하기 위해, 북위 36도 30분을 기준으로, 그 이북에서는 노예제를 영원히 금지했다.

1861년 4월 12일, 남부연합 지역에 위치한 연방군 기지 섬터 요새(Fort Sumter)를 남부연합군이 공격하면서 남북전쟁이 시작되었다.

동적으로 노예제를 인정하지 않는 자유주가 될 것이고, 이는 노예제가 있는 주를 점점 더 소수로 전락시킬 수밖에 없었기 때문이다.

이런 반발에 한발 물러선 더글러스는 북부 노선에 대한 남부의 지지를 얻기 위해 '미주리 타협'에도 불구하고 백인 정착지의 노예제 허용 여부는 새로 설립될 주의 의회가 결정하도록 하는 조항을 추가했다. 그러나 남부의 민주당원들은 여기에 만족하지 않고 미주리 타협안 자체의 폐기를 요구했고 더글러스는 이에 합의했다. 그러자 이번에는 북부의 정치인들이 들고일어났다. 그렇지만, 북부의 반발에도 불구하고, 1854년 남부의 만장일치와 북부 출신 일부 민주당 의원의 가세로, 더글러스 법안은 '캔자스-네브래스카 법'으로 가결되었다. 이로 인해 미주리 타협이 사실상 백지화되었고, 미국 내의 분열이 더욱 가속화되었다. 특히, 더글러스 법안에 대한 입장에 따라 새로운 정치 세력이 등장하게 되었다. 노예제를 반대하는 반네브래스카 휘그당원과 반네브래스카 민주당원들이 새로운 당을 만들었는데, 바로 공화당이다.

1860년 대통령 선거에서 공화당은 북부의 대변자가 되었다. 반면 노예제를 둘러싼 갈등으로 분열되어 있던 민주당은 링컨을 앞세운 공화당과의 대결에서 패배한다. 링컨의 대통령 당선은 남부인들에게 절망과 공포를 안겨 주었다. 남부의 주들은 노골적으로 북부에 대한 반감을 드러내며 연방에서 탈퇴하기로 결정했다. 수십 년 동안 쌓여 온 인화성 높은 문제들이 링컨의 당선을 계기로 폭발했던 것이다.

'센트럴 퍼시픽 철도'의 출범

이런 전쟁의 소용돌이와는 무관하게 1861년 6월 28일 '센트럴 퍼시픽 철도'Central Pacific Railroad(이하 CP)가 출범한다. 흔히 CP의 4인방이라고 불리는 리랜드 스탠퍼드Leland Stanford 사장, 콜리스 헌팅턴Collis Huntington 부사장, 마크 홉킨스Mark Hopkins 재정 담당, 찰스 크로커Charles Crocker 이사를 중심으로 한 법인이 만들어졌던 것이다. 이들은 캘리포니아 개발 특수 과정에서 부자가 된 사람들로 전형적인 상인이었다. 그렇지만 사람들이 보기에는 구름을 뚫고 서 있는 시에라네바다 산맥을 넘어 동부로 향하는 철도를 놓는다는 것은 허황된 망상처럼 보였다. 실제로 CP 설립 당시 의회나 캘리포니아 주 당국, 자본가 연합은 한 푼도 출자하지 않았다.

CP의 출범을 사기극으로 보는 사람도 많았다. 돈만 아는 상인들이 그럴듯한 청사진으로 투자자들을 속여 한탕 해 먹으려는 속셈이라고 말하는 이들도 있었다. 역사학자인 휴버트 밴크로프트Hubert Bancroft는 "방대하면서도 위험으로 가득한 이 사업에 투자한 사람들은 모두 다 속은 것이다. 이 사업에 재산을 내건 상인들은 그들의 재산을 시에라네바다 협곡에 던져 버린 것이나 마찬가지다."[58]라고 비아냥댔다.

CP에 투자한 사람들은 돈을 버는 것이 최고의 목표였지만, 어느 정도의 위험을 감수할 만큼 미국 서부 개발 시대의 무모한 도전 정신의 세례를 받은 사람들이었다. 그리고 철도 건설에 영혼을 바친 시어도어 유다Theodore D. Judah라는 탁월한 기관장이 있었다. 철도를 부설하기 위해 필요한 진실되고 헌신적이면서 투철한 모험심과 힘, 두뇌를 모두 소유한 비범한 인물이었던 유다는 광활한 사막과 험준한 산맥, 수많은 강의 지류들을 답사하며 횡단철도의 노선에 적합한 지형을 찾았다.

유다는 철도 회사를 창설하고 싶었지만 돈이 없었다. 그는 아이디어를 비웃는 투자자들 앞에서 좌절감만 느껴야 했다. 여러 차례 투자자를 구하기 위한 설명회 끝에 새크라멘토Sacramento의 부자들이 모인 회합에서 그의 계획은 새로운 희망을 만나게 된다. 직물점을 운영해 돈을 번 크로커를 비롯해, CP의 자산가들이 모인 회의에서 유다는 자신의 계획으로 네바다 광산까지 이어지는 교통로를 독점적으로 장악할 수 있다고 설명했다. 이는 네바다 광부들과의 거래로 돈을 벌고 있는 상인들의 귀를 솔깃하게 했다. 이들은 23차례나 시에라네바다 산맥을 답사한 유다의 뚝심을 결국 인정했다.

1861년 9월 4일 CP의 사인방 가운데 한 명인 스탠퍼드가 선거를 통해 캘리포니아 주지사가 되었다. CP의 사장이 주지사가 되었다는 것은 서부 철도 건설에 큰 도움이 될 것임이 분명했다. 시에라네바다 산맥과 주변 지역의 철도에 대한 완벽한 보고서를 완성한 유다는 CP의 사인방에게 보여 준 뒤 워싱턴으로 향했다. 연방 정부의 국채, 주 정부가 철도 부설의 대가로 불하하기로 한 토지를 확보함으로써 재정적으로 도움을 받고, 새로운 퍼시픽 철도법이 제정되도록 힘을 쏟기 위해서였다. 철도와 관련한 입법은 한결 수월해졌다. 북부 노선을 반대해 온 남부 의원들이 모두 의회를 떠나 남부연합에 가담했기 때문이다. 그러나 모든 상황이 철도 부설에 우호적인 것은 아니었다. 워싱턴은 전쟁을 수행하느라 정신이 없었기 때문이다. 계속되는 패배로 고전하고 있는 상황에서 세월 좋게 철도 부설을 논의하는 것은 쉬운 일이 아니었다.

다행히도, 유다에게는 자신을 믿고 지원하던 인물이 의회에 있었다. 1862년 1월 21일 의회에서 캘리포니아 출신 하원 의원인 아론 사전트Aron A. Sargent에게 발언 기회가 주어졌다. 당시 의회에서 논의되던 주제는 사실 철도와는 아무런 상관이 없었지만 사전트는 퍼시픽 철도에 대한 이야기를 시작했다.[59] 사전트 의원은 과거 여행 도중 만난 유다를 통해 퍼시픽 철도의 필요성을 이해한 뒤 유다의 열렬한 지지자가 되어 있었다. 그는 먼저 전쟁을 치르기 위해서도 퍼시픽 철도가 필요하다고 역설했다. 부대 및 군수품의 이동, 우편물 수송 등에 있어서 수백만 달러의 전쟁 비용을 절감할 수 있으며, 서부 원주민들의 반란을 효과적으로 제압할 수 있는 수단으로서의 역할도 강조했다. 또 태평양 연안으로 동부 이주민의 이동을 돕고, 중국과 일본의 교역을 더 활발하게 하기 위해서도 퍼시픽 철도가 필요하다고 주장했다. 그리고 무엇보다 워싱턴 정가에 설득력이 있었던 것은 퍼시픽 철도가 캘리포니아를 북군의 편으로 만들 것이라는 전망이었다. 북군과 남군은 서부의 거대한 땅 캘리포니아가 어느 쪽의 편을 드느냐에 따라 전쟁의 승패가 갈릴 수 있다고 생각했다.

사전트 의원의 발언은 요즘 한국의 국회가 그렇듯이 대다수 의원이 자리를 비운 상황에서 이루어졌지만, 일주일 만에 하원에 퍼시픽 철도 위원회 산하 특수 분과 위원회가 만들어지는 계기가 되었다.

1862년 봄 유다가 기틀을 잡고 사전트 의원이 지지한 법안은 다음 회기로 넘어가면서 폐기될 운명에 처했으나 여러 의원들의 요구안을 수용하면서 가까스로 폐기 위기를 넘긴다. 퍼시픽 철도에 쓰이는 레일을 비롯한 철제류는 반드시 미국산을 써야 한다는 것 등이었다. 물론 이런 조항을 추가시킨 의원은 펜실베이니아 주에 주물 공장을 소유하고 있었다. 법안 제정에는 링컨의 의지도 중요하게 작용했다. 그는 전쟁 중이었음에도 불구하고 퍼시픽 철도법의 통과를 촉구했으며 당장이라도 공사를 시작하는 게 좋다는 의견을 밝혔다. 태평양 연안을 북군에 귀속시키기 위해서라도 퍼시픽 철도의 건설은 중요하다는 게 링컨의 입장이었다.

1862년 5월 6일, 퍼시픽 철도 법안이 하원에서 통과되고 6월 20일 상원을 통과했다. 7월 1일 대통령에게 보내졌고 링컨이 서명하면서 법률로 채택되었다. 7월 1일은 남군 로버트 리Robert E. Lee 장군의 공세에 맞서 북군 조지 맥클레런George McClellan 장군이 워싱턴 방어를 위한 공방전이 한창이었던 시기였다. 미연방은 이제 두 개의 전쟁을 수행해야 했다. 남북전쟁과 대륙횡단철도 건설이라는.

철도,
남북전쟁의 승패를 가르다

1861년 남북전쟁이 시작될 무렵 연방의 정규군 병력은 1만6천 명에 불과했다.[60] 이 중 상당수는 서부에서 아메리카 원주민을 내몰고 백인 정착지를 보호하는 일에 전념하고 있었다. 남군과 북군은 전쟁에 소요될 젊은이들을 새로 불러 모아야 했다. 1861년 7월 의회는 지원병 모집을 승인했다. 통상적인 복무 기간이 3개월에 불과했던 것에 비해 새로 모집되는 지원병은 의무 복무 기간을 3년으로 지정했다. 그러나 지원병 제도로는 전쟁을 감당할 수 없었던 연방 정부는 1863년 3월 의회의 동의를 얻어 성인 남성 대부분을 대상으로 하는 국민 강제 징집법을 동원해야 했다. 단 군대를 대신 보낼 사람을 고용하거나 3백 달러를 내면 징집을 피할 수 있었다.

초기 전세는 남부에 유리하게 진행됐다. 전쟁 초기에 남부가 연이어 북군에 승리를 거두게 된 데는 이유가 있었다. 우선, 전쟁에 임하는 병사들의 의지에서 차이가 있었다. 북군은 다양한 성향을 가진 사람들로 구성되어 있었다. 북군 병사들은 남부의 반란을 제압하고 연방을 유지해야 한다는 지휘부의 의지를 절대적으로 공유하지 않았다. 노예제를 반대하지 않는 이들도 있었다. 대부분 가난한 이민자 출신 노동자들로 구성된 병사들은 목숨을 바쳐 싸워야 할 공통된 가치를 갖고 있지 않았다. 또한 대부분의 전투 현장이 남부였기 때문에 낯선 곳에서 원정군이 가져야 하는 핸디캡을 고스란히 떠안아야 했다. 전쟁을 지휘하는 북군의 장수들도 전쟁에서 수행해야 할 목표를 정확히 이해하지 못했다. 결정적인 순간에 작전을 회피하거나 성급한 공격으로 피해를 자초하기도 했다. 군 경험이라고는 잠깐의 민병대 복무 경력이 전부인 링컨이 북군의 장군들보다 전쟁의 성격을 잘 간파했다. 링컨이 군 통수권자인 대통령이었다는 게 북부로서는 다행스러울 정도였다.[61] 링컨은 전쟁의 전략을 이해하지 못하는 최고 사령관을 계속 갈아 치웠다.

반면 남군은 북군의 승리가 남부의 몰락을 가져올 것이라는 확신을 가진 사람들이 지원을 했다. 남부의 백인 대부분은 전쟁을 지지했다. 남군의 장군들도 무능력하기는 했지만 뛰어난 야전 능력과 병사들로부터 신뢰를 받는 남군의 영웅 리Robert E. Lee 장군이 있었다.

그러나 남북전쟁은 뛰어난 전략과 용맹한 군인들이 전쟁의 성패를 갈랐던 이전의 전쟁과는 달랐다. 이후 세계 곳곳에서 전개될 산업화된 전쟁의 모습이 남북전쟁에서 태동된다. 링컨은 북부의 산업을 전쟁에 이용해야 한다는 점을 알고 있었다. 영토를 점령하는 것이 아닌, 적군의 자원을 파괴시켜 전투 능력을 상실시켜야 한다는 현대적 군사 전술을 이해하고 있었던 것이다.

전쟁의 패러다임을 바꾼 '남북전쟁', 그리고 '철도'

남북전쟁의 승패는 군사들의 용맹함이 아니라 두 지역이 갖고 있는 전쟁 수행 능력에 의해서 판가름 났다. 그중에서도 결정적인 역할을 한 것은 철도였다. 남북전쟁 당시 북부의 철도망은 미국 전체의 70퍼센트를 차지하고 있었고 전체 철도 설비의 81퍼센트를 보유했다. 철도 길이를 보면 북부가 3만2,186킬로미터였던 반면 남부는 1만4,484킬로미터로 북부의 절반에도 못 미쳤다. 게다가 남부의 철도망은 전쟁 시작 후 북군의 봉쇄 전략과 파괴로 대부분의 노선이 제 역할을 못하게 됐다.

철도를 이용한 대량 수송이 가능해지자 군대의 전술은 커다란 변화를 겪었다. 한 번에 수백 명의 병사를 이동시킬 수 있게 되자 열차편을 이용해 손쉽게 수만 명을 집결시키거나 지원할 수 있게 되었다. 광활한 대륙에서 수만 명이 말먹이와 무기와 탄약, 식량 등의 보급품을 챙겨 마차나 도보로 움직였을 때와 비교하면 철도의 능력은 기적과도 같은 것이었다.

철도는 군대의 전술도 바꿔 버렸다. 과거의 작전은 지형상 아군이 유리하고 적군이 불리한 지점을 선점하거나 신속한 진격이 가능한 주요 장소를 택해서 진행되었는데, 철도가 등장한 이후 철도 노선 부근이 전쟁터가 되었다. 전략 시뮬레이션 게임을 하는 게이머가 전투 유닛이 충분히 쌓이면 대규모 러쉬에 대한 유혹에 빠지듯이, 지휘관들은 소규모 전투로 힘을 낭비하는 것보다는 자신들이 물량을 마음껏 활용할 수 있는 철도를 이용한 대규모 전투를 선호하게 됐다.[62]

철도의 유용성을 간파한 남과 북은 자신들이 소유한 철도를 보호하고 최대로 활용하는 한편, 상대방의 철도를 파괴하기 위해 노력했다. 남과 북이 맞붙었던 전선 가까운 곳에 있으며 미국 최초의 철도 노선인 볼티모어와 오하이오 노선 부근의 선로와 역, 차량 기지들은 양 군대의 주요 목표였다. 대부분 북군이 관할하고 있던 볼티모어-오하이오 구간에 대한 남군의 공격은 집요하게 계속됐다. 웨스트버지니아 주의 마틴스버그Martinsburg에는 볼티모어 앤 오하이오 철도회사의 차량 기지가 있었다. 1861년 5월 남부의 스톤월 잭슨Stonewall Jackson 장군이 이끄는 특

철도를 둘러싼 남군과 북군의 전투

공대가 이 차량 기지를 습격해 기관차와 객차, 화차 50여 대를 파괴하거나 강탈했다. 마틴스버그 차량 기지에서 강탈한 기관차 중 일부는 말로 끌고 오게 해서는 남부로 향하는 선로로 가져와 남군 진영으로 보냈다. 잭슨 장군은 1861년 7월 불런Bull Run 전투에서 수적으로 우세한 북군의 강력한 공세를 저지했고, 그 이후로도 연전연승을 이끌었던 명장으로, '스톤 월',● 즉 바위벽이라는 별명이 말해 주듯이 남북전쟁에서 승리를 보장하는 징표였다. 특히, 그는 철도가 전쟁에서 그 어떤 무기보다 치명적이라는 사실을 알았기에 철도차량 기지를 습격했던 것이다. 하지만, 스톤월 잭슨 장군은 1863년 봄 챈슬러즈빌Chancellorsville 전투에서 승리 후 주둔지로 돌아가다 야간 매복 중이던 같은 남군의 오인 사격으로 목숨을 잃는다. 남부로서는 커다란 불운이자 손실이었다. 그가 일

● 스톤월 잭슨의 본명은, 토머스 조나단 잭슨(Thomas Jonathan Jackson)이다.

찍 죽지 않았다면, 남북전쟁의 향배를 바꾼 게티즈버그Gettysburg 전투에서 남군이 지지 않았을 것이라는 평가가 있을 정도로 그는 탁월한 군인이었다. 이후 마틴스버그 차량 기지는 남북전쟁에서 입은 상처를 복구하게 되지만, 1877년 볼티모어 앤 오하이오 철도 노동자들의 파업으로 시위에 나선 수만 명의 노동자 시민과 이를 진압하기 위해 출동한 연방군 사이에 다시 한 번 일대 격전이 벌어지는 장소가 된다.

남과 북의 군대는 서로 상대방의 철도를 무력화시키기 위해 선로를 파괴하거나 달리는 열차를 습격했다. 열차를 습격하는 방식은 양군이 비슷했다. 선로 중 일부를 제거해 달리던 열차가 탈선을 하게 되면 기관차나 객차가 전복되면서 큰 혼란에 빠진다. 이때 매복되어 있던 병사들이 공격을 가해 상대측에 치명상을 입혔다. 이런 식의 열차 공격은 남북전쟁이 끝나고 난 뒤에도 원주민들이 백인들의 열차를 습격하는 방식으로 이용됐다.

북부가 철도망이 훨씬 광대했다는 것은 북부의 산업 발전이 남부보다 앞섰다는 것을 의미했다. 마찬가지로, 전쟁 수행 능력에서도 북부와 남부 간에는 커다란 격차가 존재했다. 북부의 인구는 2천2백만 명이었으며 전투 연령에 이른 성인 남자는 4백만 명이었다. 이에 반해, 남부 인구는 9백만 명이었고 이 가운데 350만 명은 남부인이 잠재적 적대 세력으로 여기는 노예였다.[63] 전투 연령에 이른 남자는 120만 명에 불과했다. 이런 이유로 병력 부족을 겪은 남부에서는 전쟁 말기에 노예의 남군 입대를 허용하자는 주장을 둘러싸고 찬반양론이 갈려 혼란을 겪는다. 흑인 노예의 남군 입대를 반대한 사람들은 "만약 노예가 훌륭한 군인이 된다면 노예제도에 대한 우리의 이론 전체가 잘못된 것이다."[64]라는 하우엘 코브Howell Cobb의 말에 동의했다. 흑인이 열등한 존재이기 때문에 노예로 부려도 도덕적으로 문제가 없다고 말하는 사람들의 입장에서는 노예의 입대를 결코 받아들일 수 없었을 것이다.

전쟁을 수행하는 데 있어서 무엇보다 중요한 것은 전쟁 자금이다. 당시 북부의 은행 예치액은 1억8,900만 달러로, 미국 전체 예금액의 81퍼센트에 달했다. 보유한 순금은 5천6백만 달러였다. 반면 남부는 예금액이 4천7백만 달러에 금은 2천7백만 달러로 북부와 전쟁을 치르면 치를수록 전쟁 능력이 소진될 수밖에 없는 상황이었다. 돈이 없던 남부연합은 전쟁 막바지인 1864년에 15억 달러나 되는 지폐를 발행했다. 결국 엄청난 인플레이션 때문에 전쟁 중 물가는 9천 퍼센트나 상승했다.[65] 북부의 물가가 80퍼센트 상승한 것에 비교하면 남부의 경제가 얼마나 심각한 국면으로 내몰렸는지 알 수 있다.

외형적인 규모의 차이뿐만 아니라 발전한 산업이 만들어 내는 기술의 격차도 무시할 수 없었다. 당시 남부와 북부의 병사들은 머스켓 총을 사용했다. 나폴레옹시대부터 남북전쟁을 배경으로 한 영화에서 이 머스켓 총의 사격 모습을 볼 수 있다. 머스켓 총의 총알은 종이로 감싼 봉지 안에 화약과 함께 담겨 있다. 병사가 화약 봉지 끝부분의 총알을 입으로 문 뒤 화약 봉지를 뜯어 총의 약실에 붓고, 입에 물고 있던 총알을 총구로 집어넣은 뒤, 총열 아래쪽에 꽂혀 있는 긴 쇠침을 빼내 총구로 넣어 총알을 총 안쪽의 약실까지 밀어 넣은 후에, 쇠침을 다시 원래의 자리에 꽂는다. 이어 목표물을 조준한 후에 방아쇠를 당겨 총을 발사했다. 최고로 숙달된 병사가 1분에 4발을 발사할 수 있었고, 보통 병사들은 2발을 발사할 수 있었다고 한다. 1분에 6백~7백 발을 발사할 수 있는 현재의 소총에 비하면 원시적인 무기임에 분명하다. 게다가 이 머스켓 총은 유효사거리도 짧았다. 총알에 회전력을 더할 수 있는, 총열 안의 강선도 없는 쇠파이프 같은 총신을 가지고 있어 파괴력도 약했다. 이런 상황에서 볼티모어의 올리버 윈체스터Oliver Winchester가 만든 연발

소총이 북군에 보급되기 시작하자 지상전에서 남군은 공포에 떨어야 했다. 또한 철강 기술의 발달로 대포의 파괴력이 커지자 전통적인 전술은 소용이 없어져 버렸다. 조직적인 대열을 갖춰 집단적으로 전투를 했던, 수천 년을 이어온 방식이 하루아침에 무력화됐다. 전장은 더 혼란스러워졌다. 병사들은 각자 흩어져서 몸을 숨기기에 바빴고 적의 총알이나 포탄을 피하기 위해 엄호물을 찾아야 했다. 요새를 만들고 참호를 파는 일이 생존 본능처럼 자연스럽게 이루어졌다. 남북전쟁은 참호전으로 불리는 제1차 세계대전의 예고편이었다. 산업자본주의의 토대 위에서 벌어진 남북전쟁은 당사자의 전의와 무관하게 생산력이 절대적 힘을 발휘한다는 사실을 보여 주었다.

대륙횡단철도를 둘러싼 '동서 전쟁'

남과 북이 사활을 걸고 전쟁을 벌이고 있는 가운데 또 다른 전쟁이 준비되고 있었다. 동서의 전쟁, 대륙횡단철도 건설을 둘러싼 전쟁이었다. 1862년 대륙횡단철도 건설이 결정되고 관련 법안이 통과되자 두 개의 신설 회사가 산업계의 전면으로 부상했다. 하나는 앞에서 소개했던 CP, 즉 센트럴 퍼시픽 철도로 캘리포니아 주 새크라멘토에서 시작하는 대륙횡단철도의 서부 철도 건설을 담당했다. 다른 하나는 아이오와 주에서 시작하는 동부 철도 건설을 맡은 '유니언 퍼시픽 철도'Union Pacific Railroad(이하 UP)였다. 앞에서도 말했듯이, CP를 이끄는 사람들이 캘리포니아에서 성공한 네 명의 상인들이었다면, UP는 163명의 이사진이 퍼시픽 철도법에 따라 임명됐다. 여기에는 대통령이 임명하는 5명을 포함해 철도 관계자, 은행가, 정치인들이 참여했다. 이런 인적 구성은 철도 회사가 온갖 비리와 커넥션에 휘둘릴 수 있는 좋은 토양을 만들어 냈다. 이사진 중에는 UP를 실질적으로 이끄는 토머스 듀란트Thomas Durant라는 독보적 인물이 있었다. 대륙횡단철도 건설 과정에서 UP가 일으킨 많은 문제들에는 언제나 듀란트가 관계되어 있었다. 1863년 10월 29일 열린 UP의 주주총회에서 기존 이사진들이 해임되고 30명의 새로운 이사진이 선출되었으며, 사장으로는 존 딕스John A. Dix 장군이 취임했다. 그러나 딕스는 당시의 평균수명으로 볼 때 이미 고령이라 할 65세의 노인이었고 실질적 지휘자는 부사장인 듀란트였다. 듀란트의 목적은 철도가 아니라 돈이었다. 그는 철도가 돈벌이의 중요한 수단이 될 수 있다는 확신에 따라 철도 사업에 열성적으로 뛰어들었다.

UP의 성공을 바라는 사람들은 철도에 대한 뛰어난 통찰력을 갖고 있는 그렌빌 닷지가 책임자가 되었으면 했다. 닷지는 링컨이 대통령 선거 유세차 들른 아이오와 주에서 대륙 철도에 대해 의견을 나눴던 인물이었다. 그는 남북전쟁이 터지자 북군의 장군이 되어 전투를 지휘했는데, 남북전쟁 중에도 소질을 발휘하여 북군의 병력과 보급품 수송을 위한 전쟁 수행 철도의 건설을 책임졌다. 북부에서 미시시피 주 코린트Corinth까지 103킬로미터의 철도를 놓는 등 신선을 건설하거나 기존선을 보수하는 일에 탁월한 실력을 발휘했다. 북군 총사령관 율리시스 그랜트Ulysses S. Grant 장군은 닷지 장군을 가장 유능한 군인이면서 동시에 숙련된 철도 시공자라며 칭찬을 아끼지 않았다. 닷지는 전쟁 수행을 위해 모빌 앤 오하이오 철도 노선의 부서진 다리를 통나무 교각으로 임시 복구했는데, 전쟁이 끝난 후 철교를 부설하기 위해 기존 교각을 해체하는 사람들이 모두 놀랐다는 일화가 있다. 공사를 감독했던 책임자 중의 한 사람은 "이렇게 튼튼한 걸 보니 닷지 장군은 전쟁이 끝도 없이 계속될 거라고 생각했나 봅니다."[66]라며 닷지의 철두철미함에 혀를 내둘렀다고 한다.

닷지는 북군의 장군답게 노예해방에 대한 확신이 있었다. "난 흑인들이 해방되어야 한다고 믿습니다. 그들은 전쟁터에서 피 흘리며 싸우고 있고, 그 나머지는 농사를 짓고 있으니 그들 없이는 안 됩니다."라고 신문기자와의 인터뷰에서 밝혔다.[67] 북부의 적지 않은 사람들이 노예해방을 원하지 않았고, 흑인들이 북군에 입대하는 것을 탐탁지 않게 여기던 1860년대에, 노예해방에 대한 그의 신념은 상당히 진보적인 것이었다. 그러나 노예해방에 대한 확신과 달리, 아메리카 원주민에 대한 그의 태도는 무자비했다. 철도 건설 과정에서 필연적으로 파괴하게 될 원주민 공동체에 대한 닷지의 태도는 야생 동물에 대한 그것과 다를 바 없었다. 그는 군을 전역하고 UP의 책임자가 되어 달라는 여러 사람들의 요구를 계속 거절했다. 링컨을 도와 일단 전쟁을 끝내고 대륙횡단철도 사업에 나서고자 했기 때문이다.

1862년 닷지 장군은 총사령관 그랜트 장군의 보고를 전달하기 위해 대통령 링컨을 만나러 간 자리에서 대륙횡단철도 건설에 대한 이야기를 나누게 된다. 대통령의 책상 위에는 대륙횡단철도의 출발 기점이 되기를 원하는 지역의 도시와 마을에서 보내온 청원서들이 수북이 쌓여 있었다. 닷지는 철도 기술자답게 오직 최상의 철도 노선만을 고려했으나 정치인 링컨은 어디에 역을 세워야 할지 결정하지 못하고 있었다. 닷지는 종착역의 문제만이 아니라 철도 건설에 대한 자신의 입장을 대통령에게 전했다. 사기업이 철도를 부설하는 데는 많은 문제가 있으며, 엄청난 비용과 인력과 기술적 뒷받침이 있어야 가능하다는 점에서 철도 인프라는 정부가 책임져야 한다는 것이었다. 링컨은 닷지의 요구를 전적으로 수용하지는 않았지만 정부가 철도 건설을 아낌없이 뒷받침해 줄 것임을 약속했다. 연방 정부가 철도 회사에 해 줄 수 있는 것은 철도 노선 부지와 주변의 땅을 무상으로 제공하는 것이었다. 사실, 광대한 아메리카 대륙에서 주인 없는 땅을 내어 주는 것이라 정부로서는 어려운 일이 아니었지만, 철도 노선 주변의 땅을 대규모로 갖게 되는 철도 회사로서는 엄청난 특혜가 아닐 수 없었다. 철도가 들어서면서 그 주변에 마을과 도시, 상권이 형성되었고, 땅값 상승은 철도 회사와 그 주주들을 미소 짓게 했다. 그러나 철도 노선 주변의 땅은 주인이 없는 땅이 아니라 아메리카 원주민들의 땅이었기에 철도 건설 부지를 정부가 제공하는 것은 이들의 삶을 파괴시키는 것을 전제로 했다.

로비스트, 주식회사 그리고 부패

동부와 서부에서 비로소 대기업이라고 부를 수 있을 만한 규모의 회사가 나타나자 그에 맞는 사업 방식들이 하나둘씩 생겨났다. 먼저 횡단 철도 건설 사업에서 방해가 되는 입을 막아야 했다. 그것은 다름 아닌 언론이었다. 언론을 길들이는 방식은, 오늘날 한국에서도 유용하게 쓰이는, 돈줄을 이용하는 것이었다. CP가 발생시키는 문제들이 언제부터인가 지역 유력지 『새크라멘토 유니언』*The Sacramento Union*에 실리지 않았다.[68] 철도 경영진들의 정책과 철도 회사가 만들어 줄 장밋빛 미래에 대한 기사만 실렸다. 철도 공사에 동원된 노동자들의 살인적인 노동조건과 저임금, 반인륜적 감독행위 등은 가려졌다. 자본이 미디어를 어떻게 다뤄야 하는지, 거대 철도 회사가 몸소 시범을 보인 결과였다. 『새크라멘토 유니언』 편집장은 1863년 2천 달러 상당의 CP 주식을 인수했고, 1874년에 1천6백 달러의 주식을 추가로 받았다. 워싱턴에 파견된 특파원도 CP의 주식을 받았다. 대기업에서 '뇌물'과 '선의의 기증'을 동의어로 만든 역사는 꽤 오래된 셈이다.

대륙횡단철도 건설에 나선 이들이 당면한 문제는 결국 돈이었다. CP

와 UP의 관계자들은 철도법의 개정을 위해서 정신없이 뛰어 다녔다. 철도법 개정을 통해 철도에 대한 연방 정부의 지원을 늘리는 것이 철도 회사의 생존과 이익에 직결되었기 때문이다. 대륙횡단철도 관계자들은 의회가 있는 워싱턴에서 의원들이 가장 많이 몰리는 호텔에 진을 쳤다. UP의 듀란트 부사장은 조셉 스튜어트Joseph P. Stewart에게 25만 달러의 회사채를 공작금으로 넘겨주었다.[69] 조셉은 많은 의원들에게 공작금을 뿌렸다. 새로운 철도 법안 작성에 나선 변호사들도 한몫씩 챙겼다. 의원들이 자주 모이는, 백악관에서 두 블록 떨어진 윌러드 호텔Willard Hotel 로비에는 철도 회사에서 파견된 이들이 신발이 닳도록 들락거렸다.[70] 이들이 로비에서 정치인들을 매수한다고 로비스트라고 불렀다. 로비스트의 활동이 합법적으로 보장되는 미국 사회에서 그 첫 기원은 철도 회사들이었다.

철도 회사의 로비 덕에 떡고물을 받은 의원들과 변호사들의 도움으로 새로운 퍼시픽 철도법이 만들어졌고, 1864년 7월 2일 링컨이 법안에 서명을 했다. 철도 회사에 차관으로 줄 국채는 선로가 32킬로미터 정도만 완성되면 발행하도록 되었다. 또 철도 회사에 부여하는 무상 불하 토지도 과거의 법에 비해 두 배로 늘어 1.6킬로미터당 16평방킬로미터, 1만2,800에이커가 되었다. UP의 경우에는 투자 유치를 확대하기 위해 UP주의 액면가를 1천 달러에서 1백 달러로 분할했고 1인당 보유 한도도 없앴다. 철도 회사에 대한 파격적인 정부 보조가 시작된 것이다. 철도 때문에 미국 사회에 새로 등장한 것은 로비스트뿐만이 아니었다. 자본주의 경제체제에서 가장 대표적인 기업 형태인 주식회사가 자리 잡게 된다.[71] 거대 장치 산업인 철도는 어느 한 사람이 소유한 돈으로는 만들어질 수 없다. 십시일반 사람들로부터 돈을 모금해야 하고, 이 모금된 돈이 수익을 올려 투자자들에게 대가를 지불해야 한다. 이 돈은 안정적으로 관리되어야 하며, 사회가 인정한 증서로서 소유권을 인정받고 투자액의 크기에 따라 경영에 대한 발언권이나 지배권을 확보하는 기업 체계가 필요해졌다. 따라서 여러 사람에게 돈을 받는 대신 투자한 돈만큼의 증서를 주식이라는 이름으로 제공했다. 이 주식은 돈을 빌려주고 받는 차용증과는 다른 것이었다. 주식회사란 기업의 흥망성쇠에 따른 배당을 전제로 하기 때문에 투자자는 일정한 위험도 감수해야 한다. 대신 기업이 성공할 경우에는 투자액 이상의 배당금을 받을 수도 있다. 또한 주식회사의 가장 중요한 기능 중 하나인 주식의 매각을 통해 현금을 확보할 수 있다는 것은 이 새로운 기업 형태를 자본주의 시장경제의 가장 일반적인 기업 형식으로 만들었다.

주식회사의 등장은 또 다른 파생 기업을 탄생시키기도 했다. 바로 신용이나 신탁회사들이었다. 미국 최초의 신탁회사는 UP의 부사장 듀란트가 만든 '크레디트 모빌리에 오브 아메리카'다.[72] 듀란트는 크레디트 모빌리에를 만드는 초기 과정에서조차 30만 달러 이상을 챙기기도 했다. 그는 이 회사에 철도 공사의 시공을 맡겼다. 이 과정에서 고도의 금융 기법 또는 희대의 사기극이 발휘되었다. UP가 크레디트 모빌리에에게 공사 대금을 수표로 지불하면 크레디트 모빌리에는 이 돈으로 UP의 주식과 채권을 매입하는, 일종의 내부 거래가 이뤄졌다. 이 과정에서 주식가격이 상승함에 따라 이익을 챙기거나 주식을 담보로 해 차관을 얻는 방식으로 자본금을 늘렸다. 크레디트 모빌리에는 이렇게 모인 돈의 상당액을 정치권에 로비 자금으로 쓰거나 뇌물로 전달했다. 미국 미시간 대학에서 역사를 가르치는 돈 케코Don Keko 교수는 미국 역사상 파문이 컸던 4대 스캔들로, '부적절한 관계'라는 말로 모든 걸 정리할 수 있는 1998년 클린턴의 르윈스키 스캔들, 1972년 촉발돼 닉슨 대통령의 사임을 불러왔던 워터게이트 도청 사건, 1922년의 해군 석유 저장 시설과 관련된 티포트 돔Teapot Dome 사건과 1872년의 크레디트 모빌리에 스캔들을 꼽았다. 이 중에서도 가장 파문이 컸던 것이 바로 크레디트 모빌리에 스캔들이라고 케코 교수는 말한다.[73] 정부와 의회의 유력 인사들이 크레디트 모빌리에의 뇌물성 주식을 받았고 부통령까지도 연루되었다. 하원에서 6개월 동안 지속된 청문회에서는 UP와 CP의 고위 인사들이 증인석에 서야 했다. 1872년 9월 4일 자 『뉴욕 선』 지에 실린 헤드라인 기사는 크레디트 모빌리에 스캔들이 어떤 것이었는지 상징적으로 보여 준다.

> 사기의 왕 크레디트 모빌리에가 의회를 어떻게 사취했는가?
> 대규모 뇌물 사건의 주범인 의회 의원들은 시민들에게서 돈을 빼앗고,
> 지금은 국가의 강도를 뒤에서 돕고 있다.
> 과연 그 많은 재산은 어디서 났을까?[74]

남북전쟁의 영웅 그랜트 장군이 낙선의 위기에 몰렸다가 겨우 대통령에 당선된 것도 크레디트 모빌리에 스캔들이 민심을 흔들었기 때문이다. UP의 전방위 뇌물 공세는 행정부와 의회의 특혜로 철도 경영진들을 웃음 짓게 했지만 권력 기구를 부패와 비리의 온상으로 만들어 버렸다. 철도는 자본주의의 모든 것, 주식회사, 신용을 이용한 거래, 도전 정신, 언론 장악, 사기, 부정부패, 비리, 뇌물, 경쟁을 쏟아 놓았다.

만리장성을 쌓은 중국인, 철도로 시에라네바다를 넘다

'아메리칸드림'과 철도의 탄생

1800년대 중반 미국의 대기업은 모두 철도 회사였다. 남북전쟁 이전부터 볼티모어 앤 오하이오, 뉴욕 센트럴, 펜실베이니아, 일리노이 센트럴, 미시건 센트럴 등은 산업 중심지 동북부에서 확산되던 철도망을 책임진 기업들이었다. 그러나 대륙횡단철도의 양대 산맥인 CP와 UP가 등장하자 이전의 기업들은 새로 등장한 공룡의 위세에 눌려 버렸다. CP와 UP는 미국 최대의 대기업이 되었고 현대식 관리 조직을 갖춘 최초의 사기업으로 등장했다.[75] 두 기업은 철도 건설과 운영뿐만 아니라 부동산, 금융, 정부 기관 관리 등 대기업이 포괄할 수 있는 조직 체계를 만들었다. 이는 기업의 확장을 더욱 가속화했고, 제조·광산·마케팅 분야에까지 회사의 시장 영역을 팽창시켜 미국 산업 자본주의가 폭발하는 기폭제가 되었다.

CP와 UP는 숙명적인 경쟁의 장으로 돌입할 수밖에 없었다. 서부에서 출발하는 CP와 동부에서 출발하는 UP가 만나는 지점에서 대륙횡단철도가 연결될 예정이었다. 두 회사는 한 치라도 더 상대 진영을 향해 철도를 건설해야 했다. 부설 철도 길이에 따라 정부 보조금과 주변 땅을 차지할 수 있었기 때문에 CP와 UP는 사활을 걸고 철도 건설에 매달렸다.

CP는 1863년 1월 8일 착공식을 가졌다. CP의 창업자 그룹 사인방의 한 사람인 스탠퍼드가 첫 삽을 떴다. 대륙횡단철도 공사가 시작되었으나 본격적인 노반 공사는 겨울이 잦아들고 땅이 마른 2월에서야 시작됐다. 그러나 CP의 앞에는 거대한 암초가 여러 개 놓여 있었다.

첫 번째 장벽은 자연이었다. 시작 지점부터 앞을 가로막고 버틴 시에라네바다 산맥을 넘어야 했다. 사람들은 철도가 시에라네바다 산맥을 넘을 수 있을지 의심했다. 시에라네바다 산맥은 한국의 설악산 울산 바위처럼 거대한 하나의 화강암으로 형성되어 있다. 동부 쪽으로 북쪽은 1천2백 미터, 남쪽은 2천1백 미터 이상 솟아 구름을 품고 있는 거인 같았다. 산맥은 능선과 고원을 이루며 깎아지른 절벽과 협곡을 만들어 냈고, 협곡에 쌓인 만년설은 강줄기를 만들어 냈다. 태평양을 건너온 해풍은 시에라네바다 산맥에 부딪혀 상승기류를 형성하다가 고개를 넘으면서 많은 안개와 비를 뿌렸다. 산맥의 정상 부근은 빙하로 덮여 있었다. 북에서 남쪽으로 1천8백 미터에서 4천2백 미터에 이르는 수십 개의 봉우리들이 하늘을 뚫고 있었다. 동부에서 서부로 육로를 통해 이동하는 사람들은 겨울이 오기 전에 여정을 끝내야 했다. 여행은 동부의 출발지에 따라 5~6개월이 필요했기에, 보통은 5월에 출발해 11월까지는 여정을 끝마쳐야 했다. 로키산맥과 시에라네바다 산맥에 동장군이 자리를 잡으면, 인간은 도저히 접근할 수 없기 때문이다.

두 번째 문제는 인력의 문제였다. 대륙횡단철도는 거대한 공사 프로젝트였지만 오늘날과 같은 건설용 중장비가 없던 시절이다. 작업은 거의 수작업으로 이루어졌기에 많은 노동자들이 필요했다. 그러나 서부로 온 사람들 대부분은 일확천금을 노리고 황금을 찾으러 왔으므로 임금도 얼마 안 되면서 지옥 같은 고된 노동을 필요로 하는 철도 건설 현장을 외면했다.

미국의 서부 끝, 캘리포니아는 골드러시gold rush가 만든 땅이었다. 1848년 캘리포니아의 아메리칸 강 지류에서 금광이 발견되자 사람들은 개미떼처럼 모여들었다. 미국 동부에서뿐만 아니라 영국과 아일랜드, 호주, 중국, 일본에서까지 금을 찾아 모여들었다. 1848년에 금광이 발견된 뒤 1849년에 캘리포니아로 쇄도한 사람들을 '49년에 온 사람'들이라 불렀는데, 이들 중 금을 발견해 부자가 된 사람은 극히 적었지만 계속해서 사람들이 몰려들었다. 샌프란시스코는 골드러시 6년 만에 1천 명의 인구가 5만 명을 돌파했다.

1800년대 중반의 미국 동부에서 서부로 가는 여정은 어땠을까? 대륙을 횡단하는 육로로 가든, 파나마 해협을 건너든, 배로 남아메리카 남단을 돌아가든 목숨을 건 도박이었다. 1849년, 나중에 CP의 사인방 중 한 명이 되는 뉴욕 주 출신의 찰스 크로커는 금광을 찾아 동부를 떠났다. 두 형제와 네 명의 젊은 동반자를 포함해 10명으로 이루어진 골드러시 팀의 리더 크로커는 스무 살의 팔팔한 나이였다. 말을 타고 육로를 달리다가 미주리 강에서는 증기선을 이용했다. 서부의 초입에 들어서게 되는 아이오와 주에서부터는 강 연안에 말들의 먹이인 풀이 자랄 때까지 기다려야 했다. 뗏목을 타고 강을 건너 본격적으로 서부행을 시작하던 크로커의 5월 14일자 일기에는 "우리는 문명을 뒤로한 채 여행을 시작했다."[76]라고 적혀 있다.

서부로 향하는 그룹은 수십 개에 달했다. 크로커의 팀은 늪지와 사막과 평원을 끊임없이 행군했다. 드넓은 평원에서 폭풍우가 몰아치기라도 하면 아무것도 보이지 않는 곳에서 길을 잃지 않기 위해 분투해야 했다. 끝없는 광대한 평원으로 이어진 네브래스카 주를 횡단할 때 사람들은 바다 한가운데에서 작은 조각배에 의지해 있는 심정이었을 것이다. 야생화와 대평원의 짐승들과 아무리 가도 끝이 없을 것 같은 하늘과 맞닿은 땅은 인간을 쉽게 무력화시켰다. 지구가 둥글다는 것을 증명이라도 하듯 아치 모양의 하늘과 그 위를 날고 있는 독수리들의 음침한 눈빛이 대낮의 공포를 조장했다. 해질녘 겨우 설치한 캠프에 갑자기 강풍이 덮쳐 텐트와 모닥불 위의 주전자와 식량을 휩쓸어 가기도 했다. 크로커 일행에게는 20여 필의 말이 있었는데 잠자는 동안에는 조를 나누어 불침번을 서야 했다. 낮 동안 행군하느라 피곤에 지쳐 곯아떨어질 수밖에 없는 조건에서 운송 수단이자 재산인 말을 지키지 못해 도둑맞는다면 그것은 곧 죽음을 의미했다. 저녁 캠프 장소를 찾는 과정에서는 좋은 자리를 잡기 위해 다른 무리들과 다툼이 일어나기도 했는데, 크로커는 그때마다 옆구리의 권총부터 꺼내 들었다.

동부에서 서부로 가기 위해 파나마를 통하는 방법도 있었지만 이 또한 육체적으로 강인하고 돌파력이 있는 젊은이들이 아니면 불가능했다. 동부에서 배를 타고 파나마 해협으로 간 뒤 육로로 파나마를 가로질러 태평양을 만나면 배를 타고 서부로 가는 방법이었다. 정글의 늪지대와 전염병, 원주민들의 공격, 안내인들의 배신 등 비용과 위험에 있어서 감수해야 할 것들이 하나둘이 아니었다. 배를 타고 아예 남아메리카 최남단 혼Horn 곶을 도는 방법도 있었는데 최소한 6개월이 걸리고 2만9천 킬로미터에 이르는 항해를 해야 했다. 비용은 말할 것도 없고, 목숨을 걸어야 하는 건 마찬가지였다.

이처럼, 황금을 찾아 목숨을 걸고 찾아온 땅에서 곡괭이와 망치를 가지고 철도를 건설하겠다고 나서는 것은 미치지 않고서야 그럴 수 없는 일이었다. 철도 공사는 고되기로도 악명이 높았다. 더구나 CP가 처음 부딪힌 공사 구간은 시에라네바다 산맥을 오르는 길이었다. 산을 깎고 땅을 다지고 육중한 레일을 옮기고 등짐으로 자갈을 뿌려야 하는 일이었다. 중장비는커녕 변변한 도구도 없이 인간의 육체만으로 공사를 진척시켜야 하는 지옥 같은 일이었다. 숙식 제공에 일당 3달러를 받고 일하겠다고 나서는 사람은 없었다. 아메리카에 막 도착한 아일랜드 이주민들은 동부 뉴욕이나 워싱턴의 직업소개소를 통해 철도 현장에 도착했지만 아무도 남지 않았다. 견디다 못한 CP의 경영진들은 육군성에 남군 포로 5천 명을 보내 달라고 진정을 냈지만 거부당했다. 해방된 흑인들을 모으려고 했으나 이마저도 신통치 않았다. 멕시코에서 건너온 사람들을 쓰려 했던 일도 허사였다. 1864년 여름 서부에 막 도착해 철도 현장에 고용된 2천 명의 인부들 가운데 1천9백 명이 뜨거운 식사 한 끼를 먹어 치우고는 네바다 금광으로 내빼는 일도 있었다.[77] 공사를 책임진 CP의 경영진은 미쳐 버릴 지경이었다. 지역 신문 『새크라멘토 유니언』과 새크라멘토 시 곳곳에는 "인부 구함. 인원 5천 명. 우리와 함께 장기적으로 일하실 분이나 경력 감독을 찾습니다."[78]라는 광고가 사람을 끌어모으기는 했지만 막상 철도 공사 현장에 왔던 사람들은 손에 쥔 모래알처럼 빠져나갔다.

아메리카 횡단 열차 건설의 진정한 주역 : 중국인 이민자

크로커가 고심 끝에 생각해 낸 대안은 중국인을 고용하는 것이었다. 그러나 CP의 경영진들 중 상당수는 난색을 표했다. CP의 총책임자인 스탠퍼드는 중국인들을 인간쓰레기로 취급했다. 캘리포니아 주지사 선거에 나설 때에도, 당시 만연했던 아시아인들에 대한 경멸 풍조에 편승했다. 스탠퍼드는 1862년 주지사 취임 연설에서 아시아 이민을 받아들이지 않겠다고 선언했지만 CP의 총책임자이기도 했던 그는 싼 노동력

대륙횡단철도의 최대 난공사였던 시에라네바다 산맥에서는 중국인들의 희생으로 철도가 건설되었다.

을 확보하기 위해 CP 직원들을 중국에 파견해 철도 공사에 투입할 노동자를 데려오는 이중적 행태를 보였다. 중국인들은 1800년대 초반부터 캘리포니아로 몰려들었다. 중국인들의 상당수는 금을 찾아 돈을 벌수 있다는 인력 송출 업체의 선전을 믿고 전 재산을 투자해 미국으로 건너왔다. 그러나 중국인들은 광산에서의 채광이 금지되어 있었다. 주변에서 허드렛일이라도 하기 위해서는 면허세 명목의 광부세와 물세를 내야 했다. 여기에 개인세, 의료세, 교육세, 재산세를 내야 했지만 투표권은커녕 자식들을 공립학교에 입학시킬 수도 없었다. 캘리포니아의 중국인들에게는 사실상 경제활동이 금지되어 있었고 과도한 의무만 지워졌다. 그럼에도 불구하고 1860년대 캘리포니아의 중국인들은 6만 명에 달했다. 1865년 대륙횡단철도 건설에 뛰어든 중국인은 1만2천 명이

넘었다.[79]

캘리포니아 대학 밴크로포트 도서관에는 1867년부터 미국인들이 중국어를 배우거나 중국인들이 영어를 배우기 위해 사용된 중·영, 영·중판 외국어 관용집이 있는데, 이 책의 내용은 당시 중국인들이 처한 현실을 잘 드러내 준다. "안녕하세요?" "고맙습니다"와 같은 가장 기본적인 표현들은 아예 나오지도 않는다. 대신 "월급을 8달러나 달라고? 6달러면 충분한데 상당히 어리석군", "창문 청소, 바닥 청소, 빨래, 계단 청소를 해야 함", "임금을 더 깎아야 하겠어", "네, 마님. 저를 때리지 말아 주세요", "길을 걷다가 두 번씩이나 매질을 당했습니다", "감독이 임금을 주지 않습니다"[80] 같은 말들로 채워져 있다.

다시 원래 이야기로 돌아가, 크로커는 인부난의 현실을 들이대며 중국인 고용에 반대하는 사람들을 설득해 우선 50명의 중국인들을 고용하는 데 성공한다. 이렇게 고용된 중국인들은 쿨리Coolies라고 불렸다. 쿨리는 영국이 인도를 지배할 당시 일을 못하는 인도인들을 비하하는 용어로 쓰인 것으로 힌디어에서 왔다. 인도로 착각한 아메리카에 발을 디딘 콜럼버스의 후예들이 인도에서 넘어온 말로 중국인들을 멸시했다. 미국인들의 의심에 찬 눈초리와 무관하게 철도 공사 현장에서 50명의 중국인들이 보인 놀라운 성실성은 CP가 성공하는 데 가장 큰 밑거름이 되었다. 이제 CP 경영진은 언제 그랬냐는 듯 중국인 노동자들을 끌어들이는 데 발 벗고 나섰다. 중국인들은 백인보다 형편없이 낮은 임금을 받으면서도, 가혹하기로 소문난 철도 공사에 뛰어들었다. 성인 남자가 대다수인 캘리포니아에서 중국인 공동체는 사회 밑바닥에서 눈에 보이지 않는 존재로 살 수밖에 없었으므로 별다른 대안이 없었다. 1865년 말 시에라네바다 산맥 노선에서 작업하는 중국인은 7천 명으로 불어났다. 백인이 2천 명 정도 있었지만 이들은 대체로 중국인 노동자들을 관리하는 일이나, 상대적으로 편한 작업에 투입된 아일랜드 인 이민자들이었다. 중국인 노동자들은 힘들고 위험하기로 악명 높은 노반공사, 발파 작업, 거대한 나무 쓰러뜨리기, 터널 뚫기 작업을 전담했다. 중국 노동자들은 만리장성뿐만 아니라 미국 대륙을 가로지르는 횡단철도 건설의 진정한 주역이었다.

CP 공사 현장에서 중국인들의 진가는 '혼 곶'이라는 골짜기에서 발휘됐다. 깎아지른 650미터 절벽 아래로 아메리칸 강이 흐르는 75도 경사의 산을 타고 넘어가는 공사를 어떻게 해야 할지 난관에 부딪힌 CP는 공사 진척에 엄두를 내지 못하고 있었다. 지형상 터널을 뚫을 수도 없는 곳이어서 산을 뱀처럼 타고 가듯 선로를 놔야 했다. 가파른 절벽에서 발파 작업을 하고 길을 내는 일은 불가능해 보였다. 이런 가운데 중국인 노동자 한 명이 백인 책임자를 찾아가 자신들의 조상이 양쯔 강에 요새를 만들 때 썼던 방법을 제안했다. 더욱이 화약을 발명한 나라의 후손들답게 화약을 다루는 손재주는 누구도 따라올 수 없었다. 중국인들은 갈대를 모아 바구니를 짰다. 바구니는 둥근 모양에 허리 높이였으며, 맨 위쪽에 밧줄을 걸 수 있도록 작은 구멍 네 개를 뚫었다. 중국인들은 밧줄에 연결된 바구니를 절벽 꼭대기에서 서서히 내렸다. 바구니에는 정과 망치를 가진 중국인 한 사람이 화약을 싣고 들어갔다. 바구니에 탄 중국인 노동자는 암벽에 구멍을 뚫고 화약을 끼워 넣은 뒤 심지에 불을 붙이고 절벽 위로 고함을 쳤다. 고함 소리에 맞춰 절벽 위의 노동자들은 온힘을 다해 바구니를 끌어올렸다. 엄청난 폭파음과 안개 속에 허옇게 돌먼지를 뒤집어쓴 바구니 안의 노동자는 다시 다음 폭파 지점으로 내려졌다. 가끔씩 바구니에 연결된 끈만 끌어올려지는 일도 생겼다. 이럴 경우 실종 처리로 마무리되었고 정확한 사상자 수에 대한 기록조차 남겨지지 않았다.[81]

철도 공사 현장에서는 안전 수칙이라는 개념조차 없었다. 작업 감독자의 폭력은 일상화되어 있었다. 이런 상황에서 1867년 CP의 경영진들에게 믿을 수 없는 일이 벌어졌다. 온순하기만 했던 중국인 노동자들이 파업을 일으켰던 것이다. 중국인 노동자들은 화약을 다루고 붕괴의 위험을 감수해야 하는 터널 공사 담당 노동자들의 월 임금을 35달러에서 40달러로 인상해 달라고 요구했다. 또 노동시간도 8시간으로 줄여 줄 것을 요구했으며 무엇보다도 인격적인 대우를 요구했다. 채찍질을 엄격히 금지하고 새로운 직장을 찾으면 떠날 수 있게 해 달라고 요구했다. 반추해 생각해보면, 그동안 중국인은 지옥 같은 건설 현장에서 채찍질을 당하며 탈출도 못하고, 폭발이나 붕괴의 위험을 감수하며, 장시간 노동해야 했다는 말이다. 월급이라야 하루 1달러를 조금 넘는 사실상의 강제 노예노동에 내몰린 상황임을 알 수 있다. 파업 진압에 나선 CP의 경영주 가운데 한 명인 찰스 크로커는 일주일 동안 중국인 노동자들에 대한 식량 공급을 중단시켰다. 일주일 만에 노동자 대표를 만난 크로커는 임금 인상은 들어줄 수 없고 8시간 노동은 고려해 보겠으며, 인격적 대우를 하도록 노력하겠다고 밝혔다. 대신 파업을 풀지 않으면 무장 군인들을 데려오겠다고 협박했다. 파업이 끝나고 중국인 노동자들은 다시 일을 시작했지만 눈에 보이는 채찍질만 줄어들었을 뿐 8시간 노동은 지켜지지 않았다.

목숨과 바꾼 시에라네바다 산맥 선로 공사

화약은 철도 공사 내내 가장 중요한 공사 자재로 쓰였다. 이 때문에 폭발 사고의 위험은 철도 건설 노동자들을 친구처럼 따라다녔다. 새로 도입된 신형 화약은 기존 화약의 폭발력과는 상대가 안 될 정도로 파괴력이 강해서 더 위험했다. 사고가 빈번해지고 피해자가 늘어나는 것은 필연적이었다. 대륙 철도 공사 현장에서 사용된 화약의 양이 남북전쟁 당시 전투에 사용됐던 것보다 훨씬 많았다는 사실은 진짜 전쟁은 인간이 자연을 상대로 한 철도 부설 전쟁이었음을 알 수 있다. 다음은 CP의 한 기관사의 말로 전해지는데, 대륙 횡단 센트럴 퍼시픽 철도 건설의 모든 것을 집약했다.

"폭약과 중국인, 그 먼 옛날 창조주가 인간이 반드시 지나가야 할 길에 놓아둔 흙과 바위에 맞서기 위해 사용된 유일한 무기."[82]

철도 회사의 목표는 안전한 철도가 아니라 '닥치고 건설'이었다. 일단 앞으로 나아갈 수 있다면 몇 가지 문제가 있더라도 눈에 보이게 선로를 깔아야 했다. 부설된 선로의 길이만큼 확보되는 땅과 정부 보조금에 눈이 먼 사업자들이 최우선으로 여겼던 것이 무엇이었는지는 쉽게 알 수 있다. CP의 기관장 몬테규Samuel Montague는 다음과 같은 말을 입에 달고 살았다. "지금 우리에게 필요한 것은 재공사를 하는 한이 있더라도 가장 빠른 시간 안에 공사를 마치는 것뿐이오."[83] 이런 분위기 속에서 사람들이 입에 달고 살았던 말은 "빨리빨리"였다. "빨리빨리" 하면 원조를 자처하는 대한민국이지만 역사를 거슬러 올라가면 곳곳에서 친구를 만날 수 있다. 덕분에 빠르게 완성된 대륙횡단철도 노선의 곳곳에서는 대대적인 보수 공사가 필연적으로 뒤따랐다.

『뉴욕 트리뷴』*New-York Tribune* 기자였던 앨버트 리처드슨Albert Richardson은 "그들은 가장 강한 성채 안에 몸을 숨기고 자연을 포위한 위대한 군대였다. 그리고 그 험준한 산맥은 마치 거대한 개미총 같았다. 그곳에는 중국인들이 삽질하고 수레를 밀고 바위와 흙을 폭파하는 동안, 그들의 흐릿한 달빛 모양의 눈은 우산처럼 생긴 커다란 바구니 모양의 모자 밑에서 밖을 뻔히 응시하고 있었다."[84]라고 적었다.

시에라네바다 산맥의 겨울은 더욱 혹독했다. 잦은 눈사태가 이미 공사가 끝난 선로를 쓸어버리기도 했다. 눈사태는 선로만 쓸어버린 것이 아니었다. 발파 작업에 따른 눈사태로 생매장되었던 중국인 캠프의 노동자 20명은 봄이 되어 눈이 녹은 뒤에야 시신을 찾을 수 있었다.[85] 눈사태에 매몰된 동료들을 구하기 위해 작업을 하던 노동자들을 또 다른 눈 더미가 덮치기도 했다. 산 곳곳의 중국인 캠프들은 끔찍한 추위와 잇따르는 눈사태의 공격 속에서 내일을 기약할 수 없는 하루하루를 보냈다. 눈사태에서 살아남은 사람들은 새로운 공포에 떨기도 했다. 눈 속에 완전히 고립된 캠프의 2백여 노동자들은 옥수수 가루와 차로 굶주림을 버티며 구조대가 오기만을 기다리기도 했다. 대륙횡단철도는 세월이 지나면서 여러 곳의 노선이 옮겨지거나 재시공되기도 했는데 혼 곶의 철도 일부는 아직도 운행되고 있다고 한다. 이곳을 지나는 철도 여행객들은 그 환상적인 경치에 "원더풀"을 연발하며 입을 다물지 못한다고 하는데, 이 아름다운 철도가 달리는 골짜기 곳곳에는 이름 없이 사라져 간 중국인 노동자들의 영혼이 떠돌고 있을지도 모른다.

열차의 기적 소리가 커질 때마다 아메리카 원주민들이 사라졌다

리치먼드 공방전과 남군의 항복

남북전쟁의 전환점이 된 전투는 "인민을 위한, 인민에 의한, 인민의 정부"라는 링컨의 연설로 유명한 게티즈버그 전투였다. 1863년 7월 1일부터 3일까지 이어진 전투에서 리 장군이 이끄는 7만5천여 명의 남군은 펜실베이니아 주의 게티즈버그에서 북군과 운명적인 결전을 치르게 된다.[86] 리 장군은 정면 대결을 통해 빠른 승리를 얻고자 했다. 남부의 전쟁 수행 역량이 여러모로 부족한 것을 안 리 장군은 전쟁을 오래 끌면 끌수록 승리하기 힘들다는 사실을 간파했다.

그는 남부의 전략 요충지인 빅스버그vicksburg를 북군에 빼앗기자 남부를 지키는 수세적인 전략을 버리고 워싱턴을 압박하는 돌직구를 선택했다. 이 워싱턴 공격작전의 마지막 전투가 게티즈버그 전투였다. 워싱턴 공략을 위한 첫 대규모 전투는 6월 9일 남북전쟁 최고의 기병전으로 치러졌다. 전투가 벌어진 버지니아 주의 쿨페퍼Culpeper 카운티는 북부의 수도인 워싱턴과 남부의 수도인 리치먼드의 중간 지점에 위치한 교통의 요지였다. 남군은 그들의 자랑인 기병대를 보내 쿨페퍼의 브랜디Brandy 역을 장악해 철도를 남군의 지배 아래 두려 했다. 전략적으로 중요한 철도를 남군에게 넘겨줄 수 없었던 북군도 대규모 기병대를 보내 기습 작전을 펼쳤다. 브랜디 역을 차지하기 위한 양측 기병대 간의 공방전은 남군의 승리로 끝났으나, 남군의 기병대도 상당한 손실을 입었다. 남부의 대농장에서 말을 다루는 것은 기본이었기 때문에 원래 기병 전력은 남군이 우위였고 북군도 감히 맞대응하지 못했다. 그러나 브랜디 역 전투에서 북군의 기병은 비록 패주하기는 했지만 대등한 싸움을 펼쳐 앞으로 남군이 고전하게 될 것임을 예고했다.

리 장군은 게티즈버그 전투에서 승리해 워싱턴이나 필라델피아를 점령할 경우 링컨의 항복이나 양보를 받아 남부연합을 인정받을 수 있으리라 생각했다. 그러나 강력한 방어진지를 구축한 북군을 향해 게티즈버그의 평원을 돌진한 남군의 병사들 상당수는 그날 저녁을 먹을 수 없었다. 북군의 포병 부대는 들판을 가득 메운 채 달려오는 남군 병사들을 무차별 공격했다. 남군은 병력의 3분의 1을 잃고 도망갔다. 이 전투 이후 북군은 더 강력해졌고 남군은 서서히 몰락해 갔다.

전쟁의 마지막 분수령이 된 곳은 리치먼드 공방전이었다. 리치먼드는 버지니아 주의 주도이자 남부연합이 정부를 만들고 대통령을 임명한 뒤 수도로 삼은 곳이었다. 리치먼드의 함락을 노리는 북군에서는 최고 사령관 그랜트 장군과, 피도 눈물도 없는 장군으로 알려진 윌리엄 셔먼William T. Sherman 장군이 이끄는 부대가 남군의 마지막 숨통을 끊는 작전에 나섰다. 셔먼 장군은 진격하는 도시마다 불을 놓아 초토화시켰는데, 이는 적군의 전쟁 수행 능력을 아예 제거해 버리자는 전술적 고려 외에도, 적에게 공포를 심어 주려는 의도도 있었다. 셔먼 장군은 점령한 애틀랜타를 불태워 버리는데, 남북전쟁을 배경으로 한 1939년작 영화 〈바람과 함께 사라지다〉에서 불타는 도시가 이 애틀랜타다. CG기술 같은 게 없던 시절의 영화라, 불타는 장면을 찍기 위해 12헥타르에 이르는 넓은 땅에 실제로 불을 놓았다고 한다. 남군과 북군의 마지막 전쟁터인 리치먼드에서 전쟁의 승패를 결정지은 것은 피터즈버그Petersburg 공방전이었다. 이 피터즈버그가 중요했던 이유는 이곳이 철도의 중심지였기 때문이다. 여러 지역에서 남부연합의 수도 리치먼드로 연결되는 철도 노선이 피터즈버그로 집중되었으므로, 이곳을 장악하게 되면 남군의 전쟁 수행 능력은 더 이상 유지되지 못하기 때문이었다.

북군 총사령관 그랜트 장군이 피터즈버그로 병력을 이동시키자 남군의 리 장군도 서둘러 병력을 이끌고 피터즈버그에서 강력한 방어진지를 구축했다. 남군의 워싱턴 공격작전 상황과 정반대로 이번에는 북군의 공격을 남군이 막아내야 했다. 북군의 포위 공격에 맞선 남군의 사활을 건 방어는 전투를 장기전으로 끌고 갔다. 1865년 4월, 10개월에 걸친 공방전 끝에 그랜트 장군의 부대가 피터즈버그 남서쪽의 철도 조차장(여러 지역의 철도가 모이는 곳에 조성된 차량 기지) 역할을 하는 지역을 장악하게 되자 남부로의 철도 연결이 끊겼다. 남군에게 더 이상 식량과 탄약 등 전쟁 수행에 꼭 필요한 것들이 공급될 수 없는 상황이 벌어졌다. 남군의 리 장군은 리치먼드의 남부연합 정부에 더 이상의 전쟁 수행이 불가능함을 타전했다. 남부연합 대통령 제퍼슨 데이비스와 내각 장관들, 그리고 돈 있는 지주들은 긴급 운송 수단을 마련해 몇 시간 만에 리치먼드를 탈출했다. 코앞에 다가온 북군이 리치먼드에 도달하기 전에 흥분한 시민들은 자신들을 버리고 간 권력자와 부자들의 집을 털고 불을 질렀다. 남부연합의 수뇌부가 달아난 다음날 북군 병력이 불타는 남부연합의 수도 리치먼드에 진입했다. 거리로 행군해 오는 군인들 가운데 미합중국 대통령 링컨이 있었다. 흑인들은 메시아처럼 다가온 링컨을 둘러싸고 환호했다.

리치먼드 공방전에서 패한 리 장군은 2만5천여 명의 남군 병력을 모아 서쪽으로 이동했으나 북군의 추격으로 도주로가 차단당하자 더 이상의 전쟁은 의미가 없다고 판단한다. 4월 9일 버지니아 주의 애퍼매턱스 코트하우스Appomattox Courthouse라는 작은 마을의 가정집에서 북군 총사령관 그랜트가 항복 의사를 밝힌 남군 총사령관 리와 마주섰다.

로키 산맥이 철도 기술을 발전시키다

철도 회사 CP는 시에라네바다 산맥을 넘어야 했고, UP는 네브래스카 초원을 횡단한 뒤 로키 산맥을 넘어야 했다. 산과 철도는 서로 상극이다. 철도는 직선으로 놓을수록 건설과 운영이 수월한데 산속에서 직선으로 길을 놓는 방법은 터널 이외에는 없다. 그러나 거대한 산맥을 터널로만 뚫는 것은 불가능한 일이었다. 그렇지 않고, 산을 넘기 위해서는 곡선으로 굽이굽이 이어진 길을 달릴 수밖에 없었다. 또 반복적으로 나타나는 오르막과 내리막 경사도 열차에 큰 부담을 주었다. 오르막 경사가 심할수록 기관차 출력이 높아야 했고, 내리막 경사가 심하면 제동 능력이 완벽해야 했다.

열차의 브레이크는 앞에서도 잠깐 말했지만, 조지 웨스팅하우스가 만들어 낸 자동 공기 브레이크 장치가 1867년 특허를 따내고 확산되면서 성능이 대폭 향상되었다. 자동 공기 브레이크 장치는 기관차에서 맨 뒤의 객차까지 관을 연결하여 기관사가 브레이크를 동작시키면 전체 객차에 제동이 걸리는 장치이다. 이 자동 공기 브레이크 장치는 현대화된 오늘날의 열차 제동 장치에도 쓰이고 있다. 객차나 화차의 밑 부분을 보면 각종 공기관들이 연결되어 있고 또 이런 공기관들에 공기를 공급하는 공기통들이 붙어 있다. 기관차에 설치된 공기압축기에서 보내온 공기를 담아 두는 장치들이다. 객차와 객차, 화차와 화차를 연결할 때에는 각각의 객화차에 장치된 관의 끝에 달린 공기 호스를 맞대어 전체 열차에 공기를 공급할 수 있게 해 준다. 이 장치의 장점으로는 전기적 제어, 즉 전원이 필요 없다는 것이고, 어느 한 곳이라도 연결된 공기 호스가 파열되거나 객차나 화차 밑의 제동관이 파손되면 자동으로 정차하게 되어 큰 사고를 막아낼 수 있다는 점이다. 열차 운행 중 연결된 객차가 분리되더라도 두 열차를 이어 주는 공기 호스가 파열되는 순간 자동적으로 브레이크가 작동된다는 말이다. 기관사가 운전실 제어대에서 연결된 전 차량에 제동을 걸 수 있고, 연결된 곳 중 한 곳이라도 파열되면 비상 제동이 걸리기 때문에 열차에 적용된 브레이크 방식을 자동 공기 제동이라고 부른다. 열차가 달리는 장면이 나오는 액션 영화 중에는 심심치 않게 열차를 분리하는 장면이 나온다. 악당을 골려 주거나 위기의 순간에 극적인 탈출을 감행하는 장면에서 주인공이 열차 공기 호스를 조작하지 않은 채 열차를 떼어 버려도 자동으로 서지 않고 잘 달리면 철도 덕후들이나 철도를 좀 아는 사람들은 재미가 반감된다.

산을 타고 넘는 곡선 선로를 극복하기 위한 기술 개발도 이루어졌다. 철도에 이용되는 객차는 마차와 같은 형식이었다. 승객이 타는 객실 밑바닥에 바퀴를 고정시키는 것이었다. 이렇게 고정된 축에 연결된 바퀴는 급한 곡선에서는 원심력에 의해 큰 저항을 받고 심할 경우 한쪽이 공중으로 뜨는 경우도 생긴다. 궤도 위를 달리는 열차에서 바퀴 한쪽이 공중으로 뜨거나 안쪽 바퀴와 바깥쪽 바퀴가 다른 방향의 힘으로 압력을 받으면 탈선의 위험이 커질 수밖에 없다. 따라서 철도를 위한 차축 시스템이 개발되었는데 이름하여 보기 대차다. 보기 대차란 차량과 일체형으로 용접된 축이 아니라 차체 밑에 일정한 각도만큼 회전할 수 있는 축을 만들어 곡선부에서 차체는 원 바깥을 향하더라도 바퀴 축은 휘어진 선로를 따라 달리게 하는 방식이다. 이 대차 축에 두 개의 바퀴 축을 연

화려한 풀먼 객차의 내부

결해 한 개의 축으로 선로를 달릴 때보다 훨씬 강하게 선로를 잡아 주어 안전성이 높아진다. 골퍼들에게는 피하고 싶은 단어겠지만, 철도에서 보기 대차가 개발되면서 곡선부 주행은 물론이고, 고속에서의 안전성 역시 높아졌다. 또한 열차의 승차감이 대폭 향상되는 효과도 생겼다. 자동 공기 제동 장치와 보기 대차의 도입으로 열차의 안전성과 승차감이 높아지자 장거리 여행을 위한 새로운 아이디어를 가진 사람이 자기 구상을 실현할 수 있는 기회를 갖게 된다.

죽은 링컨이 철도의 역사를 쓰다

조지 풀먼George Mortimer Pullman이라는 발명가는 뉴욕 주의 버펄로Buffalo에서 웨스트필드Westfield로 가는 야간열차에서 수직으로 세워진 널빤지 의자에 앉아 한숨도 못 자는 극도의 불편함을 겪은 뒤 이제까지 볼 수 없었던 객차를 구상한다. 붉은 카펫, 화려한 가구로 치장된 객실, 안락한 의자, 흰 시트가 덮인 깨끗한 침대, 고풍스런 식당 칸을 갖춘 최고의 럭셔리 카를 현실화시킨 풀먼의 첫 번째 고객은 에이브러햄 링컨이었다. 대륙횡단철도를 적극적으로 후원하고 퍼시픽 철도법에 서명함으로써 초기 미국 철도의 부흥기를 만드는 데 기여한 링컨 대통령이 가장 화려한 객차에 누워 여행을 하는 첫 번째 인물이 된 것이다.

사실, 풀먼이 만든 럭셔리 침대차는 여러 가지 획기적인 내장을 하느라 폭이 넓을 수밖에 없었다. 무엇보다, 나무로 만든 오두막 같은 객실에 나무 의자를 장착한 기존의 객차에 비해 크기가 훨씬 컸던 풀먼 객차가 운행되기 위해서는 승강장이나 다리, 그리고 서로 나란히 놓여 있는 선로의 간격을 넓혀야만 했다. 당연히, 철도 회사들은 시설 공사를 해야 운행할 수 있는 풀먼 객차를 도입하는 것을 꺼려했다. 이런 와중에서 풀먼의 성공을 도운 것은 링컨이었다. 그것도 죽은 링컨이었다.

남북전쟁을 승리로 이끈 재선 대통령 링컨이 1865년 4월 14일 워싱턴 시내의 포드 극장에서 연극을 관람하던 중 암살자의 총에 맞아 죽자 풀먼은 장례위원회에 풀먼 객차를 무상으로 기증한다. 연방 정부는 암살된 대통령의 장례식을 거국적 행사로 만들어 국가 통합의 기회로 삼아야 했고 새로운 영웅으로 승화시켜야 했다. 장례위원회는 링컨을 고향에 안치한다는 명목으로 워싱턴에서 일리노이 주의 스프링필드까지 2천6백여 킬로미터에 이르는, 당시로서는 전국 순회에 필적할 만한 장례 열차를 운행하기로 결정한다. 대통령의 시신을 운구하는 데 풀먼이 기증한 객차만큼 격식을 갖춘 것은 없었다. 당장 워싱턴에서 스프링필드까지 선로 구조물과 다리의 시설물들을 개조하는 공사가 시작됐다.

4월 21일, 링컨의 영정 사진을 앞에 걸고, 검은색으로 칠해진 증기기

링컨의 장례 열차

관차는 윤기가 났다. 9개의 객차가 증기기관차에 연결되어 있었다. '파이오니아'라고 이름 붙여진 풀먼의 침대차에는 링컨과 3년 전 11세의 나이에 병으로 세상을 떠난 그의 셋째 아들 윌리엄 링컨이 아버지와 같은 장소에 묻히기 위해 누워 있었다. 오전 8시 링컨의 마지막 여행을 책임진 기차가 커다란 기적 소리와 고향을 향해 움직였다. 링컨의 장례 열차는 미국 최초의 철도 노선이 시작되는 볼티모어를 비롯해 필라델피아, 뉴욕 등 수십 개의 도시와 마을을 지나가며 장례 행사를 치렀다. 장례식이 끝나자 조지 풀먼이 만든 객차는 여기저기서 주문이 들어왔고 1867년에는 자신의 이름을 딴 객차 제작 회사를 만들었다. 이후 미국뿐만 아니라 유럽에서도 풀먼 객차는 호화로운 최고급 객차의 대명사가 되었다.

아메리카 원주민들의 죽음 위에 건설된 철도

오마하Omaha에서 시작한 대륙횡단철도의 또 다른 주인공 UP 철도 건설에 동원된 노동자들은 아일랜드 이민자들이었다. 이민 대열의 후반기에 대서양을 건너 북아메리카 동부의 해안에 내린 아일랜드 인들은 이미 포화상태에 이른 동부의 도시들에서 일자리를 찾기가 쉽지 않았다. 게다가, 대서양을 건너기 위해 돈을 다 써 버린 가난뱅이들이 서부로 살 수 있는 길은 별로 없었다. 자연스럽게 가장 고된 노동이 기다리고 있는 철도 현장으로 몰려들 수밖에 없었다. 이들은 아주 천천히 레일을 깔면서 서부로 이동하는 길을 택했다. 그들이 몰려들었던 오마하는 태평양 철도의 기점답게 날로 번성했다. 레일, 침목, 기관차, 객차 등 철도 건설을 위한 자재들이 산더미처럼 쌓였고, 몰려드는 인파로 늘 시끌벅적했다. 곳곳에 도박장이 들어섰고 밤은 매춘부를 찾아다니는 술 취한 인간들의 차지가 되었다.

UP가 새로운 활력을 찾게 된 것은, UP의 경영진들이 애타게 영입하려 했던 닷지가 이들의 끈질긴 전역 요청을 받아들여 UP의 기관장이 된 이후부터였다. 전역하기 전까지 UP의 철도 건설에 방해가 되는 아메리카 원주민들을 소탕했던 닷지는 UP의 실권자 듀란트에게 철도 건설에 대한 전권을 위임받는 조건으로 기관장 자리를 받아들였다. 그는 기관장에 취임하자마자 북군의 장군답게 UP의 조직을 군대식으로 재편했다. 직원들 상당수도 북군에 투입되었던 군인들이었다. 명령을 내리고 이에 따르는 일들이 몸에 밴 북군 출신의 UP 직원들은 총 대신 연장을 들고 서부를 향해 진격했다. UP가 새로운 전기를 맞게 된 계기 중의 하나는 남북전쟁이 끝난 것이었다. 전쟁에 쏟아 부어졌던 에너지가 철도로 옮겨 갈 수 있었기 때문이다.

CP가 대륙횡단철도 건설 초기에 시에라네바다 산맥을 만나 고통을 겪은 것과는 달리 UP의 철도 건설은 비교적 순조로웠다. 로키 산맥을 만나기 전까지 네브래스카 평원에 선로를 깔면 그만이었다. 미국 철도는 유럽의 철도에 비해 건설비가 적게 들었는데, 철도 건설을 위한 부지 매입 비용이 거의 들지 않았기 때문이다. 게다가 선로가 연장될수록 정부의 보조금이 증가했기 때문에 듀란트를 비롯한 UP의 경영진들은 일부러 먼 거리를 우회하는 노선으로 선로를 놓기도 했다.

UP의 선로 건설을 반대한 것은 자연이 아니라 사람들이었다. 땅의 본래 주인이었던 아메리카 원주민들의 저항이 점점 더 커졌던 것이다. 이 점에서 대륙횡단철도 건설은 아메리카 원주민의 몰락이 완결되는 과정이었다. UP는 철도 건설 과정 내내 연방 정부에 군대를 요청했다. 원주민들의 공격으로부터 자신들을 지켜 달라는 것이었다. 남북전쟁이 끝난 뒤, 연방군이었던 북군의 총부리는 이내 아메리카 원주민들로 향했다. 북군 총사령관 그랜트는 1865년 7월 셔먼 장군에게 철도 건설을 방해하는 원주민을 소탕하라는 명령을 내렸다. 이제 신문들은 남북전쟁과 관련된 기사 대신 원주민과의 전투를 다룬 기사들로 채워졌다.

1867년 5월에 UP 건설의 시작 지점인 오마하에는 셔먼 장군의 명령으로 플렛Flat 군관구라는 부대가 창설되고 사령부가 들어선다. 기병대를 주력으로 한 이 부대는 아메리카 원주민들의 공격으로부터 UP의 철도 건설 현장을 지키기 위해 만들어진 부대였다. 그러나 군인들이 모든 UP의 건설 현장을 보호할 수는 없었기에 UP의 기관장 닷지는 노동자들을 무장시켜 아메리카 원주민들의 공격에 대비했다. 닷지의 입장에서는 UP의 상당수 노동자들이 북군 출신이어서 무기를 다루는 데 능숙했던 면이 다행스러운 일이었다.

UP의 횡단철도가 건설될수록 아메리카 원주민들의 공동체는 파괴되었다. 네브래스카 주에 삶터를 갖고 있던 수Sioux 족과 샤이엔Cheyenne

족은 자신들의 생존이 위협받는 만큼 격렬하게 UP를 공격했다. 아메리카 원주민들의 생명을 유지시켜 주는 것은 버펄로였다. 그런데 이 버펄로 무리를 횡단철도가 끊어 버리고, 무차별 사냥 대상으로 삼게 되면서 원주민들의 위기감은 극에 달했다. 실제로, 버펄로는 원주민의 삶을 책임지는 모든 것이었다. 버펄로 고기가 주식이었고 가죽으로 신발에서 담요, 물병과 주거용 막사까지 생활에 필요한 모든 것을 만들었다. 배설물은 말려 연료로 사용했고, 뼈는 칼과 화살촉을 만드는 데 유용한 재료였다. 버펄로의 심줄로는 활시위를 비롯해 탄력이 필요한 여러 가지 재료로 사용됐다. 백인들은 사냥단을 꾸려 평원을 누비며 버펄로를 사냥했다. 버펄로 사냥꾼들의 상당수는 그저 재미 삼아 장난으로 총질을 해대기도 했다. 그들은 달리는 열차에서 창틀에 총을 대고 평원의 버펄로 떼를 향해 총을 쏘았다. 철도 회사들이 레크리에이션의 하나로 버펄로 사냥객을 모집했고, 부자들이 앞다투어 몰려들어 달리는 열차 안에서의 버펄로 사냥을 만끽했다. 버펄로를 누가 더 많이 죽이는가를 두고 내기를 하기도 했다. 유럽인들이 북아메리카에 도착하기 전에 4천만 마리, 1865년 1천5백만 마리가 넘던 버펄로 개체 수가 10년 뒤에 1천 마리도 남지 않게 되었는데[87] 그 만큼 아메리카 원주민 공동체는 파멸의 길로 내몰렸다.

셔먼 장군은 아메리카 원주민의 절멸이 미합중국의 미래를 보장한다고 믿었음이 틀림없다. 그는 "선량한 인디언은 오로지 죽은 인디언뿐"이라거나 "올해 인디언을 많이 죽일수록 내년에 죽일 인디언이 그만큼 줄어든다."며 아메리카 원주민 살육 작전에 매진했다. 셔먼의 휘하 부대는 전투에 임할 때 아메리카 원주민에 대해 노인이나 여성, 어린이를 구분하지 말라는 장군의 명령을 제대로 수행했다.

아메리카 원주민 공동체를 붕괴시키는 데에는 UP의 철도 건설과 '홈스테드 법'Homestead Act[88]이라고 불리는 자작 농지 법안도 한몫했다. 퍼시픽 철도법과 같은 해인 1862년에 제정된 홈스테드 법은 서부 개척을 촉진하기 위해 만들어졌다. 누구든 서부 개척지에 160에이커(약 65만 제곱미터)의 공유지를 차지하고 5년 이상 거주하면 거의 돈을 안 들이고 그 땅을 차지할 수 있도록 한 법이다. 홈스테드 법에 의해 땅을 차지하려고 하는 사람이 늘어날수록 아메리카 원주민 공동체는 더 빠른 속도로 무너졌다.

아메리카 원주민들의 저항도 곳곳에서 일어났다. 그러나 현대적 무기와 체계적인 군사훈련을 받은 군인들에 맞서 자신들의 땅을 지켜 낼 수는 없었다. 아메리카 원주민들은 군대와의 전투뿐만 아니라 백인 민간인들에 의해서도 희생됐다. 캘리포니아에서만 1850년에서 1880년까지 5천 명의 아메리카 원주민이 민간인들에 의해 살해당했다.[89]

콜로라도에서는 전투를 앞둔 주지사가 백인에 적대 의사가 없는 아메리카 원주민들을 군대 주둔지로 모이도록 했다. 아라파호Arapahoe 족과 샤이엔 족의 원주민들이 이에 응했다. 이들을 이끈 블랙 캐틀Black kettle 추장은 백인 군대의 보호를 믿었기에 비무장으로 군대가 지정한 야영지에 자리를 잡았다. 그러나 치빙턴J. M. Chivington 대령이 이끄는 병력이 원주민들의 야영지를 급습하여 일방적인 학살을 시도했다. 133명을 살해했는데 105명이 여자와 어린아이였다.

백인들의 신문은 원주민의 공격은 불법적인 약탈과 살육으로 표현하고 백인들의 공격은 전투라고 명명함으로써 자신들의 행위를 야만에 맞선 정당한 방위로 치장했다.

제7기병대의 활약과 원주민들의 몰락

1876년 아메리카 원주민 전사들은 몬태나에서 위대한 추장 '미친 말'Crazy Horse과 '웅크린 소'Sitting Bull의 지도 아래 전의를 불태웠다. 앞서 1868년 수 족이 백인에 대한 공격을 중지하는 대신, 미국 정부는 사우스다코타South Dakota 주 서부와 와이오밍Wyoming 주 동쪽 땅을 수 족의 소유로 인정한다는 등을 내용으로 하는 제2차 라라미 요새 조약이 맺어졌는데, 이 지역에 금이 발견되면서 백인들이 약속을 깨고 무단 정착을 해 버린 것이다. 연방군은 이참에 제7기병대를 보내 이들 원주민을 서쪽으로 밀어 붙이려 했다. 융통성 없이 무엇이든 힘으로 밀어붙여 사고를 쳐 왔던 조지 커스터George Armstrong Custer 대령이 제7기병대를 지휘했다. 몬태나 남부의 리틀 빅혼Little Bighorn에서 2천5백여 명의 대부대를 형성한 원주민 전사들은 제7기병대를 포위해 몰살시켰다. 이 전투는 건국 이래 아메리카 원주민과의 대결에서 승승장구해 왔던 백인들에게 큰 충격을 주었다. 그리고 결과적으로는 더 많은 군대를 보내 원주민 공동체를 분쇄시키는 계기가 되었다. 1890년 12월 9일 새정비된 제7기병대가 사우스다코타의 운디드니Wounded Knee에서 수 족 350여 명을 포위한 채 진행한 일방적인 학살은 사실상 미 연방군과 아메리카 원주민 간의 마지막 대규모 전투였다. 운디드니의 하얀 눈밭은 원주민들의 붉은 피로 물들여졌다.

남북전쟁 직후인 1866년 창설된 제7기병대는, 만주 철도를 보호하기 위해 창설되었던 관동군처럼 철도를 보호하기 위해 만들어진 부대였다. 리틀 빅혼 전투로 유명해졌고 수많은 할리우드의 서부영화에서 소재로 쓰였다. 물론 이들은 야만인들의 공격으로부터 백인을 지키는 정의로운 용사들로 그려졌다. 할리우드의 시나리오가 그렇듯이 착하고 정의로운 주민들과 소규모 군 병력이 압도적인 숫자의 원주민들과 목숨을 걸고 싸우다가 거의 저항을 포기할 때쯤 언덕 저편에 흙먼지가 날리며 제7기병대의 깃발이 보인다. 음악이 장중하게 바뀌고 인간 사냥을 일삼았던 극악한 인디언 무리를 향해 정의의 수호신 제7기병대 용사들이 돌격을 하면 관객들은 그제서야 안도의 숨을 내쉰다. 서부영화의 전설 존 포드John Ford 감독의 〈아파치 요새〉나 더스틴 호프만Dustin Hoffman이 젊은 시절 출연했던 〈리틀 빅 맨〉 같은 영화에서 원주민들에 대한 백인들의 학대와 제7기병대의 무식함이 나오기는 하지만 주류의 시각에서는 언제나 백인이 정의다.

정의로운 백인이 창조하는 미합중국과 이를 완성시키는 철도의 기적소리가 커질수록 아메리카 원주민들은 설 땅을 잃었다.

동쪽에서 온 기차와 서쪽에서 온 기차가 입을 맞추다

대륙횡단철도의 완공

철도 건설을 둘러싼 CP와 UP의 내기

동쪽과 서쪽에서 출발한 UP와 CP는 온갖 역경을 헤치고 철도를 놓으며 점점 가까워졌다. 두 회사 간의 거리가 좁혀질수록 경쟁은 치열해졌다. 유타Utah 주 어딘가에서 철도가 만나는 지점이 결정될 것으로 보이자 두 철도 회사는 총력 경쟁 체제로 돌입했다. 경영진들은 정부 고위 인사를 만나 철도 연결 지점이 조금이라도 더 상대방 지역 쪽으로 들어가도록 하기 위해 로비를 펼쳤다. 노동자들에게 끔찍할 정도로 인색했던 경영진들조차 한 치라도 더 상대편 쪽으로 나아가기 위해 하루 일당을 대폭 높였다. UP의 실질적 대표인 부사장 듀란트와 경영진들의 목표는 무조건 CP를 이기는 것이었다. 듀란트는 남북전쟁에서 북군이 내세웠던 표어를 내걸었다. "먼저 이기고 지불은 나중에!"[90]

사실, 속도전은 돈 문제를 떠나 두 회사 간의 자존심 대결이기도 했다. 이 총성 없는 전투의 최선봉에 선 측량 기사들은 상대방 회사의 건설 지역을 지나 측량을 하기도 했다. 이들은 건설 현장의 노동자들보다

2백 킬로미터 앞서 나가기까지 했다. 두 회사는 310킬로미터 이상 평행선을 이루며 상대 지역 쪽으로 노반공사를 했다.[91] CP의 중국인 노동자들과 UP의 아일랜드 노동자들 간의 물리적 충돌도 생겼다. 처음에는 UP의 아일랜드 노동자들이 흙덩어리를 던지며 CP의 중국인 노동자들을 놀리는 수준이었지만 나중에는 작업에 전념하고 있는 인부들 가운데로 곡괭이 자루를 날리며 위협을 하는 양상으로 발전했다. 중국인들이 일하는 현장 근처에서 사전 경고도 없이 폭약을 터뜨려 중국인 노동자 일부가 중상을 입는 일이 발생하자 사태는 더욱 심각해졌다. 어느 날 두 회사가 가까운 곳에서 노반 공사를 하고 있었는데, 이번에는 중국인들이 폭약을 터뜨려 아일랜드 노동자들 상당수가 생매장 당하는 일이 발생했다. 그동안 지속된 도발에 몇 배의 이자를 쳐서 한꺼번에 갚아 준 것이다. 끔찍한 사고 이후, 서로에 대한 보복 행위는 잦아들었지만 두 회사의 노동자들은 긴장을 늦추지 않았다.

CP와 UP가 최종적으로 만나는 지점은 남북전쟁의 영웅 그랜트가 대통령이 된 첫해(1869년)에 내린 결정에 따라 유타 주 솔트레이크Saltlake 시 옆의 프로몬토리promontory 언덕 정상으로 정해졌다. 두 회사는 모든 역량을 동원해서 프로몬토리 언덕을 향해 선로를 깔았다. 목표 지점까지 CP가 14마일, UP가 9마일을 남겨 놓고 있던 시점에 CP의 경영진 찰스 크로커는 하루에 10마일, 16킬로미터의 선로를 놓겠다며 UP의 듀란트에게 1만 달러 내기를 제안했다. 당시 하루 평균 부설 길이는 4마일 정도로, 할 수 있는 모든 노력을 다해도 6마일, 약 9.6킬로미터가 최고인 상태에서 크로커의 제안은 불가능한 미션이었다. 듀란트는 1만 달러는 자기 돈이라며 내기를 흔쾌히 받아들였다.[92] 4월 28일 CP의 공사장에는 CP의 노동자들이 올림픽에 출전하는 선수들마냥 비장한 각오로 출발선에 대기했다. UP의 기관장 닷지와 부사장 듀란트 등 UP의 경영

| 미국 대륙횡단철도 노선 |

진들도 이 흥미로운 대결을 보러 현장에 자리를 잡았다. 3천 명이 넘는 중국인, 유럽 각지에서 온 이민자들, 멕시코계, 아메리카 원주민 등이 출발신호가 떨어지기만을 기다리고 있었다. 일은 오전 7시 15분 해가 뜨는 것으로 시작됐다.

이미 최고의 숙련공이 되어 있던 CP의 노동자들은 자신들의 기량을 마음껏 펼쳤다. 침목을 가득 실은 마차들은 노동자들보다 한발 앞서 달리면서 땅 위에 자재를 내려놨다. 중국인 노동자들이 침목을 노반 위에 정렬시켰다. 침목을 내려놓은 마차 뒤로, 레일을 실은 마차가 철제 레일을 차례로 떨구고 지나갔다. 레일 하나의 길이는 약 9미터에 무게는 254킬로그램 정도였다. 네 명의 노동자가 연장을 이용해 이 레일들을 들어 올린 뒤 침목 위로 날랐다. 그리고 "내려!"라는 구령과 동시에 레일이 침목 위에 놓였다. 궤도 간격을 맞추는 게이지와 수평을 재는 막대를 든 노동자가 레일의 위치를 정하면, 해머를 든 노동자들은 대못을 박는다. 선로를 고정하는 데 필요한 대못과 볼트 등은 이미 선발대가 길을 따라 뿌려 놓았다. 침목에 레일을 고정시키고 자갈을 뿌린 뒤 이것을 다시 다져 주는 작업이 순서대로 이루어졌다. 선로 옆에는 전신주 작업팀이 선로와 보조를 맞춰 나무 기둥을 세우고 전선을 이었다. 2마일(3.2킬로미터)에 걸쳐 늘어선 1천여 명의 노동자들은 잘 짜인 각본에 따라 집단 체조를 하듯 일사 분란하게 작업을 벌여 나갔다. 노동자들이 선로를 놓으면서 앞으로 나아갈 때마다 자재와 연장을 실은 마차가 앞서서 나아갔다. 땀 흘려 일하는 노동자들의 목을 축이기 위해 양쪽 어깨에 물과 중국 차를 실은 양동이를 짊어진 노동자들이 분주히 움직였다. 1시 30분 점심시간을 알리는 호각 소리가 들렸을 때 이미 6마일의 선로가 놓였다. 흥이 난 노동자들은 내기의 승리를 확신했다. 오후 작업은 또 다른 팀이 맡아서 하기로 했는데 자부심에 넘친 오전의 노동자들이 내친 김에 오후 작업까지 해치우겠다고 나섰다. 점심시간이 끝나자마자 바로 철의 진군을 다시 시작했다. 작업은 저녁 7시 무렵 종료되었다. 새벽에 시작한 지점으로부터 10마일 56피트, 약 16.1킬로미터에 이르는 철도가 부설된 것이다. 이날을 '10마일의 날'이라고 부른다.[93] 조직된 노동자들이 의지로 하나가 될 때 놀라운 성과를 낸다는 것을 잘 보여 주는 사례다.

동쪽에서 온 기차와 서쪽에서 온 기차가 입을 맞추다

1869년 5월 10일 드디어 미 대륙을 횡단하는 철도가 완공되었다. 유타 주 포트몬토리 언덕 위에서 동서 양쪽에서 전진해 온 선로가 연결되었다. CP와 UP의 노동자들, 스탠퍼드를 포함해 사인방으로 일컬어지는 CP의 경영진, 완공식 참석을 위해 달려오는 길에 체불임금 때문에

미 대륙횡단철도 완공식의 하이라이트 골든 스파이크 박기는 스탠퍼드의 몫이 되었다.

노동자들에게 납치·감금되었다가 임금 지급 각서를 써 주고 풀려난 UP의 부사장 듀란트와 기관장 닷지를 비롯한 정계·재계 인물들과 언론사 기자들이 역사적인 개통을 보기 위해 모였다. 오후 1시로 예정된 완공식 행사는 시작 전부터 CP와 UP의 경영진들이 대립하면서 한 시간이 넘도록 설전이 오갔다. 행사의 하이라이트이자 두 철도의 연결을 상징하는 마지막 퍼포먼스인 골든 스파이크를 누가 박을 것인가를 놓고 두 회사가 양보 없는 싸움을 했기 때문이다. 스탠퍼드는 CP가 UP보다 먼저 주식회사가 되었으니 자신이 마지막을 장식해야 한다고 주장했다. 닷지는 UP의 철도가 더 길기 때문에 듀란트가 골든 스파이크를 박아야 한다고 맞섰다. 긴 싸움 끝에 골든 스파이크 박기는 스탠퍼드의 몫이 되었다.[94]

이제 두 철도의 연결을 완결 짓는 예식이 시작되었다. 중국인 노동자들이 레일 한 가닥을 들고 아일랜드 노동자들도 한 가닥을 들어 동쪽과 서쪽에서 온 두 철로의 마지막 구간에 놓았다. 두 선로가 맞닿은 지점의 침목 위로 듀란트가 골든 스파이크를 살짝 박았다. 이어서 스탠퍼드가 해머를 내리치면 골든 스파이크가 완전히 박히면서 대륙횡단철도 완공 소식이 미 전역에 타전될 상황이었다. 스탠퍼드는 힘껏 해머를 들어 골든 스파이크의 머리를 향해 휘둘렀다. 꽝 소리와 함께 대륙횡단철도 완공 소식이 전신을 탔지만, 스탠퍼드의 해머는 골든 스파이크가 아닌 레일을 맞혔다. 재차, 삼차 시도 끝에 골든 스파이크가 박히자 참석자들은 환호성을 지르고 샴페인을 터뜨렸다. 선로 양쪽에 대기하고 있던 기관차 두 대가 기적을 울리며 서서히 앞으로 나아갔다. 서쪽에서 동쪽으로 달려온 CP의 주피터 호와, 동쪽에서 서쪽으로 달려온 UP의 119호 증기기관차가 점점 가까이 붙더니 가볍게 입을 맞췄고 사람들은 더 큰 함성으로 둘의 만남을 환영했다. 입을 맞췄던 주피터 호와 119호는 다시 후진해서 각각 객차를 연결했다. 먼저 119호가 객차를 연결한 채로 앞서 키스를 나누었던 지점을 넘어 갔다 돌아왔다. 주피터 호도 객차를 물고 UP가 놓은 선로 위로 들어갔다가 후진해 돌아왔다. 1862년 퍼시픽 철도법이 마련되며 본격화된 대륙횡단철도가 숱한 우여곡절을 겪은 끝에 마침내 미국을 하나로 묶었다. 남북전쟁으로 분열의 상처를 안고 있던 미연방은 철도를 통해 서서히 회복의 길로 나아갔다.

대륙횡단철도가 완공된 이후 이 노선과 연결되는 지선들이 앞다투어 건설됐다. 미국은 세계 최고의 철도 나라가 되었다. 주정부와 연방 정부는 적극적으로 철도 건설을 보조했다. 철도 회사들은 사기업이었지만 사실상의 공공사업으로 진행되었다. 오늘날도 그렇지만 세계에서 가장 훌륭한 철도라고 여겨지는 노선들은 겉모양은 비록 민간 회사의 옷을 입었을지라도 국가의 지원을 기초로 하고 있다. 횡단철도는 미국 발전의 커다란 동력이 되었다. 목숨을 걸고 수개월에 걸쳐 지나야 했던 길인 뉴욕과 샌프란시스코 간을 일주일이면 주파할 수 있게 되자 미 대륙은

미 대륙횡단철도 완공식. CP철도와 UP철도가 프로몬토리 언덕에서 만났다.

이전과는 상상할 수 없는 신세계로 나아갔다.

횡단철도는 미국 산업의 지형도 바꿔 놓았다. 퍼시픽 철도법에 따라 횡단철도에 쓰이는 철강은 미국산만 쓸 수 있게 되었다. 이에 힘입어 철강 산업이 대약진을 하게 된다. 피츠버그에서 작은 제철소를 운영하던 앤드류 카네기Andrew Carnegie는 탄광을 매입하고 철광석 운반 선단을 운영하면서 몸집을 불리더니 철도 회사도 인수했다. 가난한 스코틀랜드 이민자 출신이 철도 덕에 미국의 강철왕으로 거듭났다. 철강 회사들만 수혜를 입은 것은 아니었다. 금융자본도 기지개를 폈다. 존 피어폰트 모건John Pierpont Morgan은 카네기로부터 철강 회사를 사들이고 다른 철강 기업들을 합병, 유에스 철강 회사를 설립해 당시 미국 강철 생산량의 3분의 2를 장악했다.[95] 모건은 산업자본가가 아니라 은행가였다. 주식회사가 등장하고 이 주식의 매입과 인수, 합병 등에 참여하면서 금융가가 산업자본을 지배할 수 있음을 보여 주었다. 은행이 감당하고 있는 자금과 신용으로 더 많은 돈을 벌어들이게 되었다. 사실상의 불로소득인 수수료나 고율의 이자, 채권을 이용한 수입 확대 등 마르크스가 『자본』에서 말했던 생산과정 외부에 존재하며 훨씬 보편적이고 구속되지 않는 범주의 수익을 챙기면서 성장하는 거대 기업이 나타났다.

철도망이 자리를 잡으면서 이를 활용한 기업들이 승승장구했다. 산업자본주의 시대의 꽃을 피울 검은 황금인 석유를 장악한 스탠더드 오일Standard Oil Co.의 확장은 눈부실 정도였다. 스탠더드 오일의 사장 록펠러John D. Rockefeller는 닥치는 대로 정유 회사를 사들였다. 필라델피아, 피츠버그, 뉴욕, 볼티모어, 클리블랜드 등 동부의 잘 짜인 철도망으로 연결된 지역들의 정유 공장 대부분이 포함되었다. 정유 회사들을 장악한 록펠러는 그동안의 수평적 확대를 넘어 수직적 통합에 나섰다. 정유 회사를 정점으로 화물 차량, 창고, 송유관 사업뿐만 아니라 석유통 제조 사업까지 뛰어들었다. 판매망까지 수직 계열화를 이룬 록펠러의 스탠더드 오일은 미국 석유 산업계의 막강한 지배력을 가진 독점자본이 되었다.

대륙횡단철도가 만든 스탠퍼드 대학교

흔히 자본주의 시장경제를 활성화시키는 주요 동인은 경쟁이라고 한다. 치열한 경쟁이 생산성을 높여 주고 이 힘으로 시장경제가 나날이 발전할 수 있다는 것이다. 그러나 시장에서 우위를 점한 자본가나 기업들은 독점의 단 열매를 놓치지 않기 위해 가능한 수단을 모두 동원한다. 석유 재벌 록펠러조차 살인적인 경쟁이야말로 현대 경제에 있어 최악의 저주라고 생각했다.[96] 시장에서 독점적 지배력을 확보하기 위한 기업형태들은 카르텔, 트러스트, 지주회사 등으로 진화하는데, 최초의 카르텔은 미국철도연합이었다. 철도 회사들은 시장을 나누어 지배하고 불필요한 경쟁을 막는다는 명목으로 운임을 통일시켰다. 하지만 철도 회사 간 내부 담합은 오래가지 못하고 자주 깨졌다. 새로운 기업 지배 방식이 필요했다. 은행가 모건이 나서 트러스트 모델을 세웠다. 개별 주식회사의 주주는 트러스트에서 배당을 받는 조건으로 소규모 수탁 집단에 주식을 신탁했다. 주식을 수탁 받은 소수의 금융자본이 다수의 기업을 통제할 수 있게 되었다. 자본가들이 소수의 지분으로 경영권을 행사할 수 있는 길도 열렸다. 트러스트는 지주회사를 통해 완성되었는데, 록펠러가 스탠더드 석유 회사를 통해 최초로 선보였다. 뉴저지 주가 주법을 개정해 기업 간 매매를 가능하게 하자 그는 바로 자신의 회사를 뉴저지 주로 옮기고 지주회사를 설립했다. 록펠러가 세운 지주회사는 트러스트들의 주식들을 매입해 소유권을 갖고 산하 기업들을 중앙 집중형으로 관리했다.[97]

대륙횡단철도 건설은 미국의 위대한 초기 개척사의 한 페이지를 장식하지만 자본과 국가, 정치권력이 어떻게 조화를 이루는지도 잘 보여준다. 모두가 한통속이 되어 부정부패와 이권 쟁탈의 거대한 용광로가 되었던 횡단철도는 새로운 제국 미국을 일으켜 세웠다. 연방 정부로부터 무상으로 불하받은 토지를 엄청난 시세 차익을 남겨 팔아 막대한 돈을 번 CP의 사장 리랜드 스탠퍼드는 1884년 외아들을 장티푸스로 잃는다. 1891년 스탠퍼드는 자신이 소유한 캘리포니아의 거대한 부동산 부지에 대학을 설립했다. 대학 이름은 자신의 아들 이름을 딴 리랜드 스탠퍼드 주니어 대학Leland Stanford Junior University으로 스탠퍼드 대학이라고 알려진 서부 최고의 명문 대학이다. 스탠퍼드가 CP의 출발지 캘리포니아의 젊은이들을 죽은 아들 대신 모두 아들로 삼겠다며 만든 대학이다.

조선인 유길준,
미국 대륙 횡단 열차를 타다

한국 사람 중에서 미국 대륙횡단철도를 처음 탔던 이는 유길준이었다. 1882년 조선과 미국 사이에 조미통상수호조약이 체결된 뒤에 초대 미국 공사 루시우스 푸트Lucius H. Foote가 조선을 방문했다. 조정은 이에 대한 답례로 1883년 9월 전권대신 민영익을 대표로 '보빙사'報聘事라는 이름의 미국 사절단을 보낸다. 유길준은 이미 1881년 신사유람단으로 일본을 다녀온 뒤였다. 일본을 방문했던 유길준은 다른 일행이 조선으로 귀국할 때 돌아오지 않고 일본에 남았다. 26세의 젊은 청년 유길준의 눈에 비친 일본은 충격 그 자체였다. 관료들의 부패가 판을 치고 양반 귀족들이 백성들의 고혈을 짜내고 있던 조선이 항로를 잃은 채 난파된 배였다면, 일본은 서양의 과학기술을 받아들이고 메이지유신을 통해 막 기지개를 펴는 거인이었다. 한양의 사대문 안조차도 비만 오면 진창이 되어 제대로 걸을 수 없는 시절이었다.

요코하마横浜에서 도쿄의 신바시新橋로 가는 기차를 본 유길준은 두 나라의 차이를 피부로 느꼈을 것이다. 유길준은 일본이 급부상한 것은 지난 30여 년간 서양의 발달된 문명을 적극적으로 받아들였기 때문이라고 생각했다. 유길준은 일본 근대화의 기틀을 닦은 후쿠자와 유키치

보빙사. 뒷줄 왼쪽에서 세 번째가 유길준, 앞줄 가운데가 민영익

福澤諭吉를 만나고 그의 문하생으로 유학 생활을 시작한다. 후쿠자와 유키치는 메이지유신의 사상적 토대를 제공한 인물이다. 미국과 유럽의 문물을 답사하고 자유주의와 공리주의, 부국강병을 내세우며 일본의 개화와 서구화를 이끌어 오늘날 1만 엔짜리 지폐의 초상화 주인공이기도 하다. 후쿠자와 유키치의 문하생이 되어 일본에 머물던 유길준이 조선으로 돌아온 것은 임오군란 때문이었다. 그는 정치적 격변으로 혼란에 빠진 후원자 민영익의 요청으로 급히 현해탄을 건너왔다. 고종의 왕비인 민 씨의 후광으로 승승장구한 민영익은 유길준에 대한 신뢰가 남달랐다. 민영익은 일본 신사유람단으로 가게 되면서 수행원으로 유길준을 선정했는데 사정이 생겨 갈 수 없게 되자 고종을 설득해 다른 신사유람단원인 어윤중의 수행원으로 끼워 넣었다. 민영익은 조선을 위해 한 사람이라도 더 새로운 문물을 봐야 한다고 고종을 설득했다.

유길준이 1883년 보빙사의 일원으로 미국에 갈 때는 자신의 절친이자 후원자인 민영익의 수행원으로 배를 탔다. 미국으로 보내는 최초의 외교 사절 보빙사의 대표는 24세의 전권대신 민영익이었다. 부사로 홍영식, 서기관 서광범, 수행원으로 유길준이 긴 여정을 나선다. 보빙사가 유길준의 일행으로 알려진 것은 그가 기록을 남겼기 때문일 것이다. 유길준은 미국을 비롯해 자신이 방문한 나라들을 보고 느낀 것을 기록했다. 『서유견문』은 그 결과물이었다. 유교적 가치관이 몸에 밴 삶, 왕에 대한 충성심, 외세 앞에 흔들리는 조정, 서양의 자유주의 사상과 합리론, 눈부신 과학기술, 도탄에 빠져 허덕이는 조선 백성 등 격변의 시대 유길준의 머릿속은 혼란 그 자체였을 것이다. 1883년 7월 제물포항을 떠난 유길준은 나가사키와 도쿄를 거쳐 9월 2일 샌프란시스코에 도착한다. 미국 대통령이 있는 워싱턴을 가기 위해서는 대륙횡단철도를 타야만 했다. 28세의 젊은 외교사절은 광활한 대륙을 횡단하는 열차 안에서 무슨 생각을 했을까? 유길준은 샌프란시스코를 출발해 시에라네바다 산맥을 넘는 CP의 열차를 탔다. 열차에 탄 사람들은 갓에 도포를 쓴 이상한 복색의 아시아계 승객들을 호기심 가득한 눈으로 지켜보았다. 유길준은 외교사절단의 예우에 맞게 고급 객실에 탄 것이 분명하다. 『서유견문』에 기록된 유길준의 글은 호화로운 객차의 대명사인 풀먼 객차를 정확히 묘사하고 있다.

> 기차는 증기기관의 힘을 빌려서 움직이는 차인데, 화륜차라고도 한다. 앞차 한 량에다 증기 기계를 장치하여 기관차라 이름하고, 기관차 한 량으로 다른 차 20~30량 내지 40~50량을 끈다. 기차가 달리기 위하여 길을 닦은 뒤에, 두 줄의 철선을 깔아 그 이름을 철로라고 한다. 철로를 가설하는 재료는 철선과 침목이다. 철선의 너비는 2촌이고 두께도 4촌에 지나지 않지만 …… 철로를 까는 비용은 지형이 험한지 평평한지에 따라 같지 않지만, 대략 평균 수치로 우리나라 1리 되는 거리에 3천 원이 든다.

멀리 가는 차는 밤낮을 가리지 않기 때문에 차 안에다 침구를 갖춰 놓았는데, 낮에는 걷어서 차 벽에 걸어 두고, 밤에는 내려서 평상처럼 된 상하 2층의 침대를 만든다. 또 음식 차가 있어서 하루 세끼를 제공하고, 세면실과 변소의 위치도 조리 있게 배치되어서 아주 편리하다. 철로와 차바퀴가 서로 맞물린 제도가 일정한 규모로 뻗어 나가, 만 리 밖까지 이르러도 조그만 오차가 없다.[98]

유길준 일행이 탄, 샌프란시스코에서 시카고로 향하는 대륙 횡단 열차 안에는 이 일행에 호기심을 보이고 접근한 사람이 있었다. 유길준 일행과 3일간 여정을 함께 했던 미국 감리교 목사 가우처John F. Goucher였다. 해외 선교에 관심이 많았던 가우처는 조선이라는 난생 처음 들어 보는 나라에 기독교를 믿는 사람이 없다는 말을 듣고는 이 미개한 나라에 복음을 전하는 것이 주님의 뜻이라고 생각했다. 그는 일본에 선교사로 나가 있는 로버트 맥클레이Robert McLay에게 조선 선교 가능성을 타진했고 맥클레이는 조미 공사 푸트Lucius H. Foote의 도움을 받아 1884년 6월 조선에 들어와 2주간 둘러본다. 쇄국정책과 천주교 박해의 여파가 가시지 않은 조선이었다. 맥클레이는 직접적인 선교보다 의료와 교육을 통한 간접적인 방식으로 선교를 하는 것이 좋겠다고 판단하고, 학교와 병원 설립을 허가해 달라는 청원을 김옥균을 통해 고종에게 전달했다. 고종이 윤허했다는 답변을 받고 조선을 떠난 그는 선교의 문호를 개방한 한국 최초의 개신교 선교사가 되었다.[99] 그가 닦아 놓은 길을 따라 다음해 감리교의 아펜젤러Henry Gerhard Appenzeller와 장로교의 언더우드Horace Grant Underwood가 들어와 기독교의 뿌리를 내린다. 아펜젤러는 정동제일교회를 설립하고 최초의 서양식 교육기관인 배제학당을 세웠다. 언더우드는 연희전문학교와 새문안교회로 알려진 정동교회를 세웠다. 한국 역사상 첫 개신교 교회였다. 대한민국이 신도 수가 세계 최대인 대형 교회를 갖게 된 씨앗이 대륙 횡단 열차에서 발아된 셈이다. 개신교도들의 입장에서 보자면 미개한 유교의 나라에 성령의 놀라운 역사가 일어난 것이다.

혼란의 시대를 닮은 유길준의 삶

19세기 말 몰락해 가는 왕국의 젊은이가 본 미국의 모습은 충격 그 자체였을 것이다. 유길준은 신사유람단으로 참가했다가 일본에 남았던 것처럼 보빙사가 미국 일정을 마치고 귀국할 때 미국에 홀로 남았다. 네 살 아래의 친구이자 전권대신 민영익의 부탁도 있었겠지만 미국에 남아 더 배워야겠다는 유길준의 욕심도 있었다. 유길준은 매사추세츠 주 셀럼Salem 시 피바디 박물관 관장이었던 모스Edward Sylvester Morse 박사의 지도를 받게 된다. 외교사절단에서 한국인 최초의 미국 유학생으로 신분이 바뀐 것이다. 조선의 관리이면서 미국 유학생이었던 유길준은 여러모로 고독한 시간을 보냈을 것으로 추정된다. 지금이야 미국이나 유럽의 사정에 훤하지만 19세기 말은 미국이라는 나라에 대한 정보가 없던 시절이다. 조선 정부가 이역만리 단신으로 남겨진 하급관리를 충분히 배려할 수 있는 조건이 아니었을 것이다. 게다가 당시의 조정은 자신들의 앞가림을 하기에도 벅찼다. 유길준의 미국 유학 시절 사진을 보면 서양식 헤어스타일에 약간은 비뚤어진 나비넥타이를 메고 있다. 눈은 깊은 우수에 잠겨 있는데, 굶주린 형제들을 집에 둔 채 혼자서만 부자의 잔칫집에 초대된 듯한 표정이다.

구글 검색을 해 보면 유길준의 학력은 보스턴 대학 1년 중퇴로 나온다. 유길준은 왜 미국 유학을 접어야 했을까? 일본 유학 생활을 임오군란으로 중단해야 했던 것처럼 미국 생활은 갑신정변으로 이어갈 수 없

미국 유학 시절의 유길준(1856~1914)

었다. 1884년 겨울 미국의 친구들이 유길준에게 신문을 보여 주며 "너네 나라 난리가 났다."라며 정변이 일어났음을 알려주었다. 정변은 미국의 국비 유학생이 더 이상 학업을 할 수 없음을 의미했다. 혼란이 끊이지 않았던 나라의 젊은이는 나라의 미래를 걱정하면서도 바로 귀국길에 오르지 않고 대서양을 횡단하는 증기선에 올랐다. 기내식을 먹으며 열네 시간 남짓 비행을 하면 귀국할 수 있는 시절이 아니었다. 정변 소식을 듣고 급거 귀국한다 해도 한 달 이상 걸리는 여정임을 감안하면 이미 정변의 긴장은 사라진 조국에 발을 내딛게 될 것이기 때문이다. 이왕 오래 걸릴 귀국길이라면, 그 길에서 서양 세계를 좀 더 둘러보기로 마음먹은 유길준은, 아일랜드·영국·프랑스·독일·벨기에·네덜란드·포르투갈과 수에즈 운하를 지나 싱가포르·홍콩을 경유해 마침내 인천에 도착하는 대장정을 떠난다.

1885년 귀국하자마자 개화파의 일원이라는 이유로 체포된 유길준은 우포도청에 수감되었다가 두 달이 지나서 풀려난다. 이후에는 우포도청장 한규설의 집에 연금되었다. 유길준을 한규설의 집에 연금시킨 이유는 수구파의 살해 위협으로부터 보호하기 위한 고육지책이었다.

연금 생활 2년이 지나 백록동 취운정으로 유폐된 유길준은 본격적으로 『서유견문』을 집필하기 시작해 1889년 원고를 완성하고 1890년 한규설을 통해 고종에게 바쳤다.

유길준이 부국강병을 외치며 국민경제회를 조직하는 데 힘을 쏟고 국내 산업자본의 육성을 위해 노력한 것은 자신이 보고 온 서양을 좇아가려면 오직 국력 양성밖에 없다고 여겼기 때문이다. 또한 1905년 호남철도 회사를 통해 철도 부설권을 확보하려 했던 것은 미국 대륙 횡단 열차를 비롯한 철도가 만들어 낸 신세계를 보았기 때문이다.

유길준은 일본 유학파의 일원으로 일본 근대사상의 대부인 후쿠자와 유키치로부터 사사를 받았음에도 적극적인 친일파가 되지는 않았다. 또한 1892년에는 미국인 윌리엄 페인William T. Payne이 단돈 14만 원에 조정으로부터 전기 가설권을 사들이려고 했을 때, 영문을 해독할 자가 없어 유기륜이라는 자가 책임을 맡았는데 유길준이 나서서 나라의 보물과도 같은 것을 단돈 14만 원에 넘길 수 없다고 주장하여 미국의 이권 침탈을 막았다. 또한 1905년 조선의 외교권을 박탈한 을사조약을 반대했다. 고종의 헤이그 특사 사건을 빌미로 1907년 이완용이 주도한 정미 7조약도 반대했다. 1910년 일본이 한국을 강제 병합하고 조선귀족령에 의해 유길준에게 남작 작위를 부여했으나 거부하고 반환했다.

그렇다고 해서 유길준이 민족의 장래를 밝힌 선각자라고 보기는 어려울 것 같다. 을사조약에는 반대했지만 그는 이 조약을, 개혁에 실패하고 당쟁만 일삼은 조선이 당연히 받는 징벌이라 여겼다. 하루가 다르게 천지가 개벽하는 세상을 두 눈으로 보고 온 유길준은 자신이 두발을 딛고 선 조선의 현실이 암담할수록 냉소적이 될 수밖에 없었으리라. 유길준은 약육강식, 우승열패의 세계관을 가졌다. 이런 시각은 국가주의 혹은 군국주의로 흐르거나 쉽게 자포자기하게 되는 양극단을 오가게 된다. 민영익의 후견을 받는 등 민 씨 가문의 혜택을 받기도 했지만 나중에는 대원군의 편에 섰다. 안중근이 저격한 이토 히로부미를 위해 전국적인 추도회를 열었던 사람이자, 한일합방에 반대하고 국채 보상금 처리회장의 역할도 맡았던 유길준의 행적은 혼란의 시대를 닮아 있다.

미국 철도의 쇠퇴에서 공공성을 생각하다

세계 최고의 철도 국가는 어디일까?

철도에 관심이 있는 사람들은 세계 최고의 철도 국가로 가까운 일본이나 유럽의 독일, 프랑스를 꼽는다. 철도를 평가하는 기준은 여러 가지가 있다. 선로의 길이, 복선 노선의 비율, 전철화의 정도, 고속화 정도, 정시 운행률, 쾌적함, 수송 분담률, 수익성 등 여러 가지 요소들이 종합적으로 고려되어야 한다. 유럽의 철도 전문가들은 스위스 철도를 우수한 철도의 하나로 꼽는다. 알프스를 품고 있는 험난한 지리적 조건을 극복하고 공공 교통의 중요한 수단으로 자리 잡았기 때문일 것이다.

다른 모든 조건을 버리고 선로 길이로만 볼 때 최고의 철도 국가는 미국이다. 현재 미국에서 운영되는 선로 길이는 20만 킬로미터가 넘는다. 한국 철도 선로 용량의 45배에 달하는 규모이다. 16만 킬로미터에 근접하고 있는 세계 2위의 선로 보유국 중국보다도 길다. 하지만 미국 사람들에게 철도는 한물간 교통수단이다. 대도시의 출퇴근용 지하철이나 근거리 통근 열차를 빼면 열차를 이용하는 것은 인내심을 시험하는 지독한 정신 수행 과정이다. 한때 미국을 통합하고 미국 자본주의를 일으켜 세웠던 역사를 갖고 있는 교통수단 치고는 초라한 얼굴이다. 미국의 철도 여행을 책임지고 있는 회사는 암트랙Amtrak이라는 여객 철도 회사이다. 암트랙은 1970년 '철도 여객 서비스 법'Rail Passenger Service Act이 의회에서 통과되면서 국영 여객 철도 회사로 설립되었다. 암트랙이 설립되기 이전의 여객 서비스는 각 노선별로 여러 개의 민간 회사가 운영을 맡았다. 1970년의 미국은 자동차와 항공 수요의 폭발로 철도 이용률이 급격히 떨어지면서 철도 회사들이 도산을 피하기 어려운 지경에 이르렀다. 의회는 궁여지책으로 망하는 민간 회사들을 하나로 묶어 국영 철도 회사를 세울 수밖에 없었다. 이런 사건 하나만 봐도 철도가 경영 부실에 빠지는 원인은 한국의 국토부가 이야기하듯 독점에 따른 경쟁의 부재가 아니라는 것을 알 수 있다. 민영화와 경쟁 체제가 효율을 가져온다면 수많은 민간 회사가 경쟁했던 미국 철도는 망하지 말았어야 했다. 교통 인프라는 그 인프라가 갖는 시대적 조건과 특성에 따라 부침을 겪게 되어 있다. 19세기 중반 영국 런던에 철도가 놓이자 런던에서 각지로 연결되었던 350여 개의 역마차 노선과 회사가 몰락했다. 자동차의 폭발로 철도가 맥을 못 추게 되거나 고속철도가 개통되면서 국내선 항공이 위기를 겪게 되는 것은 갑자기 경영 능력이 사라져 적자가 양산되는 게 아니다. 인프라가 담고 있는 조건이 변했기 때문이다.

세계 최장의 선로를 보유한 미국에서 그 인프라를 제대로 활용하지 못하게 되자 민간 철도 회사들은 두 손을 들고 국가에 떠넘겼다. 국가에 떠넘겼다는 것은 곧 세금을 내야 할 시민들에게 책임을 떠넘긴 것이다. 암트랙은 철도 여객 서비스 법에 따라 1971년 5월 1일 첫 운행을 시작한다. 43개 주 21개 노선을 관장하는 거대 철도 공기업이 탄생한 것이다. 그러나 암트랙은 빛나는 차세대 교통수단으로서의 철도가 아니었다. 제우스의 형벌을 받아 하늘을 어깨에 짊어지고 고통스러워하는 아틀라스처럼, 무너지는 철도를 어깨에 이고 근근이 운송 서비스를 유지해야 하는 철도 공기업이 되었다.

열차 길이가 무려 5킬로미터, '몬스터'라 불리는 이 열차는?

일본 국철은 1987년 민영화를 시도하면서 6개의 여객 철도 회사와 하나의 화물 철도 회사로 나뉘었다. 본토를 3개의 회사가 지역을 나누어 맡았다. 3개의 큰 섬에도 각각의 회사가 생겼다. 이들 6개의 여객 회사들은 선로도 소유했다. 철도에서는 이렇게 운영 회사가 선로도 소유하고 있는 형태를 상하 통합형이라고 부른다. 반면 화물 철도 회사는 여객 회사가 소유한 선로에 사용료를 내고 운행을 하게 되었다. 이렇게 되면 철도 회사 간에는 어떤 문제가 생길까? 철도는 도로처럼 차량이 마음대로 차선을 바꾸거나 추월을 할 수 없는 구조다. 열차가 선로를 점유하게 되면 절대적 독점권을 행사하게 되어 있다. 이런 이유로 일본의 화물 철도 회사는 자기 마음대로 운행 계획을 세울 수 없다. 선로 소유자인 여객 회사가 황금 시간대로 여기는 시간을 우선적으로 점유하고 남는 시간 중의 일부를 화물 철도 회사의 열차가 운행하게 한다. 때문에 화물 철도 회사의 열차는 여객열차가 운행하는 낮 시간대를 피해 심야 운행을 하게 되는 일이 많다. 설사 주간 시간대에 운행을 하더라도 관제실의 명령에 따라 여객열차를 우선 통과시키기 때문에 장시간 역의 대피선에서 기다려야 하기도 한다.

미국은 정반대이다. 여객 철도 회사 암트랙은 선로를 소유하고 있지 않다. 여객 수송 기능을 자동차와 항공에 빼앗긴 미국 철도는 주로 화물을 운송한다. 선로도 화물 철도 회사들의 소유이다. 일반적으로 여객 철도의 속도가 빠르고 화물 철도의 속도는 느리다. 만약 화물 철도가 여객 철도 앞에서 달리게 되면 관제실의 임무는 여객 철도의 운행에 지장을 주지 않기 위해 빨리 화물열차를 정거장의 옆 선로로 유도해서 정차시킨 뒤 여객열차를 통과시키는 것이다. 이것을 철도에서는 '열차의 대피'라고 부른다. 열차가 직선의 선로를 달리다가 정거장의 옆 선로로 들어가기 위해서는 선로 전환기에 의해 틀어진 분기기를 지나기 때문에 시속 30~55킬로미터로 속도를 낮춰야 한다. 또 철도의 신호 체계상 대피를 하기 위해 역에 들어서는 열차는 고속에서 점차 속도를 낮추도록 유도되기 때문에 속도를 줄인 채 상당한 거리를 운행해야 한다.

이런 사정을 알고 있는 사람이라면 미국 암트랙 기관사들의 스트레스가 얼마나 클지 짐작할 수 있다. 화물열차보다 속도가 빠른 여객열차를 운전하면서도 선로 소유자인 화물열차 회사의 관제에 따라 여객열차를 대기시켜야 하는 일이 다반사다. 화물열차 뒤를 따라 달리게 될 경우 화물열차의 속도에 맞추어야 한다. 이럴 경우 제시간에 열차를 운전하는 것은 불가능하다. 화물열차 회사의 기관사들은 뒤에 암트랙 열차가 따라 붙으면 일부러 시속 56킬로미터 이하로 속도를 낮추어 운행한다고 암트랙 기관사들은 불평을 토해 낸다.[100] 우선권이 있는 화물열차가 정거장에서 출발하는 것을 기다리기 위해 여객열차가 대기하는 시간도 만만치 않다.

미국의 화물열차는 그 땅덩이를 닮아서 그 길이가 상상을 초월한다. 만약 미국의 도로에서 자동차 운전을 하다가 화물열차가 지나는 철도 건널목을 만나게 된다면 옆의 운전자들이 그렇듯이 시동을 끄고 차 밖에 나와서 담배라도 한 대 피는 게 신상에 좋다. 한국의 철도 건널목처럼 잠깐 만에 휙 스쳐 지나가는 열차를 생각하면 오산이다. 사람들은 긴 열차가 눈앞에 지나가면 뒤에 따라오는 화차가 몇 량인지 자기도 모르게 세게 되는데 미국의 화물열차는 다 셀 수가 없다. 눈썰미가 좋은 사람은 50에서 60량쯤 세다가 포기하고 만다.

한번은 필자가 뉴욕에서 렌트한 자동차를 몰고 필라델피아 시내에 접어들었을 때 다리 위에서 신호 대기에 걸렸는데, 마침 아래로 화물열차가 지나갔다. 직업 정신을 발휘해 화물열차가 지나가는 것을 유심히 보았는데, 꼬리를 보기 전에 신호가 바뀌어 차를 움직여야 했다. 오후의 러시아워가 시작될 즈음 제법 긴 신호 대기 시간이었음에도 불구하고 열차는 계속 지나갔다. 한국의 화물열차는 20량이 보통이고 최대 35량을 넘는 경우가 드물다. 그러나 제대로 연결한 미국 화물 철도 회사의 열차는 3백 량의 화차를 뒤에 매달고 달린다.

기네스북에 따르면 2001년 6월 호주에서 8대의 기관차가 682량의 화차를 연결하고 운행한 것이 세계 최고 기록이다. 기네스북 기록에는 미치지 못하지만 '몬스터'라 불리는 미국의 화물열차 운행도 만만치 않다. 9대에서 10대의 기관차가 선두에서부터 중간과 마지막에 연결되어 3백 량에 이르는 평판 화차 위에 2단으로 컨테이너를 싣고 달리는 광경은 장관이다. 컨테이너 화차 1량의 길이를 약 17미터로 잡아도 3백 량에다 9대의 견인용 기관차까지 합하면 전체 길이가 5.3킬로미터에 이른다. 서울역을 기점으로 한다면 용산역을 지나 한강 다리까지 하나의 열차가 이어진 셈이다. 이런 열차가 역으로 들어가거나 나가기 위해 선로 전환기의 제한 속도에 맞추어 서행을 하게 되면 뒤따르는 열차의 기관사는 마음을 비워야 한다.

『기차를 타고 아메리카의 일상을 관찰하다』의 저자 돈 왓슨Don Watson의 경험담을 따라가 보자. 오클라호마시티Oklahoma City에서 포트워스Fort Worth를 향하던 돈 왓슨이 탄 암트랙 열차가 가다 서다를 반복하더니 포트워스를 2킬로미터 남겨 놓고 그대로 멈췄다. 30분쯤 서 있다가 열차가 왜 정차했는지 알게 되었는데 역에 정차한 화물열차의 기관사가 집에 가 버린 탓이었다. 열두 시간 근무 후 교대를 하는데 12시간이 지나자 교대 근무 기관사가 도착하지 않았는데도 자신이 운전한 화물열차로 여객열차가 들어갈 선로를 점유한 채 퇴근한 것이었다. 잠시 후 차내 방송이 나왔다.

"승객 여러분께 죄송한 말씀을 드립니다. 그런데 저희 회사로서는 앞에 있는 화물열차를 어떻게 할 도리가 없습니다. 이 열차가 움직이는 건 저 화물열차에 달려 있습니다."[101] 차장은 안내 방송을 통해 승객들이 암트랙에 전화를 해서 이 사태를 항의하면 문제가 빨리 해결될 수 있다는 충고를 해야 했다.

두 시간을 넘게 기다려서야 열차는 목적지인 포트워스에 들어갈 수 있었다. 웃기는 일은 선로를 소유한 회사의 화물열차 기관사와 교대할 기관사가, 불만이 가득 찬 승객들과 함께 태연하게 암트랙 열차를 타고 있었다는 사실이다. 미국의 여객열차가 제시간에 다니는 것이 기적에 가까운 일이라는 것은 미국 철도의 이런 특수한 사정 때문이다.

철도가 사라지면 효율적인 사회가 될까

화물 철도 우선의 미국 철도를 빗대 옥수수와 파인애플의 가치를 시민보다 높게 매기는 나라가 미국이라고 조롱하기도 한다. 세계의 거의 모든 철도 회사는 여객 철도를 최우선으로 취급한다. 또 여객 철도 중에서도 고속이나 특급 등 열차 등급에 따라 개통 우선권을 준다. 한국에서도 열차가 한 선로에서 경합하게 되면 고속 열차인 케이티엑스가 최우선권을 갖고 새마을호, 무궁화호가 뒤를 잇는다. 특별한 경우가 아니면 화물열차는 여객열차를 모두 보낸 뒤에 운행을 한다. 만약 화물열차의 운행으로 뒤에 오는 열차가 지장을 받게 될 것이 예상되면 오랫동안 여러 대의 여객열차를 보내고 난 뒤에야 출발을 시킨다. 지금은 거의 사라진 일이지만 과거에는 화물열차를 운전하는 날에는 기관사들이 약속을 잡지 않았다. 특히 고참 기관사들은 열애에 빠진 신입 부기관사들에게 화물열차 타는 날은 절대 데이트 약속을 잡지 말라고 충고한다. 예정된 사업 종료 시간을 훌쩍 넘겨 언제 끝날지 모르는데 애인을 무작정 기다리게 하면 연애 전선에 위기가 닥칠 게 뻔하기 때문이다.

다시 암트랙 이야기로 돌아가 보자. 2006년 미국 정부가 암트랙에 배정한 예산은 0이었다. 암트랙 최고 경영자 데이비드 건David L. Gunn은 새해 예산에 정부의 지원이 없는 걸 확인하자 "정부의 계획은 암트랙을 파산시키는 것이다."라고 말했다.[102] 부시 행정부의 철도 정책은 쓸데없이 연방 정부 예산만 축내는 암트랙을 서서히 안락사시키는 것이었다. 암트랙 최고 경영자 데이비드 건은 사사건건 이에 반발했다. 부시 행정부는 데이비드 건의 사임을 요구했다가 그가 버티자 바로 해고해 버렸다. 세계 대부분의 철도가 그렇듯이 암트랙도 정부 보조금이 중요한 역할을 한다. 미국 철도는 암트랙뿐만 아니라 화물 철도조차도 기관차며 선로나 역이 낡을 대로 낡아 있다. 보스턴과 뉴욕, 워싱턴을 잇는 동부의 황금 노선을 제외하면 거의 모든 미국 철도 노선은 막대한 적자를 감수하며 운행되고 있다. 정부 보조금이 없이는 미국 철도가 유지될 수 없는 상황이다.

그러나 이 보조금이라는 것이 유독 철도에 적용될 때에는 끔찍한 악으로 간주된다. 한국도 마찬가지다. 기업에 지원되는 수출 장려금이나 각종 보조금은 경제를 위해 꼭 필요하고, 농업 보조금도 농촌을 살리기 위해 필수 불가결하다고 생각한다. 심지어 망해 가는 기업이나 은행을 위해 서민들 장롱의 금반지까지 모아서 만든 공적 자금을 지원한다. 전국의 도로나 항만, 공항을 위해 들어가는 보조금 또한 사회 기반 시설을 위해 꼭 필요한 자금이다. 그런데 철도에 들어가는 보조금만큼은 경멸의 대상이 된다. 부시 행정부가 동부의 일부 철도 노선을 제외하고 적자 투성이 암트랙을 자연사시키고 싶었던 것처럼 한국에서도 지방 적자선의 민영화나 폐선을 바라고 있는 것 같다.

1776년	미국의 독립
1854년	캔자스-네브래스카 법 가결
1860년	11월 대통령 선거에서 링컨이 당선
	12월 20일 사우스캐롤라이나 주 의회가 연방 탈퇴를 선언
1861년	6월 28일 센트럴 퍼시픽 철도(CP) 출범
1861~ 1865년	남북전쟁
1862년	퍼시픽 철도법 통과됨
1865년	4월 14일 링컨 대통령 암살
1869년	4월 28일, CP와 UP의 선로 공사 내기에서 CP가 이김. '10마일의 날'이라 불림
	5월 10일 미 대륙 횡단 철도 완공. 유타 주 포트몬토리 언덕 위에서 선로 연결, 완공식
1872년	크레디트 모빌리에 스캔들
1877년	볼티모어 앤 오하이오 철도 노동자들의 파업
1882년	조미통상수호조약 체결
1883년	9월 전권대사 민영익을 대표로 미국 사절단 보빙사 파견
1891년	리랜드 스탠퍼드, 리랜드 스탠퍼드 주니어 대학(스탠퍼드 대학)을 설립
1970년	'철도 여객 서비스 법' 통과

1776 – 1970

5

철도,
제국의 무기가 되다

중국의 북동부 만주에는 거미줄 같은 철도망이 생겨났다.
만철 본선인 창춘-다롄을 비롯해 남으로는 베이징과 톈진, 북으로는 러시아 국경 지대까지 철도가 깔렸다. 길장 철도는 함경도 회령까지 연결되었고 이것은 다시 청진·웅기·나진까지 이어졌다.
펑톈에서 안둥(安東)으로 이어지는 안봉 철도의 연장선은 조선의 신의주와 연결됐다.
1911년 압록강 철교가 완공되면서 한반도를 관통해 조선 국경을 넘는 철도가 탄생한 것이다.
일본인들은 꿈에 그리던 대륙으로의 진출과 이상향 유럽으로의 길을 열었다는 데 감격했다.

철도, 일본의 문을 열다

탈아입구와 제국의 꿈

1853년 6월 3일 오후, 에도江戶 만에 검은 배 4척이 닻을 내렸다. 페리Matthew C. Perry 제독이 이끄는 미 해군 함대였다. 그 가운데 2척은 증기선이었는데 일본에서는 볼 수 없었던 최신예 대형 전투함이었다. 일본에서 가장 큰 배라 해 봤자 1백 톤 정도에 불과한 실정에서 2,450톤에 달하는 증기선 군함은 일본 수비대의 기선을 제압했다. (일본의 무사 정권인) 바쿠후幕府는 궁궐 앞마당에 미국 군함의 포탄이 떨어지는 것을 감당할 수 없었으므로 페리의 요청을 받아들여 미 대통령의 친서를 수령했다.

그러나 1854년 1월 14일, 8개월이 채 못돼 페리는 에도 만을 다시 찾았다. 이번에는 지난 번 방문 때보다 더 많은 7척의 군함을 동원했다. 결국 일본은 미일 화친조약을 체결하면서 쇄국의 빗장을 풀게 된다. 페리 함대가 두 번째로 에도 만에 진격한 지 두 달 만인 1854년 3월의 일이다.

미일 교섭이 끝난 뒤 이를 축하하기 위한 미국 측의 선물 증정식이 열렸다. 여러 잡다한 선물이 있었지만 이 중에서도 가장 경이로운 것은 바

미일 화친 조약 후 페리 제독은 일본에 모형 기관차를 선물했다.

로 철도였다. 페리의 특별 주문으로 만들어진 증기기관차와 객차의 모형, 1백 미터의 레일은 일본 사람들의 호기심을 폭발시켰다. 모형 기관차라고는 하지만 장난감 수준이 아니라 실제로 운행이 가능하도록 정교하게 만들어졌다. 크기도 객차의 길이가 3.2미터이고 폭이 2.2미터에 달했다. 페리는 미국의 선진 기술을 자랑하고 서양의 우월함을 증명하는 장치로 철도를 보여 주었던 것이다.

이후 바쿠후 체제의 일본은 개방을 가속화하지만, 이 과정에서 개방을 반대하는 세력과 찬성하는 세력의 대립으로 대혼란기를 거쳐야 했다. 개방을 거부하는 존왕양이尊王攘夷파가, 그동안 상징적인 존재에 머물렀던 천왕을 내세워 바쿠후 체제를 무너뜨렸다. 그러나 아이러니하게도 역사는 쇄국정책을 고수했던 존왕양이파의 의도와 다르게 전개되었다. 1868년 천왕을 권력의 중심으로 세워 추진한 메이지유신은 일본의 서구적 개혁과 개방을 더욱 강력하게 밀고 나갔던 것이다.

개방 과정에서 일본인들의 눈에 비친 서구는 앞선 문명을 누리는 인류였다. 증기와 강철, 근대의 법률 체계를 비롯해 선진 과학기술이 뒷받침된 강력한 군사력을 가진 이상적 세계였다. 일본의 권력층은 서양 세계를 복제하기 위해 많은 사람들을 유럽과 미국으로 보냈는데, 대표적으로 1871년 11월 요코하마 항을 떠난 이와쿠라岩倉 사절단이 있다. 사절단은 이와쿠라 도모미岩倉具視 전권대사를 대표로 기도 다카요시木戶孝允와 오쿠보 도시미치大久保利通 등 메이지유신을 주도한 개화파 인사들과 60명의 유학생을 포함해 1백여 명이 넘는 대규모 방문단이었다.●

이와쿠라 사절단이 요코하마를 떠날 때만 해도 요코하마에서 에도, 그러니까 도쿄 중심부로 향하는 철도 건설이 한창이었다. 일본의 개화파는 페리 제독이 선물로 전해 준 철도 모형을 뛰어넘는 근대 교통수단, 철도도 부설하고 있는 마당에 조금만 더 힘을 쓰면 서양에 필적하는 국가를 만들 수 있다고 여겼다. 그러나 이와쿠라 사절단이 눈으로 본 서양 세계는 일본이 만만하게 볼 대상이 아니었다. 11개월 만에 런던에 도착한 이들은 그곳에서 영국 각지로 달리는 철도를 보고 서양 근대 산업의 기초가 얼마나 든든하게 자리 잡았는지 깨닫게 된다.

일본인들의 눈에 비친 서양은 '약육강식'의 피라미드 위쪽에 존재하는 포식자였다. 서구 열강들이 아프리카와 인도와 중국에 했던 것처럼 일본은 더 큰 무력을 확보해 아시아를 발아래 두고, 제국의 힘을 펼치고자 했다. 아시아를 벗어나 서구의 일원이 되겠다는 탈아입구脫亞入歐. 열등감과 우월감이 뭉쳐진 일본의 목표는 이웃 국가들에게는 비극의 씨앗이 되었다.

● 이 사절단에는 33세의 청년 이토 히로부미도 있었는데, 전권대사를 보필하는 부사(副使)로 참여했다.

일본의 '천지개벽', 그 선두에 철도가 있었다

메이지유신 이후 일본의 변화를 추동했던 요인 중의 하나는 철도 붐이었다. 철도는 증기기관, 즉 산업혁명의 원동력이었던 동력 발생 장치를 활용하는 데서 그치는 것이 아니었다. 철도를 이루는 거의 모든 것이 강철로 만들어지기 때문에 철강 산업이 폭발적으로 발전했다. 메이지유신 이전에 이미 나가사키長崎와 요코하마에 제철소를 갖고 있던 일본은 철도 붐으로 인해 더 많은 철을 생산해야 했다. 곳곳에서 광산이 개발되고 제철소가 생겼다. 철강 대국으로의 도약은 조선업과 기계공업의 발전도 초래했다. 광산과 제철소와 공장들이 들어서면서 대규모 노동자들이 필요해졌고, 일본에 자본주의적 생산관계가 확장되었다. 제철 산업과 조선업의 발전은 해군력을 비롯한 군사력 증강에도 중요한 역할을 했다. 일본의 지배 세력들은 자본주의와 군사력은 떼려야 뗄 수 없는 관계라는 사실을 생생한 경험으로 체득했다. 개국 과정에서 서양이 보여 준 모습은 선의와 우정이 아니라 성능 좋은 대포를 코앞에 대고 협박하는 것이었다.

철도가 확장되면서 전신이 전국적으로 확대되었다. 철길을 따라 늘어선 전신주와 전선은 번개처럼 이곳의 소식을 수천 리 떨어진 다른 지역으로 보낼 수 있었다. 사람들이 먼 거리를 이동하고, 먼 곳에서 소식을 주고받거나 정보를 공유할 수 있게 되면서 일본 사회는 짧은 시간에 천지개벽을 했다. 기존 사회의 가치가 붕괴하고 서양 문명에 대한 경외심이 열등감으로 전화되는 것과 함께 일본은 더욱 적극적인 서양화를 부르짖게 되었다. 철도는 이 과정을 맨 앞에서 이끄는 상징적인 장치였다.

영국, 일본에 철도를 심다

메이지유신이 선포되자 이를 반대하는 바쿠후의 군대와, 이에 맞서 진압하려는 관군이 도쿄 전투를 앞두고 대치했다. 해리 파크스Harry S. Parkes는 두 세력 사이에서 협상력을 발휘해 에도의 역사를 담고 있는 도쿄가 전쟁의 불바다가 되는 것을 막았다. 대세를 장악한 관군은 도쿠가와 바쿠후의 마지막 쇼군인 도쿠가와 요시노부德川慶喜의 목을 원했으나 에도를 포기하는 조건으로 그를 살려주게 된다. 이 막후교섭을 중재했던 해리 파크스는 주일 영국 공사였는데, 그는 일본의 수도가 불바다가 될 경우 영국에게 득이 될 것이 없다는 판단하에 적극적으로 중재에 나섰다.

이후 메이지 천왕이 도쿄로 입성하고 유신 과업이 진척되자 해리 파크스 공사는 일본 정부의 신뢰를 받게 된다. 그는 1869년 12월 7일 일본에 철도와 전신 도입의 필요성을 역설하기 위해 정부의 고위 관리들을 만났다. 그가 철도와 전신의 도입을 서두른 것은 좀 더 많은 물류와 정보의 이동을 통해 영국의 무역 이익을 극대화하기 위해서였다. 해리 파크스와 마주앉은 일본 정부의 관리들은 이와쿠라 총리대신, 재정대신 오쿠마 시게노부大隈重信, 재정차관 이토 히로부미伊藤博文 등이었다. 파크스와 일본 정부는 도쿄와 고베神戶 사이를 일본 철도의 첫 노선으로 건설하기로 결정했다. 이렇게 일본에서 가장 중요한 간선인 도카이도東海를 따라 철도를 놓겠다는 원대한 청사진이 마련되었다.

이 철도의 건설 책임은 오쿠마 시게노부와 이토 히로부미가 맡기로 했다. 이후 철도 건설은 주일 공사 파크스가 메이지 정부에 소개한 영국인 사업가 호레이쇼 넬슨 레이Horatio Nelson Lay에 의해 진행된다. 레이는 철도 엔지니어를 고용하고 건설에 필요한 장비를 사들였다. 그는 철도 건설 비용에 대해 메이지 정부로 하여금 10년간 상환하도록 하고 1

년에 12퍼센트의 이자를 받기로 계약했다. 그러고는 런던 채권시장에 1년 9퍼센트의 이자로 일본 철도 채권을 팔기 시작했다. 레이는 자신이 소유한 일본 철도 채권이 팔릴 때마다 앉아서 3퍼센트의 이자 차액을 챙기게 되는 것이었다. 그러나 (서양과의 교류 창구였던 나가사키의 인공섬) 데지마를 통해 오랜 기간 서양인과 사업을 해 본 일본인들은 바보가 아니었다. 레이의 공채 공모가 실린 신문이 한 달 걸려 일본에 도착했고, 이를 본 메이지 정부의 오쿠마와 이토는 레이와의 계약을 파기하고 영국 오리엔탈 은행 요코하마 지점을 찾아가 계약 승계를 위한 교섭을 시작했다.[103]

주일 영국 공사 파크스가 철도 건설자 레이를 일본 정부에 소개할 때 파크스와 레이 사이에 어떤 이면 계약이 있었는지는 알 수 없다. 다만 파크스가 아무 대가 없이 레이를 일본 철도 건설에 나설 수 있도록 주선해 주지는 않았을 것이라는 심증은 충분히 가질 수 있다. 철도 건설에 나선 업자들은 대체로 철도 정책에 관여하는 고위 인사나 정부 관료들과 한 팀이 되어 이권을 나눠 가졌다. 철도가 워낙 거대한 인프라이다 보니 건설과 운영 과정에서 눈먼 돈을 챙기려는 사기꾼들은 늘 있어 왔다. 철도 종주국 영국은 물론이고 미국의 대륙 철도 건설 과정에서도 온갖 거짓과 속임수로 연방 정부의 돈을 챙기려는 일은 횡행했다.

결국, 일본 최초의 철도는 간토와 간사이를 종주하는 도카이도의 장대한 노선 대신, 도쿄의 신바시新橋에서 29킬로미터 떨어진 요코하마까지 짧은 노선으로, 1872년 개통되었다. 이마저도 영국의 재정 지원과 기술 지원, 영국인 기관사와 영국제 기관차, 객차를 수입해 겨우 건설했다. 또한 우여곡절 끝에 일본 최초의 노선에 놓일 궤간은 표준으로 공인된 4피트 8.5인치(1,435밀리미터)가 아니라 협궤로 불리는 3피트 6인치(1,067밀리미터)로 결정되었다.[104] 가장 결정적인 요인은 재정이었

신바시 철도의 증기기관차

다. 협궤로 만드는 만큼 건설비가 적게 들고 기관차와 객차, 화차의 제조 비용도 적게 든다. 영국이 식민지 철도 건설에 차용한 방식 그대로였다. 협궤 열차는 표준궤에 비해 고속 운행을 할 수 없고 수송 능력에도 한계가 있다. 이를 영국 측이 모를 리 없었다. 한 나라의 미래를 책임질 근대적 인프라조차 제3자의 손에 휘둘릴 때에는 상업적 고려와 관련자들의 사익이 모든 것에 우선한다는 것을 보여 주는 일이다. 영국이 주도한 일본 철도는 영국식 통행 방식을 따라 좌측통행하게 되었으며, 기관사석 또한 영국과 마찬가지로 운전실의 오른쪽에 마련되었는데, 이는 일본 철도에 이어 한국에까지 고스란히 전해졌다.

한편 도쿄-요코하마 철도는 메이지유신의 상징이 되었다. 에도시대의 기준으로 본다면 7~8시간을 걸어야 도달할 수 있는 거리를 메이지시대에 와서 한 시간도 되지 않아 도착할 수 있게 되었다. 세상이 획기적으로 변했고 앞으로는 더 큰 변화가 다가올 것임을 보여 주는 증거였다. 근대를 상징하는 인프라, 철도가 에도의 심장부이자 메이지유신의 발원지인 도쿄에 자리 잡게 된 후 일본 사회는 예상했던 것보다 더 큰 사회적 충격과 변화를 겪게 되었다. 무엇보다, 철도가 생기게 되면 필연적으로 따라오게 되는 시간의 지배를 경험하게 되었는데, 철도가 개통된 지 두 달 만에 일본 전통 역법曆法이 폐지되고 태양력인 그레고리력이 채택되었다. 일본 사람들은 갑자기 12월 3일을 1월 1일로 받아들여야 했다. 수백 년을 이어왔던 날짜까지 하루아침에 바뀌었지만 앞으로 겪게 될 변화에 비하면 시작에 불과했다.

바쿠후는, 고대로부터 현대에 이르기까지 지배층이 사용하고 있는 방법, 즉 혼인을 통한 중층적 인척 관계를 통해, 번藩들과의 관계가 어긋나는 것을 막았다. 그러나 이런 조치에도 안심이 되지 않았는지 바쿠후는, 역시 고대로부터 내려온 인질 제도를 통해 지방의 통치자인 다이묘大名들을 통제했다. 다이묘들은 산킨코타이參勤交代라 불리는 제도에 따라 1년은 자신의 영지에서, 1년은 (바쿠후의 최고 통치자인 쇼군이 있는) 에도에서 생활해야만 했다. 이를 위해 에도로 이동하는 다이묘의 행렬은 장관이었다. 특히 다이묘의 세력이 강할수록 행렬의 규모가 컸고 화려했다.

산킨코타이 제도는 다이묘들의 경제적 기반을 약화시키고 정치적 기반을 중앙에 복속시켜 중앙 권력을 강화하고자 하는 바쿠후의 의도를 효과적으로 관철시켰다. 뿐만 아니라 에도를 중심으로 일본 전역에 길을 놓게 하는 중요한 동기가 되었다. 전국 각지의 번에서 에도로 들어가거나 다시 돌아오는 다이묘 행렬을 위해 제대로 된 길이 필요했던 것이다. 등짐을 든 도보 행상꾼의 길이 아닌, 다이묘 행렬의 통행을 위해서는 그 규모에 맞고 이동하기 편한 길이어야 했다. 일본 전국에서 에도로 이어진, 산킨코타이 행렬이 걸었던 길들을 메이지유신 이후에는 바로 철도 노반이 대체해 나갔다.

| 일본 도카이도 본선(東海道本線) |

에도시대의 가장 중요한 길은 에도, 즉 지금의 도쿄를 출발해 교토, 오사카를 연결하는 노선으로, 일본의 국도 1호선이기도 한 도카이도東海道 선이다. 교토는 왕이 살고 있는 곳이고 나고야, 오사카는 상업과 수공업이 발달한 대도시였다. 도카이도는 도쿠가와 이에야스德川家康가 세키가하라關ヶ原 전투에서 승리함으로써 다이묘 간 세력 다툼을 평정하고 에도 바쿠후 시대를 연 지 1년 뒤인 1601년에, 기존의 도로를 대대적으로 개량해서 골격을 갖추게 되었다. 도쿄 니혼바시日本橋에서 시작해 교토의 산조오하시三條大橋까지 약 495.5킬로미터에 이르는 길이 원조이나 나중에는 오사카까지 이어진 길을 통틀어 말한다. 간토關東와 간사이關西를 잇는 도카이도는 정치·군사·산업적으로 일본의 가장 중요한 간선이다.

일본의 근대화와 메이지유신

도쿄와 요코하마를 오가는 일본 최초의 철도는 금방 사람들의 관심을 집중시켰다. 검은 쇳덩어리가 거침없이 달리는 모양 때문에 기차는 흑룡이라고 불렸으며, 처음에는 호기심으로 나중에는 실용성 때문에 구경꾼과 이용자들이 몰려들었다. 동시에 전국 각지에서 철도 건설이 시작되거나 이미 건설되고 있던 노선들이 개통을 서둘렀다. 일본의 첫 노선은 영국인 기술자 브리튼 에드먼드 모렐Briton Edmund Morell의 감독 아래 만들어졌다.[105] 모렐은 일본 최초의 철도 건설을 책임진 공로를 인정받아 일본 철도의 아버지로 칭송받고 있다. 이어 1880년에는 미국인 기술자 조셉 크로포드Joseph U. Crowford의 지휘 아래 북쪽의 섬 홋카이도北海道 최초의 철도가 석탄 광산에서 건설되었다. 남쪽의 규슈九州 철도는 독일의 몫이었다. 헤르만 롬숏텔Rumschottel이 총책임자가 되어 철도를 건설해 1887년 첫 운행을 시작했다. 메이지 정부는 초기 도입 시기의 불가피한 상황을 제외하고는 철도를 국가의 책임으로 건설하고 싶어 했다. 그러나 일본 내의 정치·경제적 조건은 국가가 철도 건설에 매진할 수 없게 만들었다.

다이묘와 사무라이의 몰락

에도의 쇼군을 몰아내고 교토의 왕을 옹립해 메이지 정부를 세운 세력의 핵심은 사쓰마薩摩 번과 조슈長州 번이었다. 변혁의 동인은 언제나 내부에 있는 법, 바쿠후 체제의 근간이었던 번이 바쿠후 체제를 무너뜨린 셈이다. 사쓰마 번과 조슈 번은 연합해, 개국을 추진하는 바쿠후에 반기를 들고 쇄국과 존왕양이를 기치로 반란을 일으켰다. 상징적인 존재였던 왕은 군대가 없었다. 사쓰마 번과 조슈 번의 사무라이들이 천왕의 군대를 자처하며 메이지유신의 수호자가 되었다.

사쓰마 번의 사무라이들을 지휘했던 사령관은 사이고 다카모리西鄕隆盛였다. 사이고는 1871년 메이지 정부의 군사령관으로 임명되어 요직에 등용되었는데, 번들을 압박해 봉건적 질서를 무너뜨렸다. 그러나 구질서의 붕괴를 대체할 새로운 질서를 세우면서 주변의 정치 세력과 갈등을 빚게 된다. 사이고는 바쿠후와 쇼군의 시대는 지났지만 사무라이를 중심으로 한 강력한 군사 집단의 유지를 원했다. 하지만 메이지 정부에서 진행된 일련의 개혁은 사무라이들을 역사 속에서 지워 버리는 것이었다. 이미 유럽식 자유 민권 사상과 공화적 개념이 퍼지고 있는 상황에서 근대국가의 군대는 징병제를 근간으로 하고 있음을 개혁 주도파는 알고 있었다. 징병제는 시민권의 확대와 밀접한 관계가 있었다. 과거 왕의 근위대나 영주의 군대가 아닌 공화국의 보편적 의무를 수행하는 군대의 개념, 그것의 사상적 기초는 평등이었다. 병역이 사회 구성원 모두의 의무가 되려면 이들 간의 형식적 차별이 철폐되어야 했다.

우선 1869년 모든 다이묘로 하여금 토지와 백성에 대한 지배권을 천황에게 돌려주도록 하는 판적봉환版籍奉還이 단행되었다. 1871년에는 폐번치현廢藩置縣이 실시되어 번이 사라지고 중앙정부의 직접 통제를 받는 현縣이 설치됐다. 이 일련의 조치는 무엇보다 봉건제의 상징인 다이묘들의 몰락을 의미했다. 그리고 그것은 곧 그들의 군대인 사무라이들의 몰락이기도 했다. 그리고 1873년에는 징병제가 시행되어 신분에 관계없이 만 20세 이상의 남자에게 병역의무가 지워졌다. 이는 사무라이, 농민, 상인이 모두 같은 천황의 백성이라는 것을 의미했다. 전쟁은 사무라이의 몫이었는데 이제는 백성들의 것이 되었다.

점차 무사들 사이에서 불만이 일기 시작했다. 여기에 불을 붙인 것은 1876년 메이지 정부가 칼의 휴대를 금지한 폐도령廢刀令이었다. 무사들은 늘 칼을 차고 다녔다. 칼은 당장이라도 전쟁에 나가기 위한 것이 아니라 신분을 나타내는 징표였다. 사무라이로서의 정체성을 부정당하는 상황이 벌어지자 사족들의 분노가 임계점에 닿고 있었다. 사이고 다카모리는 사무라이로서의 자긍심이 강한 사람이었다. 서양 문물을 받아들이겠다는 생각도, 앞선 기술을 통해 군사력을 키워 약소국들을 침략하겠다는 의지가 바탕이 된 것이었다. 그의 강병론의 핵심은 무사를 중심으로 한 강력한 군대였다. 사이고는 무사들의 불만을 해소하지 않으면 일본에 커다란 변고가 일어날 것이라며 대안으로 조선을 정복하자는 안을 제시했다. 이른바 정한론이다.

천왕을 설득하는 데 성공한 사이고의 조선 정벌 계획은 구미 사절단을 중심으로 한 인사들에 의해 폐기된다. 유럽을 돌아본 사람들의 눈에 사이고 다카모리는 우물 안 개구리였다. 정한론을 반대한 이들 중에는 사쓰마 번과 함께 메이지 정부 수립에 절대적인 기여를 한 조슈 번 사무라이 출신의 이토 히로부미도 있었다. 이토를 비롯한 구미 사절단파가 사이고의 정한론을 막은 것은 아직은 때가 무르익지 않았다는 이유에서였다. 부국파에 의해 강병파의 정한론이 막힌 뒤 사이고 다카모리는 관직을 내려놓고 고향인 가고시마鹿兒島로 내려가 사학을 설립했다. 부하였던 군인들도 그를 따라 군대의 요직을 버리고 가고시마로 합류했다. 일본 전역에서 몰려든 사무라이들로 가고시마의 사학은 유행을 탄 프랜차이즈 음식점처럼 현 전체로 불어났다. 1877년 사학의 학생 수는 2만 명에 이르렀는데 메이지 정부의 입장에서는 심각한 잠재적 위협이었다. 여기에 사학 출신이 지방 관직에 등용되거나 영향을 미치게 되자 정부가 행동에 나섰다.

메이지 정부는 사쓰마 번에서 사이고 다카모리 사학의 영향력이 커지자, 육군의 주력 무기인 최신식 스나이더 총을 독점 생산·공급하고 있는 설비를 사쓰마 번의 영향 아래 있는 가고시마에서 혼슈로 이전시켰다. 이를 계기로, 사쓰마 번의 사학에서 수학하던 무사들이 행동에 나섰다. 결국 사이고 다카모리가 지휘하는 사쓰마 반란이 일어났다. 규슈의 가고시마에서 일어났다고 해서 세이난西南 전쟁이라고 부르는 근대 일본 최후의 내전이다. 세이난 전쟁은 사쓰마 번이 바쿠후 체제에 반대해 봉기했던 반란과 구별해 '사쓰마 재반란'이라고 부르기도 한다. 사쓰마 번이 반란을 통해 세웠던 메이지 정부와 반란군으로 다시 대립하게 되는 과정은 일본 근대사의 우여곡절을 함축적으로 보여 준다.

세이난 전쟁은 정예 전투 집단 사무라이와 징집된 국민 군대의 대결이자 중세와 근대의 대결이었다. 시대적 변혁기 또는 이행기의 전쟁은 역사의 물결을 타는 쪽이 승리할 수밖에 없다. 사무라이 대 정부군, 칼과 총의 대결로 표현되는, 톰 크루즈 주연의 할리우드 영화 〈라스트 사무라이〉(2003년)는 이 세이난 전쟁을 배경으로 하고 있다. 영화가 잘 보여 주듯이, 그리고 역사가 보여 주듯이, 전문 군사 집단 사무라이로 상징되는 중세가, 일반 노동 대중의 군대가 상징하는 근대에 의해 제압되는 것은 과학기술의 발달에 따른 생산력의 고도화가 가져온 숙명 같은 것이었다.

라스트 사무라이

필자가 30대의 젊은 시절 50대의 회사 선배로부터 배드민턴 내기 시합을 제안 받은 적이 있다. 한 세트 15점을 먼저 내는 사람이 술을 사는 내기였다. 초보자인 필자는 12점에서 점수를 시작한다는 조건이었다. 선배는 서울시 동호인 배드민턴 대회에 나가 동메달까지 받은 준프로급 실력의 소유자였다. 필자는 스무 살 가까이 차이가 나는 늙은이에게 설마 3점을 못 낼까 싶어 기꺼이 내기를 수락했다. 결과는 참담한 패배였다. 12 대 0에서 시작한 게임이 13 대 15로 마무리되었다. 고수가 15점을 내는 동안 필자는 단 1점을, 그것도 고수의 배려로 가까스로 얻을 수 있었다. 경기가 끝난 뒤 탈진한 채 땀범벅이 되어 뻗어 있는 필자를 향해 선배는 아직 몸이 풀리지도 않았다며 "억울하면 한 게임 더?"를 외쳤다. 테니스나 탁구도 아마추어는 프로의 상대가 되지 않는다.

칼도 마찬가지다. 사무라이. 칼과 몸이 하나인 전사. 끊임없이 무예를 연마하는 사람들에게 쟁기를 든 분노한 농민들은 숫자가 아무리 많아도 상대가 되지 않았다. 다이묘의 휘하에서 전문 집단으로 육성된 전투 기계, 사무라이들을 대적할 상대는 없었다. 그러나 근대는 이 사무라이들을 무력화시켰다. 전직이 무엇이었든 젊은 사람들을 모아 한 달 남짓 군사훈련을 시키면 누구라도 전쟁을 수행할 수 있었다. 총이 그것을 가능하게 했다. 서양에서 수입된 신식 소총은 장기간의 고통스러운 수련을 필요로 하지 않았다. 탄약을 장전하고 조준하는 방법을 배운 뒤 방아쇠를 당기는 훈련을 어느 정도 반복하면 적을 쓰러뜨릴 수 있었다. 따라서 총과 탄약만 있으면 얼마든지 대군을 징집해 군사적 물리력을 확보할 수 있었다. 총과 탄약처럼 손실분만큼 보충할 수 있는, 소모품의 성격을 갖는 근대적 보병이 탄생한 것이다. 근대적 보병은 군사 전술로서도 효율적이었다. 궁수 부대나 창검 부대를 따로 두지 않아도 되었다.

원거리에서 적을 제압할 수 있는 총은 활보다 훨씬 위력적이었다. 또 근접전이 벌어질 경우 총에 작은 검만 장착하면 훌륭한 창이 되었다. 화약을 장전한 기계장치를 손에 쥔 근대의 보병은 궁수이면서 창병이었고 검투사였다.

영화 〈라스트 사무라이〉의 클라이맥스는 평원을 질주해 돌격해 오는 사무라이들을 향해 언덕 위에서 정부군의 기관총이 불을 뿜는 장면이다. 사무라이들은 정부군의 기관총에 추풍낙엽처럼 쓰러졌다. 이렇게 사무라이의 시대는 근대라는 태풍에 밀려 사라져 갔다.

봉건 영주, 귀족이 되고 재벌이 되다

사이고 다카모리의 반란이 제압되자 비로소 메이지 정부는 세이난 내전의 혼란을 뒤로하고 새로운 일본을 건설하는 데 매진할 수 있었다. 이제 근대화를 가속화시킬 국가적 인프라를 구축해야 했으며, 무엇보다 계획대로 철도망을 부설해야 했다. 그러나 세이난 전쟁 등으로 메이지 정부는 돈이 없었다. 결국 정부의 계획을 사적 자본이 수행하는 방식이 추진되었다. 사기업 니폰 철도, 간사이 철도, 산요 철도, 규슈 철도, 홋카이도 탄광 철도의 '빅 5'가 그 주체였다. 이들 철도 회사는 일본 전역을 두 가닥 강철 선로로 묶어 냈다.

철도와 같은 거대 인프라를 책임질 민간 자본은 어떤 세력들이었을까? 바로 메이지유신 이전까지 바쿠후 체제를 지탱했던 지방 영주 다이묘들이었다. 메이지 정부는 번을 해체하면서 반발을 무마하기 위해 다이묘들에게 귀족의 지위를 부여했다. 이들 귀족에게는 지역의 광산 채굴권이나 공장 설립 등의 특혜가 주어지기도 했다. 자이바쓰財閥, 재벌의 탄생이었다. 천왕과 바쿠후가 대립하던 시기에 천왕 쪽에 붙었던 번의 직속 상인 그룹 미쓰이三井는 메이지 정부가 탄생하자 큰 특혜를 받아 성장했다. 메이지유신에 기여했던 번들을 특별히 한바쓰藩閥라고 부르는데, 바쿠후 체제에서 메이지 정부의 재벌로 재탄생한 신흥 자본가들이었다.

영국의 경우 수익을 노린 자본가들의 무분별한 투자로 철도가 급속히 확대되고 이 과정에서 수익을 올리지 못한 노선이 몰락하는 현상을 겪었지만, 일본은 정부의 계획을 민간 자본이 수행하는 형식을 띠었다. 이는 일본 자본주의가 갖는 특수한 성격 중의 하나이다. 예컨대, 현대 일본의 철도 요금은 일본인들의 소득수준을 생각하더라도 비싼 편이다. 그럼에도 높은 철도 요금에 대해 사회적 불만이 크지 않은 이유는 생산 활동에 필요한 교통 요금을 기업이 책임지기 때문이다. 공무원을 비롯해 대기업, 중소기업 할 것 없이 출퇴근에 소요되는 교통비를 기업이 책임진다. 복지 수준이 높은 일부 기업에서만 그런 것이 아니라 편의점 아르바이트 직원에게도 출퇴근 비용이 지불된다. 원거리에서 출근하는 일부 아르바이트 직원의 경우 시급보다 더 많은 교통비를 지급받기도 한다. 이는 시민에 대한 이동권 보장과 교통 복지의 차원에서 국가가 해야 할 공적 역할을 기업이 일정 부분 부담하는 일본 사회의 일면을 보여 준다. 이런 특징은 에도시대 바쿠후 체제의 문화가 자본주의와 결합된 일본식 자본주의의 한 단면이라 볼 수 있겠다.

'백성'들의 자유로운 이동이 근대를 만들다

철도는 메이지 정부가 일본을 재탄생시키는 유력한 도구였다. 중앙의 권력이 철도를 타고 집행되었으며 각 지역의 문화가 활발하게 교류되기 시작했다. 무엇보다 철도를 통해 전달되는 신문·뉴스의 등장은 전국을 단일한 의제로 묶어 냈다. 산업화에 필수적인 대규모 인구 이동도 가능해졌으며, 익명성을 특징으로 하는, '이동하는 대중'의 탄생을 가져왔다. 바쿠후 시대에 평민이 장거리를 이동한다는 것은 상상할 수 없는 일이었다. 여행자들은 다이묘의 증명이 있는 여행 증서를 소지해야 했고, 길목마다 설치되어 있던 세키쇼(검문소)에서 철저히 조사를 받았다. 에도시대의 여행자들이 남긴 글들 중에는 검문소의 횡포를 고발하는 내용을 심심치 않게 볼 수 있다. 특히 여성의 경우, 여행을 할 수 있을 정도의 재력을 가진 유력 집안 출신이라도 검문소의 여성 담당 검사원에게 치욕적인 몸수색을 당해야 했다.

그러나 바쿠후 말기 이동권 제약은 서서히 무력화되었고, 메이지유신 이후에는 세키쇼가 폐지되어 이동의 자유가 보장되었다. 보장된 이동의 자유를 실현시킨 것은 당연히 철도였다. 열차를 타기 위해서는 돈을 지불하고 표를 사야 했다. 열차 승차권이 에도시대의 여행증명서를 대신했다. 사람들은 주소와 여행 목적, 신분, 이름을 일일이 기재하고 권력기관의 허락을 받은 커다란 여행증명서 대신 가로 4센티미터, 세로 6센티미터 크기의 직사각형 종잇조각을 손에 쥐었다. 한 칸에도 수십 명이 탈수 있게 된 열차에 자신이 누구인지 밝히지 않고 각자의 사연을 안은 채 여행을 할 수 있는 시대가 도래한 것이다.

에드먼슨 식 티켓

철도가 운행되기 시작하면서 철도 회사들은 저마다 열차표를 만들었다. 기록되는 내용이나 양식, 크기도 제각각이었다. 같은 회사라도 역에 따라 손으로 기입해야 하는 내용도 달랐다. 이러다 보니 승객이 많이 몰리는 역에서는 표를 구하는 것 자체가 힘겨운 일이 되었다. 이런 문제를 해결한 것은 영국인 토머스 에드먼슨Thomas Edmondson이었다. 1839년 에드먼슨은 뉴캐슬-칼라일 철도 회사에서 밀턴 역의 역장으로 재직하던 중 새로운 형태의 열차표를 구상한다. 에드먼슨이 한때 서랍장 만드는 일을 배웠던 것이 도움이 되었다.

우선 카드를 만들 때 사용하는 약간 두꺼운 재질의 종이 위에 필요한 사항을 미리 인쇄한 직사각형의 표를 만들었다. 이 표에는 출발역과 도착역, 운임, 할인 대상, 일련번호 등이 찍혀 있었다. 열차 이용에 필요한 모든 정보를 작은 종잇조각 위에 효과적으로 담을 수 있었다. 발매할 때에는 유효한 당일 날짜만 적거나 매표창구에 설치된 작은 박스 모양의 자동 날짜 인쇄기에 표의 끝 부분을 통과시키면 되었다.

매표창구에는 한약방의 약재를 담은 것처럼 층층이 고정된 서랍장이 설치되었다. 서랍은 책장처럼 한쪽 면이 열려 있는 형태였다. 수십 개에 이르는 칸막이 밑에는 행선지가 표시된 종이가 붙여졌고 칸마다 미리 도착역이 인쇄된 표들이 채워져 있었다. 여행자가 매표창구로 다가와 맨체스터든 요코하마든 노량진이든 행선지를 말하면 매표원은 각각의 서랍장 아래에 붙어 있는 역명을 보고 그 안에 든 표를 집어 들어 날짜를 찍은 뒤 여행자에게 내주게 된다. 숙련된 매표원은 여행자가 요구하는 행선지의 표를 눈길을 주지도 않고 손만 뻗어 서랍에서 빼 주기도 했다. 맨체스터-리즈Leeds 철도에서 처음 선보인, 현대인이 쓰는 명함 크기의 70퍼센트 정도에 불과한 종잇조각 열차표는 대히트를 쳤다. 취급과 이용의 편리함이 증명되자 발명자의 이름을 딴 에드먼드의 열차표 시스템은 전 세계 철도에 보급되어 1990년대까지 주력으로 쓰였다. 일부 국가와 지역에서는 지금도 사용되고 있다.

열차표는 여행증명서를 대체하기도 했지만 운임을 지불했다는 증거가 되는 도착역까지 유효한 유가증권의 역할도 했다. 당연히 이 증서를 잃어버리는 것은 정당한 여행자로 인정받지 못한다는 것을 의미했다. 철도 여행자들은 열차표 분실의 두려움을 안고 살았다. 인파가 몰리고 열차 시간에 쫓기게 되거나, 여행을 하게 되면 흔히 벌어지는 여러 가지 혼란스러운 일로 열차표를 잃어버리게 되어 낭패를 보는 일들을 심심치 않게 보거나 겪게 되었기 때문이다. 양복 안주머니에 열차표용 작은 주머니가 만들어지거나 여성용 지갑 안에 다른 물건과 섞이지 않게 승차권을 담아 두는 공간을 따로 만들기도 했다. 철도 여행은 의복과 생활 용품에도 변화를 가져왔다.

“조선을 차지하려면 철도를 장악해야 한다”

조선의 문이 열리다

한국이 프랑스와 월드컵에서 결전을 치른 것은 알아도 정규군끼리 전쟁을 벌였다는 사실은 모르는 사람들이 있다. 1866년 9월 18일, 세 척의 군함이 한강 하류에 나타났다. 프랑스 극동함대 사령관 로즈Pierre Gustav Roze 제독이 이끄는 함대였다. 전투태세를 갖춘 함정들은 지금의 인천공항철도를 연결하는 마곡 철교 부근을 지나, 지하철 2호선이 건너는 당산철교 밑을 거쳐 서강대교 근처까지 위력 시위를 벌였다. 한성 도성에서는 난리가 났고 군사들에게는 긴급 출동 명령이 내려졌다. 수도방위사령부 역할을 하는 어영청 중군(대장) 이용휘가 조정의 명을 받아 군사들을 이끌고 마포나루를 비롯한 한강변에 수비 대형을 갖춘 채 일촉즉발의 상황에 대비했다.

프랑스 함대는 조선이 천주교를 탄압해 자국 신부 9명이 죽은 것에 대한 사과와 보상 및 통상을 요구했다. 조선이 요구를 거부하면 신부 1인당 1천 명씩, 9천 명의 조선인들을 살해하겠다고 협박했다. 조선 역사상 처음 일어난 서양 군대와의 만남이었다. 아시아에 경쟁적으로 진출한 서구 열강들이 조선에 통상을 요구하는 것은 당연한 수순이었다.

그러나 조선의 입장에서는 알 수 없는 외계 세력의 접근이었다. 14세에 불과한 소년 왕을 대신해 권력을 행사한 흥선대원군은 이미 서양 세력을 배척하자며, 그 정신이 깃든 것으로 간주한 서학(천주교)도 8천 명을 학살한 뒤였다. 프랑스 군대와의 충돌은 피할 수 없는 상황이었다.

지금의 강변 북로 쪽으로 배를 붙여 위력 시위를 하던 로즈 제독의 함대는 일단 청나라로 돌아갔다. 한 달 후 로즈 제독은 다시 인천 앞바다에 함대를 끌고 나타났다. 7척의 군함과 요코하마에서 주둔하던 해병대 보충 병력 3백 명을 포함해 6백 명에 이르는 해병을 전격적으로 강화도에 상륙시켰다. 이로부터 병인양요로 불리는, 서양 군대와의 최초의 전투가 시작된다. 프랑스 군은 조선을 동양의 미개한 나라로 얕잡아 보고 전투에 임했다. 역사가 숱하게 보여 주듯, 전쟁에서의 교만은 큰 대가를 치르게 된다. 강화성을 점령하기도 했던 프랑스 군은 문수산성을 치기 위해 정찰하던 중 매복한 조선군에게 호되게 당했다. 정신을 못 차리고 다시 정족산성을 공략하기 위해 진군하던 프랑스 병사들은, 몸을 숨긴 채 기다리던 5백여 명의 조선군 포수들에게 손실만 입은 채 쫓겨났다.

위대한 나폴레옹 3세가 통치하는 대제국 프랑스의 군대는 국제적 망신을 당하며 한 달 만에 강화도에서 철수를 결정했다. 도망가던 프랑스 군은 점령지의 모든 것을 불태우고 약탈했다. 이때 도적질해 간 것 중의 하나가 바로 외규장각 도서들이다. 정조가 규장각의 책들 가운데 영구적으로 보존할 필요가 있는 것들을 별도로 보관하기 위해 강화도에 만든 왕립 도서관이 외규장각이었다. 이 외규장각과 이곳에 보관되어 있던 수많은 책이 불타고 그 일부는 로즈 제독의 군함에 실려 프랑스로 건너갔다. 이후 191종 279권에 달하는 책들은 프랑스 국립도서관에 보관되었는데, 이 책들이 한국에 반환되는 계기는 고속철도 때문이었다. 이야기가 나온 김에 잠깐 살펴보고 가자.

1990년대 초반 프랑스는 테제베를 한국에 수출하기 위해 독일의 고속철도 이체와 치열한 경쟁을 벌이고 있었다. 1993년 알스톰 사를 지원하기 위해 한국에 방한한 미테랑 프랑스 대통령이 책 한 권을 가져왔다. 정조의 후궁 수빈 박 씨의 장례 절차를 담은 외규장각 도서 『휘경원원소도감의궤』徽慶園園所都監儀軌(상) 1권이었다. 미테랑은 환하게 웃으며 테제베만 채택해 주면 외규장각 도서를 모두 반환해 주겠다는 언질을 주었다. 고속철도 수주선은 한국이 테제베를 선택함으로써 프랑스의 승리로 끝났지만 외규장각 도서 반환 약속은 지켜지지 않았다. 고속철도 도입을 계기로 시작된 문화재 반환 과정은 그 후 20여 년간 우여곡절을 겪게 되었으며, 2011년에야 임대라는 형식을 빌려 고향인 한국으로 돌아왔다. 병인양요 사건으로 배를 타고 떠났던 조선의 국보급 문화재가 케이티엑스를 타고 돌아온 셈이다.

다시 19세기로 돌아가 보자. 1875년 초겨울 강화도는 세 번째 도전에 직면했다. 일본 군함 운요 호가 강화도 앞바다에서 조선군 수비대의 제지를 뚫고 들어와 충돌을 유도하고 돌아갔다. 1876년 새해가 되자마자 일본은 병력을 가득 실은 최신예 군함 6척을 강화도 앞바다에 대 놓고 운요 호 사건에 대해 보상하라며 적반하장의 떼를 쓰기 시작했다. 미국이 일본을 개방시킬 때 썼던 방식 그대로, 빌미를 만들고 압도적 무력으로 압박한 것이다. 조정은 일본을 물리력으로 제압할 힘이 없었고 외교적 수단을 발휘할 조건도 못 되었다. 당시 청나라를 빼고는 어떤 나라와도 외교 관계가 없던 조선은 동방의 숨겨진 작은 나라에 불과했다. 조선의 집권 세력은 선택의 여지없이 일본에 쇄국의 빗장을 풀게 되었다. 조일수호조규, 강화도 조약이 체결되면서 조선호의 바닥에 작은 구멍이 뚫렸다. 그리고 배는 점점 기울기 시작했다.

"조선을 차지하려면 철도를 장악해야 한다"

일본이 조선의 손목을 비틀어 대문을 열자마자 제국 일본의 꿈을 실현시키고자 발 벗고 나선 이들이 있었다. 1885년 미야자키 현 출신 마쓰다 고조松田行藏가 조선 땅에 발을 디뎠다. 그는 신식 의료 기술로 지역민들의 환심을 사면서 조선 곳곳을 답사했다.[106] 마쓰다 고조는 4년에 걸쳐 조선의 교통로, 지형, 민심, 경제 상황들을 일일이 조사해 향후 일본의 조선 진출에 필요한 사전 자료를 만들었다. 우편장관 마에지마 히소카前島密는 만나는 사람들마다 조선 철도에 일본이 진출해야 한다고 주장하면서 사회적 여론을 일으켰다. 그는 조선과 만주, 중국과 시베리아를 경유해 유럽에 이르는 철도 길을 예상하고 그 실질적 출발점인 조선 철도를 일본이 장악하지 않으면 안 된다고 역설했다. 일본에 이어 미국·영국·프랑스·러시아 등 조선과 외교 관계를 수립한 열강들이 조선의 철도 부설권에 눈독을 들이고 있는 현실은 일본을 더욱 초조하게 만들었다.

군부도 전략적으로 조선 철도의 중요성을 간파했다. 1891년 참모 차장 가와카미 소로쿠川上操六는 조선을 시찰하면서 부산을 출발해 한양으로 이어지는 경부 철도를 건설해야 조선에서 경쟁 중인 다른 나라들에 군사적 우위를 점할 수 있다고 생각했다. 그는 1892년 부산 주재 총영사 무로타 요시아야室田義文에게 외무대신 에노모토 타케아키榎本武揚를 만나도록 주선했다. 무로타는 외무대신에게 곧 경부 철도를 부설해야 할 시기가 올 터이니 미리 선로를 답사해야 한다고 탄원했다. 미개한 조선에 먼저 철도의 깃발을 꽂는 자가 주인이 될 것이라는 생각은 철도로 아메리카 원주민을 몰락시켰던 미국의 서부 개척과 닮아 있었다. 결국 8월에 체신성 철도국에 조선을 답사하라는 명령이 떨어졌다. 이노우에 마사루井上勝 철도국장은 철도 기사 고노 다카노부河野天瑞를 부산에 파견했다.[107] 고노 다카노부의 측량 팀은 조선 남단의 산과 들을 측정했다. 갑자기 나타난 일본 사람들이 줄을 늘어뜨린 채 생전 처음 보는 기계로 땅의 이곳저곳을 조사하자 인근 주민들이 이상하게 여기고 방해하는 일도 벌어졌다.

일본 영사는 조선의 외무대신을 비롯한 고위 관료들을 찾아 "남도에서 일본인들의 활동은 학술적인 일로 조선의 새를 연구하는 것이며, 이들 중 몇 종을 포획해 미국의 스미소니언박물관에 기증해 조선의 새를 조류 연구자들과 전 세계 사람들에게 알리는 일이다. 이를 위해 총을 사용하게 되는데 조선 사람들이 다칠까 봐 접근을 하지 못하도록 줄을 치는 것이다."라고 거짓말을 했다.[108] 조선의 대신들은 일본의 조류 조사팀이 조선인들을 생각하는 마음이 갸륵하다며 고마움을 표시했다. 조선 정부는 일본의 속임수에 넘어갔다. 제지는커녕 조사팀의 일을 방해하지 말라는 조선 정부의 후원 속에 고노 다카노부는 2개월 만에 부산에서 한양까지 약 386킬로미터의 철도 노선 답사를 마치고 보고서를 제출했다. 일본은 명령만 떨어지면 언제든지 철도 부설 공사에 들어갈 수 있는 준비를 마쳤다.

내 나라 백성을 죽이려 외국 군대를 불러들이다

당시 조선 정부는 흥선대원군과 민씨 왕비 세력 간의 대립 속에 큰 혼란을 겪고 있었다. 조정은 기운을 다한 권력이었다. 중앙 관료들은 썩어 있었고 지방 관료들의 전횡이 도를 넘어섰으며 민심은 등을 돌린 지 오래였다. 이런 상황에서 "사람이 곧 하늘"이라는 동학은 분노한 민중들의 가슴을 담는 그릇이 되었다. 모든 사람은 하늘 아래 평등하다는 생각은 엄격한 신분 사회에서 소수의 지배자들에게 한이 맺혔던 대다수 백성들의 가슴에 불을 댕겼다. 유교적 도덕관과 계급 질서를 부정하는 혁명의 노래는 바람이 되어 산을 타고 강을 넘었다.

백성들이 동학이라는 혁명의 공동체로 뛰어든 이유 중 하나는, 동학에 가면 최소한 굶어 죽지는 않는다는 소문 때문이었다. 찢어지게 가난했지만 평등의 공동체, 평화의 공간에서 사람들은 제 것을 탐하지 않고 가진 것을 나누었다. 백성들은 그동안 감수했던 가난과 굶주림은 먹을 것이 모자라서가 아니라 소수가 너무 많이 가졌기 때문이라는 사실을 알게 되었다. 게다가 곳간마다 식량과 재물을 가득 쌓아 놓은 인간들은 단 한 번도 땀 흘려 제 손으로 일한 적이 없는 자들이었다. 이런 자들이 고을을 다스리는 관리들이었고 그들 위에는 한양의 양반들이, 또 그 위에는 왕이 있었다.

기운이 다한 왕조의 무기력한 왕과 그 주변을 둘러싼 모리배들이 열강에 기대어 나라를 팔아먹고 자신들의 안위만 챙기는 것을 본 백성들은 스스로 군대가 되었다. 1894년 2월 고부에서 봉기한 혁명군은 5월 정읍 황토현에서 관군을 물리치고 파죽지세로 진격해 6월에는 전주성을 장악했다. 조선의 '레미제라블'들이 정읍과 태인, 전주를 비롯한 각지에 바리케이드를 쌓고 코뮌을 세운 격이었다.

입으로는 백성을 이야기하던 자들이 자국 백성들을 죽여 달라고, 허겁지겁 청나라에 군대를 파견해 달라고 읍소했다. 청나라가 군대를 파견하자 기다렸다는 듯이 일본도 군대를 보냈다. 갑신정변이 끝난 뒤 1885년 청과 일본이 맺은 톈진 조약이 빌미가 되었는데, "장래 조선국에 변란과 같은 중대한 사건이 일어나 청·일 양국 혹은 1국이 군사 파병을 요할 때에는 마땅히 우선 상대방 국가에 문서로 알릴 것이며, 그 사건이 진정되면 즉시 철회하고 다시 주둔하지 않는다."라는 내용이 포함되어 있었던 것이다.[109]

1894년 5월 27~28일경, 대리 주한 공사 스기무라 후카시杉村濬가 본국에 기밀문서를 보냈다. 기밀문서에는 "조선 정부가 청에게 군대를 빌려서 농민들을 진압하려는 것 같다."는 첩보가 들어 있었다.[110] 이어 만일의 경우를 대비해 일본도 파병 여부를 결정할 필요가 있다는 보고도 첨부됐다. 사태가 긴박해진 것은 5월 31일이었다. 조선 정부가 청국에 원병을 요청하기로 의결했던 것이다. 6월 1일에는 영의정 명의로 청의 조선 주재 총리교섭총상사의總理交涉通商事宜로 있던 위안스카이袁世凱에게 공문을 전달하려고 시도했으나 연착됐다.

일본 공사관은 발 빠르게 움직였다. 스기무라는 "전주가 적군(동학농민혁명군)에게 점령되었고 위안스카이로부터 조선 정부의 청국 군대 파병 요청을 받았다는 사실을 확인했음"[111]을 본국에 타전했다. 2일 스기무라의 전보를 받은 이토 히로부미는 미소를 지었을 것이다. 국내 정치의 난맥상에 골머리를 썩고 있던 터에 군사적 충돌만큼 매력적인 타결책은 없었다. 이토 내각은 각의를 소집하고 중의원 해산과 조선 파병을 전격 결정했다. 각의 소집 3일 전 스기무라로부터 타전된 전보 중에는 "전라도의 소동이 진정되고 있다."는 내용도 들어 있었으나 무시되었다.[112]

파병 목적은 "조선에 거류 중인 우리 국민을 보호하기 위해 병대를 파견하고자 한다."는 메이지 천왕의 칙어에 담겨 있었지만 구실에 불과했다. 거류민을 보호하기 위해서라면 파병 규모는 많아야 1개 대대 5백에서 6백여 명 정도면 충분했다. 오토리 게이스케大鳥圭介 주한 공사도 제물포조약 제5조의 "일본 공사관은 병사 약간을 두어 호위할 것"을 근거로 하므로 전례에 비춰 1개 대대급 이상의 파병은 문제가 있을 것이라고 말했다. 그러나 2일 열린 각의에서 '혼성 1개 여단'을 파병하기로 결정되었는데, 이는 6천 명 규모의 전시 편성 1개 연대, 기마부대·대포

부대 1대대, 공병·수송병·위생대·야전병원·병참부를 포함해 총 8,035명으로 독자적으로 전투를 수행할 수 있는 대규모 병력이었다.[113] 6월 5일에는 일본 역사상 처음으로 전시 대본영이 히로시마에 설치되어 아리스가와노미야 다루히토有栖川宮熾仁 참모총장이 대본영 참모부 총책임자로 임명되었다. 그리고 일본은 공식적으로 전시체제로 이행했다.

앞서 6월 3일 한성에서는 위안스카이와 스기무라 대리공사가 한가한 대담을 나눈다. "조선 정부가 전주를 폭도들에게 잃자마자 원병을 요청했지만 아직 공문을 받지 못했다. 공문을 받으면 청국 정부에 원병 요청을 타전할 셈이다."[114]라는 위안스카이의 극히 따분한 투의 말을 들은 스기무라는 조선 정부에게서 원병 요청이 오면 톈진 조약에 따라 문서를 전달해 달라고 요구했다. 이날 저녁 조선 정부의 공문이 위안스카이에게 전달되었다. 위안스카이는 다음날인 4일 조선 정부의 공문 내용을 스기무라에게 전달했다. 위안스카이가 전한 청국의 파병 인원은 약 1천5백 명이었다. 조선 농민반란 진압이 아니라 청국과의 전쟁을 염두에 두고 8천 명에 이르는 중무장 전투병을 준비한 일본군에게 청국 군사 1천5백여 명은 애초에 적수가 될 수 없었다.

제물포에 상륙한 일본군은 한성을 향해 행진해 노량진에서 한강을 건너 용산에 자리 잡았다. 이 길은 마침내 한국 최초의 철도 노선인 경인선이 된다. 일본군은 지금의 이촌과 서빙고 일대에 진을 쳤다. 조정이 있는 경복궁까지는 한달음에 달려갈 수 있는 거리였다. 중무장한 외국 군대가 군사력 없는 국가원수의 집무실 코앞에 주둔한다는 것은 국가원수가 허수아비임을 뜻하는 것과 다를 바 없었다.●

● 전주성의 동학군은 외국 군대만큼은 안 된다며 자진 해산을 하게 되는데, 끝까지 나라를 사랑했던 이들은 결국 백성들이었다.

일본의 영광은 군대와 철도를 타고

청과 일본 사이에서 눈치를 보고 있던 조선 정부는 시간이 흐를수록 중무장 군대가 경복궁 코앞에 주둔해 있는 것을 거북해 했다. 7월 18일 조선 정부는 대규모 일본군 부대의 주둔이 백성들의 마음을 어지럽히고 있으니 일본군이 철수하기 전까지는 일본이 요구한 내정 개혁[●]을 추진할 수 없다고 일본 공사 오토리 게이스케에게 통보했다. 오토리 게이스케의 답변은 단호했다. 1894년 7월 20일 최후통첩으로 3일의 시간을 줄 터이니 입장을 결정해 달라고 조선 정부를 압박했다. 청나라에 기대했던 민 씨 정권은 최후통첩 시간을 하루 앞둔 22일 밤, 청의 군대는 조선의 요청이 없으면 떠나지 않을 것이라며 일본의 일방적인 내정 간섭에 응할 수 없다고 밝혔다. 이날 밤 용산에 진주해 있던 일본군에게 비밀 긴급 명령이 떨어졌다. 새벽 2시 어둠을 틈타 2개 대대 병력이 중무장을 하고 용산의 막사를 떠나 남영동 쪽으로 이동했다. 대대장 모리

● 일본 공사 오토리는 고종에게 국내외의 대권을 의정부에 귀속시킬 것, 궁중과 의정부의 구별을 엄격히 하고 궁중이 의정부에 간섭하지 않을 것, 문벌을 타파하고 인재를 등용할 것 등 10개 항에 이르는 내정 개혁안을 제시했다. 그러나 이는 내정 개혁이라는 이름으로 시도된 내정간섭이었다. 『고종과 메이지의 시대』, 378쪽 참조.

소좌와 하시모토 소좌가 이끄는 이들 부대는 용산 나루터로 향해야 했다. 부대 이동을 공표하며 내세운 이유는 아산에 주둔한 청군을 몰아내기 위한 것이었기 때문이다. 그러나 이들은 한강을 등지고 곧바로 왕궁으로 향했다.

선발대는 먼저 한성 전신국의 전선을 절단했다. 일본군의 공격을 청국 공사가 알지 못하게 하기 위해서였다. 1개 대대는 경복궁을 정면으로 치고 나머지 대대는 왕궁 후위로 돌아 양면 공격을 감행하는 작전이었다. 일본군은 건춘문과 춘생문 부근에서 조선군 경비대와 맞부딪쳤고 곧바로 총격전이 벌어졌다. 산발적으로 이어지던 총성이 멎은 것은 오전 7시 반이었다. 첫 총성이 일어난 시간은 오전 4시 20분, 조선군은 77명의 사상자를 낸 채 세 시간 만에 제압당했다. 새벽의 기습 작전이었던 데다가 압도적인 병력과 신식 무기로 무장한 일본군을 당해 낼 수 없었던 것이다. 치밀하게 준비된 새벽 기습으로 왕을 잡는다는 일본군의 작전목표는 완벽히 실행되었다.

8월 1일 일본은 청에 선전포고를 했다. 이에 맞서 청 또한 일본에 선전포고를 했다. 이미 7월 25일과 29일 서해에서의 해전과 아산에서의 육군 간 공방전으로 전야제를 치른 후였으며, 선전포고는 형식적인 조치였다. 동아시아의 두 강국이 맞붙게 되었는데 전쟁터는 조선 땅이었다.

청일전쟁, 경인선 부설의 줄다리기가 시작되다

전쟁이 터지자 일본의 대본영은 최우선 순위로 조선에서의 철도 부설을 추진하게 된다. 이는 철도 부설권 따위는 염두에 두지 않은, 긴박한 전쟁 상황에서의 전략적 작전으로 간주되었다. 대본영은 1894년 10월, 운수통신원 철도 기사 겸 공학박사인 센고쿠 미쓰기仙石貢를 파견해 경부선과 경인선 부지를 답사하도록 했다.[115] 센고쿠 미쓰기 일행은 인천에 도착하자마자 일본군 병참사령부의 지원을 받아 경부선과 경인선 부지에 대한 조사를 마무리 지었다. 이를 바탕으로 대본영은 우선 한양-인천 간에 군용철도를 부설하기로 결정했다. 건설 책임자로는 센고쿠 미쓰기를 지정했으며, 공사비 2백만 엔은 대본영의 전쟁 비용으로 충당하도록 했다. 그러나 청일전쟁이 일본의 일방적인 공세 속에 마무리될 조짐을 보이자 군용철도 건설은 중단된다.

그러나 조선 철도를 장악하려는 일본의 야욕이 수면 아래로 가라앉은 것은 아니었다. 군부와 무관하게 이미 일본 정부 차원에서 조선 철도 부설권을 확보하기 위한 노력이 집요하게 진행되고 있었다. 1894년 8월 20일, 한양에 있던 오토리 게이스케 공사는 조선의 내정 개혁에 관한 조약 체결을 통해 경부선과 경인선의 철도 부설권을 확보했다. 이른바 조일잠정합동조관으로, 대본영이 추진하던 군용철도와 상관없이 일본이 최초로 해외 철도 부설권을 확보하게 되는 순간이었다. 8월 20일 오토리 게이스케 공사가 당당하게 조일합동조관 체결에 나설 수 있었던 것은 이날 일본군이 청군을 개성 밖으로 물리친 덕분이었다. 조정으로서는 일본의 폭주를 막아 주리라 믿었던 청군이 속절없이 무너지는 상황에서 일본의 요구를 들어줄 수밖에 없었다.

조일잠정합동조관은 경부·경인 철도의 부설권을 일본에 부여한다는 것 외에는 구체적인 내용을 담지 못한 조약이었다. 어떤 노선을 먼저 건설할지, 노선은 어떻게 결정할지, 자본금은 어떻게 조달할지, 철도 부지는 어떤 조건으로 수용할지 아무것도 명시되어 있지 않았다. 전쟁 중이라 급히 부설권만 확보했던 것이다. 그러나 이후 청일전쟁은 일본의 승리로 끝났지만 일본의 뜻대로 조선을 좌지우지할 수는 없었다. 조선과 동아시아에는 청보다 더 큰 힘을 가진 영국·미국·독일·러시아 등 열강들의 이해관계 역시 얽혀 있었기 때문이다. 교통정리가 필요했다.

다급해진 일본은 1895년 1월 이노우에 가오루井上馨 내무대신을 조선 공사로 부임시켜 철도 부설 관련 후속 교섭을 요구했다. 그러나 조선 정부는 교섭에 성의를 보이지 않았다. 청과 일본의 대립 관계를 이용하다가 청이 몰락하는 상황이었지만 아직도 조선에는 열강들이 일본의 행동을 제약하고 있었다. 일본은 4월에 새로운 요구안을 조선 정부에 보냈다. 노량진-인천 간의 철도 부설에 대한 '신조약안'이었다. 4월 17일 시모노세키 강화조약으로 청일전쟁에서의 승리를 확정지은 일본의 자신감이 밀어붙인 조치였다. 청과 일본의 강화조약인 시모노세키 조약의 내용을 잠깐 살펴보면 ① 조선의 독립 승인, ② 요동반도 및 타이완의 할양, ③ 은 2억 량의 배상금이었다. 일본 측 협상 대표로 참여했던 전권대표 이토 히로부미와 외무대신 무쓰 무네미쓰陸奥宗光는 개선장군이 되었다.

청나라의 패퇴를 지켜본 조선 정부는 일본과의 신조약안에 관한 세부 협정에 나섰다. 20여 일의 협상이 끝나고 마침내 조선 철도 최초의 부설 계약이 맺어지려는 순간 국제 정세의 큰 변화가 조선에도 파장을 미쳤다. 청일전쟁의 결과를 놓고 벌어진 3국 간섭이 그것이다. 여기에 앞장선 것은 러시아였다. 겨울에 얼지 않는 항구를 간절히 바랐던 러시아의 입장에서 요동반도가 일본에 넘어간다는 것은 러시아의 경제·군사적 이권이 상실되는 것을 의미했다. 러시아는 동맹국 프랑스를 끌어들이고 독일을 포섭해 일본을 압박했다. 3국이 일본에 요구한 핵심 사안은 청이 양보한 요동 반도를 포기하라는 것이었다. 당장 무쓰 무네미쓰는 반발했으며, 일본의 피로 얻은 요동을 외국의 압력에 굴복해서 내놓을 수 없다는 여론도 일어났다. 하지만 결국 일본은 3국의 요구를 거부할 수 없었다. 3국이 일본에 요동반도의 환급을 제시한 날은 1895년

5월 4일이었다. 일본이 시모네세키 조약으로 승전 무드를 즐긴 지 불과 20일도 채 지나지 않은 시기였다.

같은 날 조선에서도 하나의 사건이 일어났다. 러시아·영국·미국·독일 대표가 조선의 외무대신 김윤식을 만났다. 4국 대표는 조선 철도 부설에 관한 조일잠정합동조관과, 협상이 마무리되던 경인 철도 부설에 관한 신조약안에 대해 단도직입적으로 경고했다. 이들 4국이 공동으로 서명해 전달된 내용에는 "철도·전신 등의 이권을 모두 한 나라에만 순허하는 것은 다른 각국 상민에게 불이익을 주는 행위"라고 명시함으로써 문제를 제기했다.[116] 4국 대표의 압박 이후 일본과의 철도 협상은 지지부진해졌으며 더 이상 진전되지 못했다.

군사력과 철도를 통해 일본 제국의 영광을 꿈꾸다

3국 간섭이 일본이 요동반도를 획득하지 못하도록 막았다면, 한성에서의 4국 간섭은 일본의 조선 철도 부설을 좌절시켰다. 조선 철도를 장악하려는 일본의 집요한 노력이 번번이 실패한 셈이다. 그러나 일본은 좀 더 신중하고 치밀한 계획을 세우게 된다.

청일전쟁이 끝난 후 일본은 새로운 자신감으로 충만했다. 감히 넘볼 수 없다고 여겼던 거국 중국을 제압했다는 사실은 모든 사람들에게 자부심을 갖게 했고 애국심으로 단결하게 했다. 한편으로는 부족한 실력을 키워야 한다는 실력 양성론이 탄력을 받았다. 힘들게 얻은 요동반도를 강대국의 압력으로 빼앗긴 만큼 힘을 길러, 외국의 강압 때문에 일본의 주권을 포기하는 일은 없어야 한다는 분위기가 사회를 뒤덮었다. 그 결과 군사력의 증강만이 일본의 주권을 지킬 수 있다며 부국강병이 최고의 국가적 목표가 되었다. 1895년 8월, 재정을 담당하는 마쓰카타 마사요시松方正義 장상은 '재정 의견서'를 내놓고 청일전쟁 후 국가 재정 목표를 밝혔는데, ① 육군 확대, ② 해군 확대, ③ 제강소 건설, ④ 철도 및 전화의 확장을 내용으로 했다.[117] 제강소는 군사력 증강과 철도 증강을 위해 꼭 필요한 사회 기반 시설이었다. 요컨대, 군대와 철도로 대일본 제국의 영광을 구현한다는 계획이었다. 이제 일본의 영광은 군대와 철도를 타고 빛날 일만 남았다. 아시아인들의 비극 위로.

청일전쟁으로 러시아가 얻은 것

청일전쟁의 승자는 일본이었으나 전리품을 챙긴 쪽은 러시아였다. 앞에서도 말했듯이, 일본은 시모노세키 조약을 통해 청으로부터 요동반도와 타이완, 펑후제도澎湖]諸島를 얻고 배상금 2만 냥도 받기로 했으나, 러시아가 주도한 3국 간섭의 결과 이 가운데 요동반도가 제외되었다. 청에서는 러시아에 우호적인 분위기가 형성되었으며, 양국 관계는 밀착되었다. 이런 상황에서 러시아는 동청 철도東清鐵道● 의 부설권을 청으로부터 확보하는 일에 착수했다. 러시아는 오래전부터 동방 진출을 추진해 왔는데, 그 핵심은 시베리아 횡단철도였다. 1850년대부터 필요성이 제기되어 왔음에도 시베리아 횡단철도가 착공되기 시작한 것은 1891년이었다. 그러나 9천 킬로미터가 넘는 광대한 노선이 언제 완공될지는 알 수 없었다. 시베리아라는 극한의 환경에서 세계 최장거리 철도 노선을 건설하는 것은 만만치 않은 일이었다. 특히 바이칼 호에서

● 시베리아 횡단철도의 만주 통과 노선인 치타에서 하얼빈, 블라디보스토크를 연결하는 철도. 청일전쟁 후 청러 밀약에 의해 철도 부설권을 갖게 된 러시아가 1898년 부설에 착수하여 1902년에 완공했다.

동쪽으로 이어지는 지역에 철도를 건설하는 데 부담을 갖고 있었다. 따라서 중국의 영토를 통과하는 대안을 제기하는 사람들이 생겨났다. 시베리아의 남부이자 중국의 북부 지역인 만주를 관통하는 철도 노선을 건설할 수 있다면, 모스크바에서 동쪽 끝 블라디보스토크를 연결하는 횡단철도의 거리가 단축되어 공사 기간과 건설비용뿐만 아니라 열차 운행 시간도 줄일 수 있었다. 러시아 재무상 비테Sergei Witte 같은 이는 철도를 통한 제국주의 침략의 속성을 간파하고 있었다. 그는 철도야 말로 청을 평화적으로 정복할 수 있는 수단이라고 생각했다.[118] 철도는 총만 들지 않았을 뿐, 제국이 식민지를 꿰뚫으면서 점령하는 침략의 무기였다.

1896년 청은 러시아와 밀약을 맺어 동청 철도의 부설권을 러시아에 넘겼다. 철도 부설권만이 아니었다. 철도 노선 30리 이내의 광산 개발에 대해서도 러시아의 독점적 권리를 인정했다. 러시아와 청은 일본에 대한 공동방위 협정도 맺었다. 전쟁에서 패배한 청을 일본의 군사적 위협으로부터 보호한다는 명분이었다. 청은 일본의 압박에서는 벗어났지만 동청 철도가 지나는 만주 곳곳에서 새로 진주한 러시아 군대를 상전으로 모셔야 했다. 러시아는 동청 철도 부설권만이 아니라 25년을 기한으로 요동반도 끝의 뤼순旅順과 다롄大連 항을 얻었다. 겨울에도 얼지 않는 항구를 확보함으로써, 동아시아와 태평양으로 러시아의 세력을 확장시킬 수 있는 베이스캠프를 마련한 것이다. 동청 철도와 요동반도의 두 항구를 잇는 남만 철도의 부설권도 한 묶음으로 러시아의 몫이 됐다. 일본이 얻으려고 했던 모든 것을 러시아가 총 한 발 쏘지 않고 가져갔다.

일본에서는 러시아에 대한 적대감이 폭발했으나 현실적으로 무력이 부족하다고 판단했다. 힘을 키워 내실을 다져야 한다는 각오의 목소리가 여기저기서 표출되었다. 이때부터 일본은 러시아를 주적으로 설정했다. 청일전쟁의 막을 내리는 손잡이가 러일전쟁의 서막을 올리기 시작했다.

유럽과 극동의 교두보 : 시베리아 횡단철도

동청 철도 노선은 러시아의 울란우데 지역, 정확히 치타에서 출발해 완저우리滿洲里, 하얼빈哈爾濱을 지나 블라디보스토크까지 이어진다. 만주 지역의 중앙을 관통하는 노선이다. 하얼빈에서는 남만 철도가 남쪽으로 달려 창춘長春과 펑톈奉天(현재 선양瀋陽)을 지나 다롄과 뤼순에 이른다. 동청 철도와 그 부속선 남만 철도는 이렇게 T자형을 이루어 중국 동북 지역의 주요 도시를 연결한다. 러시아의 힘이 그만큼 극동에 강력하게 작용하게 된 것이다. 그리고 두 철도를 연결하는 하얼빈은 러시아의 동북아 전진기지로서, 유럽식 건축물이 속속 들어서고 근대의 옷을 입으면서 동방의 모스크바로 재탄생했다.

동청 철도와 남만 철도는 중국, 러시아에서 조선을 감싸고 있는 형상이다. 압록강과 두만강 위쪽 만주에서 러시아 동쪽 끝 블라디보스토크까지 이어진 철길은 조선을 발판으로 대륙으로 진출하려는 일본의 입장에서 볼 때 심각한 위협이었다. 러시아와 일전이 불가피할지도 모른다고 예상한 일본이 전쟁을 대비하는 실질적인 방법은 조선에 철도를 부설하는 일이었다. 철도가 없다면 전쟁을 수행할 대규모 군대와 물자를 전선으로 보내는 일은 불가능했다. 일본이 조선을 종단하는 철도 건설 계획을 전략적 목표로 삼은 것은 당연한 귀결이었다.

또한 동청 철도는 시베리아 횡단철도의 동쪽 끝을 연결하는 노선으로, 동청 철도의 완성은 시베리아 횡단철도가 실체를 드러내는 것을 의

| 20세기 한반도와 연결된 만철과 시베리아 횡단철도 노선 |

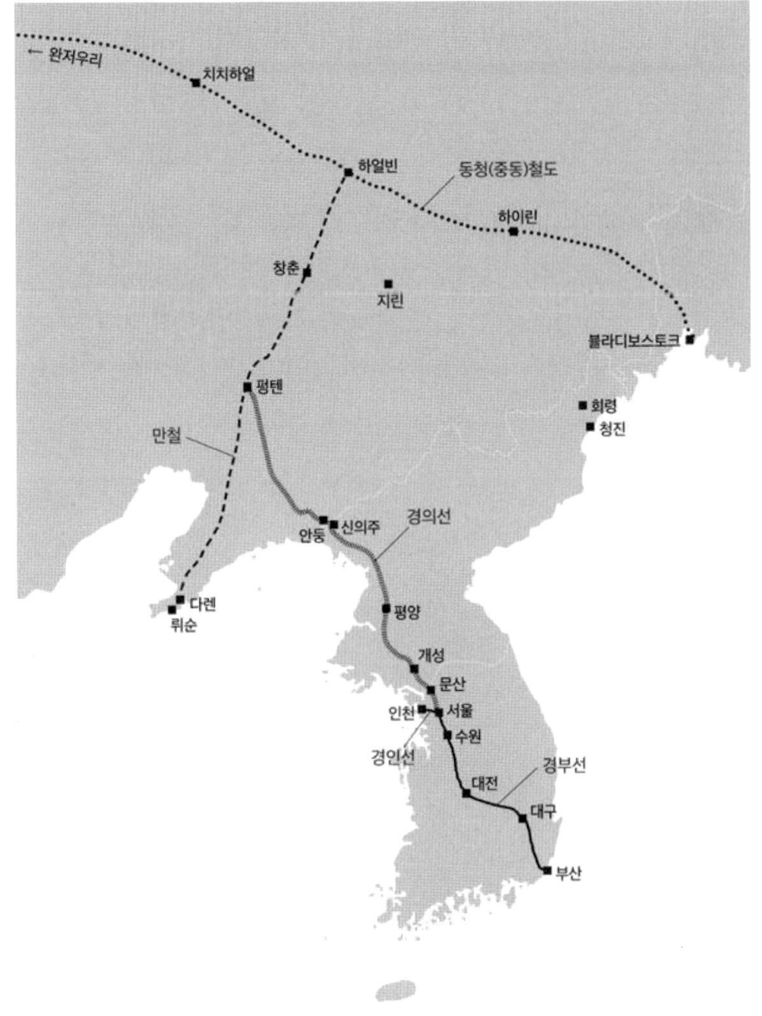

미했다. 시베리아 횡단철도는 일본에 대한 위협을 넘어, 해가 지지 않는 나라 영국이 제국주의 정책으로 누리는 이익 구조를 분쇄할 수 있는 시설이었다. 어떤 의미에서 시베리아 철도는 실크로드의 혁명적 재현이

| 시베리아 횡단철도 |

었다. 여러 해가 걸리는 이동 시간을 일주일 정도로 줄이는 일은 인류 역사에서 철도가 등장하기 이전에는 불가능했기 때문이다. 시베리아 철도는 러시아를 비롯한 유럽의 상공업과 중국 및 일본 등 동아시아 주요 국가들을 연결해 새로운 시장을 개척할 것으로 전망되었다. 당장 대영제국의 차 무역이 커다란 손실을 입게 될 것으로 예측되었다. 중국차는 대부분 영국 배에 실려 유럽으로 수출되었는데, 시베리아 횡단철도가 완성되면 더 이상 바다를 통하지 않아도 되기 때문이다. 또한 1888년 러시아는 중앙아시아 남부로 향하는 카스피 철도를 부설했는데, 투르크메니스탄에서 생산되는 면화를 수입해 방적업을 발전시키기 위한 것으로 경쟁 상대는 인도였다. 프랑스가 시베리아 횡단철도에 자본을 댄 것도 오랜 경쟁 상대인 영국을 견제하기 위해서였다.

"유럽과 극동을 연결하는 교두보." 1900년 파리 박람회에서 시베리아 횡단철도를 선전하는 문구였다. 참빗과 담뱃대, 도자기 등이 출품되었던 대한제국관이 동방의 숨겨진 나라를 소개하는 공간이었다면 러시아는 미지의 땅을 개척하는 철마를 알리고 있었다. 1891년 블라디보스토크를 기점으로 착공된 시베리아 횡단철도는 동과 서, 중앙을 여러 공구로 나누어 공사를 진행했는데, 1900년대에는 만국박람회에 존재가 부각될 정도로 형태를 갖추었던 것이다. 하지만 건설 초기 1년 반 만에 건설을 완료하겠다고 목소리를 높였던 건설 총책임자 비테의 장담은 거대한 동토의 땅 시베리아가 물거품으로 만들었다. 1916년 모든 노선이 완공될 때까지 걸린 기간은 25년. 건설 과정부터 현재까지 시베리아 횡단철도가 품고 있는 사연들은 그 길이만큼이나 끝없이 이어진다.

경인 철도 부설권 쟁탈전과 조선 최초의 철도 개통식

이완용과 철도 부설권

매사에 신중하고 말수가 적은 이완용은 고종의 신뢰를 듬뿍 받았다. 공무원 생활 1년 만에 세자를 가르치는 자리에 오른 것은 고종과 왕실 각료들의 신망을 얻지 않고서는 불가능한 일이었다. 이 무렵 조선 최초의 근대식 국립 교육기관인 육영공원育英公院이 설립되었는데, 이완용도 이 학교에 입학하게 된다. 입학 정원 중에 현직 공무원에게 할당된 부분이 있었는데, 이완용이 자원해서 그중의 한 자리를 차지했던 것이다. 육영공원은 조미수호통상조약의 결과로 미국을 이해하고 상대하기 위해 만들어진 학교였다. 미국인 교사들이 영어로 수업을 했으며 미국식 문화와 제도들을 가르쳤다. 이 과정에서 두드러진 성적을 낸 이완용은 입학한 지 1년 만에 미국에 외교관으로 파견되었다. 그리고 1887년 7월 미국에 최초로 개설되는 주미 조선 공사관의 참찬관에 임명되었다. 7개월 만에 요양차 귀국했던 이완용은 고종의 명을 받아 다시 미국 공사관의 대리공사로 2년 동안 미국에 머물렀다. 이 과정에서 그는 근대 산업국가의 거인으로 등장한 미국을 체험하게 된다. 그는 미국이라면 조선이 충분히 기댈 만한 나라라고 생각했다. 미국 정치인들과 인맥을 쌓고 영어를 능숙하게 구사하면서 자연스럽게 친미적 성향을 갖게 된 이완용이 최초의 조선 철도인 경인선 부설권을 미국인 제임스 모스James R. Morse에게 안겨 주는 것은 이상한 일이 아니었다.

모스가 이완용을 만난 것은 이완용이 주미 참찬관으로 있을 때였다. 일본을 주 무대로 활동하던 모스는 조선의 광산과 철도에 대한 이권에 관심을 갖게 된다. 의술을 가진 선교사로 조선에 들어와 외교관이 된 호러스 알렌Horace Newton Allen과의 인연 때문이었다. 미국 외교관인 알렌은 별장까지 두고 지냈지만 자신의 봉급만으로는 생활비를 마련하기 힘들었다. 게다가 외교관 신분으로 대놓고 투자를 할 수 있는 조건도 아니었고 투자비도 없었다. 이런 상황에서 알렌에게 도움을 준 사람이 바로 미국 상인인, '아메리칸 트레이딩 사'American Trading Co.의 사장 모스였다.

갑신정변 때 민 왕비의 조카 민영익을 치료해 고종의 신임을 얻은 알렌은 자신의 후원자이자 절친인 모스에게 조선의 이권을 넘겨주기 위한 중개인 역할을 마다하지 않았다. 모스는 알렌의 주선으로 정3품 당상관에 해당하는 통정대부이자 대변조선상무위원으로 임명되어 미국에 특파된다. 미국에 특파된 조선의 통정대부는 이완용과 이하영 등을 만났는데, 이들에게 조선에 철도가 꼭 필요하며, 자신이 그 부설 책임자가 될 것이니 철도 부설을 할 수 있도록 왕실과 연결시켜 달라고 설득했다. 모스가 미국에 있는 조선 공사관의 외교관들을 찾은 이유는 분명하다. 철도를 본 적이 없는 조선의 관료들에게 철도 부설의 필요성을 설명한다는 것은 의미가 없다고 판단했기 때문일 것이다. 이완용과 이하영은 과거 유길준이 그랬던 것처럼 미 대륙횡단철도를 타고 서부에서 동부로 이동했다. 철도의 효용성에 대해서는 굳이 설명할 필요가 없었던 것이다. 세 사람은 의기투합했다.

이하영은 조선으로 귀국하는 길에 조정에 바치는 선물로 기차 모형을 가져왔다. 고종과 문무백관들이 모인 자리에서, 정교하게 만들어진 기관차와 객차를 보여 줌으로써 신문명 '철도'의 필요성을 역설했다. 이완용과 이하영은 미국에서 귀국하자마자 고종에게 모스를 초청해 달라고 요청했다. 고종도 이들의 요구를 받아들여 마침내 1891년 3월 25일 모스가 경복궁에 발을 들여놓게 된다. 고종은 이완용과 이하영에게 모스와의 철도 부설 계획을 논하게 했다. 이완용과 모스는 어거스틴 허드 Augustine Heard 미국 공사의 막후교섭과 서기관 알렌의 적극 중재 속에 '철도창조조약'을 체결했다. 그러나 조정 대신들을 중심으로 막대한 부설 비용 등을 이유로 철도창조조약의 무효와 철도 부설 반대 움직임이 거세게 일어났다. 결국 철도 부설 논의는 중단되었고, 이에 실망한 모스는 미국에서 조선까지의 왕복 여비와 '주미본국공사관원자량구조비'駐美本國公使館員資糧救助費 명목으로 은 1만 원이라는 거액의 배상을 청구했다.

미국인 모스에게 넘어간 경인권 부설권

그러나 여러 우여 곡절에도 불구하고 최초의 철도 부설권은 결국 모스의 차지가 되었다. 그가 조선 정부로부터 경인 철도 부설권을 넘겨받은 때는 1896년 3월이었다. 당시 일본은 러시아가 주도하는 3국 간섭으로 위축되어 있었으며, 청일전쟁을 치르느라 재정 상황도 좋지 않았다. 또한 조선의 왕실과 관료들은 청일전쟁에서 승리해 기고만장한 일본과 거리를 두었다. 조선 정부가 일본에 등을 돌린 결정적인 원인은 일본이 주도면밀하게 기획하고 실행에 옮긴 을미사변 때문이었다. 무장괴한들이 왕실로 쳐들어가 왕비를 무참하게 살해한 사건은 조선 전체에 큰 충격을 주었다. 고종은 자신도 언제든지 살해당할 수 있다는 불안감을 지울 수 없었을 것이다. 1896년 2월 11일, 왕과 대신들은 왕궁을 버리고 러시아의 공사관으로 피신했다. 아관파천으로 부르는 사건이다. 러시아 공사관은 지금의 정동에 자리하고 있었는데, 덕수궁 뒤편의 미 공사관 북서쪽 담벼락을 따라 걸어가면 만나게 된다. 미 해병대가 수비를 맡고 있는 이 길을 따라 고종과 왕세자가 러시아 공사관으로 피신하자마자 미국은 고종의 최측근이 되어 친러 내각의 고위직을 차지한 이완용을 회유했다. 미국 공사가 되어 있는 알렌과 모스는 사신들과 각별한 우정을 나누었던 친미파 이완용과 일사천리로 조선 철도 부설권에 대한 협상을 진행했다. 3월 29일, 아관파천 50일 만에 서울-인천 간 철도 부설권이 드디어 모스에게 주어졌다. 특혜로 채워진 전문 13조의 경인 철도 허가서를 손에 쥔 모스의 기분이 어땠을지는 충분히 상상이 가능하다. 그리고 근대를 여는 가장 중요한 사회적 장치인 철도를 덥석 외세에 넘겨준 이완용. 하지만 이것은 나라를 팔아먹기 전의 예행연습에 불과했다.

경인 철도 부설권이 미국에 넘어가자 일본 정부는 큰 충격에 빠졌다. 일본은 다른 나라와 철도 부설 교섭을 하지 말라고 여러 차례 조선 정부를 압박해 온 터였다. 4월 4일, 주한 일본 공사 고무라 주타로小村壽太郎는 외무대신 이완용을 찾았다. 고무라가 발등에 불이 떨어진 모양으로 이완용을 찾은 이유는 경인 철도 부설권을 빼앗긴 것에 대한 상실감 때문만은 아니었다. 모스가 경인 철도 부설권을 확보한 데 이어 프랑스인 그릴르Grille가 경부 철도와 경의 철도 부설 특허를 차지하기 위해 발 벗고 나선 것이 확인되었다. 자칫하다가는 조선의 모든 철도 노선을 서구 열강들에게 넘겨줄 수 있다는 위기감이 일본을 적극적인 행동에 나서게 했다. 화가 잔뜩 난 고무라 공사는 1894년 철도 부설에 관해 조선과 협의한 조일잠정합동조관을 들어, 미국으로 넘어간 경인 철도 부설권은 무효라고 주장했다. 그러나 이완용은 그로부터 3년이 지났음에도 일본이 아직 공사에 착수하지 못했으므로 조관의 효력은 이미 소멸되었다고 반박했다.

당시 고종과 조선의 대신들은 일본이 영향력을 행사할 수 없는 러시아 공사관에 머무르고 있었다. 러시아와 구미 열강들의 힘을 믿고 강경하게 나오는 이완용 앞에서 고무라도 어찌할 도리가 없었다. 한국 철도의 초기 부설 과정을 상세히 기록하고 있는 『조선교통사』[119]에는 고무라 공사가 외무대신 이완용의 불성실한 태도에 화가 나 분개했다는 내용이 기록되어 있다.

모스, 철도 부설권을 팔아 한몫 잡다

미국인 모스가 경인 철도 부설권을 획득하자 조선 철도 부설권을 둘러싼 열강들의 쟁탈전에 불이 붙었다. 모스에 이어 그릴르를 대표로 하는 프랑스의 피브릴르Fives Lile 회사가 7월에 경의선 부설권을 따냈다. 프랑스는 청일전쟁 이후 러시아와 함께 일본을 압박한 3국 간섭의 당사자였다. 시베리아 횡단철도에 차관을 제공하고 러시아와 긴밀한 협조체제를 유지했던 프랑스가 러시아 세력이 힘을 발휘하는 조선에서 철도 부설권을 얻는 것은 어렵지 않은 일이었다. 프랑스는 내친김에 서울-공주, 서울-목포의 철도 부설권을 요구했다. 러시아는 서울-원산 간 부설권을 요구했는데, 시베리아 횡단철도의 종단점인 블라디보스토크에서 한반도로 내려오는 철도를 건설해 원산을 최종 목적지로 하려는 것이었다. 열강들의 요구에 시달리던 조선 정부는 강경책을 선택했다. 고종은 11월 칙령을 내려 향후 1년 동안은 어느 나라에도 철도 부설권을 양여하지 않겠다고 선언했다. 이후 철도 부설권 쟁탈전은 수그러들었지만 물밑에서 진행되는 음모들은 더욱 긴박하게 돌아갔다.

일본은 경인 철도 부설권을 따낸 모스가 자금난에 허덕이고 있다는 정보를 얻고 우회 전략을 세운다. 모스가 주도하는 경인 철도 건설 사업에 참여하는 것이었다. 이런 가운데 모스는 경인 철도 부설권을 양도할 의사가 있음을 고무라 외무차관, 시부사와 에이이치澁澤榮一 경부 철도 발기 위원 등에게 흘리고 다녔다. 이 절호의 기회를 놓칠 일본이 아니었다. 1897년 4월 시부사와 에이이지는 모스를 도쿄로 불러들여 부설권을 양도하겠다는 약속을 받아 냈다. 이어 외무대신과 도쿄·요코하마의 유력 인사들을 만나 정재계의 의견을 모아 모스로부터 경인 철도 부설권을 확보하기로 결정했다. 5월 4일 경인철도인수조합이 설립되고 경인 철도는 모스의 손에서 일본으로 넘어가는 과정을 겪게 된다.

모스는 고민이 많았다. 조선 정부로부터 부설권을 얻자마자 곧바로 경인 철도 기공식을 열고 공사를 시작했으나 바로 벽에 부딪혔다. 철도는 예나 지금이나 거대 토목공사로 물먹는 하마처럼 엄청난 돈을 필요로 했다. 개점휴업 상태에서 공사비를 마련하기 위해 투자자들을 모으러 다니던 그는 점점 지쳐 갔다. 미국의 자본가들은 어디 붙어 있는지도 모르는 머나먼 동방의 나라에 건설되는 철도에 투자하기를 꺼렸다. 그렇다고 부설권 경쟁에 나섰던 나라들에게 손을 벌릴 수도 없었다. 그의 입장에서는 부설 특허권을 비싼 값에 제3자에게 넘기는 것이 최선이었다. 조선과 일본을 넘나들며 사업을 벌인 목적은 돈이었으므로, 그는 경인 철도 운영을 통해 얻을 이익은 포기하더라도 부설권에 대한 시세 차익만큼은 확실하게 챙기려고 했다. 이런 모스에게 드리워진 돈다발 미끼는 달콤한 유혹이었다. 낚싯대를 쥐고 있던 일본은 찌가 움직이자 힘차게 들어올렸다.

1897년 5월 12일, 모스는 철도 부설권을 5만 달러에 양도하는 계약을 경인철도인수조합과 체결했다. 그런데 다음날 아침 모스가 부리나케 인수조합 사무실을 찾았다.[120] 그는 자신이 양도 계약 대가로 받은 5만 달러가 너무 적다며 30만 달러로 올려 달라고 떼를 썼다. 일본이 요구를 들어주지 않으면 이미 받은 돈과 계약 위반에 따른 위약금 및 배상금을 지불하고서라도 계약을 해지하겠다고 통보했다. 인수조합 측은 이미 끝난 계약이라며 거절하고 모스를 돌려보냈다. 추측컨대, 5만 달러를 받고 계약서에 사인을 한 뒤 호텔로 돌아온 모스는 계약 여부를 궁금해 하는 여러 사람들에게 둘러싸였을 것이다. 이들은 모스에게 5만 달러라는 헐값에 조선 최초의 철도 부설권을 넘기는 것은 말이 안 된다고 한마디씩 거들었을 것이다. 모스는 호텔 방에서 밤새 뒤척이며 왠지 속은 것 같은 계약을 뒤집기 위해 묘책을 생각했음이 분명하다. 일본 측에 다시 얼마를 제시할지도 고민이었을 것이다. 만약 당시에 폐쇄 회로 텔레비전CCTV이 존재했다면 해가 뜨자마자 "30만 달러!"를 되뇌며 호텔 문을 밀치고 달려 나가는 모스의 모습이 선명하게 찍히지 않았을까?

모스의 급작스런 태도 변화에 당황한 인수조합은 외무성을 찾아 계약 철회도 불사하겠다는 입장을 표명했다. 인수조합으로서는 이미 끝난 계약에 대해 여섯 배의 돈을 지불하라는 모스의 주장은 터무니없는 억지였다. 그러나 오쿠마 시게노부 외무대신은 제안을 거절할 경우 프랑스나 러시아, 영국 등의 자본이 모스를 회유할 위험이 있다고 판단했다. 외무성은 경인 철도를 담보로 요코하마정금은행으로부터 1백만 달러를 빌려 조합 측에 전달했다. 모스와 인수조합 측의 줄다리기는 계속 이어졌다. 모스는 한 푼이라도 더 받아 내야 했고 인수조합은 부설권을 빼앗기지 않는 선에서 모스를 만족시켜야 했다.

해가 바뀐 1898년 3월 5일 모스가 다시 인수조합의 문을 열어젖혔다. 그는 경의선 부설권을 따낸 프랑스의 그릴르로부터 3백만 엔에 경인 철도를 넘기라는 제안을 받았다며 계약 해지를 요청했다. 모스는 인수조합 측으로부터 받은 돈을 반환하고 이미 지출된 경비를 모두 배상하며 그릴르에게서 받은 양수 대금 중 일부를 배분하겠다고 큰소리를 쳤다.● 121 모스의 강공이 먹혔는지 인수조합 대표들은 대책 마련에 들어갔다. 인수조합의 시부사와 위원이 이토 히로부미 총리대신에게 달려가 모스의 입장을 전달했다. 이토는 한번 확보한 권리는 잃어서는 안 된다며 다른 열강들에게 부설권을 매각하지 못하도록 모스를 설득하라고 지시했다.

양측의 줄다리기는 12월까지 이어졌다. 모스는 꼭 받아야겠다고 주장한 3백만 엔에 훨씬 못 미치는 170만2천 엔에 경인선에 대한 모든 권한을 일본에 넘겼지만 별 불만 없이 현찰을 챙겼다. 경인 철도 부설권 하나로 한몫 단단히 쓸어 담은 것이다. 국가의 자산이 일단 외국인의 손에 넘어가고 나면 노골적인 흥정의 대상밖에는 되지 않는다는 사실을 역사는 잘 보여 준다.

조선 최초 철도 개통식에 나부끼는 일장기

드디어 일본은 조선을 차지하는 데 필요한 가장 핵심적인 장치인 철도를 손에 넣었다. 경인 철도에 대한 모든 권리를 인수한 일본은 숨도 고르지 않고 다음 행보를 이어 갔다. 우선 경인철도인수조합을 경인철도합자회사로 바꿔 제대로 된 철도 회사의 모양을 갖추었다. 1898년 4

● 인수조합 대표가 총리대신인 이토를 찾아갈 정도로 모스의 태도가 강경했던 것으로 보이지만 실제로 그릴르가 모스에게 경인 철도 매수를 제의했는지는 의문이다. 그릴르 또한 경의 철도 부설권은 확보했지만 자금난으로 공사를 제대로 진척시키지 못하고 있었기 때문이다.

경인선 개통식(1899년 9월 19일)

월 23일에는 새 회사의 이름으로 인천에서 기공식을 다시 했다. 이후 철도 부설 공사에 박차를 가한 결과 1899년 9월 18일 인천(제물포)-노량진 간의 33.8킬로미터 구간에서 철도 운행이 시작되었다. 조선 땅에 최초로 열차의 기적 소리가 울려 퍼지게 된 것이다.

인천-축현-우각동-부평-소사-오류동-영등포-노량진으로 연결된 경인선은 다음 해 한강 철교가 완성되면서 1900년대에는 한강을 넘어 용산-남대문을 달리게 된다. 경인선의 등장은 조선 사람들에게 세상이 천지개벽하고 있다는 것을 보여 주었다. 일부 귀족들이 사용하는 가마나 공용 연락 수단인 파발마, 우마차가 전부였던 세상에서 대다수 백성들의 이동 수단은 자신들의 두 다리였다. 이런 현실에서 굉음을 내뿜으며 달리는 기차는 이질적이면서도 신기하며 새로운 문명이었다.

개통식 다음 날인 1899년 9월 19일자 『독립신문』에 실린 기사를 보자.[122]

〈철도개업례식〉 경인철도회사에서 어저께 개업 례식을 거행하는데 인쳔셔 화륜거가 떠나 영등포로 와셔 경셩에 내외국 빈객들을 슈레에 영접해 안치고 오젼 구시에 떠나 인천으로 향하는데 화륜거 구난 쇼리는 우레 갈아야 천지가 진동하고 기관거에 굴뚝연기는 반공에 솟아 오르더라. 수레를 각기 방 한 칸씩 되게 만드러 여러 수레를 철구로 연하야 수미상졉하게 이얹는데 수레 속은 상즁하 3등으로 수쟝하야 그 안에 배포한 것과 그 밖에 치장한 것은 이로 다 형언할 수 없더라. 수레 속에 안져 영창으로 내다 보니 산천 초목이 모도 활농하야 닷는 것 같고 나는 새도 미쳐 따르지 못하더라. 대한 리수로 팔십리 되는 인쳔을 순식간에 당도하얏는데 꼿 정거장에 배포한 범절은 형형색색 황홀찬란하야 진실로 대한 사람의 눈을 놀리더라. 정거장에 당도하야 일제히 나려셔 각기 유람하다가 오정에 정거장으로 들어가셔 하고 다과 례를 향하는데 …… 그중에 더욱 가관되는 것은 인천항에 거류하는 일인들이 각기 집에 국기를 세웠으며 …… 례식을 다하고 오후 1시에 셔울 빈객들과 인쳔 빈객들이 도로 화륜거에 올라 2시 반에 영등포에 당도하야 셔울 빈객들은 셔울로 들어오고 인쳔 빈객들은 도로 고타 4시 반에 인쳔에 당도하였다더라.

위의 기사에 따르면 경인 철도 개업식에 운행된 열차는 영등포-인천 간을 1시간 30분 만에 주파했다. 현재 영등포에서 인천까지 전철 운행 시간은 51분이다. 115년 전의 6개 역에 비하면 세 배가 넘는 22개 역을 지나는데도 시간은 40분이 덜 걸린다. 마력 수에서 비교가 안 되는 최신 전동차 덕분이다. 요즘 기준으로 보면 1시간 30분에 33킬로미터를 간다는 건 자전거 동호회에서조차 화젯거리가 안 될 일이다. 하지만 대한 제국 시대는 달랐다. 33킬로미터를 1시간 30분에 주파했다는 것은 당시 경인 철도의 표정속도가 시속 20여 킬로미터 남짓이었음을 알 수 있다. 운송 수단의 속도에는 최고 속도, 평균 속도, 순항속도 등 여러 개념이 있지만 철도에서 의미 있는 속도는 표정속도이다.

표정속도란 열차가 출발점에서 최종 도착지까지 걸리는 모든 시간(제한속도를 지키거나 역에 정차하기 위해 속도를 감속하고 승객을 태우거나 마주 오는 열차와의 충돌을 피해 교행 대기를 하는 등의 모든 운행 과정)을 거리의 비로 나타낸 것을 말한다. 최고 속도가 높은 철도보다 표정속도가 높은 철도가 훨씬 효율적임은 말할 나위가 없다. 시속 20킬로미터 정도의 표정속도를 내는 열차라면 최고 속도래야 시속 40~50킬로미터 정도였을 것이고, 상당 구간을 시속 15킬로미터 이하의 속도로 달렸을 것이다. 시속 10~20킬로미터 정도라면 젊은 남자가 맘먹고 뛰면 따라잡거나 잠깐은 같이 달릴 수 있는 속도이다. 이런 열차를 보고 『독립신문』은 "나는 새도 미처 따르지 못"할 지경이라고 감탄하고 있다.

19세기 말 영등포에서 인천을 가는 데 도보로 12시간 정도 걸렸다. 한양 도성에서 출발한다면 마포나루에서 배를 기다렸다 타는 시간까지 추가된다. 요즘처럼 포장된 도로와, 마찰력이 우수한 밑창을 댄 고어텍스 워킹화 같은 것은 꿈도 꿀 수 없는 시절이었다. 비포장도로를 짚신을 신고 12시간 이상을 걷는 것은 쉽지 않은 일이다. 아침 일찍 출발하지 않으면 하루를 넘겨야 도달할 수 있다. 등짐이라도 졌으면 꼬박 이틀을 걸어야 했다. 이런 현실에서 한 시간 반 만에 서울과 인천을 주파한다는 것에 사람들이 받았던 충격은 텔레비전이나 스마트폰이 등장했을 때의 그것에 비할 바가 아니었을 것이다. 그러므로 『독립신문』 탐방원(기자)의 눈에는 엄청난 속도로 순식간에 인천으로 달려온 화륜거는 경이로움 그 자체였을 것이다.

게다가 기관차는 가마나 우마차와는 체급부터가 완전히 다르고 재질 또한 철이어서 그 위용을 용에 비유하더라도 이상하지 않았다. 또한 증기 엔진 소리, 바퀴 소리, 기적 소리 모두 사람들을 주눅 들게 하기에 충분했다. 『독립신문』 기사를 쓴 탐방원은 우레와 같은 소리를 내뿜었다며 기관차에서 나는 소리를 천둥소리에 비유했다. 인간 세상의 소리가 아닌 하늘이 내린 소리였다. 그만큼 인간은 철도 앞에서 왜소해졌다. 차창에서 본 풍경은 "산천초목이 모도 활동하야"라고 표현했다. 열차가 달리면 풍경은 같은 속도로 반대편으로 사라진다. 물리학적으로 말하자면 상대속도를 체감하는 것이었고, 생물학적으로 말하자면 착시 현상을 겪은 것이다.●

개통식 날 영등포에서 귀빈들을 태우고 인천에 도착한 열차를 맞은 것은 성대한 경인 철도 개업 식장이었다. 당시 제물포를 비롯한 인천항 곳곳에는 외지인 구역과 조선인 구역이 나뉘어 있었다. 이들 구역은 멀리서 보더라도 어느 쪽이 조선인 구역인지 한눈에 알 수 있었다. 얽히고설킨 골목들과 허름한 초가집으로 이루어진 구역, 잘 구획된 도로 사이에 일본식·서양식 건물들이 들어선 구역은 뚜렷하게 구분됐다. 외지인 구역에 거주하는 사람들 가운데 대다수는 일본인들이었다. 그리고 이 외지인 구역의 집들은 이날 일장기를 내걸었다.

『독립신문』 탐방원이 보기에도 개업식장과 주변 마을을 뒤덮은 일장기들이 못내 꺼림칙했나 보다. 일장기 휘날리는 경인 철도 개업식의 모습. 앞으로 대한제국과 그 백성들이 겪게 될 운명을 예고하는 풍경이었다.

● 철도는 인간의 속도를 자연의 시공간으로부터 물리적으로 분리했다. 풍경을 대상화한 채 공간을 돌파하는 인간을 만들어 낸 것이다. 새로운 속도를 접한 사람들은 혼란을 겪었다. 시신경으로 들어오는 정보를 뇌가 제대로 처리하지 못했기 때문이다. 차멀미의 탄생이다. 멀미란 파도에 몸을 맡긴 이들이 수직 운동을 겪으며 느끼는 뱃사람들의 전유물이었는데, 고속 수평 이동의 시대를 맞아 육지에서도 멀미를 경험하게 된 것이다.

시대에 따라 변화한 열차의 이름

철도가 깔리고 기차가 운행되기 시작하자 각 열차는 이름을 갖게 되었다. 열차의 이름은 열차의 등급을 나타내기도 하고 그 사회가 추구하는 이상을 나타내기도 했다. 한국 최초의 철도인 경인선 개통식 때 운행됐던 열차는 거인이라는 뜻의 '모갈Mogul 1호'였다. 조선 사람들은 모갈이라는 이름 대신, 불 뿜는 바퀴 달린 거인 즉, '화륜거'라 부르며 이 거인의 등장을 신기해했다. 대한제국에서 1908년 부산-신의주 간에 운행된 급행열차의 이름은 순종 황제의 연호를 딴 '융희隆熙호'였다. 1939년 일제 강점기 때 운행된 부산-베이징 급행은 '대륙호'였다. 1945년 12월 27일에는 최초로 한국 기술자들의 손으로 조립된 기관차가 만들어졌고, 1946년 5월 20일 서울-부산 간을 달렸는데 이름하여 '조선해방자호'이다. 한국전쟁이 끝나고 1955년 8월 15일부터 서울-부산 간을 9시간 30분 만에 주파한 열차는 '통일호'였다. 1960년에는 나라꽃의 이름을 빌려 '무궁화호'가 달렸고, 5·16 쿠데타 이후 1962년 서울-부산 간을 6시간 40분에 주파한 열차는 '재건호'였다. 1966년과 1967년에는 월남전에 파병한 부대의 이름을 따 '맹호호', '백마호', '비둘기호'가 탄생했다. 맹호호의 명명판은 주월 한국군 사령관 채명신 장군에게 증정되기도 했다. 새마을운동이 한창이던 1974년에는 서울-부산 간 운행 시간을 4시간 50분으로 단축시킨 대한민국 최고의 열차에 '새마을호'라는 이름을 붙였다. 이들 열차 가운데는 이미 사라진 것들도 있지만 아직 전국을 달리고 있는 열차들도 있다.

케이티엑스라는 이름으로 시작된 고속열차는 한국 자체 기술로 만든 케이티엑스 산천에 이어 케이티엑스 이음, 그리고 영업 최고 속도 시속 320킬로미터에 이르는 케이티엑스 청룡이 계보를 잇고 있다. 누리로와 아이티엑스 청춘에 이어 간선 여객 열차로 등장한 아이티엑스는 아이티엑스 새마을과, 2023년 운행을 시작한 아이티엑스 마음이 붉은색 동체의 위용을 뽐내며 달리고 있다. 과거 열차의 이름에는 시대적 과제나 정부의 시책이 그대로 반영되었다. 한국 철도는 앞으로 더 커 나갈 것이다. 이에 발맞춰 탄생할 열차의 이름은 보통 사람들의 꿈과 희망을 노래하는 것이었으면 좋겠다.

슬픈 기적 소리와 함께 시작된 조선 종단 철도

경부선

근대 일본 최초의 국민적 기업 : 경부철도회사

견고해 보이는 거대한 댐도 작은 균열이 생기고 마침내 구멍이 뚫리면 속절없이 무너진다. 경인선은 대한제국의 성벽을 뚫은 쇠못이었다. 일본은 집요한 시도 끝에 드디어 조선 땅에 철길을 깔았다. 물고가 터지자 일본 제국의 파도는 조선 땅을 거침없이 뒤덮었다.

경인 철도 부설권을 모스로부터 넘겨받은 일본은 곧바로 조선을 압박해 1898년 9월 8일 경부철도합동조약을 체결했다. 러시아가 타고 올 시베리아 횡단철도에 맞서 한반도 종단 철도를 건설하는 데 애가 타고 있던 일본은 경인 철도에 이어 경부 철도 부설권을 획득함으로써 숨을 돌릴 수 있었다. 구한말 조선이나 대한제국이 맺은 국제조약의 대부분은 불평등조약이었는데, 이 또한 마찬가지였다.

일본이 대한제국 정부로부터 얻은 특전은 세 가지다. ① 선로·정거장·창고·공작물 등에 필요한 용지는 조선 정부로부터 대가 없이 빌린다. ② 철도에 필요한 기계 및 각종 물건을 외국으로부터 수입하는 것의 관세 및 철도 용지에 관계된 세금을 면제하며 철도 영업에 관한 각종 이익에는 징세하지 않는다. ③ 각 지방의 지선 건설은 조선 정부 및 조선 국민이 건설하지 않는 한 외국인에게 허가하지 않는다.[123]

특히 선로·정거장·창고·공작물 등에 필요한 용지를 조선 정부로부터 대가 없이 빌린다는 항목은 조선의 몰락을 촉진하는 수렁이 되었다. 철도는 땅을 필요로 하는 장치 산업이다. 선로가 길어질수록 더 많은 땅이 필요하며, 건설비의 상당 부분은 철도 부설 용지 매입을 위해 쓰인다. 그런데 대한제국 정부가 일본 철도 회사에 대가 없이 땅을 빌려준다는 것은 자국의 영토를 거저 내주겠다는 것과 다름이 없었다. 대한제국 정부는 돈이 없었다. 철도 부설 예정지의 토지 주인들로부터 땅을 매입해 일본에 바쳐야 하는 상황에서 금고가 비어 있는 정부는 곤경에 처했다.

일본은 철도 부설 용지를 매입하는 데 필요한 자금으로 쓰라며 대한제국 정부에 철도 차관을 제공했다. 조정은 빚을 내어 일본에 땅을 내줬으며, 이 과정에서 얻은 빚은 다시 조정의 재정 상황을 악화시켰다. 대한제국은 일본 철도 회사에 땅을 내주면서 부채를 떠안고 이자까지 챙겨 주는 황당한 상황에 빠져 버렸다. 이것은 일본이 조선 철도 부설을 추진했던 초기부터 치밀하게 기획한 일이었다. 이미 1894년에 주한 일본 공사 이노우에 가오루는 조선 정부와의 철도 부설 관련 약정안 초안을 작성해 본국에 재가를 요청했다. 이 초안에는 경인·경부 철도를 반드시 일본 정부나 기업이 건설하고, 철도 용지의 매입에 필요한 모든 비용은 일본 측이 조선 정부에 부채로 제공한다는 내용을 담고 있었다. 조선 정부가 이 부채를 모두 상환할 때까지 경인·경부 철도의 권한을 일본이 무기한으로 갖는다는 내용을 포함한 이 초안은 4년 후 경부 철도를 장악하기 위한 시나리오가 되었다.

경부 철도 건설에 나선 일본이 철도 부설에 필요하다며 터무니없이 많은 땅을 요구한 것도 골칫거리였다. 유교적 전통이 뿌리 깊은 조선에서 묘지가 철도 노선 부지로 편입되는 지역의 사람들이 들고일어나는 일도 다반사였다. 남대문 일대의 주민들은 남대문역 대신 용산역을 종착점으로 하라는 상소를 정부에 올렸다. 수원에서도 묘지를 통과하는 철도 노선에 반대하는 움직임이 일어났다. 그러나 일본은 힘도 없고 돈도 없는 대한제국 정부를 거침없이 밀어붙였다.[124]

1900년 10월, 경부철도회사가 발기인 대회를 열고 출범했다. 초기 발기인은 자본가들로 구성된 190명이었고, 1주당 50엔인 주식 10만 주를 모집하고 점차 확대해 50만 주를 최종 목표로 삼았다.[125] 발기인이 우선 인수한 주식은 3만3천 주였다. 한반도 종관철도의 절반을 잇는 경부 철도를 건설하기 위해서는 투자자들을 더 모아야 했다. 청일전쟁으로 적지 않은 비용을 치렀고 러일전쟁을 대비해야 하는 마당에 일본 정부가 전격적으로 자금을 동원할 형편도 아니었다. 단 일본 정부는 경부 철도 부설의 중요성을 감안해 경부철도회사 설립일부터 15년 동안 회사가 차입한 자금의 이자를 보조하기로 결정했다.

경부철도회사는 새로운 주식 마케팅 방식을 고안해 냈다. 막 부상하는 내셔널리즘에 기댄 애국주의가 그것이었다. 대국 중국을 이겼다는 자부심을 부추겼고, 대륙 진출을 위한 조선 철도는 일본 국민이 비로소 세계사의 주역이 되는 길이라고 선전했다. 경부철도회사 주식을 사는 것은 단순히 회사 주식을 소유하는 것이 아니라 국가적 사업이며 애국의 길로 나서는 것이었다. 조선 철도가 일본 경제와 투자자에게 큰 이익을 가져다줄 것이라는 선전도 이어졌다. 일본 정부에서도 경부 철도 개통 이후 15년 간 수익 예상표를 만들어 철도 회사를 지원했다. 경부 철도 건설을 위한 범국민적 운동도 일어났다. 주식 모집단은 도호쿠東北,

홋카이도, 주고쿠中國, 규슈 등 전국 각지를 돌며 경부 철도 주주를 모집했다. 경부 철도 주식은 애국 공채 주식이 되었다. 정부와 국회가 전폭적으로 지원하고, 국가의 발전을 위한 것이며, 매력적인 투자 대상이라는 생각이 넓게 퍼졌다. 도쿄상업회의소는 "본 철도는 단지 영리상의 목적이 아니라, 일한 무역상 반드시 일본 국민이 경영하지 않으면 안 될 사업이라는 관념으로서 창립된 것으로서 …… 소수의 대주주보다는 다수의 주주를 널리 전국으로부터 모집하는 정신이 바로 여기에 있다."[126] 라고 선전하며 대대적인 홍보를 벌였다.

경부철도회사 주주 모집단은 신문사와 잡지사를 찾아 애국적 여론을 형성하는 데 힘을 쏟아 줄 것을 부탁했다. 정부에서도 내무대신이 각 부·현의 지사들에게 주식을 할당하는 등 민·관이 하나가 되어 주식 모집 사업에 매달렸다. 황실과 귀족, 기업인, 정치인, 상인, 공무원이 망라되었으며, 일반 국민들까지 나섰다. 애국의 깃발 아래 전국에서 주주가 되겠다고 모였다. 이렇게 모인 주식은 총 20만9천 주였다. 1901년 3월 제1회 주식 모집 마감 결과였는데 목표로 했던 수치의 두 배를 가뿐히 넘어섰다. 경부철도회사는 민간이 주도했지만 정부의 지휘와 적극적인 후원 아래 설립되어 반관반민의 형태를 띠게 되었다.●

메이지유신으로 근대 민족국가의 기틀을 다진 일본은 놀라운 산업 부흥을 일궈 냈다. 서구에서 폭포수처럼 쏟아져 들어온 과학기술과 근

● 일본에는 지금도 제3섹터라고 불리는 반관반민 형태의 철도 회사가 있다. 민간 기업도 국공영 기업도 아닌, 자치 정부와 민간이 합작해서 운영하는 회사다. 경부철도회사와 형식은 같지만 만들어진 이유는 정반대이다. 경부철도회사가 막 생성하고 발전하는 철도로서 희망에 부푼 사업이었다면, 제3섹터는 일본 국철과 이를 계승한 JR이 운영난으로 포기하도록 압력을 받거나 포기한 노선들에 만들어졌다. 존속을 바라는 지역 주민들의 요구에, 손 털고 떠난 JR을 대신해 민간 기업을 해당 지자체가 영입했던 것이다.

대사상은 자본주의라는 금형 틀 안에서 다양한 모양으로 주조되었다. 이렇게 녹아든 쇳물은 일본 사회라는 공기에 노출되어 굳어지면서 독특한 일본식 자본주의를 만들어 내게 된다. 여기에 자본주의라는 제품에 포함된 원료인 민족주의와 애국주의, 제국주의의 성분이 발현됨에 따라 일본은 기지개를 펴기 시작했다. 민관군이 혼연 일체가 되어 국가의 부흥과 대일본 제국의 희망을 그리게 되는 것이다. 그 첫 번째 귀결인 경부철도회사는 근대 일본 최초의 국민적 기업이었다.

경부선이 표준궤로 건설된 이유는?

1901년 6월 25일 도쿄 간다미토시로초神田美土代町 청년회관에서 창립총회가 열림으로써 경부철도주식회사가 설립되었다. 이어서 두 달이 채 안 된 8월 20일 남대문 밖 영등포에서, 21일에는 부산 초량에서 각각 기공식이 열려 경부선 공사가 시작되었다. 경부 철도 건설을 앞두고 가장 큰 논란이 되었던 것은 궤간을 설정하는 문제였다.[127] 궤간이란 열차가 달리는 선로의 간격으로서, 철도의 모든 것을 규정하는 요소라고 말해도 지나치지 않다. 궤간을 어떻게 결정할 것인가에는 정치적·경제적·군사적·지정학적 문제들이 모두 함축되어 있다. 무엇보다 궤간은 컴퓨터를 구동시키는 운영 프로그램과 같은 것이어서 호환성이 매우 중요하다. 애플의 운영체제에 마이크로소프트 사의 윈도우용 프로그램을 사용할 수 없는 것처럼, 궤간이 다른 철도가 만나면 그 경계 지점을 넘어설 수 없다. 앞서도 말했듯이, 나폴레옹의 침공을 경험한 스페인에서 철도를 건설할 때 프랑스가 채택한 철도 궤간보다 넓은 폭의 궤간을 설정한 것도 같은 이유이다. 철도를 통한 프랑스의 군사적 침략을 막아야 한다는, 국가 안보 차원에서 이루어진 결정이었다.

경부 철도 기공식(부산 초량)

철도 건설을 총괄하는 철도작업국은 궤도 폭을 1천 밀리미터로 하자고 주장했다. 일본 본토의 궤도 폭은 1,067밀리미터로, 현재 기준으로 보면 협궤에 속하는데 이보다도 더 좁은 폭으로 시공하자고 한 것이다. 이유는 단순했다. 궤도 폭이 작을수록 차량의 크기나 무게도 작아지므로 선로로 쓰이는 철강재도 가볍고 무른 것을 사용할 수 있다. 따라서 구입 단가도 저렴하고 공사도 좀 더 수월하다. 소형이므로 기관차나 객차의 구입 비용도 그만큼 절약할 수 있다. 철도작업국은 조선의 조건상 여객이나 화물 운송 규모가 크지 않을 텐데 이를 고려하지 않는 것은 과도한 투자라고 주장했다.

군부는 일본 철도의 궤간을 그대로 도입하자고 했다. 당장 필요한 작전의 유용성을 따진 것으로, 일본의 궤도와 차량을 그대로 조선에 전용할 수 있기 때문이었다. 급할 경우에는 일본 내의 자재만으로도 건설을 계속할 수 있으므로 비용과 시간 면에서도 유리했다. 러시아와의 대결 분위기가 달아오르는 가운데 군용철도의 완성이 시급한 일본군 참모본부가 제시한 최적의 대안이었다.

경부철도주식회사 경영진은 철도작업국이나 군부와 생각이 달랐다. 경부철도주식회사의 사장이었던 시부사와 에이이치는 막부 말기부터 메이지 시대를 거치는 일본 자본주의 발전 과정의 산 증인이었다. 그는 메이지 시대 대장성에 들어가 조세와 화폐제도를 개혁했으며, 대장성을 나온 뒤로는 일본제일국립은행 설립에 나서 총재가 됐다. 또한 그가 세운 오사카 방직 회사는 일본 최대의 방직 기업으로 성장했다. 일본 정부와 자본가들은 금융과 기업 경영 모두에서 탁월한 수완을 발휘했던 일본 최고의 기업가에게 일본을 제국으로 이끌 첨단산업인 철도를 맡긴 셈이었다. 시부사와는 그 화려한 경력만큼 정치계의 거물 이토 히로부미와도 밀접한 관계를 맺고 있었고 여러 유력자들과 공적·사적 인연을 걸치고 있었다. 따라서 경부철도회사에 일본 정부와 자본가들의 야망이 결집될 수밖에 없었다.

그런 시부사와에게 기술자 가사이 아이지로笠井愛次郎 기사장이 확신을 주었다. 그는 조선 철도가 대륙으로 연결되는 철도임을 시부사와에게 주지시켰던 것이다. 가사이의 조언을 들은 시부사와는 눈앞의 현안보다 10년, 1백 년 후의 일본을 생각하자고 철도작업국과 군부를 설득했다. 당시 중국과 유럽의 대부분 국가들은 표준궤라고 불리는 1,435

밀리미터의 궤간을 쓰고 있었다. 시부사와 사장은 경부 철도는 단순한 식민지 철도가 아니라 중국과 유럽을 연결해 세계 교통의 간선이 되는 대륙 철도의 시발점임을 강조했다. 대륙으로 진출하기 위해서는 어떤 난관이 있더라도 이들 철도의 궤간과 동일한 표준궤를 써야 한다고 군부를 설득했다. 효과적인 침략 수단이며 대륙 진출의 유용한 발판으로 삼기 위해 조선 종관철도는 반드시 표준궤여야 했다. 결국 경부선의 궤도 간격은 1,435밀리미터로 결정됐다.●

1901년 9월에 경부선 북부 제1공구 영등포-명학동 구간 공사가 시작됐고, 10월에 남부에서는 초량-구포 구간 공사가 이어졌다. 일본과 가장 가까운 항구도시 부산과, 조선 황실이 있는 서울의 양쪽에서 검은 철로가 조금씩 한반도의 남쪽 땅을 얽어매기 시작했다.

● 대륙으로의 진출과 무관했던, 타이베이(臺北)와 가오슝(高雄)을 잇는 타이완의 종관 철도는 큰 논란 없이 협궤로 결정됐다.

경의선 철도 건설과 백성들의 눈물

1904년 2월 8일, 러일전쟁이 발발했다. 전쟁을 벌이게 된 일본은 경의선 철도를 건설하는 데 총력을 기울였다. 1904년 2월 21일, 일본은 임시군용철도감부臨時軍用鐵道監部를 설치해 군의 관할 아래 경의선 속성 건설에 나선다. 일본 해군이 뤼순의 러시아 함대와 요새를 공격해 러일전쟁이 발발한 지 2주일도 안 된 시점이었다. 러일전쟁이 발발하기 전인 2월 6일, 이미 일본 정부는 경의선을 일본 군용 철도로 부설할 것을 결정했다.

일본군이 경의선 건설에 나서는 것은 국제법상으로도, 상법상으로도 위법한 일이었다. 대한제국 정부가 일본군에 부설권을 허가하지 않은 상황이었기 때문이다. 애초 경의 철도 부설권은 고종이 러시아 공사관에 피신해 있을 때인 1896년 프랑스의 피브릴르 회사에 허가되었다. 이에 따라 조선 정부와 프랑스 공사 간의 철도 부설 관련 교섭이 진행됐다. 프랑스는 경의 철도의 소유권을 99년간 갖겠다고 주장했으나, 조선 정부는 15년 한도에 10년씩 연장할 수 있도록 하는 조건을 내걸었다.[128] 수차례의 교섭 끝에 1896년 7월 조선과 프랑스는 '경의철도합동' 조약을 체결했다. 경의철도합동은 소유권에 관한 한 조선 정부의 주장에 따랐으나 철도 부설 용지를 조선 정부가 제공하기로 하는 등 일방적으로 프랑스에 유리한 불평등 조약이었다.

그러나 3년 이내에 기공할 것을 조건으로 맺었던 조약은, 공사를 시작하지 못하게 되면서 파기될 상황에 처해졌다. 피브릴르 회사의 자금 부족이 원인이었다. 피브릴르 측은 공사가 불가능하다고 판단되자 부설권을 명목으로 한몫 챙기자는 생각을 굳히고 선례를 지침으로 삼았다. 경인선 부설권을 고가에 매각한 모스가 모델이었다. 프랑스는 일본 측에 경의선 부설권을 사가라고 제안했다. 그러나 일본은 프랑스가 제시한 조건이 터무니없다고 거부했다. 설사 프랑스 측이 일본 측의 구미를 당길 만한 조건을 제시한다 해도, 경부선 건설 자금조차 겨우 조달하고 있는 일본이 쉽게 경의선 부설권을 매입할 수 있는 상황은 아니었다.

프랑스에 넘어갔던 경의선 부설권은 다시 조선 정부로 환원되었다. 이 틈을 타 조선 내부에서 철도 부설 운동이 일어났다. 여기에 앞장선 사람은 박기종이었다. 박기종은 조선에 철도가 도입될 당시부터 철도를 놓기 위해 고군분투했던 인물이다. 그러나 막대한 재원이 소요되는 철도 부설의 특성상 번번이 자금난으로 꿈을 접어야 했다. 발바닥이 닳도록 양반 재력가들과 정부 요인들을 만나 철도에 투자하도록 설득했지만 선뜻 나서는 이가 없었다. 이런 가운데 박기종은 1899년 7월 6일 대한철도회사를 설립하고 조선 정부에 경의 철도 부설권을 청원했다.[129] 당시 대한제국 정부는 철도 부설권 때문에 수많은 열강들로부터 시달림을 받아온 터였다. 여기에 자국의 이권을 지켜야 한다는 의식도 싹트고 있었다. 정부는 경의 철도 부설권을 외국인에게 매도하지 않는 조건으로 대한철도회사에 경의 철도 부설권을 허락했다. 열강들의 아귀다툼 속에 튀어 오른 공을 조선인이 잡게 된 것이다. 하지만 대한철도회사는 철도 부설에 대한 열망과는 무관하게 빈털터리였다. 박기종은 부산-하단포 철도 건설 실패에 따른 3만5천 원의 부채도 떠안고 있었다. 대한철도회사는 철도 부설권을 실질적으로 확보하기 위해 일단 공사를 시작해야 했으나 돈을 마련할 길이 없었다. 박기종은 최후의 수단으로 외국자본을 끌어들이는 방법을 생각했지만, 그것은 곧 겨우 확보한 부설권을 포기하는 것과 다름없는 일이었으므로 엄두를 내지 못했다. 조선의 이권을 지키자는 여론도 퍼져 나갔고, 독립협회와 한성의 백성들 사이에서 이권 수호 운동이 일어났다. 철도·전신·광산·산림이 그 대상이었다. 대한철도회사의 경의선 부설이 지지부진해지자 대한제국 정부가 나섰다. 1900년 9월 궁내부 내장원에 서북철도국을 설치해 경의선을 직접 관리하기 시작한 것이다. 서북철도국은 우선 정부 예산 3백만 원으로 서울-개성 간 철도를 건설하기로 결정하고 공사에 들어갔다.

공문 한 장으로 빼앗긴 경의선 부설권

대한제국 정부가 경의선 공사를 시작하자 가장 당황한 것은 일본이었다. 경부선에 이어 경의선까지 한반도 종관철도 장악을 목표로 하고 있는 일본으로서는 조선이 자력으로 철도를 건설하는 것을 그냥 두고 볼 수 없었다. 일본은 유명무실해진 대한철도회사를 교두보로 삼았다. 우선 친일파인 이재완을 대한철도회사에 고위직으로 밀어 넣어 박기종과 투톱 체제를 구성한 뒤, 정부 기관인 서북철도국을 무력화하는 데 나섰다. 대한철도회사가 경의선 건설을 담당하고 서북철도국은 형식적인 감독관청으로 만들기 위한 공작이 진행된 것이다.

대한철도회사 간부들에게는 경의선 건설 공사 비용을 일본이 차관 형식으로 제공하겠다는 미끼를 던졌다. 1903년 5월 3일 대한철도회사의 경영진 박기종·정현철·홍긍섭 등이 서북철도국 총재 이용익에게 경의선 공사 일체를 넘겨줄 것을 요구하는 청원서를 제출했다. 일본이 막후에서 대한철도회사와 황실을 두루 조종한 결과 1903년 7월 13일 서울-평양 간 경의 철도 건설을 대한철도회사에 맡긴다는 칙령이 내려졌다. 일본은 내친김에 대한철도회사 정현철 사장과 '경의철도차관계약'을 체결해 경의 철도 장악을 위한 마지막 수순을 밟았다.

그러나 러일전쟁으로 경의선 건설이 급했던 일본은 이를 대한철도회사에 맡길 수 없었다. 전쟁을 수행하려면 조선에서 자유롭게 활동할 수 있어야 했는데, 그러기 위해서는 대한제국 정부를 무력화시켜야 했다. 러일전쟁이 터지자 대한제국 정부는 국외중립을 선언해 어느 쪽의 편도 들지 않겠다는 입장을 표명한 터였으나 서울은 이미 일본군 천지였다. 중무장 군인들이 장악한 서울에서 1904년 2월 23일 대한제국 정부와 일본 간에 한일의정서가 체결되었는데, 일본 측의 일방적 요구를 수용한 굴욕적인 조약이었다. 이 가운데 제4조는 경의선을 찬탈하기 위해 마련된 조항이었다.

> 제3국의 침해나 혹은 내란으로 인해 대한제국의 황실 안녕과 영토 보전에 위험이 있을 경우에는 대일본제국 정부는 속히 임기응변의 필요한 조치를 행할 것이며, 대한제국 정부는 대일본제국 정부의 행동이 용이하도록 충분히 편의를 제공할 것. 대일본제국 정부는 전항前項의 목적을 성취하기 위해 군략상 필요한 지점을 임기 수용할 수 있을 것.[130]

일본은 의정서의 제4조를 근거로 경의선의 군용 철도화를 선언했다. 대한철도회사가 비록 일본의 차관을 제공받았지만 명목상으로는 조선인 회사였고 사장 또한 조선인이었다. 정부로부터 양허 받은 부설권도 대한철도회사의 고유한 권리였다. 일본이 직접 경의선 건설에 나서려면 대한철도회사와의 차관 계약을 폐기하는 협상을 해야 하며 부설권도 양도받아야 한다. 그러나 일본군은 공문 한 장으로 부설권을 강제로 빼앗았다.

3월 12일 대한철도회사 사장 정현철 앞으로 일본의 공문이 전달됐다.

> 경의 철도는 제국 군대에 의해 부설하지 않으면 안 되는 불가항력이 생겼기 때문에 경성·의주 간에 사설 철도를 부설하는 것은 불가능함.[131]

일본의 행동 대장이 된 조선의 관료

경의선 공사를 얼마나 급박하게 서둘렀는지 측량과 시공이 동시에 이루어졌다. 일본이 공사를 서두르면 서두를수록 조선 백성들의 원한은 커져만 갔다. 철도 용지를 수용하기 위한 작업이 시작되자 조선과 일본의 거간들이 활개를 쳤으며, 지방 관리들의 사기와 횡령이 백성들을 절망케 했다. 일본인들 중에는 철도원 공문을 위조해 헐값으로 조선인들의 땅을 사들이는 이도 있었다. 대한제국의 고위 관료라고 예외는 아니었다. 한성부판윤 박의병은 앞장서서 일본의 이해를 관철시켰다. 한성부판윤이라는 관직은 수도 한성의 행정과 사법을 동시에 책임지고 있기에 지금의 서울시장과 서울중앙지방법원장, 서울중앙지방검찰청장의 역할을 하는 막강한 직책이다. 이런 직위에 있는 자가 농간과 협잡으로 백성들의 목을 졸랐다. 박의병의 활약이 얼마나 대단했는지, 한성부판윤에 취임한 다음 해 1906년 일본으로부터 욱일장이라는 훈장을 수여받고 훗날 조선총독부 중추원 참의로까지 발탁되었다. 대한제국의 마지막 한성부판윤은 죽을 때까지 대일본제국을 위해 헌신했다.

전국 곳곳에서 철도 용지로 편입되어 땅을 빼앗긴 사람들에 대한 보상금은 형편없었다. 시세의 10분의 1도 안 되는 곳이 허다했다. 조선인들은 거의 무상으로 땅을 헌납하고 생존의 터전에서 쫓겨나는 신세가 되었다. 반면 외국인들이 보유한 땅은 시세를 그대로 인정받았다. 호러스 그랜트 언더우드Horace Grant Underwood는 서빙고와 왕십리 사이의 철도 부설 예정지에 소유하고 있던 512평의 땅을 넘겨주고 보상금으로 9천 원을 받았다. 평당 18원 상당이었다. 반면 도성에 가까운 남대문 주변의 조선인 토지 소유주가 받은 보상금은 평당 2원이었다.[132] 이마저도 제대로 지급된 것이 아니었다. 일본 측은 해당 가액의 10분의 2를 수수료로 공제했다. 그나마 이런 형편없는 보상이라도 받을 수 있었으면 다행이었다. 군수나 면장 등 관리들이 중간에 개입해 보상비의 일부, 심지어는 전부를 착복하기도 했다. 러일전쟁을 취재했던 잭 런던Jack London●이 조선의 관리들은 너나 할 것 없이 백성들을 등치는 도둑놈들이라고 말할 만 했다.

러일전쟁을 취재하러 온 서방 기자 중에는 영국 일간지 『데일리 메일』*Daily Mail*의 특파원 프레더릭 아서 매켄지Frederick Arthur McKenzie도 있었다.●● 그는 1908년 일본의 토지 수용 실태를 다음과 같이 고발했다.

> 토지는 명목상 전쟁을 위해 군대가 몰수했다. 몇 개월 안에 그 토지의 대부분은 일본인 건축업자와 상점 주인에게 되팔렸으며, 일본인 거주자의 수는 점차

● 잭 런던(1876~1916): 미국 작가. 『바다의 이리』, 『강철군화』, 『존 발리콘』 등의 작품이 있다.

●● 아서 매켄지(1869~1931): 그는 이후로도 몇 차례 더 조선을 찾았는데, 1919년 마지막으로 방문했을 때는 3·1운동을 목격하기도 했다. 1919년 4월 경기도 수원 제암리 교회에서 일본군에 의해 저질러진 학살 사건의 진상을 세계에 알린 사람이기도 하다.

로 증가했다. 이와 같은 토지 수탈은 약소민족에게 자행할 수 있는 가장 범죄적인 포학이었다. 이로 인해 지난날에는 호강스럽게 살아왔던 많은 사람들이 거지가 되었다.[133]

서울과 평양을 비롯해 여러 곳에서 땅을 빼앗긴 사람들이 집단적으로 항의를 하는 사태가 벌어졌다. 토지 수용 문제로 곳곳에서 분쟁이 발생하자 대한제국 정부는 실태조사위원을 임명하고 사태 수습에 나섰다. 그러나 평양군용지조사위원, 경의철도조사위원, 진해만조사위원으로 임명된 자는 바로 한성부판윤 박의병이었다. 수습은커녕 사태가 악화되었다. 박의병은 평양의 토지 소유자에게 평당 7전씩을 강제로 지급하도록 결정했다. 평양 주민들은 차라리 무상으로 국가에 헌납하겠다며 토지 보상비 수령을 거부했다. 박의병은 일본 헌병을 앞세우고 군수 등 관리들을 동원해 땅 주인들이 보상비를 받도록 협박하고 다녔다. 일부 주민들은 회유와 협박에 못 이겨 땅을 헐값에 넘겼다. 이런 가운데 박의병을 비롯한 지방 관료들과 토지 거간들이 보상비를 가로채는 일도 벌어졌다. 분노한 평양 외성민 5천 명이 집단으로 평안남도 관찰사를 항의 방문했지만 관찰부의 대응은 폭력 진압이었다. 수많은 사람들이 부상을 입었고 시위대는 해산되었다. 일본인과 대한제국 정부에 대한 백성들의 분노는 커져만 갔다.

철도 건설에 강제로 내몰린 백성들

철도는 조선인들에게 땅만 빼앗아 간 것이 아니었다. 철도 건설은 대규모 인력을 필요로 한다. 현재와 같은 중장비가 없던 시절이라 대부분의 일은 인력으로 해야 했으며, 일의 강도 역시 높았다. 일본군은 공기를 단축하기 위해 조선인 인부를 강제로 동원했다. 대한제국 정부는 각 지방 군수에게 일본의 요구를 최대한 수용하도록 훈령을 내렸다. 일본은 한일의정서 제4조를 들이밀며 대한제국 정부를 압박했다. "대한제국 정부는 대일본제국 정부의 행동이 용이하도록 충분히 편의를 제공할 것"이라는 한일의정서에 따라 철도 공사를 위해 노동자를 제공해 달라는 주한 일본 공사와 주차군 사령관의 공문이 수시로 대한제국 외무대신과 내무대신에게 전달됐다.

경의선 철로가 건설되는 지역 주민들은 집단 히스테리에 걸릴 지경이 되었다. 일본군이 인부를 모집하는 방식은 간단했다. 일본 헌병이 군수에게 가서 노동자를 모집해 달라고 요청하는 것이었다. 김포군에서는 3백 명을 요구했다. 자원자를 모집했으나 단 한 명도 나서지 않자 각 면·리마다 인원을 할당했다. 이렇게 강제 동원된 인원을 군인들이 철도 공사 현장으로 데리고 갔다. 교하군에서도 인부 모집이 시작되자 주민 수천 명이 모여 강제 모집령을 철회할 것을 요구했다. 바로 일본군이 출동해 시위 주민을 포위하고 주민 대표들을 불러내 꿇어앉혔다. 일본군 장교는 당장 인부들을 차출해 내지 않으면 주민 대표들을 사살하겠다고 협박했다.[134] 이런 일들이 곳곳에서 벌어졌다.

이런 가운데 철도 공사에 인부를 제공하겠다고 제 발로 나서는 이들도 있었다. 송병준은 일본군 사령관에게 편지를 썼다. 자신이 대표로 있는 일진회는 성전을 수행하는 일본에 신뢰의 의지를 표시한다는 뜻에서, 황해도와 평안남북도, 함경남북도의 일진회원으로 하여금 경의 철도 공사에 무상으로 노동력을 제공하도록 하겠다고 제의했다. 일본군은 송병준을 치하하고 일진회의 선의를 받아들이겠다고 밝혔다. 아울러 일진회원들에게 임금을 지급하겠다고 답했다. 일진회와 일본은 의좋은 형제처럼 양보 경쟁을 했다. 일진회는 일본 측이 제공하는 임금 가운데 식대를 제외한 나머지를, 러시아를 응징하는 데 필요한 방위성금으로, 일본 정부에 헌납하기로 결정했다.●

1905년 5월 군내 전체 호수가 4천 호에 불과한 고양군에서는 6개월간 1,550명이 매일 동원되었다. 생업인 농사를 제대로 지을 수 없게 되면서 주민들은 생존권마저 위협받게 되었다. 일산역과 부대시설을 만들기 위해 중노동에 투입된 고양 군민들의 한숨이 경의선 철로를 타고 길게 이어졌다. 조선인 노동자들은 하루 12시간이 넘는 중노동을 해야 했고, 조금만 한눈을 파는 기미가 보이면 곤봉 세례를 당했다. 게으름을 피운다고 맞아 죽거나, 담배를 피워 작업 속도를 못 맞춘다고 총격을 받기도 했다. 일본인 감독의 혹독한 대우에 저항하는 노동자들은 즉결 처형을 당했다. 충남 전의군의 경부선 공사 현장에서는 일본인 감독관이 조선인 노동자를 총살했다.[135] 비슷한 일이 여러 곳에서 일어났지만 가해자에 대한 심판은 솜방망이였다. 기소조차 되지 않았고 기껏 기소된다 해도 일본인 법정에서 결론은 뻔할 수밖에 없었다.

철도 노선을 따라 이어진 일본인들의 행패

철도 건설을 위해 조선으로 이주한 일본인들의 행패 또한 도를 넘었다. 이들은 일본군의 비호 아래 온갖 패악질을 일삼았다. 1903년 2월 24일자 『황성신문』에 실린 기사에 따르면, 경북 청도군 성현의 선로 공사에 참여했던 일본인이 민가에 난입해 부녀자를 겁탈하려고 했다. 남편이 달려들었지만 일본인이 쏜 총에 허벅지를 관통 당했다. 그는 부녀

● 송병준 역시 이후 일본으로부터 귀족 작위와 은사금을 받았으며, 조선총독부 중추원 고문에 올랐고, 1921년에는 『조선일보』의 판권을 인수하기까지 한다.

자의 옆에 있던 13세 아들에게도 총을 쏘아 죽였다. 강간을 하려 했던 부녀자에게는 칼을 휘둘러 중상을 입혔다. 임신 중이었던 여성은 아이를 잃었다. 분노한 주민들이 격투 끝에 일본인을 붙잡았으나 소식을 듣고 몰려온 일본인 노동자들이 구출해 갔다. 소문이 조선 각지로 퍼졌고, 대한제국 정부도 여론에 밀려 살인과 중상해범에 대한 강력한 처벌을 일본에 요청했다. 살해범은 재판에 회부되었으나 금고 5개월을 선고받았을 뿐이다.[136] 평산군에서도 조선인 여성이 일본인의 칼에 숨졌고 파주·옥천·전의·금산·개령 등 철도 연변을 따라 전국 각지에서 일본인과 군경의 무자비한 만행이 잇달았다.

일본이 조선에 철도를 건설하면 할수록 조선 백성들의 반일 감정은 극도로 확산되었다. 처음에는 일본에 호의적이었던 사람들조차도 철도 건설 과정을 통해 제국주의 침탈의 본 모습을 확인하면서 적대적으로 돌아섰다. 자연발생적인 항의와 소요가 잇따랐으며, 조직적인 저항도 생겨나기 시작했고 의병 운동으로 확대되기까지 했다. 한반도에서 철도는 근대를 개척하는 기관차가 아니라 민중들의 생존을 위협하는 수탈의 도구였고 침략의 총칼이었다. 백성들은 본능적으로 철도를 공격 대상으로 삼았다.

조선의 항일 의병이나 독립운동 관련 자료에서 초기에 등장하는 사진이 있다. 중고 교과서를 비롯해 대한제국 말기의 일제 침략을 고발하는 여러 책자와 신문에 실려 있는데, 이 사진에는 십자가 형태의 나무에 흰옷을 입은 세 사람이 묶여 있다. 어떤 사진은 이 세 사람을 향해 일본군이 총을 겨누고 있고, 또 다른 사진에는 총살형이 끝난 뒤 시신을 일본군이 확인하는 모습이 담겨 있다. 총살형이 집행된 장소는 지금의 서울시 마포구 도화동으로, 용산에서 개성을 향해 철도 건설을 시작한 경의선 공사 구간의 시발 지점이다.

경의선 철로를 폭파시켜 처형된 조선인

용산역에서 시작한 경의선 철도는 효창과 서강을 거쳐 수색으로 이어진다. 이 사진에 등장하는 곳은 지금은 아파트촌을 이룬 효창고개를 넘어 공덕동으로 이어지는 도화동 야산이다. 용산과 마포를 잇는 도화동 언덕길에는 철도 건널목이 있었다. 일본군은 이 철도 건널목 옆 공터를 사형장으로 삼았다. 1904년 9월 21일 오전 10시, 철도 건널목이 출입문 역할을 한 사형장에 구경꾼들이 몰렸다. 나무 십자가 세 개가 세워지고 세 사람의 조선인이 흰 천으로 눈이 감긴 채 묶였다. 일본군 장교가 최종 신원 확인 절차를 거치고 나서 뒤로 물러섰다. 십자가 앞에 일렬로 서 있던 일본 육군 보병 분대가 총을 겨눴고 장교의 명령이 떨어지기 무섭게 총구가 불을 뿜었다.

일본군은 막 부설된 경의선 옆에서 강제로 주민들을 동원해 사형 장면을 구경하게 했다. 조선인들에게 경고를 주기 위해서였다. 이 세 사람의 이름은 김성삼, 이춘근, 안순서였다. 이들은 1904년 8월 27일 경의선 철도를 폭파시켰다.[137] 세 사람의 원래 목표는 용산역에 있는 일본군 보급 기지창을 폭파하는 것이었다. 그러나 삼엄한 경계로 엄두를 내지 못하고 대신 고양군으로 들어가 경의선 철로를 폭파시켜 20여 일이나 철도를 마비시켰다. 사건 직후 일본군에 체포된 세 명의 의병은 속성

재판을 받았다. 사건 발생 한 달도 안 되어 일본 군법회의에서 사형을 선고받고 바로 다음날 마포의 경의선 철로변 언덕 기슭으로 끌려가 십자가 형틀에 묶였다. 일본군은 철도에 대한 조선인들의 공격에 대해 특별히 단호하고 무자비하게 대응했다.

일본군의 강력한 대응에도 불구하고 철로 위에 장애물을 놓거나 시설물을 훼손하는 조선인들의 저항이 끊이지 않자 일본군은 철도와 전선에 해를 가하는 자는 잡히는 대로 총살하겠다는 군령을 발포했다. 대한제국 정부는 일본군의 군령을 철도 노선 주변의 주민들에게 알리는 수고를 했다. 무고한 조선인의 피해를 막겠다는 취지였다. 기력이 소진된 왕조가 백성들을 위해 할 수 있는 일은 아무것도 없었다.

러일전쟁과 러시아혁명

러일전쟁은 동서의 전쟁이었다. 러일전쟁이 끝난 뒤, 점령자 프랑스를 몰아내고자 했던 베트남의 젊은이들은 백인종에 대한 황인종의 승리라고 환호했다. 같은 동양 국가가 서양 세력을 이겼다는 모종의 동질감이 작용했던 것이다. 러일전쟁은 또한 근대 산업혁명의 결과가 반영된 산업 전쟁이었다. 공장에서 생산된 대포와 기관총 앞에서, 근육의 강도나 용맹스런 돌격 같은 것들은 더 이상 주요 변수가 되지 못했다. 분당 발사 속도나 포탄의 사정거리, 포신의 구경 등 산업자본주의 시대 공장의 생산력이 보장하는 무기의 성능과, 이런 것들을 수월하게 보급할 수 있는 수단이 전쟁의 성패를 가르게 되었다. 또한 제국주의 전쟁의 특성도 갖고 있다. 이런 복잡한 성격을 띤 러일전쟁의 우승컵은 조선이었다. 세계는 촉각을 곤두세우고 호기심 많은 관전자가 되었다.

구경꾼들은 대체로 러시아의 승리를 예견했다. 두 나라는 외형적 스펙에서 큰 차이가 있었기 때문이다. 유럽과 아시아를 아우르는 넓은 영토의 제국, 산업화의 정도, 특히 군사력의 차이는 어른과 아이의 싸움으로 보이게 했다. 하지만 러시아의 수치상 우위는 오늘날 한국 취업 준비생들의 기본 스펙이 되어 버린 토익 점수처럼 현실에서는 의미가 없었다.

일본은 두 개의 전투를 수행했다. 하나는 러시아와의 전투였고 하나는 철도 건설 전투였다. 뤼순과 제물포에서 해군의 선제공격에 이어 육군의 진격이 필수적이었는데, 보급이 없으면 이는 불가능했다. 전쟁에서는 보급선을 어떻게 확보하느냐가 최고의 관건이다. 보급선은 당연히 짧으면 짧을수록 유리했다. 일본이 초기 선제공격의 효과를 상실하지 않고 지속적으로 러시아를 압박할 수 있는 길은 조선의 종관철도를 통해 보급로를 확보하는 것이었다. 따라서 일본은 경부선과 경의선 철도를 조기 완공하는 데 사활을 걸었다. 경부선 철도가 기공된 것은 1901년이었는데, 1904년 2월 러일 전쟁이 발발하자 속성 공사가 진행됐다. 1905년 1월 1일에는 부산의 초량에서 서울 영등포 사이에 운수 영업이 개시됐다.

경의선의 첫 공사가 시작된 것은 1904년 3월 31일 용산-마포 구간에서였다. 군의 주도하에 속성 건설된 경의선 철도는 공사를 시작한 지 1년도 되지 않은 1905년 3월부터 일부 단절된 구간을 연결하는 방식으로 용산-신의주 간 1일 2왕복 열차가 운행되었다. 450여 킬로미터 길이의 경부선이 1901년 9월부터 1905년 1월까지 만 3년 4개월여의 공사 기간이 소요된 것으로 볼 때 504킬로미터의 경의선이 얼마나 속성으로 지어졌는지 알 수 있다. 러일전쟁용 임시변통 철도였던 경의선은 전쟁이 끝난 뒤에도 공사를 지속해 1906년 4월 3일 용산-신의주 간 직통 운전을 하게 된다.

러시아의 1차 패착은 철도에서

러시아 군이 뤼순 항구에서 한 방을 얻어맞을 때만 해도 실상을 모르는 사람들은 러시아가 곧 반격해 일본군이 큰 곤경에 빠질 것으로 예상했다. 그러나 전투가 계속될수록 거인 러시아는 고개를 숙이고 가드를 올린 채, 일본에 소나기 펀치를 연속 허용했다. 세계 각국의 신문 배달 소년들에게는 목소리를 높이며 호외를 뿌리게 하는 이변이었지만, 항시 대이변이라는 파란 속에는 필연의 이유들이 녹아 있기 마련이다.

> 이러한 놀라운 결과가 나온 데에는 충분한 원인이 있었다. 일본은 준비가 되어 있었고, 잘 조직되어 있었으며, 실제로 러시아보다 더 근대적이었다. 반면에 러시아는 준비되어 있지 않았고 조직적이지 못했으며, 국내적으로 어려움을 겪고 있었다. 대중적인 지지의 결여 및 심지어 일종의 패배주의라는 결함을 가지고 있었다. 일본은 영국과 동맹을 맺고 있었고 세계 여론을 등에 업고 있었던 반면에, 러시아는 외교적으로 고립되어 있었다. 일본은 짧은 교통망을 이용했으나 러시아 군은 엄청나게 긴 단선 시베리아 횡단철도에 의지할 수밖에 없었다. 그나마 바이칼 호수 부근의 일부 구역은 아직 완공되지도 않았다.[138]

도쿄 역으로 향하는 일본군의 행렬은 연도에 도열한 주민들로부터 열렬한 환송을 받았다. 일본에는 내셔널리즘의 영향으로 국가에 충성할 준비가 되어 있는 사람들로 넘쳐 났다. 반면 러시아의 수도 상트페테르부르크에는 니콜라이 2세의 폭압 정치에 반대하는 노동자, 지식인들이 점점 많아졌다. 프랑스혁명의 기운이 아직 가시지 않은 상태였으며, 독일과 프랑스에서 발현된 사상과 사건들이 영향을 미쳤다. 러시아의 미래는 불확실했고, 막 부상하는 자본주의의 굴뚝이 피워 낸 안개 속에서 형체를 알 수 없는 세력들이 자라났다. 그중에서도 가장 두드러진 집단은 도시의 노동계급들이었다. 상트페테르부르크에서는 이들을 중심으로 전제 왕정에 도전하려는 그룹이 생겼다. 주도자는 울리야노프라 Vladimir Ilyich Ulyanov는 젊은 지식인이었다.

러시아 비밀경찰은 울리야노프를 체포했다. 경찰은 레닌Lenin이라는 가명으로 불손한 사상을 전파하고 있는 울리야노프를 노동자들로부터 격리시켜야만 했다. 하지만 노동자계급을 앞세워 새 시대를 열겠다는 흐름은 꺾이지 않았다. 러일전쟁이 발발했던 1904년의 러시아는 안팎의 도전에 제대로 정신을 차릴 수 없는 상황이었다. 당장이라도 반란에 나설 준비가 된 아사 직전의 농민들, 노예와 다를 바 없는 조건의 노동자들, 정치권력이 보호해 주지 않는다는 불만으로 가득 찬 산업자본가들, 기득권이 점점 줄고 있다고 여기는 귀족들까지, 모두가 불만을 가득 품고 있었다. 니콜라이 2세 차르 체제의 약점은 그 어느 누구의 이익도 대변하지 않았다는 데 있었다.

이런 상황에서 전쟁은 파국으로 이어지기도 하지만 도박이 되기도 한다. 전쟁이 국내의 위기를 해소할 수 있다는 일반적 믿음이 그것이다. 게다가 상대국을 이길 수 있다는 근거 없는 자신감을 가질 때는 더욱 그렇다. 그러나 탐색전도 없이 강펀치를 맞은 러시아는 전쟁의 뚜껑이 열리자 바로 잘못된 길로 들어섰음을 알게 되었다. 러시아 군 사령관 쿠로파트킨Aleksei Nikolaevich Kuropatkin 장군의 증언을 들어 보자.

> 우리가 어렵게 시작한 전쟁의 문제에 있어서 가장 중요한 것이 철도 문제라는 것을 확실히 알 수가 있을 것이다. 기차를 증차시킴으로써 결정적인 전투에서 1개 내지 2개 군단을 우리 측에 배치할 수 있었을 것이다. 따라서 비록 단 하루일지라도 철도의 상태를 개선하는 데 지체한 것은 건설부 장관, 재무장관 그리고 역시 어떤 면에서 국방 장관까지도 책임이 있다.[139]

쿠로파트킨이 전쟁을 수행하면서 맞닥뜨린 문제는 군의 사기나 전술, 무기의 성능이 아니었다. 전쟁 인프라인 철도망의 빈곤이 사령관의 속을 태웠다. 러일전쟁을 염두에 두고 경부선과 경의선 철도 건설에 목을 맸던 일본과는 완전히 상황이 달랐던 것이다. 장군의 말을 더 들어보자.

> 불편한 단선 철도를 복선으로 바꾸기 위해서 끊임없이 작업을 하는 동안도 군대는 대규모로 이동하고 있었다. 전쟁 초기부터 좋은 철도를 갖고 있었더라면, 우리는 그러한 불운을 한탄하지 않았을 것이다. 오늘날은 좋은 철도를 통해 군대의 집결은 아주 쉽고 빠르다. 독일과 오스트리아 국경 지대를 통해 10일이나 12일 이내에 2백만 명의 군사를 보낼 수 있다. 민첩하게 군사력을 집중시킬 수 있으므로, 전쟁에서 주도권을 잡을 수 있었던 것은 당연한 일이다. 반면에 우리의 부대들은 느린 속도로 집결함으로써 물리적으로 아무것도 할 수 없었고 다른 한편으로 적국은 기다리지 않았으며, 우리는 손에 든 것만 가지고 전투에 임해야 했다. 이런 연유로 우리가 패배를 당하게 된 것이다.[140]

러시아 군의 이동은 시베리아 횡단철도를 통해 이루어졌다. 그러나 시베리아 횡단철도는 1891년 공사가 시작된 이래 13년이 지나도록 전 구간이 완공되지 않은 상태였다. 그중에서도 가장 문제가 되는 곳은 바이칼 호수였다. 둘레만 해도 2천1백 킬로미터에 이르는 거대한 호수가 시베리아 횡단철도를 가로막고 있었다. 호수 주변을 따라 순환 철도를 건설하기 전에는 철도가 제 기능을 발휘할 수 없었다. 바이칼 호를 마주보며 중단된 철도를 잇기 위해서는 특별한 대책이 필요했다. 러일전쟁 전에는 바이칼 호를 가로지르는 열차 페리가 운행됐다. 열차를 싣는 대형 페리인 '바이칼' 호와 승객 전용인 '앙가라' 호가 운영됐는데, 바이칼 호는 유럽에서 제일 큰 페리로 8백 명의 승객과 객차 28량을 적재할 수 있었다. 서쪽 호수의 포트 바이칼에 도착한 열차는 선착장에 대기하고 있던 페리 안으로 옮겨졌고, 약 세 시간 반에서 네 시간 동안 호수 건너편의 철도 연결 지점인 미소바야Mysovaya까지 항해했다.

바이칼 호수의 증기선 선착장은 특이한 모습을 하고 있었다. 길게 댐처럼 둑이 쌓여 있고 이 위에 철로가 놓여 있었다. 철둑길은 선착장 끝의 바다처럼 보이는 호수와 맞닿은 곳까지 이어졌다. 열차 페리는 갑판을 이 선착장 철둑길에 붙이는데 그 위치가 정확히 맞아야 했다. 그래야만 배의 갑판 아래 설치된 차고의 선로와 선착장의 선로가 이어져 열차를 육지에서 배로 이동시킬 수 있었다.

겨울이 다가와 바이칼 호수가 얼어붙게 되면 열차 페리는 쇄빙선 기능을 갖추었기 때문에 얇은 얼음은 그대로 깨고 운행했다. 그러나 겨울이 더 깊어져 얼음이 두꺼워지면 운행이 중단됐다. 대신 말이 끄는 썰매를 타고 이동했는데 여행자들은 혹독한 추위를 견뎌 내야만 했다. 얼음 호수 위에는 약 6.5킬로미터마다 몸을 녹일 수 있는 작은 휴게소가 설치되어 있었다. 하지만 휴게소에서 몸을 녹인 뒤라도 바이칼 얼음 위의 강풍을 맞은 사람들은 단 몇 초 만에 몸을 움츠렸다.

『타임스』와 『인디펜던트』 지의 특파원을 지내기도 했던 언론인 조지 린치George Lynch는 당시 상황을 이렇게 전한다.

> 정오에 쇄빙선이 미소바야를 출발했다. 이 배에 열차 3량이 실렸다. 두께가 2피트쯤 되는 얼음이 배가 지나가면서 뒤집히고 잠기고 했는데, 정말이지 대단한 구경거리였다. …… 호수를 건너는 데는 정확하게 네 시간 걸렸다. 보통은 이보다 좀 더 걸린다고 한다. 강한 바람에 배가 마구 흔들려, 그때마다 러시아인 여객들은 큰 공포감에 질리곤 했다.[141]

러일전쟁으로 철도의 역할이 절박해지자 바이칼 호의 얼음 위에 직접 선로를 깔았다. 얼음이 녹기 전까지 임시로 운용된 바이칼 호수 횡단 철도는 썰매보다는 효율적이었지만 한계가 분명했다. 얼음이 깨질까 봐 속도를 내기도 힘들었고 짐을 많이 실을 수도 없었다. 아예 동력을 제거한 채 말로 견인하는 경우도 있었다. 아무리 두꺼운 얼음일지라도 자연의 섭리에 의해 해동의 기운이 전달되면 가차 없이 열차를 삼킬 수 있었다. 봄이 시작되자 호수를 건너는 이들은 두려움에 떨어야 했다.

다시 쿠로파트킨 장군의 증언이다.

> 힐코프Mikhail Ivanovich Khilkoff 왕자는 바이칼 호수의 얼음 위에 철도를 놓기 위해 많은 노력을 기울여서 많은 기차들이 지나가게 했다. 그러나 1904년 3월 9일 나에게 연락이 왔다. 잦은 기온의 변화로 인해 큰 어려움을 겪고 있으며, 얼음은 몇 군데에서 삐걱거리는 소리가 나서, 철로가 가라앉을까 봐 두렵고, 따라서 항상 안전한 얼음이 있는 장소를 찾아 철로 방향을 바꾸고 있다는 내용이었다.[142]

쿠로파트킨 사령관은 일본군과의 전투에서 승리를 맛보고 싶었다. 그렇기 때문에 정상적인 철도 운행을 간절히 원했을 것이다. 장군은 조국의 서쪽 끝 수도에 있는 황제에게 답답함이 가득 담긴 편지를 썼다.

> 전하
>
> …… 전장에서 우리 군단의 재정비를 위해서는 적어도 매 24시간마다, 복선 철도를 통해 30대의 군용 기차를 사용하여야 한다고 되어 있습니다. 소기의 목표 달성을 위한 1차적 방법으로 본인은 시베리아와 동부 중국의 철도 상태를 가능한 한 빨리 개선해야 한다고 생각합니다. …… 11월 8일 접수한 전갈문에서 국방장관은 10월 28일부터 시베리아와 바이칼 횡단 복선철도 운행이 가

능하며, 매일 14대의 기차가 복선 철로로 신속히 도착할 수 있도록, 시베리아의 모든 일반 철도가 가동될 것이라고 쓰고 있습니다. 그리고 재무장관 역시 시베리아와의 연결을 위해 동부중국 철도를 가능한 한 조속하고 원활히 운행해야 한다는 데 의견을 같이 하고 있습니다. 이러한 약속에도 불구하고 본인은, 몇 달이 지났으나 약속은 아직 이루어지지 않고 있음을 지적해야만 했고, 지극히 시급한 문제이기 때문에, 다시 한 번 되풀이하여 의견을 표명하건대, 시베리아 복선철도의 매일 14대의 기차 운행과, 하얼빈까지 동부 중국 철도로 18대의 기차 복선철도 운행 작업이 시급하다고 생각합니다. ……[143]

러시아의 패배, 일본의 승리

상트페테르부르크의 니콜라이 2세 전하는 최전선에서 복무하는 군사령관의 호소가 아니더라도 들어야 할 것이 많았다. 1904년 말 바이칼 호수 위에서 러시아 군이 일본군이 아닌 동장군에 맞서 고전하는 동안 수도에는 정치적 '봄'이 찾아왔다. 자유주의자들이 중심이 되어 '연회 운동'이 시작되었는데, 독립협회가 주관한 만민공동회와 비슷한 형식의 대회였다. 여기에 의사 노조와 교사 노조를 비롯한 전문직 종사자들과 산업 노동자들도 목소리를 내기 시작하면서 새로 밝아 오는 1905년의 상트페테르부르크는 전에 볼 수 없었던 이상한 열기로 가득 찼다.

도저히 정상적인 삶을 유지할 수 없다고 생각한 노동자들이 특별한 사건을 계기로 새해부터 거리로 나왔다. 1905년 1월 22일, 러시아력으로는 1월 9일인 이날은 일요일이었다. 1만3천 명을 고용하고 있는 상트페테르부르크 최대의 푸틸로프Putilov 공장에서 4명의 노동자가 해고되었는데, 부당 해고를 막기 위해 시 전체 노동자들이 파업을 하기로 결의했다. 이때 해결사를 자처하는 자가 나타났다. 그는 노동자들이 무력시

위나 파업을 하기 전에 은혜로운 인민의 아버지, 차르(황제)이신 니콜라이 2세 전하에게 읍소를 하러 가자고 했다. 노동자들의 억울함을 호소하면 자애심이 깊은 황제께서는 은총을 내려 해결책을 주실 것이라고 설득했다. 해결사의 중제에 따라 공장노동자조합은 왕궁까지 평화 행진을 하기로 결정했다.

상트페테르부르크 거리를 메운, 주최 측 추산 14만8천 명의 노동자들과 그 가족들은 니콜라이 2세에게 청원을 하러 가겠다며 정성스럽게 쓴 청원서를 들고 왕의 거처인 겨울궁전으로 향했다. 이 대열을 이끈 사람은 성직자인 게오르기 가폰Georgii Gapon 신부였다. 권력과 결탁한 종교 지도자들이 그렇듯이 가폰 또한 위선적인 인물이었다고 평가하는 사람도 있으나, 노동자의 이익과 정권의 의지를 조화시킬 수 있다고 진지하게 믿었던 사람이라고 말하는 이도 있다. 위선적이었든, 허황된 가설을 진지하게 믿었든, 노동자들에게 해가 되는 건 마찬가지였다.

사회주의자들은 청원 따위로는 변화를 가져올 수 없다며 강력한 거리 투쟁과 파업을 호소했지만 귀담아 듣는 이는 거의 없었다. 1월 22일 행진 대열에 낀 상당수 노동자들은 니콜라이 2세에 대한 충성심을 갖고 있었다. 가폰은 노동자들을 이끌면서 이들의 에너지가 끓어 넘치지 않도록 자제시키는 데 최선의 노력을 다했다. 노동자들은 군주의 자식이라는 의미로 황제의 대형 초상화를 들고 있었다. 행진 대열이 겨울궁전에 가까워지자 경찰들이 저지선을 쳤고 군대는 기관총을 겨눴다. 아버지가 자식들을 향해 총구를 들이민 격이었다. 경찰과 군인들은 무차별 총격을 가했다. 이어서 달아나는 노동자들의 등 뒤로 채찍질을 가하는 기마경찰들과 칼을 휘두르는 카자흐 기병대의 활약도 빼놓을 수 없다. 아버지이신 황제는 노동자들을 반란자로 다루라고 군대에 명령했다. 반란자에게 돌아갈 것은 죽음밖에 없었다. 아비규환 속에 겨울궁전 앞

광장은 피바다가 되었다. 1905년 러시아 2월 혁명의 도화선이 되는 '피의 일요일'이라 불리는 날이었다.

일본은 왕에 대한 충성심과 국가주의로 백성들을 장악해 러시아에 맞섰지만 러시아에서 전쟁은 인기가 없었다. 곳곳에서 반전을 주장하는 목소리가 터져 나왔다. '볼셰비키'라고 불리는 소수의 사람들은 한술 더 떠 자국 정부의 패배를 주장했다.

"이 전쟁은 러시아 인민과 일본 인민의 이익을 위한 전쟁이 아니라, 한편으로는 차르 전제와 러시아 제국주의의 이익을 위해, 다른 한편으로는 일본 제국주의와 지배계급의 이익을 위해 치러지는 전쟁이므로 인민에게 전쟁의 부당성을 설명하고 전제와의 투쟁을 가속화시켜야 한다."[144]라고 울리야노프 레닌은 말했다.

러시아의 국가적 에너지는 휴대폰의 배터리 잔량 경고처럼 붉은 색으로 반짝이며 곧 소진될 것임을 알리고 있었다. 1904년 10월 15일 러시아의 마지막 희망이었던 북유럽의 발트 함대가 이름을 '제2태평양 함대'로 바꾸고 라트비아의 리바우Libau 기지를 떠났다. 러시아 함대가 유럽과 아프리카 남단의 희망봉을 거쳐 동해에 나타난 것은 항해를 시작한 지 7개월이 지난 5월 26일이었다. 영국의 봉쇄로 수에즈 운하를 통과할 수 없었기에 지구 반 바퀴를 돌아야만 했다. 장기간의 항해에 지쳐 있었던 수병들은 제대로 전투력을 발휘할 수 없었다. 함대의 규모는 일본 해군에 비해 훨씬 컸지만 배의 성능은 따라가지 못했다. 결전을 준비하며 기다렸던 일본 연합함대는 조선의 경상도 진해 해군기지를 출발해 5월 27일 대한해협을 지나 쓰시마 섬 앞 바다에서 러시아 함대와 마주섰다. 일본 해군 사령관 도고 헤이하치로東鄕平八郎 제독이 제국의 운명이 걸렸다는 명령을 함대에 하달하는 것으로 동해 해전이 시작됐다. 이미 힘이 방전된 러시아 함대는 궤멸되었다. 거인 러시아는 링 바닥에 누워 카운트가 끝나도록 일어나지 못했다.

이제 일본은 우승컵을 떠안아야 했다. 일본은 우승컵 수여자를 물색하다가 미국을 보고 미소를 지었다. 미국은 일본이 청에 이어 러시아를 굴복시키고 동아시아에서 새로운 맹주로 일어서자, 이미 그 영향 아래 있는 조선을 일본에 넘기고 필리핀을 차지하자는 계산을 끝낸 후였다. 시상식은 1905년 7월 29일 도쿄에서 조용히 열렸다. 미 육군 장관 윌리엄 하워드 태프트William Howard Taft는 만면에 웃음을 띠고 일본 제국 내각총리대신 가쓰라 다로桂太郎에게 조선을 수여했다.

이토 히로부미, 경부선을 타고 대한제국을 접수하다

이토 히로부미, 경부선을 타고 고종을 만나러 가다

일본이 러일전쟁에서 승리한 지 두 달여가 지난 1905년 11월 8일 이른 아침, 이토 히로부미는 감개무량한 표정으로 초량역 정거장에서 자신을 태우고 갈 열차를 바라보았다. 초량역 승강장에는 대한제국 황실이 특별히 준비한 궁정 열차가 경성을 향해 달릴 준비를 하고 있었다. 환송을 나온 일본 영사관 관리들과 재조선 일본인 거류민 대표들의 손을 일일이 잡고 악수를 나눈 이토는 귀빈용 객차에 몸을 실었다. 이토는 초량으로부터 끝없이 이어진 경부선 철길을 보면서 조선을 일본의 쇠밧줄로 옭아맨 이상 대한제국이라는 나라는 일본의 손아귀를 벗어날 수 없으리라 확신했을 것이다. 그렇다면 일본은 경부선의 철도 부설권을 어떻게 장악할 수 있었을까? 잠깐 과거로 돌아가 보자.

조선은 1897년 '대한제국'으로 국호를 바꾸었다. 이 과정에는 이토의 공이 컸다. 조선의 독립을 공표해 조선에 대한 청의 간섭을 완전히 배제시켰는데, 이는 일본의 조선 정벌 로드맵을 완수하기 위한 사전 조치였다. 1898년 이토는 청을 방문한 후 한양으로 향했다. 경부 철도 부설권을 받아 내기 위해서였다. 한양에 있던 가토 마쓰오加藤增雄 공사는 이토의 전략에 따라 대한제국 정부를 압박했다. 조선 독립을 확실히 하는 데 기여한 이토의 공적에 조정이 성의를 보여야 한다는 것이 가토의 협박성 주장이었다. 그가 말하는 성의는 바로 경부 철도 부설권이었다. 가토는 이토가 한양에 도착하기 전에 성과를 얻기 위해 대한제국 정부를 집요하게 몰아붙였다. 소극적 버티기로 일관하던 대한제국 정부는 이토가 방문하기 하루 전날인 8월 24일 가토 공사에 특사를 파견해 경부 철도 부설권을 일본에 넘겼다. 이토를 비롯한 일본의 수뇌부들은 조선 정벌과 대륙 침탈의 대로를 얻은 것에 한껏 고무되었다.

1905년 경부선 궁정 열차 안에서 이토는 자신의 헌신으로 이어진 철도를 타고 고종과 담판을 지으러 가는 길이 감격스러웠으리라. 오전 7시 커다란 기적 소리와 함께 초량발 경성행 열차는 천천히 움직였다.

조선으로 떠나기 전인 11월 2일, 이토는 메이지 천왕을 알현했다. 천왕의 부름이 무엇을 의미하는지 그는 알고 있었을 것이다. 천왕은 추밀원 의장 이토를 특파대사로 임명한 후 대한제국으로 가라는 명을 내렸다. 이토가 집으로 돌아와 출장 준비를 하고 있는 동안 천왕의 시종장과 내대신 비서관이 그를 차례로 방문했다. 시종장은 천왕이 선물로 보낸 은제 그릇과 현금 5만 엔을 가져왔고, 내대신 비서관은 고종 황제에게 보내는 친서를 가져왔다. 이 친서는 비로소 일본이 조선의 실질적 지배자가 되어야겠다는 내용을 담고 있었다.[145]

대한제국을 굴복시키다

서둘러 여행 준비를 마친 이토는 천왕의 명을 받은 지 3일 만에 도쿄를 출발했다. 11월 5일 일요일, 메이지 천왕의 친서를 품에 안은 이토는 수행원들과 함께 열차에 올랐다. 열차가 출발하는 도쿄의 신바시 역은 1872년 일본에서 철도가 처음 운행을 시작한 곳이었다. 서양이 이루었던 강철 혁명과 증기 혁명을 이어받아 부국강병의 새로운 전기를 마련한 것은 신바시-요코하마 간에 최초로 부설된 철도였다. 이제 철도는 요코하마 항까지의 짧은 거리가 아니라 1번 국도인 도카이도東海道 선을 따라 오사카를 지나 시모노세키까지 서일본 지역을 관통했다. 도쿄 북쪽으로는 도호쿠 선이 연결되어 아오모리青森까지 달렸다. 남쪽의 규슈와 북쪽의 홋카이도에도 철도 노선이 경쟁적으로 생겼다.

오전 7시 신바시 역을 출발한 열차는 도카이도 선을 따라 남쪽으로 달렸다. 화려하게 치장된 이토의 전용 열차는 지나치는 곳곳에서 연도의 백성들에게 환호를 받았다. 이토의 고향 야마구치山口 현에서는 마을 사람들이 역으로 몰려나와 열차를 향해 만세를 불렀다. 이토는 시모노세키 역에서 열차 여행을 마치고 해군 군함에 올라 조선으로 향했다.

이토는 경성행을 서둘렀지만 마음만은 여유로웠을 것이다. 진즉에 주저앉힌 청나라는 생각할 것도 없고, 목에 걸린 가시같이 일본을 압박해 왔던 러시아를 패퇴시킨 마당에 조선을 먹는 일을 방해할 세력은 없었다. 영국과도 합의가 되었고, 미국과도 가쓰라-태프트 밀약을 통해 조선에 대한 권리를 보장받았다. 러시아와의 전쟁에서 승리한 지 두 달. 전쟁 후의 처리가 어느 정도 마무리되는 시점에서 조선에 대한 조치는 더 미룰 수 없는 일이었다.

경부선을 달리면서 이토 히로부미는 무슨 생각을 했을까? 1592년 임진년 전쟁에서 자신처럼 부산을 출발했던 일본 제1군 사령관 고니시 유키나가小西行長가 이루지 못한 과업을 완수하게 되었다는 생각을 했을까? 바쿠후의 붕괴와 서양 세력의 쇄도 속에 일본 제국을 지켜 내고 드디어 꿈에 그리던 대륙 진출의 발판을 마련했다는 희망에 부풀었을까?

해가 저물 때쯤인 오후 6시 20분. 고종이 준비한 궁정 열차가 남대문역에 도착했다. 이토 일행은 대한제국 의장대의 호위 속에 손탁孫濯 호텔로 이동해 여장을 풀었다. 이토가 고종을 만난 것은 11월 10일이었다. 의심을 가득 품은 고종과 거칠 것 없는 이토의 대화는 오래가지 않았다. 30분 만에 접견이 끝나고, 이어진 오찬 테이블에 나란히 앉아 두 사람은 침묵 속에 음식을 먹었다.[146] 이토는 천황의 친서를 고종에게 전달하는 것으로 그날의 임무를 완수했다. 다시 고종을 만날 때에는 무엇을 해야 하는지 이미 준비되어 있었다.

11월 15일 오후 3시에 고종과 이토의 단독 회담이 열렸다. 네 시간의 긴 회담이었다. 이토의 협박과 고종의 저항 속에 긴 줄다리기가 이어졌다. 천황의 친서는 대한제국은 자위 능력이 없으니 일본이 대신 조선의 독립을 유지해 주겠다는 내용을 담고 있었다. 대한제국의 모든 외교권을 고종이 아니라 일본 천왕이 행사하겠다는 내용으로 조약을 체결하겠다고 윽박지르는 이토 앞에서, 고종은 인정도 거절도 하지 못한 채 회의를 끝냈다. 11월 18일 새벽, 이토는 외무대신 박제순을 내세워 일본 공사 하야시 곤스케林權助와 대한제국의 외교권을 박탈하는 을사조약을 체결하도록 했다. 국제적 조약임에도 최고 통치권자인 국왕의 동의가 없는 상태에서 공포된 조약이었다. 대한제국은 껍데기만 남은 채 일본의 속국으로 전락했다. 대륙 진출의 교두보를 확보한 이토의 다음 목표는 만주였다.

만주,
한·중·일의 '욕망'이 담긴 곳

초등학교와 중학교 시절, 나는 민족중흥의 역사적 사명을 띠고 이 땅에 태어났음을 끊임없이 주지 받았다. 요즘 아이들은 영어 단어를 못 외워 학원에 붙들려 집에 못가지만, 그때는 국민교육헌장을 외우지 못한 학생들이 학교에 붙잡혔다. 괴로우나 즐거우나 나라를 사랑하고 조국과 민족의 무궁한 영광을 위해 몸과 마음을 바칠 각오로 똘똘 뭉친 아이들에게 당시의 선생님들은 민족의 찬란한 과거를 말해 주었다. 허리 잘린 반도에서 육로로는 국경을 넘을 수 없는 땅의 아이들에게 찬란한 과거란, 굳건한 나라의 기둥으로 성장해서 찾아와야 할 미래로 제시됐다. 그것은 영광의 시간이면서 공간이었던 만주였다. 한국인들에게 고구려 광개토대왕이 말 달렸던 만주 벌판은 좁은 땅덩어리에 갇힌 민족이라는 열등감을 해소시켜 주는 상징이자 신화였으며, 조선 말부터 해방기까지는 독립운동의 중요한 무대였다.

일본인들에게도 만주는 특별하다. 그들에게 만주는 노스탤지어 같은 것이다. 일본의 동아시아 침략전쟁 시절 만주에 살았던 이들에게는 희망과 절망이 뒤범벅된 채 역사라는 소용돌이에 휩쓸렸던 시공간이었다. 만약 일본이 제국주의 전쟁에서 승리해 지금까지 조선과 만주국을 지배했다면 만주를 배경으로 하는 영화는 할리우드 서부영화처럼 하나의 장르가 되었을지도 모른다. 마치 미 서부 개척 시기의 무한한 가능성과 순간적인 몰락이 공존하는 것 같던 만주에서 일본인들은 새로운 왕국을 건설했다. 그 왕국 건설의 주인공은 '남만주철도주식회사', 줄여서 '만철'이라는 철도 회사였다.

한편, 중국인들에게 만주는 여러 가지 감정이 섞인 복합적이고도 기묘한 공간이다. 본디 만주란 지역이 아니라 집단 혹은 종족을 말하는 것이었다. 16세기 후반 여진족 누르하치가 세력을 넓힌 뒤 자신들을 '만주'라고 칭하고 뒤에 국가를 의미하는 '그룬'을 붙여 '만주그룬'이라는 나라를 세웠다.[147] 누르하치는 만주그룬의 세력을 넓히는 것과 동시에 만주 문자를 창제하는 등 국가체제의 골격을 세웠다. 이어 국호를 '아마가 아이신 그룬'이라 선언했는데 이것의 한자 표기가 후금後金이다. 후금은 중국 동북부 일대의 패권을 장악하고는 1636년 국호를 '대청'大淸으로 바꿨다. 대청은 조선을 복속시키고 명나라를 멸망시킨 뒤 중국 대륙의 지배자가 되었다. 중국의 주류인 한족漢族의 입장에서는 근대를 맞이할 때까지 만주족이라 불린 동북 지역 오랑캐의 지배를 받은 셈이다.

만주를 둘러싼 갈등, 그리고 일본의 만주 지배

청이 중국을 지배하던 시기의 만주는 무주공산 빈 터와 다를 바 없었다. 청은 만주 지역에 대해 한족을 비롯한 다른 민족들의 출입을 금지시켰다. 청조의 발상지를 신성하게 보존한다는 이유였다. 대신 만주 일대를 장악했던 만주족들은 중국 대륙의 주인공이 되자 베이징을 비롯해 내륙의 여러 지방과 도시로 들어갔다. 이주가 금지되고 유출이 많아지자 만주의 공동화는 필연적이었다. 청이 만주 봉쇄를 해제하게 된 시점은 19세기 후반이었다. 러시아의 남하를 우려한 청조는 한족들의 만주 이주를 장려하게 된다.

조선 사람들이 만주 땅에 집단적으로 발을 들여놓은 때는 청이 봉쇄 정책을 해제하기 전인 19세기 중엽이었다. 1862년, 계속된 흉년으로 굶주림을 면할 수 없었던 함경도 주민들이 중국으로 들어갔다. 구걸과 동냥으로 생명을 유지하던 한인韓人들은 버려진 땅을 개간해 밭을 일구어 농사를 지었다. 집단 기근에 허덕이던 조선 북부 지역에, 만주로 이주한 이들의 정착 소식이 전해지자 탈출의 규모는 더욱 커졌다. 월경을 막았던 청 정부는 1865년 한인들에게 압록강 이북에서의 거주와 농업을 허용했다. 이후로는 더 많은 한인들이 만주에 터를 잡았다. 1885년까지 만주에서 한인이 개척한 지역은 남북 1백 킬로미터, 동서 1천 킬로미터에 달했다. 이 지역은 젠다오間島, 우리말로 간도라는 이름을 얻었다.

간도는 조선 사람들의 땅이라는 생각이 자연스럽게 퍼졌다. 당시는 근대적 의미의 민족과 국경의 개념이 생성되기 전이었으며, 땅은 집단적으로 거주하는 사람들의 소유라는 생각이 상식이었다. 조선 왕실도 간도는 조선의 영토라고 은근히 주장하고 있었다. 1885년 고종은 압록강과 두만강, 백두산 일대의 국경 관측을 청에 요구했다. 고종의 요청에 응한 청은 조·청 국경에 대한 1차 공동 관측을 실시한다. 1887년에는 2차 관측을 하는데 서로 주장하는 바가 달라 국경에 대한 합의점을 찾지 못했다. 이후 청일전쟁이 발발하고 조선과 청이 맺은 모든 조약이 폐기되자 조·중 국경은 양국 간의 충돌이 발생하는 분쟁지가 되었다.

1905년 러일전쟁이 끝난 뒤 승전국 일본은 러시아가 중국으로부터 얻은 권리인 동청 철도에 대응해 만주를 지배할 수 있는 철도 노선을 구상한다. 러일전쟁의 강화 내용을 담고 있는 포츠머스 조약은 그동안 러시아가 중국으로부터 할양받은 이권을 일본의 것으로 돌리는 것이었다. 일본은 러시아 조차지인 뤼순·다롄 항을 비롯해 창춘-뤼순 간의 철도 권리를 확보했다. 이 창춘-뤼순 간 철도 운영을 위해 1906년 6월 9일 남만주철도주식회사의 설립이 공포되었고 12월에 정식으로 출범한다.

일본은 창춘-뤼순 간의 남만주 철도뿐만 아니라 조선에서 중국 내륙과 시베리아 횡단철도를 연결할 수 있는 철도를 갖기를 원했다. 이를 위해서는 중국의 동북삼성인 만주 지역의 철도 노선이 필요했다. 그러나 중국은 일본의 철도 부설을 적극 반대했다. 동삼성총독은 신선 건설이나 기존선의 개축을 허가해 줄 수 없다고 버텼고, 철도 연변에서 일본군 수비병을 철수시킬 것을 요구했다. 또한 일본의 철도 부설에 맞서 중국 자본으로 만주철도를 부설하고자 했다. 이에 일본은 청이 만주 지역에 철도를 부설하는 행위는 일본이 소유한 남만주철도의 이익을 심각하게 침해하는 것으로서 부설을 강행한다면 적절한 수단을 발동해 남만주 철도의 이익을 수호할 것이라고 엄포를 놓았다.

1905년 이후 조선의 보호국으로 자처한 일본은 간도에 거주하는 조선인을 보호한다는 명목으로 조선통감부 간도파출소를 설치했다. 중국 측은 영토주권을 침해했다며 반발했으며, 조선통감부는 간도가 조선의 영토임을 분명히 했다. 중국과 일본의 중요한 이권 문제 한가운데에 간도가 있었던 것이다. 그러나 만주 경영에 대한 구상이 구체화되면서 일본은 태도를 바꾸었다. 일본으로서는 조선 종관철도를 대륙으로 연결하는 것은 경제적으로도 군사적으로도 반드시 필요했다. 따라서 중국에 그만한 대가를 제공하고 철도와 광산의 이권을 챙기는 방안이 구상됐다.

1909년 2월 6일, 청의 외무부에 주중 일본 공사 이주인 히코키치伊集

院彥吉의 제안서가 전달됐다. 중국의 간도 영유권을 인정할 터이니 대신 만주에서 일본의 철도 부설권과 광산 개발권을 확대해 달라는 것이었다. 청은 일본의 제안을 받아들였다. 9월 4일, 청과 일본은 간도협약을 맺어 짧게는 숙종 이후 160여 년간 이어져 온 조·중 국경 문제를 정리했다. 일본은 간도협약의 대가로 길회 철도 부설권을 확보했다. 길회 철도는 조선의 회령에서 만주의 지린성吉林省까지 연결되는 노선이다. 드디어 일본이 경부선과 경의선을 이은 조선의 종관철도를 만주로 확장시키는 길을 열게 되었다. 간도의 영유권을 청에 넘기더라도 철도를 가지고 있으면 실질적으로 지배할 수 있다고 판단한 일본은 만주 전역에서 철도를 확장하는 데 전력을 다했다.

"조선과 청의 국경은 도문강으로 하고, 일본제국 정부는 간도를 청국의 영토로 인정하며, 장래 길장 철도를 연장해 조선 회령에서 조선 철도와 연결하도록 한다."는 내용의 간도협약은 조선 통감에 의해 10월 27일 조선 내각 총리대신 이완용에게 통고되었다. 11월 9일 이완용은 조선 정부가 이 조약을 승인한다는 뜻을 조선 통감에게 전달했다.[148] 이로써 만주의 조선인들은 중국 영토 안의 불법 체류자 신분으로 전락했다. 또한 조선인들이 일궈 놓은 삶의 터전에 대한 권리도 사라졌다. 강제 병합 이후에는 국적조차 불분명한 디아스포라 신세가 되었다. 그럼에도 일본이 조선을 강제 병합한 후 만주로의 이주는 더욱 늘었다. 1931년의 만주에 거주하는 조선인 인구는 63만 명에 달했다. 1933년에는 간도 총인구의 80퍼센트를 넘어섰다. 1936년에는 92만5천 명으로 늘어났다.[149] 이 만주의 조선인들은 중국인이 보기에는 이방인이자 일본의 하수인이었다. 일본인들이 보기에는 조선 본토에 비해 통치력이 미치지 못하는 곳이기에 조선 독립의 불순한 움직임이 일어날 수 있는 배후 기지로서 강경한 대응이 필요한 대상이었다. 일본은 중국과의 충돌에 조선인들을 이용하는 등 교묘하게 중국과 조선인들을 이간질시키면서 갈등 구조를 만들었다.

마키아벨리는 언어·관습·제도가 다른 국가들을 정복해 영토를 병합하면 이를 유지하기 위해 대단한 운명의 힘과 엄청난 근면함이 요구된다고 말했다. 그는 정복한 국가를 통치하는 방식에 대해 세 가지 유형을 들고 있는데, ① 가장 효과적인 방법은 군주 자신이 정복지에 가서 친히 정주하는 것, ② 차선책은 정복한 국가에 이민단을 보내는 것, ③ 가장 좋지 않은 방법은 군대를 파견해 강압적으로 지배하는 것이다.[150] 일본은 차선책을 썼다. 정부가 나서서 조선과 만주로의 이민을 국가 정책적으로 장려했다.[151] 일본의 점령 정책을 점·선·면 정책이라 말한다면 점은 점령지의 주요 역이었고, 선은 식민지 지배의 주요 인프라인 철도망이었다. 철로가 중간 중간 놓인 역들을 연결했으며, 이 역과 철도 노선 주변에 일본인 이주민들을 정착시켰다. 주요 역을 기점으로 통신망과 행정기관, 군대의 본부가 들어섰고, 이들을 배경 삼아 일본인 기업가들과 상인·농민들이 새로운 시장과 농지의 주인으로 자리 잡았다.

도쿄에서 유럽행 기차를 타다

만철이 출범한 1906년부터 일본이 패망한 1945년까지 중국의 북동부 만주에는 거미줄 같은 철도망이 생겨났다. 만철 본선인 창춘-다롄을 비롯해 남으로는 베이징과 톈진, 북으로는 러시아 국경 지대까지 철도가 깔렸다. 길장 철도는 함경도 회령까지 연결되었고 이것은 다시 청진·웅기·나진까지 이어졌다. 펑톈에서 안둥安東으로 이어지는 안봉 철도의 연장선은 조선의 신의주와 연결됐다. 1911년 압록강 철교가 완공되면서 한반도를 관통해 조선 국경을 넘는 철도가 탄생한 것이다. 일본인들은 꿈에 그리던 대륙으로의 진출과 이상향 유럽으로의 길을 열었다는 데 감격했다. 아시아를 탈피해 유럽과 어깨를 나란히 한다는 '탈아입구'의 목표가 실현된 듯 일본인들은 자부심이 넘쳐 났다.

러일전쟁의 과거를 덮고 러일 협상을 통해 정상적인 외교 관계로 돌아간 러시아와 일본은 시베리아 횡단철도를 이용해 아시아와 유럽을 잇는 대철도망을 가동하기 시작했다. 1911년 이후 도쿄에서는 상트페테르부르크와 베를린, 파리로 가는 연결 승차권을 살 수 있었다. 도쿄에서 유럽에 이르는 행로는 제1차 세계대전과 러시아 혁명기의 혼돈의 시간을 지나 제2차 세계대전의 독·소전 개전 전까지의 시기에 활발히 운행되었다. '서백리경유구아연락승차선권'西伯利經由歐亞連絡乘車船券이라는 강철 실크로드 승차권의 행로는 어떻게 구성되었는지 순서대로 따라가 보자. 도쿄에서 유럽을 가기 위해 집을 나선 여행자는 연락승차선권을 구매하고 도쿄의 신바시 역에서 출발하는 국제 열차에 올랐다. 일본에서 국제 열차 운송용으로 이용된 열차는 사쿠라, 후지 그리고 나나렛샤七列車라고 부르는 제7열차였다. 제7열차는 도쿄를 출발해 오사카를 거쳐 시모노세키 역에 도착한다. 여행자는 곧바로 시모노세키 항으로 이동해 한일 연락선 7호선七便(나나빈)을 타고 부산으로 향했다. 7호선에서 내린 승객은 부산역에서 국제 열차 히카리를 타고 경성-평양-신의주를 거쳐 압록강을 건너 국경 너머 신징新京까지 갈 수 있었다.[152]

신징은 현재 창춘으로 불리는 곳으로 일본이 세운 괴뢰국 만주국의 수도였다. 신징 역에는 703열차가 대기하고 있다. 이 703열차로 갈아타고 하얼빈까지 달린다. 러시아가 동청 철도를 부설하면서 유럽풍으로 건설한 도시인 하얼빈에서 유럽의 향기를 맡은 여행자는 국제 열차인 701열차를 타고 만주 벌판을 달리게 된다. 701열차는 동청 철도를 달려 서쪽의 완저우리를 지나 치타에서 시베리아 횡단철도에 접속된다.

일본에서 시베리아 횡단철도에 접속해 유럽으로 가는 길은 세 가지 루트가 있었다. 앞서 말한 7열차와 한일 연락 7호선을 이용해 한반도를 경유하는 길, 만철의 출발지인 다롄 항까지 배로 이동해 다롄-하얼빈까지의 남만주 철도 노선을 이용하는 길, 블라디보스토크로 가서 바로 시베리아 횡단 열차를 타는 길이다. 이 세 노선 모두 도쿄를 출발해서 5일 정도 걸려야 만주에 발을 디딜 수 있었다고 한다. 하얼빈이나 블라디보스토크에 도착한 유럽행 여행자는 이제부터 각오를 단단히 해야 한다. 만주에서 모스크바까지 11일간은 꼬박 열차 안에 갇혀 있어야 하기 때문이다. 베를린에 가려면 2일, 파리는 3일을 모스크바에서 더 달려야 했다. 그럼에도 불구하고 시베리아 횡단철도는 인기가 많았다. 배를 탄다면 한 달 반이나 걸렸고, 경비 또한 열차보다 세 배가 높았다. 열차 승객들이 거친 파도 때문에 공포에 떨거나 지독한 멀미 걱정을 하지 않아도 되는 것은 덤이었다. 1940년 3월에서 5월경 국제 열차를 이용한 외국인 승객은 월 평균 120여 명에 달했다.

시베리아 횡단 열차의 동쪽 끝 출발지는 블라디보스토크다. 블라디보스토크에서 한 시간 남짓 달리면 우수리스크에 도착하게 되는데 이 우수리스크 역은 분기점이다. 북쪽으로 올라가면 시베리아 횡단철도의 본선을 타게 되고 11시간쯤 더 달리면 동북 러시아 최대의 도시 하바롭스크에 닿는다. 우수리스크 역에서 서쪽으로 방향을 틀면 중국과의 경계 지점을 지나 하얼빈과 만난다. 블라디보스토크-우수리스크-하얼빈으로 이어지는 길은 안중근이 이토 히로부미를 암살하기 전 마지막으로 이동한 경로이기도 하다.

청년 손기정과 남승룡은 베를린까지 어떻게 갔을까

만주 철도와 시베리아 횡단철도를 탄 조선인들은 어떤 사람들이었을까? 망국의 한을 가슴에 품은 수많은 독립 혁명가들과 그 가족들이었다. 여러 가지 이유로 조국을 등져야 했던 민초들도 열차에 올랐다. 스탈린의 강제 이주 정책으로 하루아침에 삶의 터전에서 쫓겨났던 중앙아시아 이주민들도 빼놓을 수 없다.

그리고 점령국의 국기를 가슴에 달고 올림픽 마라톤을 뛰어야 했던 청년 손기정과 남승룡도 있었다. 두 사람의 여행 경로를 따라가 보자. 손기정은 1936년 6월 올림픽 개막을 두 달 앞둔 시점에 선수단 본진보다 먼저 베를린으로 출발했다. 마라톤 코스 답사 등 현지 적응 훈련을 위해서였다. 손기정은 도쿄에서 기차와 배를 갈아타고 부산에 도착해 경부선을 타고 서울로 왔다. 서울에서 만주행 열차를 탄 뒤 시베리아 횡단 열차에 몸을 실었다.

손기정의 증언을 들어 보자. 이어지는 손기정의 육성은 그의 자서전 『나의 조국 나의 마라톤』에 담겨 있는 것이다.

> 우리가 탄 열차는 여객용 기차가 아니라 군 장비 수송용 화물 열차 같은 것이었다. 정규 여객 열차편은 일주일에 두 번밖에 없었고, 우리가 떠날 땐 그 시간이 맞지 않았다. 열차는 때 없이 멈춰 섰다가 예고도 없이 제멋대로 달렸다. 어떤 날은 종일 보리밭 사이를 달리다가, 또 어떤 날은 호수를 끼고 한없이 달리기도 했다.[153]

손기정이 한없이 호수를 끼고 달렸다는 곳은 이르쿠츠크 지역의 바이칼 호 순환 노선이 분명하다. 화물열차에 몸을 실은 식민지 청년의 여정은 민족의 운명처럼 고단했다.

철도는 복선화 작업이 한창이었다. 가는 도중 다른 열차와 만날 때마다 우리가 탄 기차는 역 구내에서 기다렸다 달리곤 했다. 처음엔 그래도 낯선 풍경에 정신이 팔렸지만 점차 눈에 익숙해지자 피곤하기만 했다. …… 열차가 서 있는 동안 굳어진 몸도 풀 겸 우리는 가끔 철도를 따라 뛰어 보곤 했다. 이것이 말썽이 될 줄은 꿈에도 몰랐다. 소련 관리들은 우리가 소련의 철도 사정을 은밀히 조사하는 것으로 알았는지 따지고 들었다. 전운이 일어 각국이 신경을 곤두세우던 때라 군수품 열차의 기밀 정보라도 염탐하려는 것으로 알았던 모양이다. 모스크바 역에 도착해서는 따로 시내에 숙소를 정하지 않고 이틀 밤이나 열차간에서 쭈그린 채 보내게 되었다. …… 대사관에서 10시가 넘도록 아침 식사를 가져오지 않아 모두들 불만이 대단했다. 운동선수들 식사는 시간을 엄수해야 컨디션 조절을 하게 되는데 사토 코치는 우리가 자꾸 보채면 본국으로 송환시키겠다고 윽박질렀다.[154]

요즘 같으면 상상도 못할, 올림픽 대표 팀에 대한 처우였다.

7월 17일, 두 주일 만에 비로소 베를린에 도착했다. 베를린 역에는 독일 주재 일본대사관 직원들이 마중 나왔다. 선발대를 맞자마자 그들은 '왜 마라톤에 조선인이 두 사람씩이나 끼었느냐?'고 불만스럽게 물었다. 보름간 열차에 시달리며 도착한 곳에서 이런 어처구니없는 첫 인사를 받게 되다니 눈물이 왈칵 솟구쳤다.[155]

8월 9일 베를린 올림픽 경기장의 마라톤 결승점 테이프를 끊은 이는 일본 대사관 직원을 화나게 한 조선인 손기정이었다. 일장기를 단 청년은 당시 마의 벽이라 여겨졌던 2시간 30분대를 깨뜨렸다. 조선 청년은 2시간 29분 19초의 세계 신기록을 세우며 결승선을 통과했지만 두 손을 높이 들지도 환하게 웃지도 않았다. 사이즈가 작아 달리는 내내 발을 고통스럽게 했던 마라톤화를 벗어 던졌을 뿐이다. 기뻐하는 얼굴로만 보면 2위를 한 영국인 하퍼가 우승자처럼 보였다. 페이스메이커 역할로 손기정의 우승을 도왔던 남승룡은 3위로 들어왔다.

두 청년은 10만 관중이 환호하는 가운데 시상대에 올랐지만 어두운 표정으로 고개를 숙였다. 히틀러와 악수를 나누고 메달을 목에 거는 순간에도 웃지 않았다. 조선 청년들은 국기 게양대를 타고 오르는 일장기를 볼 수가 없었을 것이다. 일본 국가가 울려 퍼지고 일장기가 올라가는 동안 고개 숙인 손기정은 우승자에게만 주어지는 월계수 다발을 가슴에 모아 유니폼의 일장기를 가렸다. 일본은 이를 괘씸히 여겨 이후 열리는 육상경기에 손기정의 출전을 금지시켰다. 두 청년의 쾌거는 일본을 거쳐 조선에도 알려졌다. 식민지 백성들은 손기정과 남승룡의 세계 재패에 벅차하면서도 나라 없는 억울함에 눈물을 삼켜야 했다.

만주의 삼두마차
만철, 관동군, 만주국

만철의 황금기

1911년 신해혁명으로 청나라가 무너졌으며, 1912년 중화민국이 탄생했다. 그러나 중국 대륙은 군벌들이 패권을 누리고 있었으며, 중앙정부의 통치력이 제대로 발휘되지 못하는 혼돈의 공간이었다. 이런 틈바구니에서 만철은 초고속 증식 세포처럼 만주 일대에 철도망을 깔았다. 앞에서도 말했듯이, 1911년에는 압록강 철교가 개통되어 조선과 철길이 이어지면서 만주는 일본에서 대륙으로 들어가는 주요 길목이 되었다. 이어 1912년 6월 15일 조선 총독부 산하 철도국과 만철이 협약을 맺고 부산-창춘 간 직통열차를 운행하기 시작했다. 일본에서 출발, 조선을 관통해 만주로 이어지는 철의 직통로가 열린 것이다. 1913년 6월 10일부터는 시베리아 철도를 경유하는 유럽 주요 도시로의 연락 운수가 시작되었다. 만철은 운행 10년을 넘긴 1917년 또 한 번 사세를 확장했다. 조선총독부 산하의 조선 철도가 만철에 위탁되어 산하 기관으로 편입된 것이다. 1917년 이후 조선과 중국 동북부, 소비에트 연방 공화국과 이어지는 노선을 모두 관장하게 된 만철은 황금기를 맞이했다. 소련이 소유한 동청 철도 노선을 빼면 만주는 일본이 부설한 쇠줄로 꽁꽁

묶인 땅이 되었다.

만철의 철도망이 확장될수록 이를 지키기 위한 군 병력도 더 많이 필요했다. 포츠머스 조약 세칙에 따라 일본은 만철 노선 1킬로미터당 15명의 수비 병력을 둘 수 있었다. 일본은 철도를 보호한다는 명목으로 독립 수비대 6개 대대를 창설해 철도 연변을 따라 배치했다. 이 철도 수비대는 1919년 창설된 관동군의 모태가 되었다. 나는 새도 떨어뜨리고 아이 울음도 멈추게 했다던 일본군 정예 부대 관동군의 시초는 철도 경비대였다.

한편, 만주 지역의 군벌들과 협력 및 갈등 관계를 갖던 일본은 더 이상 이 지역에 대한 이권을 군벌들과 나누길 거부하고, 관동군이라는 막강한 군사력을 배경으로 군벌들을 토벌했다. 만주사변의 계기는 역시 철도와 관계된 사건이었다. 일본군은 장쉐량張學良이 지배하고 있던 동북군을 몰아내기 위해 자작극을 벌였다. 펑톈 부근 만철 노선인 류티아오후柳條湖 지역 철로 위에 관동군 분대가 폭약을 설치해 폭파시켰다. 폭파 현장 부근에는 동북군 군복을 입은 중국인 시체 3구를 가져다 놓았다. 관동군은 이 사건을 빌미로 곧장 펑톈과 지린성에 대한 전격적인 군사행동에 돌입했다. 기습 공격에 속수무책으로 당한 장쉐량의 동북군은 패주했고 만주는 일본의 차지가 되었다. 일본은 청의 마지막 황제 푸이溥儀를 앞세워 만주국을 세웠다. 일본의 원격 조정을 받는 만주국의 실제 관리자는 관동군이었고 만철은 관동군의 손과 발이 되었다.

만주의 조선인들

1930년대 일본이 만주를 장악하고 승승장구하자 만주에서 조선인 민족주의자들이 주도했던 반일 무장 투쟁이 소멸되기 시작했다. 일본군의 강한 압박, 재정 파탄 등 여러 이유가 있었지만 독립의 가능성에 회의적인 분위기가 팽배해지면서 하나 둘 투쟁을 접었다. 조선 내에서도 민족의 지도자로 불리던 자들이 변절의 길로 들어섰다. 3·1운동의 정신을 담은 '기미독립선언서'를 쓴 최남선조차 변절의 대가로 중추원 참의직에 올랐다. 그는 또한 만주와 조선, 두 식민 지역이 하나 되어 천왕의 뜻을 실현하자는 취지로 창간된 어용신문 『만선일보』滿鮮日報 고문, 만주국 건국대 교수 자리를 얻기도 했다.

만주에서 민족주의자들이 포기한 항일 무장투쟁의 불씨를 이은 것은 조선인 공산주의자들이었다. 이들은 중국 공산당원이 되거나 소련 국경을 넘어 소비에트 공산당군 88저격여단 등의 부대에 합류했다. 중국 공산당은 1935년 코민테른의 반파쇼 통일전선 최우선 방침에 따라 반일 투쟁에 나서는 모든 세력과의 연합 작전을 천명했다. 이에 따라 중국 공산당 주도하의 항일연군에 조선인들이 대거 참여했다. 조선인들은 일본군과의 전투뿐만 아니라 일본어를 이용한 전단 살포 등 선무공작과 포로 심문 등 다양한 작전에 참가했다.

만주국이 수립되자 일본에서는 '만주개척단'이라는 이름으로 일본인들을 이주시켰다. 그러나 일본인만으로는 수요를 충당하지 못하자 조선인 만주개척단을 만들었다. 이미 조선 민중의 상당수는 일제의 식민지 강탈로 생존의 기로에 서 있는 상태였다. 일본은 조선인들이 일본으로 흘러 들어가 사회불안을 야기시키는 것보다는 만주로 이주시키는 게 낫다고 판단했다. 국책회사 '만선척식공사'滿鮮拓殖公社에 의해 강제 이주된 조선 농민들은 일본이 패망할 때까지 25만 명이나 되었다. 조선인 만주개척단은 일본인 개척단의 하청 단위로 치부되었다. 이들은 만주의 중국인들에게는 삶의 터전을 빼앗는 침략자인 동시에 일본의 앞잡이였다. 관동군 헌병대 입장에서는 항상 감시해야 하는 불량 집단이었고, 만선척식공사에게는 마음 놓고 수탈해도 되는 대상이었다. 중국 비적들은 군의 경비가 삼엄한 일본인 개척촌 대신 조선인 개척촌을 습격 대상으로 삼았다. 이중 삼중의 고난은 조선인들이 만주행 열차에 강제로 태워질 때부터 예정된 운명이었다.

그러나 만주행 열차에 조선 사람들이 강제로 태워진 것만은 아니었다. 일부 조선인들은 일본인들과 어깨를 나란히 하며 만주로 들어갔다. 식민지 시대에 태어나 일본의 신민으로 성장한 조선의 젊은이들은 선택할 미래가 별로 없었다. 이등 국민이라는 태생적 한계로 인해 학병이나 노무자로 강제 동원되거나 일본의 하급 행동 대원으로 살아야 했다. 민족적 자각이나 계급의식의 전환을 겪은 일부의 젊은이들만 제3의 길인 독립운동에 뛰어들었다. 이런 상황에서 만주국의 출범은 조선의 젊은이들에게 한몫 잡을 수 있다는 도전 의식을 갖게 했다. 1937년 만주국을 앞세워 중일전쟁을 일으킨 일본은 전쟁 수행을 위해 조선 젊은이들의 피도 필요로 했다.

관동군은 중국과의 전쟁을 수행하면서 만주 일대의 조선인 항일 무장투쟁 세력을 괴멸시키는 것도 주요 목표로 삼았다. 이들은 중국공산당과 조선인들이 결합한 항일연군에 대해 피도 눈물도 없는 잔인한 진압작전을 벌였다. 이런 작전에서 혁혁한 전과를 세운 것은 만주국 군인으로 참전한 조선인들이었다. 중일전쟁이 시작되자 조선에 육군특별지원명령이 내려졌다. 식민지 조선의 청년들에게 '황군'皇軍이 될 수 있는 길이 열린 것이다. 일본군이 된다는 것은 천왕의 은혜를 입는 것이며 이등국민의 한계를 탈출할 수 있는 길이라고 생각한, '청년 박정희'와 같은 조선의 젊은이들이 만주로 몰렸다. 제국의 신민으로 출세하기를 간절히 원하던 조선의 젊은이들은 조선의 엘도라도로 떠오른 만주행 열차에 올랐다. 황군에 지원한 청춘들은 이광수·모윤숙·정비석을 비롯한 수많은 조선 지식인들의 열렬한 격려와 칭송을 받았다. "군대 생활을 마치고 오는 날은 전혀 신인新人이 되는데 이 신인화新人化야 말로 2천3백만 명이 모조리 통과해야 할 필연당연의 과정인가 합니다. 일언이폐지 왈 '천황께 바쳐서 쓸데 있는 사람'이 되는 것입니다"(이광수). 요즈음도 통용되는 "군대 갔다 와야 사람 된다."는 말의 원조는 춘원 이광수였다. 이광수가 말하는 '신인'은 천왕께 바쳐 잘 쓰이는 사람을 의미했다.

조선인 만주국 군인들의 상당수는 1939년 3월 출범한 만주국 치안부 산하의 특수 부대에 배치되었다. 간도특설대라 불리는 조선인 부대는 관동군이나 만주국 산하에 민족별로 만들어진 부대 가운데 가장 뛰어난 전투력을 발휘했고 위상도 높았다. 간도특설대 출신 조선인 장교 중 한 명이었던 백선엽 장군의 회고를 들어 보자.

> 우리들이 쫓아다닌 게릴라 가운데 조선인이 많이 섞여 있었다. 주의·주장의 차이가 있다고 해도, 한국인이 독립을 요구하며 싸우고 있는 한국인을 토벌한 것이기 때문에 오랑캐로 오랑캐를 제압하려는 일본의 책략에 그대로 끼인 모양이 된다. 그러나 우리가 진지하게 토벌했기 때문에 한국의 독립이 늦어진 것도 아닐 것이고, 우리들이 역으로 게릴라가 되어 싸웠으면 독립이 빨라졌으리라는 것도 있을 수 없다.[156]

이후 한국 전쟁에서 북한 인민군에 맞서 전투를 지휘했던 백선엽 장군의 간도특설대 시절 동료 중에는 신현준 초대 해병대 사령관을 비롯해 대한민국 육군과 해군의 고위 장성들이 망라되어 있다. 이들이 청춘을 바쳐 헌신한 만주 토벌 작전은 초토화 작전이라는 이름 아래 항일 무장투쟁대의 섬멸을 목표로 했다. 실제로 만주에서의 무장 독립 투쟁은 간도특설대의 활약과 관동군 및 만주군의 대대적인 압박 속에서 소멸해 갔다. 만주군 간도특설대의 토벌 경험은 이후 해방 정국과 한국전쟁 시기 남한 지역의 공산 무장 게릴라 부대 소탕 작전에 큰 영향을 끼치게 된다.

만주국의 강력한 물적 토대 : 만철

만주사변 이후 만철은 또 한 번의 확장기에 들어간다. 1932년부터 1943년까지 5천 킬로미터의 철도망이 새로 깔렸다. 또한 1934년 9월 소련과의 오랜 줄다리기 교섭 끝에 동청 철도로 불렸던 동중국 철도를 사들였다. 비로소 만주의 모든 철도망이 만철의 것이 되었다. 러시아가 건설한 동청 철도는 러시아 철도 규격에 따라 궤도 간격이 넓은 광궤여서 표준궤의 만철과 직통 운전이 불가능했다. 만철은 동중국 철도를 관리하게 되자마자 신징-하얼빈 간의 동청 철도 노선 2백 킬로미터 구간을 순식간에 광궤에서 표준궤로 바꾸는 공사를 해치워 버렸다. 완저우리에서 블라디보스토크로 이어지는 동중국 철도의 본선도 곧 이어 표준궤로 전환됐다. 만철이 만주 철도를 완전히 장악한 것은 만주국이 승승장구하고 있음을 보여 주는 하나의 징표였다. 만주국 대표로 소련과의 교섭에 나서 동중국 철도 매입을 성사시켰던 총무장관 호시노 나오키星野直樹는 "만주국 역사에 빛날 최고의 날"이라며 감격해 했다.[157]

만철은 철도만 운영한 것이 아니었다. 제1차 세계대전의 전쟁 특수 호황기를 거치면서 제철업을 산하에 두었고 탄광 개발에도 뛰어들었다. 해운 사업에도 손을 대 만철의 시점인 다롄 항을 기지로 다롄기선大連汽船이라는 해운사도 설립했다. 창춘 신탁거래소 같은 금융기관은 물론이고 토목·화공·창고·전기·숙박까지 거대 그룹형 기업으로 성장했다. 만철은 한발 더 나아가 사회와 문화, 스포츠까지 아우르는 거대 왕국으로 자리 잡았다. '만영'이라고 불렀던 만철 영화제작소는 여러 편의 다큐멘터리와 극영화를 만들어 철도를 통해 보급했다. 만주 사변 시에는 관동군의 종군 기록 필름을 제작했고, 만주국 출범 이후에는 더욱 왕성한 영화제작 활동에 들어간다. 중일전쟁 시기에는 아예 만주국이 총괄하는 영화제작 집단으로서의 만영이 탄생했다.

만철은 만주국의 가장 강력한 물적 토대였을 뿐 아니라, 관동군, 만주국과 함께 만주 지배의 세 축 가운데 하나였다.

만철의 싱크탱크, 만철조사부[158]

만철에는 만철조사부라는 싱크탱크가 있었다. 만철조사부는 철도를 건설하기 위해 만주 일대의 모든 지역을 답사하고 지형, 지질, 자원, 각 도시와 마을의 인구 밀도 등 식민지 유지에 필요한 빅 데이터를 자연스럽게 확보할 수 있었다. 또한 철도만이 아니라 만철이 관장하는 모든 사업에 대해 기획을 하고 경영 방침을 마련하는 컨트롤 타워였다. 만주 사변 이후 만철 조사부는 경제조사회로 조직 개편을 했는데, 관동군은 만철이 확보한 정보력을 직접 관리하고자 경제조사회를 관동군의 하부 기관으로 두었다. 그 결과 경제조사회는 만철의 기관이면서 관동군의 정책 기관이기도 한 반민 반군 형태의 이상한 조직으로 거듭났다.

또한 만철에는 일본 본국과 다른 기업 문화가 존재했다는 것도 흥미로운 점이다. 자유로운 토론이 가능했고 상상할 수 있는 바를 쉽게 내놓을 수 있었다. 교토 대학 공학부를 나와 1937년 만철 중앙시험소에서 일하게 된 네기시 료지根岸良治는 이렇게 말한다. "만철 맨은 당시 민주적이었습니다. 아래 사람들이 생각보다 쉽게 말할 수 있었고, 간부가 선선히 식사에 초대해 주셨어요."[159] 1930년대 만철의 자유로운 분위기는 상당히 특이한 현상이었다. 이는 만주를 기회와 개척의 땅이라고 여긴 일본인들이 무한한 도전의 대상으로 만주를 상정했기 때문이다. 여기에 급진적인 사상을 가진 사람들의 자유분방함도 한몫했다. 만철조사부 시절부터 이들은 마르크스의 『자본』, 로자 룩셈부르크Rosa Luxemburg의 『자본축적론』, 야마다 세이타로山田盛太의 『일본 자본주의의 분석』 등을 기초로 중국과 만주 사회를 연구하기도 했는데, 이는 '만철 마르크스주의'라고 불렸다.

만철의 이런 분위기는 결국 철퇴를 맞게 된다. 1942년 관동군 헌병대가 주도면밀한 포석으로 만철의 적색분자를 검거하는 '만철 사건'이 일어났다. 관동군은 수사를 확대해 1943년까지 만철 조사부 44명을 '좌익 운동' 혐의로 검거했다. 이를 기점으로 만철 경제조사부는 사실상 붕괴되었다.

1853년	6월 3일 페리 제독이 이끄는 미 해군 함대가 에도 만에 도착, 미 대통령의 친서를 일본 정부에 전달
1854년	3월 미일 화친조약 체결
1866년	조선, 병인양요
1868년	메이지유신
1869년	일본, 판적봉환 단행
1871년	일본, 폐번치현 실시
	11월 이와쿠라 사절단 일본을 출발, 유럽과 미국으로 떠남
1873년	일본, 징병제 시행
1875년	조선, 운요 호 사건
1876년	일본, 폐도령
1877년	세이난 전쟁
1880년	미국인 기술자 조셉 크로포드의 지휘 아래 홋카이도 최초의 철도가 석탄 광산에서 건설
1887년	규슈 철도 첫 운행
1892년	일본인 철도기사 아메미즈(河野天瑞)가 부산-서울 간 철도선로를 답사하여 보고서의 도면을 작성
1894년	갑오농민전쟁, 청일전쟁
	조일잠정합동조관 체결로 일본이 경부선과 경인선의 철도 부설권을 확보

1853

1896년 2월 아관파천

3월 29일 조선 정부, 경인철도 부설권을 미국인 제임스 모스에게 특허

7월 3일 경의철도 부설권을 프랑스 피브릴르 회사 대표 그릴르에게 특허

1898년 5월 10일 모스, 경인 철도 부설권을 일본이 주도한 경인철도인수조합에 양도

9월 8일 경부철도합동조약 체결

1899년 9월 18일 경인선 철도 개통식

1904년 2월 8일 러일전쟁 발발

2월 23일 일본과 대한제국, 한일의정서

1905년 1월 1일 부산 초량에서 서울-영등포 간 경부 철도 운행 시작

1월 22일 페트로그라드 노동자, 겨울궁전으로 시위 행진('피의 일요일'), 제1차 러시아혁명의 발단

7월 29일 가쓰라-태프트 조약

11월 17일 을사늑약

1906년 4월 3일 용산-신의주 간 경의선 직통 운전 시작

12월 7일 남만주철도주식회사(만철) 설립

1912년 6월 15일 조선총독부 산하 철도국과 만철이 협약을 맺고 부산-창춘 간 직통열차 운행 시작

6

전쟁과 철도

연합군이 믿는 것은 두 가지였다. 공군의 대규모 폭격과 레지스탕스의 철도 파괴와 습격이 독일군 지원부대가 전선으로 집결하는 것을 차단하거나 최대한 지연시키는 것이었다.

참호, 독가스, 철조망, 기관총, 그리고 철도

제1차 세계대전

새로운 전쟁

2014년은 제1차 세계대전이 일어난 지 1백 년이 된 해였다. 이 1세기 동안 인류는 산업 문명의 기관차를 타고 살육이라는 내리막길을 거침없이 달려왔다. 제1차 세계대전 이전에 있었던 대규모 전쟁을 하나 꼽으라면 1815년 나폴레옹의 군대가 반프랑스 연합군인 영국·프로이센·네덜란드의 군대와 싸운 워털루 전쟁을 꼽을 수 있다. 이 전쟁의 결과가 본국에 알려진 시간은 기원전 카이사르 군대가 갈리아 원정 당시 여러 전투에서 승리를 거둘 때 로마에 전령을 보내 승전보를 알린 시간과 별 차이가 없다. 전쟁은 군대를 모아 오랫동안 이동한 후 전장에 모여 상대 병력과 전투를 벌이는 것이 정형이었다. 전투 상황에 맞게 보급을 더 확대하거나 군대를 보충할 수 있는 방법이 없었다. 전황을 전달받는 데 여러 날이 걸렸기 때문이다. 불리하다는 사실을 깨닫고 군대를 보내 봤자 이미 전투는 끝나 있었다. 군대의 전술도 기병과 보병의 적절한 배치와 운영이 핵심이었다. 기병의 기동력으로 상대의 허를 찌르거나 예봉을 격파하고, 결정적인 순간에 보병으로 하여금 저돌적이고 용감하게 돌격하는 전술이 승리의 관건이었다. 물론 나폴레옹은 탁월한 포병 전술을 운용해 성과를 올렸지만 파괴력과 전술적인 영향력은 현대전을 따라갈 수 없다.

제1차 세계대전이 발발하기 전 교전 당사국들의 최고위급 장군들과 참모들은 전쟁이 오래가지 않을 것이라고 내다봤다. 독일은 쉽게 파리를 점령할 수 있을 것으로 생각했고, 프랑스 군은 서너 달이면 독일을 물리치고 전쟁을 끝낼 수 있으리라 믿었다. 이들 장수와 참모들은 모두 이전의 전쟁을 생각했고, 전술과 교리도 과거의 경험을 바탕으로 만들어져 있었다. 그러나 1천만 명이 훨씬 넘는 사람들이 목숨을 잃었다. 이제까지 전쟁에서 이렇게 많은 사람이 사망한 적은 없었다.

제1차 세계대전은 자본주의 체제가 시작된 이후 최초의 대규모 전쟁이었다. 자본주의가 낳은 전쟁이면서 자본주의 체제가 수행한 전쟁이었고, 이후에 벌어질 전쟁의 양상을 극명하게 보여 준 묵시록이었다. 근대 산업자본주의 체제는 하루가 다르게 새로운 생산품을 만들어 내고 개선시켜 세상을 바꿨다. 산업의 발달은 필연적으로 무기의 발달을 가져왔다. 산업혁명 이후 과학기술이 발달함에 따라 기계공학과 화학, 생물학에도 엄청난 전진이 있었다. 현대식 무기의 개발과 생산이 앞다투어 이루어졌고 독가스 같은 화학 무기도 만들어졌다. 역사가들에게 제1차 세계대전의 가장 인상적인 요소를 꼽으라고 하면 참호, 독가스, 철조망 그리고 기관총이라 답하는 데 주저하지 않을 것이다. 머리 위를 뒤덮는 거대한 포탄 덩어리들과 눈앞으로 날아오는 기관총탄 세례에 사람들이 처참하게 쓰러져 갔다. 3개월이 못 가 끝날 거라던 전쟁은 끝이 보이지 않았다. 독일, 프랑스 국경과 벨기에를 관통해 북대서양까지 거대한 참호가 파였다. 이 참호를 사이에 두고 전쟁은 4년 넘게 계속되었다.

대포와 참호, 기관총을 제1차 세계대전의 상징적 아이콘으로 만든 것은 철도였다. 철도는 본국의 군수공장에서 생산되는 대포와 기관총을 전쟁터로 수송했다. 징집병이 전장으로 가기 위해 집결한 곳은 역 광장이었다. 긴 바게트 빵의 갈라진 틈으로 야채와 소스를 발라 넣듯이, 끝없이 이어지는 참호 속으로 소모된 분만큼 사람과 무기가 채워졌다. 제1차 세계대전은 참호전이자 소모전이며 경제전이라는, 현대전의 모습을 여지없이 드러내 주었다. 사람이 얼마나 죽어 나가는지는 문제될 것이 없었다. 그저 주기적으로 보고되는 전황 목록 가운데 한 줄의 기록에 불과했다. 그리고 모든 것이 요리 재료 목록처럼 취급됐다. 사망 560명, 다음 주문은 가장 빨리 도착하는 열차편으로 병사 1천 명과 잼 5백 박스, 방독면 1백 박스.

파리행 크리스마스 휴가 열차의 비극

1914년 8월 독일은 애국의 물결로 뒤덮였다. 전쟁에 대한 영웅적이고 낭만적인 환호는 월드컵 응원전처럼 거리를 뒤덮었다. 제국주의 전쟁을 거부하자는 소수의 목소리는 전쟁의 광기가 뒤덮은 세상에서 가볍게 무시되었다. 어린 학생들이 책을 내려놓았고 시인들은 펜을, 화가들은 붓을 던져 버리고 총을 잡았다. 정부와 언론과 교육 당국은 하나가 되어 전쟁을 독려했다.

그러나 제1차 세계대전에 참전했던 많은 지식인들은 전쟁을 미화하고 영웅시하는 자국 정부에 진저리를 쳤다. 에리히 마리아 레마르크Erich Maria Remarque의 소설 『서부전선 이상 없다』*Im Westen Nichts Neues*[160]에서는 애국심을 고취하며 전쟁 참전을 독려했던 고등학교 담임선생을 휴가 나온 주인공이 조롱하는 장면이 나온다. 전쟁을 고발하는 그림을 그렸던 독일 화가 오토 딕스Otto Dix는 자신이 겪은 전장의 끔찍한 장면을 있는 그대로 재현했다. 이들은 사람들에게 간절히 말한다. 전쟁의 진실을 보라고!

낡은 전술로 무의미한 희생을 양산했던 군부는 자신들의 결정적 실수조차도 영웅 행위로 둔갑시키는 탁월한 능력을 갖고 있었다. 1914년 11월 10일 벌어진 랑게마르크Langemark 전투에서 독일군은 제대로 훈련조차 받지 않은 젊은 대학생 지원병을 전선에 투입해 프랑스와 영국군의 기관총 사격 앞에 돌격시켰다. 무모한 공격은 희생자만 양산했다. 투입 병력의 70퍼센트가 허망하게 쓰러졌다. 그러나 랑게마르크 전투는 향후 4년 반 동안 독일인들에게 희생정신과 애국심을 강조하는 가장 대표적인 사례로 인용되었다.

세계 최대의 철도 사고가 일어났던 것도 제1차 세계대전 시기였다.[161] 전쟁이 막바지에 다다랐던 1917년 12월, 영국과 프랑스 연합군은 승기를 잡고 있었다. 미국의 참전으로 영국-프랑스 연합군의 사기도 한껏 올라갔다. 독일·오스트리아 연합군에 압박을 가하던 이탈리아 전선의 프랑스 군은 겨울을 맞이해 소강상태를 보이고 있는 전선에서 간만에 여유를 가질 수 있었다. 프랑스 군 당국은 장기 복무나 전과를 세운 병사들을 선발해 15일간의 크리스마스 특별 휴가를 주었다. 동료 부대원들의 부러움을 한 몸에 받으며 진흙 범벅인 참호로부터 탈출한 1천여 명의 프랑스 병사들은 두 개의 열차에 나눠 타고 이탈리아 전선을 벗어나 알프스 산맥 자락의 프랑스 국경 부근 모단Modane 역에 도착했다.

주요 군 수송 수단인 열차(기관차+객차)는 늘 부족했고 특히 기관차는 더했다. 군은 기관차를 활용하기 위해 두 개의 열차를 하나로 이어 붙였다. 한 편성의 열차에서 기관차를 떼어 다른 용도로 쓰기 위해서였다. 이렇게 해서 하나의 기관차에 두 편성의 열차가 연결되었다. 모두

19량이었다. 맨 앞과 뒤 칸에는 화물 수송용 화차가 연결되었고 17량의 객차가 중간에 자리 잡았다. 이 가운데 두 개의 차량은 모단 역에서 연결되었는데 곡선 주행에 부적합한 고정식 바퀴 축을 가진 구형이었다.

두 개의 기관차에 의해 견인되던 객차와 화차를 하나의 기관차로 운행하게 되면 견인력이나 제동력이 급격히 약화된다. 열차 안전을 책임지는 가장 중요한 요소인 제동력이 확보되지 못하면 절대 운행해서는 안 된다. 게다가 모단 역에서 연결된 객차 19량 중 기관차에 의해 제어되는 자동 공기 제동 장치는 앞에서 세 번째 량까지만 작동되었다. 나머지 객차의 브레이크는 중간 중간 배치된 일곱 명의 제동수가 기관사의 기적 신호를 받아, 수동으로 바퀴에 연결된 지렛대를 움직여 속도를 줄이게 되어 있었다. 설상가상으로, 출발할 열차 앞에는 급경사의 긴 내리막길이 있었다. 모단 역은 프랑스와 이탈리아의 국경 지대로 높이 4천 미터급의 봉우리들이 알프스 산맥을 이루고 있는 곳이었다. 기관사는 열차 운전을 거부했다. 이런 상황이라면 어떤 기관사라도 자살 행위라는 것을 알기에 거부하는 것은 당연했다. 그러나 전시에 작전 책임자의 명령은 절대적이다. 운송 책임 장교는 기관사를 윽박질렀다. "안 되면 되게 하라!" 운송 장교가 철도에 대해 아는 게 없었다는 것이 불행이었지만, 숭고한 군인 정신 앞에 불가능은 없다는 신조는 진짜 군인의 증명서 같은 것이었다. 1천여 명의 병사들은 마주 오는 열차를 통과시키기 위해 모단 역에서 1시간을 기다려야 했다. 이 과정에서 장교들은 모두 하차했다. 장교들에게는 모단-파리 간 특급열차가 준비되어 있었기 때문이다.

1917년 12월 12일 밤 11시 15분, 1천 명이 넘는 병사들을 태우고 파리 행 크리스마스 휴가 열차가 모단 역을 출발해 곧바로 내리막길로 접어들었다. 기관사들에게 급경사 내리막길은 온 신경을 집중하게 한다.

운전법도 평지와 다르다. 한국 철도에서도 '하구배 운전법'이라고 불리는 급경사 내리막길 운전 매뉴얼이 있다. 기계적 힘이 중력을 극복할 수 있는 범위 안에서만 운전하는 것이 급경사 내리막길의 운전법이다. 출력을 최대한 낮추고 정지 상태에서 타력으로 내려가다가 속도가 시속 30~40킬로미터 정도 붙으면 제동을 써 정차시킨 후 다시 타력으로 움직이는 일을 반복한다. 잠깐의 실수로 가속이 붙어 제동력이 중력을 이기지 못하면 아무리 브레이크 단수를 올려도 제동은 듣지 않게 된다. 기관사들은 이런 경우를 "비행기 탄다"라고 하는데, 열차가 공중에 뜨게 되면 그걸로 모든 것이 끝장난다는 것을 의미한다. 실력 있는 기관사는 평지를 고속으로 달리는 능력이 아니라 경사와 곡선 주행을 능숙하게 조정하는 사람이다.

파리행 군용열차는 안내륜 4개와 구동륜 6개로 이루어진 4-6-0 형식의 텐더 형(석탄과 물을 기관차에 연결된 부수차에 따로 적재하는) 대형 증기기관차였지만 350미터 길이에 526톤이라는 감당할 수 없는 짐을 지고 있었다. 모단 역을 출발한 열차는 평소처럼 천천히 내리막길을 주행했지만 시간이 조금 지나자마자 가속이 붙기 시작했다. 그러고는 곧바로 통제 불능에 빠졌다. 기관차의 속도계는 시속 135킬로미터를 지시했다. 열차는 미친 야수처럼 알프스 계곡 사이를 질주했다. 산 중턱에 자리 잡은 라 프라츠La Praz 역의 승강장에 서 있던 역장은 순식간에 역을 통과해 버리는 열차를 보고 사태가 심각함을 직감했다. 그는 산 아래 생 미셸 드 모리안느Saint Jean de Maurienne 역으로 연락해 막 출발하려던 열차를 정지시켰다. 모리안느 역에서는 영국군 2개 사단 병력이 모여 있었고 이들 가운데 일부를 태운 열차가 막 출발할 예정이었다.

기관사는 최선을 다해 제동 핸들을 당겼다. 객차 중간에 탄 제동수들도 온 힘을 다해 브레이크 레버를 밀어젖혔다. 열차의 쇠바퀴는 브레이크 슈우와 밀착되어 벌겋게 달아올랐고, 불똥이 사방으로 튀었다. 이 불똥들이 목재로 만들어진 객차 밑바닥에 꽃을 피웠다. 불이 붙은 객차 안은 젊은 병사들의 비명으로 가득 찬 생지옥이 되었다. 일부 병사들은 불길을 피해 열차 밖으로 뛰어내렸지만 생존 가능성은 없었다. 산 아래 모리안느 역을 1천3백여 미터 남겨 놓고 강을 가로지르는 철교를 지난 곡선 지점에서 기관차에 연결된 첫 번째 차량이 탈선했다. 기관사와 제동수들이 브레이크를 최대한 작동시켰지만 제한 속도인 시속 40킬로미터 지점을 시속 102킬로미터로 통과하던 중이었다. 7명의 제동수 중 2명은 이 과정에서 열차 밖으로 튕겨져 나갔다.

불길에 휩싸인 객차들은 앞서 탈선해 선로 옆 산길에 처박힌 차량 위로 차례차례 돌진해 산산조각이 났다. 열차를 휘감은 불길은 다음날 저녁이 되어서야 꺼졌다. 모리안느 역에 있던 영국군 사단 병력과 철도 직원들, 모단 역에 대기하던 프랑스 군이 긴급 구조에 나섰지만 험난한 바위 지형에서 구조 작업을 벌이는 일은 만만치 않았다. 파괴된 열차의 잔해 속에서 신원이 확인된 사망 병사는 424명이었다. 135구의 사체는 형체를 확인할 수 없었다. 37구 이상의 사체가 철교와 난간 사이에서, 곡선 반경을 따라 이어진 수백 미터의 선로 우측에서 흩뿌려진 채로 발견됐다. 이들은 불길을 피해 달리는 열차에서 뛰어내린 병사들이었다. 183명만이 다음 날 아침 점호에서 대답을 할 수 있었다. 구조 작업을 통해 살아남은 병사들 가운데 1백 명이 넘는 인원이 호송 과정에서, 그리고 병원에서 치료를 받다가 숨졌다. 기적적으로 살아남은 기관사는 군사재판에 넘겨졌다가 8개월 만에 무혐의로 석방되었다.

8백여 명의 젊은이가 숨진 이 엄청난 열차 참사는 몇 년간 비밀에 부쳐졌다. 군과 국민의 사기를 떨어뜨리고 적을 이롭게 해 국가 안보를 위협할 수 있다는 이유에서였다. 언론에 대한 통제도 철저히 이루어졌다.

사고가 일어난 지 4일 후 일간지 『르 피가로』*Le Figaro*에 짧은 단신으로 실린 것이 전부였다. 진상 규명에 소극적이던 군 당국은 1923년에야 국방부장관이 위령비 건립 추진을 약속했다. 1961년에 모리안느 공동묘지에 묻혀 있던 희생자들이 리용의 국립묘지로 이장됐다. 1998년에는 사고 현장에 희생자들을 추념하는 위령비가 세워졌다.

제1차 세계대전, 판도라의 상자를 열다

전시에 국가는 전쟁이 대의를 지키는 숭고한 행위라고 이야기하지만 그 속에는 저마다의 검은 속셈이 숨겨져 있다. 이는 식민지의 보전이나 자원의 획득, 정권의 안정, 다가올 선거에서의 승리까지 다양하다. 전쟁으로 이익을 얻는 세력들에게는 다수의 비극을 등에 업고서라도 계속 이어져야 할 수지맞는 장사일 뿐이다. 전쟁 수행을 업으로 할당받은 군부는 전쟁을 자신들의 존재 가치를 증명할 수 있는 유일한 기회로 여기곤 한다. 그러나 군부의 행태란 우리가 생각하는 것 이상으로 일관되게 어이없는 부조리와 오류를 반복한다. 존 엘리스John Ellis의 『참호에 갇힌 제1차 세계대전』*Eye-deep in hell*에 소개된 삽화를 보면, 포탄이 빗발치는 참호의 한 벙커에서 목숨을 걸고 상부로부터 전달된 긴급 전화를 받는 병사의 모습이 있다. 제목은 "중요한 문제"이다. 루스 9월 대공세가 한창일 때 최전방의 지휘 장교가 총사령부로부터 긴급 전언을 받았는데, 내용은 다음과 같다.

"지난 금요일에 귀 부대로 지급된 딸기잼 깡통 수를 최대한 빨리 보고하라!"[162]

제1차 세계대전은 우주의 블랙홀과 화이트홀처럼 오늘날 존재하는 세계의 저 끝에 있는 문이다. 전쟁은 유럽 전선에서만 벌어진 것이 아니었다. 아프리카에서도 제국주의 국가 간에 전쟁이 벌어졌다. 영국·프랑스·벨기에·포르투갈 등 연합국 군대가 1916년 이후 토고·카메룬·나미비아를 포함한 서남아프리카와 탄자니아 등 독일의 동아프리카 식민지 군대를 공격했다. 연합국과 독일은 식민지의 자원과 인력을 동원해 전쟁을 벌여 무고한 아프리카인들이 희생되었다. 약 2백만 명의 아프리카인이 제1차 세계대전에 동원됐다. 이 중 20만 명이 사망했다. 이 전쟁의 소용돌이 속에서 식민지 모국의 통치상 편의를 위해 국경이 변경되고 종족 간 차별이 이루어졌으며 자원이 약탈되었다. 이는 오늘날 벌어지고 있는 아프리카 분쟁의 씨앗이 되었다.

오스만 제국이 지배하고 있던 아랍도 제1차 세계대전의 광풍을 피해갈 수 없었다. 영국과 프랑스는 오스만 제국에 저항하는 아랍동맹군을 지원했다. 영국으로서는 아랍 지역에 있는 엄청난 석유 자원을 못 본 척할 수 없었다. 이슬람의 성지인 메카와 메디나 주변 히자즈Hijaz 지역의 샤리프 후세인Sayyid Hussein bin Ali이 지도하는 하심 아랍 세력이 오스만에 저항하는 핵심으로 부상했으며, 결국 영국의 지원을 바탕으로 중동에서 아랍 정부를 수립하게 되었다. 오스만 독재에서 벗어난 아랍은 정치적으로 서방의 후원을 받는 1인 독재 체제로 변환되었다. 현재의 요르단과 사우디아라비아 등 친서방 아랍국들의 뿌리를 거슬러 올라가면 제1차 세계대전 시기의 세계사를 만나게 된다.

팔레스타인에서도 오스만 제국의 터키 군과 영국군의 전투가 벌어졌다. 이집트 원정군 사령관으로 팔레스타인 전투를 지휘한 영국의 에드먼드 알렌비Edmund Allenby 장군은 수차례 교전 끝에 1917년 12월 9일 예루살렘에서 터키 군을 몰아냈다. 서방의 언론들은 1187년 이후 처음으로 기독교인이 예루살렘을 손에 넣었다고 환호하며 알렌비 장군을 현대의 십자군이라고 부추겼다. 팔레스타인을 점령한 영국은 1917년

밸푸어Balfour 선언을 통해 팔레스타인 지역에서의 유대 민족 국가 수립을 지지한다고 밝혔다. 오늘날까지 비극이 끊이지 않는 팔레스타인 분쟁의 시발점이었다.

현재의 이라크 지역을 점령하고 있던 오스만 제국의 터키 군은 영국에 의해 쫓겨나고 러시아에 의해 압박을 받는 곤란을 겪고 있었다. 러시아와 대결하던 1915년과 1916년에 터키 군은 아르메니아 지역에서 기독교인들을 공격했는데, 이때 학살당한 아르메니아 인들이 1백만 명이었다. 이 끔찍한 민간인 학살은 이후 전쟁에서 벌어질 수많은 대량 학살극의 불길한 예고편이었다.

1917년 러시아에서는 레닌과 트로츠키가 이끄는 볼셰비키가 혁명에 성공했다. 이에 대응해 구체제를 옹호하는 러시아 백군이 일어나 적백 내전에 들어갔다. 서구 자본주의 국가들은 공산주의자들의 혁명에 반대해 내전에 개입했다. 프랑스와 영국, 미국, 일본의 군대가 러시아혁명을 분쇄하기 위해 러시아 곳곳에서 백군에 병력을 지원했다. 그러나 차르 체제의 혹독함을 경험했고 기나긴 전쟁에 환멸을 느낀 러시아 민중들은 혁명 세력을 선택했다. 인류역사상 최초로 자본주의 세력과 사회주의 세력의 국가 간 대립이 시작되는 순간이었다. 이 대립은 제2차 세계대전을 거쳐 양 진영의 패권 다툼으로 크고 작은 비극을 양산해 내는 시발점이기도 했다.

동아시아에서는 제1차 세계대전의 혼란을 틈타 일본의 대륙 진출 야욕이 불타올랐다. 이를 위해 이미 조선에서는 부산에서 신의주까지 한반도 종단 철도가 놓여 있었다. 조선 철도와 만주 철도는 조선을 짓밟고 중국을 침략하기 위한 일본 제국주의의 열쇠였다.

제1차 세계대전은, 산업혁명의 소용돌이 속에서 빠르게 성장한 서구 제국주의가 이권을 둘러싸고 쟁탈하는 과정에서 파생된 모순과 더불어

폭발했다. 안락한 북반구와 비참한 남반구의 남북문제, 아프리카의 영토·종족 분쟁, 아랍과 이슬람권의 자원과 패권 문제, 유대인의 팔레스타인 점령, 발칸 반도를 비롯한 여러 지역의 민족문제, 자본주의와 사회주의 동서 대립과 냉전, 전 세계 곳곳에서 벌어지고 있는 영유권 분쟁, 대량 학살, 인종 청소, 난민이나 이주자 같은 디아스포라적 문제 등이 판도라 상자 밖으로 튀어나왔다.

죽음이라는 '행정 업무', 기차가 가능케 했다

제2차 세계대전

스페인 내전 : 제2차 세계대전의 예행연습?

1918년 11월 11일 오전 11시, 북해 연안의 벨기에로부터 남부 프랑스-독일 접경 지역의 알자스까지 이어진 참호 속에 좀비처럼 박혀 있던 병사들은 몸에 붙은 진흙 덩어리들을 털어 낼 수 있었다. 제1차 세계대전의 총성이 멎은 것이다. 병사들은 드디어 집으로 가는 열차를 탈 수 있게 되었다. 이 거대한 전쟁으로 7백만 명의 군인과 또 그만큼의 민간인이 죽었다. 인류는 자신들이 저지른 폭력의 끔찍한 실체를 목격했다. 그러나 평화는 고작 20년 남짓 유지되었을 뿐이다. 그나마도 평화로 은폐된 시간들이었다. 크고 작은 전쟁이 계속되었고 더 큰 전쟁을 위한 준비가 진행되었다. 그것은 바로 제2차 세계대전이었다. 월드컵이 열리기 1년 전, 사전 점검 형식의 대회로 대륙 간 축구 대회인 컨페더레이션스컵 대회가 월드컵 개최 예정지에서 열리듯이, 제2차 세계대전도 한 번의 '예행연습'이 있었다. 장소는 1936년의 스페인이었다. 민주적 선거를 통해 탄생한 스페인 공화국에 반대해 파시스트 세력이 반란을 일으켰다. 기득권을 빼앗길 수 없다는 옛 권력의 수혜자들이자 배후들이 들고일어났다. 지주·자본가·가톨릭·군부는 네 개의 머리를 가진 한 몸의 '오크 족 거인'이었다.

프랑코가 이끄는 반란군의 최대 주주는 히틀러가 장악한 독일이었다. 신무기의 성능과 그 효과가 궁금했던 독일 군부에게 스페인 내전은 최고의 실험장이었다. 새로운 전략과 전술을 마음껏 구사해 볼 수 있는 워-게임장이었던 것이다. 또한 반란군에 대한 영국 정부와 군부의 노골적 옹호, 공화국에 대한 프랑스의 소극적 지원 등으로 스페인 공화국은 반란군의 위협에 무방비로 노출되었다. 그러나 공화군, 즉 스페인 시민연대 전선을 지원하기 위해 전 세계에서 많은 사람들이 국제여단의 이름으로 참전했다.

언론사 특파원으로 종군 취재에 나섰던 순수한 영혼 생텍쥐페리Antoine Marie Roger De Saint Exupery와 『누구를 위하여 종은 울리나』*For Whom the Bell Tolls*의 헤밍웨이, 영국의 위건 부두를 떠나 바르셀로나에 도착해 참전 기록 『카탈로니아 찬가』*Homage to Catalonia*를 남긴 조지 오웰, 최전선에서 응급 헌혈 방식을 도입해 수많은 공화국 병사들의 목숨을 살린 닥터 노먼 베쑨Norman Bethune, 파블로 네루다Pablo Neruda, 시몬 베유Simone Weil 등 국적과 인종을 초월해 수많은 지식인과 젊은이들이 정의와 양심의 이름으로 기꺼이 목숨을 걸고 투쟁에 나선 유례없는 전쟁이었다. 마치 〈스타워즈〉의 제다이 기사들처럼, 53개국에서 온 3만5천 명의 국제여단 병사들은 파시스트 프랑코 장군의 정예 군대와 맞서 싸웠다.

하지만 스페인 공화국은 독일의 발톱 아래 철저히 유린됐다. 하나의 도시를 완전히 분쇄해 버리는 폭격 방식인 '융단폭격'도 독일 공군 콘도르 군단에 의해 자행되었다. 폭격기들이 하늘에서 줄을 맞추어 도시의 한쪽 끝에서 다른 쪽 끝까지 카펫을 깔 듯 폭탄으로 뒤덮는다. 한 줄이 지나가면 다음 줄이 차례대로 나타나 배를 열고 불덩어리들을 사람들의 머리 위로 쏟아 놓았다. 판타지 소설 작가 존 로날드 로웰 톨킨John Ronald Reuel Tolkien의 1937년 소설 『호빗』*The Hobbit*에는 거대한 용 스마우그Smaug가 등장한다. 하늘의 지배자 스마우그는 커다란 날개를 펄럭이며 입으로 불을 뿜어 땅 위의 생물들을 심판한다. 1937년에 실제로 하늘에서 떨어진 불의 심판을 받은 도시가 있었다. 둥글게 만 담요가 넓게 펼쳐지듯 도시를 덮은 폭탄들은 이곳을 지옥으로 만들었다. 불 탄 도시의 이름은 게르니카Guernica였다. 바르셀로나의 바리케이드가 무너지고 군사 독재 정권이 들어선 스페인은 1975년 지배자 프랑코가 죽을 때까지 어둠의 봉인에 갇혀 있게 된다.●

제2차 세계대전의 시작

프랑코와 히틀러의 만행을 퇴치하지 못하면서, 2년 후 전 세계 곳곳의 도시들이 게르니카가 되었다. 1939년 9월 1일, 독일은 폴란드 정규군의 침략 공격에 대한 반격 작전을 개시한다고 발표했다. '반격'은 성공적으로 이루어져 9월 27일 독일은 폴란드의 항복을 받아 냈다. 앞서 9월 17일 폴란드로 진격한 스탈린의 붉은 군대는 폴란드의 몰락을 앞당겼다. 나중에 독일이 소련을 공격하면서 폴란드를 독차지하게 되지

● 1980년 광주의 비극 이후 광주 시민들이 당시 프로야구 팀이었던 해태타이거즈의 선전에 위로받았듯이, 카탈루냐 지역의 민중들은 축구팀 FC바르셀로나의 선전을 보면서 울분을 달랬다. 특히 레알 마드리드는 프랑코 총통의 지지 기반이자 관저가 있는 마드리드를 대표하는 팀으로, 카탈루냐 지역 시민들에게 레알 마드리드와의 경기는 져서는 안 되는 숙명의 대결이었다.

만 일단 독일과 소련은 폴란드를 나눠 가졌다. 유럽이 다시 전쟁에 휘말리자 군부의 작전 참모들도 바빠지기 시작했다. 참모들의 역할 중 가장 중요한 것은 병력과 탄약 등 전투 수행에 필요한 보급 열차의 운행 스케줄을 짜는 것이었다. 제1차 세계대전 당시에도 철도는 전쟁을 수행하는 데 있어 가장 중요한 인프라였지만 철도망이 더 확장된 제2차 세계대전 때는 그 역할이 훨씬 커질 수밖에 없었다.

독일이 유럽을 장악한 전술은 전격전이었다. 독일군은 제1차 세계대전 때 4년을 싸우고도 뚫지 못했던 방어선을 단 4일 만에 돌파했다. 전격전은 항공기와 포병의 집중 지원, 전차 등 기갑부대 및 기계화 보병사단을 축으로 강력한 화력을 집중시켜 신속히 적의 방어선을 돌파하는 것이다. 또한 공수부대를 이용한 후방 침투 교란작전은 적의 방어력을 분산시켜 전격전의 효용성을 높여 준다. 전격 기동전의 핵심은 전차와 장갑차 같은 기갑부대인데, 기갑부대는 전장에서만 기동하는 게 효율적이다. 기갑 차량이 중장거리를 이동하게 되면 연료를 감당할 수 없으며, 유지·보수에도 많은 시간과 노력을 들여야 하기 때문이다. 따라서 작전은 전선 부근의 철도역까지 수송 열차를 편성해 기갑 차량을 이동시킨 뒤 이루어져야만 했다. 따라서 적국의 철도역과 차량 기지, 철도 노선은 공군의 주요 타격 목표가 되었다.

여기서 잠시 참전 군인의 이야기를 들어 보자. '진흙 속의 호랑이'라고 불린, 제2차 세계대전 당시 독일 기갑 전력의 상징인 티거Tiger 전차의 전차장을 맡아 연합군 전차를 150대 이상 격파해 에이스의 호칭을 얻고 백엽 철십자 훈장을 받은 오토 카리우스Otto Carius의 증언이다.

다행히도 우리는 철도역이 폭파되기 전에 역에 도착할 수 있었다. 우리는 열차에 탑승한 후 가치나Gatchina로 달려갔다. 우리 말고도 많은 물자가 가치나를 향하고 있었다. 우리가 다시 소방관 역할을 맡게 된 것이리라. 그러나 이렇게 급히 서두르게 되는 건 별로 좋은 징조가 아니었다. 우리의 불안은 적중했다. 우리가 도착했을 때 가치나의 큰 철도역은 이미 적의 포격을 당하고 있었다. 따라서 우리는 거기서 내릴 수 없었다. 게다가, 우리 대대의 제1중대가 이미 투입되었다가 소련군에 대타격을 입은 사실도 알게 되었다. 그들은 전차를 열차에서 내리자마자 바로 전투에 투입되었던 것이다.[163]

학살, 나치는 그것을 '과학'이라 불렀다

독일이 무너뜨린 폴란드는 도미노 게임의 시작 블록이었다. 바로 뒤에 있던 덴마크가 넘어지고 이어서 노르웨이가 쓰러졌다. 네덜란드와 벨기에가 뚫리자 프랑스는 장기판의 외통수에 걸린 왕 꼴이 되었다. 독일군에 밀린 영국·프랑스·벨기에 군 40여만 명은 프랑스 북부 됭케르크Dunkirk 해안까지 쫓겨 갔다. 바다를 등지고 포위된 연합군은 엄청난 양의 무기를 버리고 간신히 몸만 빠져나왔다. 대규모의 패잔병들은 몰살 직전, 영국 해군과 긴급히 징발된 민간 선박들의 도움으로 탈출에 성공했다.●

독일은 유럽의 대부분을 차지했다. 그리고 인류사의 치욕적인 악몽이 시작됐다. 1942년 1월 20일, 베를린의 조용한 주택가 '암 그로센 반제'Am Grossen Wannsee 거리 56번가의 저택에서 회의가 열렸다.[164] 이 회의는 나치 국가의 제국보안부RSHA의 부장이자 경찰 및 비밀공작 기관

● 영화 〈어톤먼트〉(Atonement, 2007년)는 전쟁 영화는 아니지만 이 됭케르크 해안 장면이 5분간 롱테이크 장면으로 이어진다. 전의를 잃고 정신이 나간 병사들의 모습이 마치 현장 중계하듯 그려진다.

의 우두머리였던 라인하르트 하이드리히Reinhard Heydrich가 주관했다. 유대인 담당부 부서장 아돌프 아이히만Otto Adolf Eichmann을 포함한 나치 관료 13명과, 회의를 기록한 타이피스트까지 16명이 참가했다. 회의의 주제는 '유럽 유대인 문제의 총괄적 해결'이었다. 아이히만의 증언에 따르면 회의는 화기애애한 분위기에서 활발하게 진행되었다. 하이드리히가 언급한, 1천1백만 명에 이르는 유럽 유대인에 대한 해결책은 거대한 숫자만큼 회의 참석자들의 의지와 각오도 새롭게 했다. 한 사람, 한 사람의 존엄성은 목표 수치에 용해되어 사라져 버렸다. 회의 참석자들이 쏟아 놓은 노골적인 표현들은 '이주', '최종 해결', '특별 처리', '대피', '청소' 등의 용어로 세탁되었다. 이제 '학살'은 나치 독일이 일상적으로 수행하는 '행정 업무'가 되었다. 이 행정 업무의 필요조건은 철도였다.

1942년의 독일제국 철도는 50만 명의 공무원과 90만 명의 노동자를 가진 거대 조직이었다.[165] 군수부는 제국 철도를 이용해 보급품과 군대를 수송했으며, 제국보안청은 유대인의 이송을 담당했다. 제국 철도는 3개의 지역 총국으로 나뉘었는데, 이 가운데 동부 총국은 학살 수용소로 향하는 열차의 편성과 운행을 관할했다. 특히 동부 총국 국철 지부의 운영과 33반이 수용소로 가는 여객열차를 담당했다. 유대인들은 화물열차에 실려 이송되었으나 여객열차 승객의 운임을 적용해 요금이 부과되었다. 제국보안청은 동원 가능한 기관차와 객화차를 군부가 모두 선점하거나 선로 용량이 부족해 강제 이송에 차질을 빚자 일찍부터 예약에 나서 열차를 확보해야만 했다. 아이히만은 열차 시간표 작성이 '과학 그 자체'였다고 회고했다. 출발과 도착 시간이 분 단위로 확정되고, 기관차와 차량을 제공할 역을 지정하고, 이송이 끝난 빈 열차를 어떻게 순환시킬지 조정해야 했다. 제국보안청과 동부 총국은 점령국 철도와의 연계 및 환승, 국제 열차 운송에 따른 환전과 운임 정산 문제도 해결해야 했다. 전쟁 통에 치러야 하는 일로서는 상당히 복잡한 작업이었다.

유대인들은 평소 일궈 왔던 삶의 공간에서 튕겨져 나와 게토로 불리는 집단 거주지로 강제 이주됐다. 어느 시대에나 차별은 분리에서부터 시작된다. 이후 '최종 해결' 정책이 전면화되자 게토의 유대인들은 절멸 수용소로 보내졌다. 철도는 유럽 각지의 게토에서 진공청소기처럼 유대인을 빨아들여 수용소 앞마당에 뱉어 놓았다. 만약 누군가가 우리 앞에 나타나 총을 들이대며 간단한 짐을 챙겨 내일 아침까지 역으로 나오라고 한다면 어떤 기분이 들까? 삶의 터전과 모든 재산을 버리고 죽음을 향해 떠나야 했던 수백 만 명의 심정은 어땠을까?

가스 및 수도 요금을 완납하고 20~50킬로그램 이하의 가방에 꼭 필요한 물품만 챙기라는 명령을 받은 유대인들은 역으로 모여 열차에 올랐다. 승강장과 이송용 화물차 위에는 소총을 든 군인들이 감시하고 있었으며, 가족들은 서로 떨어지지 않고 같은 칸에 타기 위해 손을 잡았다. 널빤지로 마감된 화차 안에는 아무 시설도 없었다. 겨울에 열차를 탄 사람들의 증언에 따르면 열차가 달리기 시작하면 화차 틈 사이로 들어오는 영하의 칼바람이 살을 깎아 냈다고 한다. 화차 안은 언제나 시큼한 악취가 가득 차 있었는데 구석에 마련한 소변 통에서 나는 냄새였다. 승객들은 열차가 역에 정차할 때 화차의 널빤지 틈 사이로 역의 이름을 보고 어디까지 왔는지 가늠할 수 있었다. 가끔 연계 열차로 바꿔 타기 위해 열차에서 내리기도 했다. 이런 과정에서 수백 명이 짧은 시간 안에 군인들의 재촉 속에 이동하느라 가족과 생이별을 하는 경우도 있었다. 헝가리의 솔노크Szolnok 역에서는 친위대 장교의 멈추라는 명령을 어긴 채 눈에서 놓친 아이를 찾아 나선 엄마의 얼굴에 채찍이 가해졌다. 피투성이가 된 엄마는 유대인들에게 이미 공포가 된, '동쪽'으로 가는 열차

1944년 5, 6월, 독일 점령 기간에 유대인들은 가스실 혹은 노동을 위해 보내졌다. 아우슈비츠 앨범으로 잘 알려진 사진들 가운데 하나. 왼쪽은 가스실, 오른쪽은 일하러. 헝가리에서 온 유대인.

에 강제로 태워졌다. 비엔나 역 플랫폼에서 아이를 잃어 반쯤 미쳐 버린 어머니가 오스트리아 스트라스호프 강제수용소에서 아이를 다시 찾는 뜻밖의 행운도 있었지만 흔치 않은 일이었다.[166] 열악한 이송 열차에서 어린 아이들과 노인들은 쉽게 죽어 갔다. 지옥행 열차의 승객들에게 주어진 운명은 어차피 죽음이었지만 가장 연약한 이들부터 죽어 나가는 것을 지켜봐야 했던 사람들의 가슴속은 만신창이가 되었다.

게슈타포 총수였던 하이드리히가 폴란드 점령 지역 독일군 특수부대에 내렸던 지령을 보면 유대인에게 철도는 저승사자와 같은 존재였음을 알 수 있다. "집단 수용 장소로 사용될 도시들은 기차 연결 지점이든가 아니면 최소한 철도가 놓여 있는 곳이어야 한다는 점이 고려되어야 한다."[167] 절멸 수용소의 상징 아우슈비츠Auschwitz에 거대한 유대인 수용소가 세워진 이유는 단순했다. 이곳이 유럽 여러 지역에서 오는 철도와의 연계 및 접근성이 좋았기 때문이다.

학살 초기에는 총으로 유대인을 죽였다. 유대인들이 거대한 구덩이를 판 뒤에 연결 통로 두세 군데를 만든다. 이후 통로 입구에서 유대인들이 가진 모든 것을 압수하는 절차가 진행된다. 남는 것은 가져갈 수 없는 것, 알몸인 신체뿐이었다. 처음 머뭇거리던 사람들이 보안경찰의 가차 없는 폭력에 머리가 깨지는 것을 보고는 서둘러 옷을 벗어 던졌다. 옷을 완전히 벗은 유대인들이 통로를 지나 구덩이로 입장해 가장자리부터 눕게 되면 보안경찰이나 친위대 병사들이 목덜미에 대고 자동 권총을 쐈다. 상당수 보안 경찰들은 사수의 뒤에서 자동 권총 탄창에 총알을 장전해, 다 쏴 버린 권총을 바로 교체할 수 있게 했다. 뒤를 따라 들어온 유대인들은 이 장면을 보고 경악했지만 피를 흘리는 시체 위에 누워야 했다. 오전에 시작된 처형이 저녁 무렵까지 이어졌다. 키예프 외곽 바비야르의 골짜기에 파인 구덩이의 크기는 길이 150미터, 너비30미터, 깊이 15미터였다. 이런 규모의 구덩이에 밑바닥부터 시체가 쌓여 벌거벗은 사체들의 산이 만들어졌다. 어린아이들도 예외는 없었다.[168]

이런 총살 방식은 곧 벽에 부딪혔다. 워낙 많은 유대인이 몰려들어 '처리' 시간이 오래 걸렸다. 총살을 집행하는 보안 요원이나 군인들의 정신적 트라우마도 문제였다. 죽는 자가 아니라 죽이는 자에 대한 배려로 새로운 방식이 고안됐다. 유대인에게는 총알도 아깝다는 논리도 동원됐다. 좀 더 효율적이고 합리적인 '최종 해결'을 위해 제시된 대안은 독가스였다. 초기에는 가스 차가 동원되었다. 함석으로 만들어진 트레일러 안에 유대인들을 '채워' 넣고 자동차의 배기가스 관과 연결된 호스를 트레일러의 구멍 속으로 밀어 넣은 뒤 시동을 걸었다. 관계자들은 짧은 시간 안에 60명을 죽일 수 있게 되었다고 만족해했지만 더 높은 효율성이 필요했다. 바르샤바 북동쪽 1백 킬로미터 지점에 위치한 작은 마을 트레블링카Treblinka에서는 아예 역을 수용소의 입구로 사용했다. 기

아우슈비츠의 정문. '죽음의 문'

차에서 내리면 바로 독가스가 나오는 '소독 샤워실'로 이어졌다. 재판정에서 증인으로 나섰던 생존자 리하르트 글라차르는 다음과 같이 증언했다.

> 트레블링카로 도착한 열차 화물칸들의 연결이 풀렸다. 5백 명의 사람들이 들어 있는 경우도 많았고, 1천 명이 있는 경우도 많았다. '모두 내려. 좀 더 빨리. 손가방은 가져가고 무거운 가방은 그냥 둬. 나중에 운반될 테니까.' 진입 경사로를 지나 많은 무리의 사람들이 탈의장으로 들어갔다. 그곳은 초록색 울타리가 쳐진 장소였는데, 우리는 거기서 소독을 위해 발가벗어야 했다. '남자들은 오른쪽, 여자들은 아이들과 함께 왼쪽으로.' 여자들은 이발소로 끌려가서 삭발을 당했다. 여자들의 머리카락으로 엔진의 개스킷이 만들어졌던 것 같다. …… 모두 차례차례로 호스관처럼 생긴 통로를 지나 수용소 두 번째 구역으로 끌려갔다. 통로는 가시철조망으로 된 좁다란 골목길이었는데, 그것은 사람들이 사나운 동물들을 서커스 원형 경기장 안으로 몰고 갈 때 이용하는 출입문을 연상케 했다.[169]

죽음을 생산하는 공장 : 절멸 수용소

트레블링카 역에서 사용된 '샤워 소독실'의 가스는 약탈한 러시아 탱크에서 떼어낸 엔진들을 이용해 만들었다. 소독실 밖에 설치된 대형 탱크 엔진들이 가동되면 배기가스가 10개의 가스실에 퍼져 나갔다. 40분 만에 1천 명의 생명이 사라졌다. 트레블링카는 아우슈비츠의 처리 능력이 커지자 다른 수용소와 마찬가지로 가동이 중지되었다. 1942년 이후 유대인을 태운 열차는 거의 모두 아우슈비츠로 향했다. 아우슈비츠 가스실이 대규모로 신축되면서 치클론B라는 새로운 가스가 사용되었다.

아우슈비츠의 열차 승강장에 발을 내디딘 사람들의 90퍼센트는 곧바로 가스실로 직행했다. 혹독한 여행에 지친 승객들은 승강장을 내려가 한 줄로 친위대 장교 앞에 서야 했다. 간단한 면접 조사가 이루어졌다. 열쇠공 오른쪽, 관리인 왼쪽, 목수 오른쪽, 농부 왼쪽, 교사 왼쪽, 은행원 왼쪽, 트램 차장 왼쪽, 의사 오른쪽. 아버지와 아들이, 형제자매가 서로 다른 줄로 나뉘었다. 나이가 많거나 어린 경우에는 질문 없이 바로 분류가 이루어졌다. 첫 관문을 통과해 가스실로 직행하지 않은 사람들이라고 해서 나을 것은 없었다. 그중 대부분은 죽음이 잠시 지연될 뿐이었다.

아우슈비츠는 효율적인 분업 체계를 갖추었다. '처리' 대상의 분류, 대상이 갖고 있는 물건 압수, 금니 등을 제거하는 후처리, 소각, 청소 등이 일사 분란하게 진행되었다. 산업화된 공장의 컨베이어 시스템이 자리 잡았으며, 아우슈비츠는 철저한 분업으로 죽음을 생산하는 공장이 되었다. 본디 인류는 죽음을 존엄한 영역으로 유지해 왔다. 그러나 홀로코스트의 유대인들에게는 죽음이 삶의 일상이 되었다. 산더미처럼 쌓인 수천 켤레의 주인 없는 신발, 시체 소각로 입구에 널부러진 팔과 다리, 끊이지 않는 소각로 굴뚝의 연기, 미처 처리하지 못해 대기 중인 시체 더미들 속에서 죽음과 함께 삶을 살았다. 아우슈비츠의 생존자 프리모 레비Primo Levi는 죽음이 사소하고 행정적인 일상사가 되는 곳이 바로 절멸 수용소라고 말했다.

프리모 레비는 진정한 증인은 아우슈비츠에서 죽음의 시간을 통과한 익사한 자들이지 구조된 자들이 아니라고 말한다. 아우슈비츠의 진실을 본 사람들은 익사한 사람들이지만 이미 가라 앉아 있기에 증언할 수 없는 현실의 아이러니는 생존자 프리모 레비를 줄곧 괴롭혔다. 프리모 레비는 익사한 사람들의 이야기가 없다면, 그리고 죽음으로 이르는 길이 단 하나의 드넓은 길이라면, 구원의 길은 이와는 반대로 수없이 많고 험하고 가파르며, 실제로 있을 것 같지 않다고 했다.[170] 아우슈비츠에서든 팽목항 앞 바다에서든, 도저히 받아들일 수 없는 죽음의 길을 떠나야 했던 사람들을 잊지 말아야 한다. 그들이 진짜 증인이기 때문이다.

철도를 파괴한 레지스탕스

노르망디 상륙작전

지하조직을 결성해 유대인을 보호한 네덜란드 시민들

유대인들은 독일 치하의 유럽 전역에서 고통을 받았다. 오스트리아, 헝가리·라트비아·폴란드 등 많은 국가들에서는 독일의 앞잡이가 된 극우 민족주의 성향의 그룹들이 유대인을 공격했다. 유대인 색출과 은신처 기습뿐만 아니라 직접적인 물리적 공격을 감행하기도 했다. 그러나 극단적 민족주의를 배격하거나, 공동체의 협력을 중시하는 사회에서는 유대인을 보호하고 연대하는 싸움이 벌어지기도 했다. 네덜란드 시민들은 지하조직을 결성해 저항에 나섰다.

유대인들에 대한 독일의 공격은 1940년 가을부터 시작됐다. 첫 번째 공격 대상은 네덜란드의 유대계 공무원들과 대학교수들이었다. 이에 라이든Leiden 대학의 학생들이 들고일어났고, 델프트Delft 기술대학 학생들이 파업을 조직해 맞섰다. 1941년 2월 17일에는 암스테르담에서 나치 친위대와 유대인 무장 세력 간의 충돌이 있었다. 3일 뒤 이에 대한 보복으로 6백 명의 친위대 병력이 출동해 4백 명의 유대인 젊은이들을 색출해 체포해 갔다. 이들은 부헨발트Buchenwald 수용소로 이송되었다. 친위대의 보복 조치에 가장 먼저 분노한 것은 공산주의 노동자 그룹이었다. 노동자들은 친위대의 만행을 알리는 전단지를 비밀 지하 인쇄소에서 제작해 거리에 뿌리고 총파업을 조직했다. 부두 노동자들이 결합했고 시내 운송을 책임지는 트램 기사들도 파업에 동참했다. 파업은 전 산업으로 퍼졌다.[171] 공장들이 정지됐고 상점들은 현관 입구에 '닫혔음'이라는 표찰을 내걸었다. 공공 기관들도 문을 닫았다. 80만 명의 암스테르담 인구 중 30만 명이 파업에 참가했고, 이들은 시 중앙 광장에 모여 시위를 벌였다.

독일군은 가혹한 폭력으로 응징했다. 수백 명의 보안경찰들과 중무장한 친위대 병력이 진압에 나섰다. 진압군은 사전 경고도 없이 시위대를 향해 총을 발사했고 무차별 체포가 이루어졌다. 암스테르담 시장은 시 공무원들에게 복귀 명령을 내렸다. 그러나 시장의 당부에도 불구하고 시 공무원들뿐만 아니라 노동자와 지식인, 예술가, 농부 할 것 없이 독일에 저항했다. 암스테르담 경찰들은 유대인 체포에 나서는 것을 거부했고 농부들은 독일군에 대한 농산물 판매를 중단했다.

네덜란드에서 일어난 마지막이자 가장 큰 저항은 1944년 9월 철도 노동자들에 의해 수행됐다. 네덜란드 철도 노동자들은 더 이상 유대인들을 절멸 수용소로 실어 나를 수 없다며 파업에 돌입했다. 또한 연합군의 공세를 피하고 본국을 방어하기 위해 독일로 재배치되는 병력의 이송도 거부했다. 네덜란드 국철NS의 철도 노동자들은 파업 집회를 벌이는 대신 꼭꼭 숨어 버렸다. 다급해진 나치 당국은 독일 철도 노동자들을 네덜란드로 보낼 수밖에 없었다. 하지만 아무리 같은 철도 노동자라도 고유의 숙련성이 요구되는 철도 업무가 정상화될 수는 없었다. 독일은 파업에 대한 보복으로 네덜란드 지역 내 식량 운송을 중단시켰다. 네덜란드 시민들은 역사에 '1944년 대기근'으로 기록될 시간을 견뎌 내야만 했다. 네덜란드 시민들만 고통을 받은 것은 아니었다. 전쟁을 수행하기 위해 독일로부터 네덜란드 주둔군으로 수송되어야 할 석탄과 가스, 식량의 보급이 심각한 타격을 입었다. 독일군은 더 춥고 황량한 1944년의 겨울을 보내야 했다.

이런 가운데 네덜란드의 비밀 조직은 유대인 2만5천 명을 숨겨 주었으며, 이들 가운데 발각되지 않은 1만6천 명이 살아남았다.

레지스탕스의 든든한 기둥, 프랑스 철도 노동자

프랑스를 점령한 독일은 프랑스 철도를 장악했다. 그러나 현장에서는 프랑스 철도 노동자들이 운영할 수밖에 없었다. 이들은 철도를 통해 얻을 수 있거나 전달되는 정보를 모았으며, 이를 연합군 측에 전달했다. 소극적인 방식의 저항도 일상적으로 일어났다. 프랑스 철도 노동자들은 철도 화물 송장 및 문서의 내용을 변경하거나 분실함으로써 적지 않은 화물들이 엉뚱한 곳으로 이동하도록 만들었다.

또한 이들은 할 수 있는 모든 방법을 동원해 열차를 지연시켰다. 기관차의 방향을 전환시키는 장치인 전차대를 사용할 때는 시속 5킬로미터 이하의 저속으로 양쪽의 접속 레일 방향을 정확히 조정해서 움직여야 함에도, 실수를 가장해 기관차를 고속으로 돌진시켜 방향전환 장치를 고장 내거나 기관차를 탈선시켰다. 증기 발생용 물이나 연료인 석탄을 부족하게 적재해 기관차를 출고시켰고, 운행을 시작한 열차는 얼마 못 가 정지해 오도 가도 못하는 상황이 발생했다. 시골 지역에서는 열차가 쉽게 탈선했다. 철도 노동자들이 선로를 비롯한 철도 시설을 은밀하게 조절해 놓거나 파괴시켜 놓았기 때문이다. 이런 저항은 1943년부터 무

독일의 장갑 무장 열차(1942)

장 게릴라 조직인 레지스탕스와 철도 노동자들에 의해 활발하게 이루어졌다.[172]

이런 사태가 빈번히 발생하자 독일군은 장갑 무장 열차를 운용하기 시작했다. 열차 맨 앞과 뒤에 기관총과 대포를 장착한 장갑 객차를 연결하거나 아예 독립적인 무장 열차를 편성해 주요 화물과 병력 수송 열차의 앞에서 움직였다. 관측병은 열차 맨 앞에서 선로의 이상 유무를 확인했다. 선로의 이상이 발견되면 그 주변 마을에는 혹독한 보복 조치가 가해졌다. 레지스탕스나 철도 노동자가 발견되면 열차 안에서 대기 중인 추격대가 즉각 출동했다. 열차의 원활한 운행을 위해 독일에서 철도 노동자들이 파견되는데 그 수가 1만 명이나 되었다.

1944년, 프랑스를 나치 독일로부터 해방시키고 전쟁에서 승기를 잡기 위해 서부 연합군은 독일이 점령한 서유럽 지역을 침공하는 작전을 계획한다. 영국 남서부의 팃필드 선더볼트Titfield Thunderbolt라는 희한한 이름의 노선에는 딘톤Dinton, 티스버리Tisbury, 우드베리Woodbury, 브리드스토우Bridestowe 같은 역이 있었다. 평소 이 노선에는 하루 종일 이용하는 승객이라야 손가락에 꼽을 정도로 한적한 곳이었는데, 1944년

3월 이후에는 영국에서 가장 바쁘고 중요한 노선이 되었다. 노르망디 상륙작전을 앞두고 모여든 미군을 비롯해 수십만 명에 이르는 연합군 병사들의 훈련 캠프와 집합 장소가 있었기 때문이다. 상륙작전을 앞둔 몇 달간은 영국 철도 역사상 가장 바쁜 시기였다. 하루에 6백 개의 예비 병력과 화물, 병원 열차들이 프랑스가 보이는 항구로 집중됐다. 병력 이동이 시작된 이후 상륙작전이 개시된 6월까지 3만 회가 넘는 열차편이 운영됐다.[173]

노르망디상륙작전 디데이를 하루 앞둔 5일 밤 〈비비시〉BBC 방송은 레지스탕스에게 암호로 위장된 비밀 메시지를 전파로 날려 보냈다. 연합군의 공수부대가 6일 새벽 1시에 노르망디 배후의 교두보를 확보하기 위해 낙하산을 펼치기 몇 시간 전이었다. 프랑스의 레지스탕스들은 이미 6월 1일부터 작은 라디오 스피커에 온 신경을 집중시키고 있었다. 〈비비시〉의 프랑스어 방송 아나운서는 "결전의 순간이 다가오고 있습니다", "아이들이 정원에서 노는 것을 점점 지루해 하고 있습니다."라는 등의 알 듯 말 듯 한 말을 전달했다. 운명의 날이 점점 다가오고 있음을 느끼고 있던 프랑스의 레지스탕스 대원들은 5일 밤 방송에서 드디어 행동을 개시하라는 명령을 받았다. 노르망디 주변의 레지스탕스가 라디오에서 들은 암호문은 "주사위는 던져졌다."였다. 즉각 통신 케이블과 전신망을 끊으라는 지령이었다. 뒤이어 "그것은 수에즈를 뜨겁게 달구었다."라는 말이 스피커에서 흘러나왔는데 모든 병참선을 공격하라는 말이었다.[174]

프랑스의 레지스탕스 조직들은 총력 투쟁을 준비하면서 조직을 정비했다. 이 가운데 철도 노동자들의 저항 조직인 레지스탕스 페르Resistance Fer가 있었다. 페르는 독일군의 이동 현황 정보를 파악해 연합군에게 제공하는 훌륭한 정보원이었다. 독일의 제12친위 기갑사단 '히틀러 유겐트'에서 요청한 84대의 열차는 정확히 이 부대의 규모가 어느 정도인지를 알 수 있게 했다. 프랑스 철도 노동자들은 일부러 터널 안에서 열차를 탈선시켰다. 터널 안에서 탈선한 열차를 끌어내고 선로를 복구하는 일은 평지에서보다 몇 배나 힘들고 더 오랜 시간이 필요했기 때문이다. 차량 기지에서는 특정 부품을 빼내 버리거나 고장을 내어 기관차나 열차의 가동률을 떨어뜨렸다. 프랑스 동부 지역과 독일을 연결하는 철도 수송이 중단되었으며, 동부의 부르고뉴Bourgogne 지방으로 이어진 노선들에서 37개의 선로가 끊겼다.[175] 독일군도 가만있지 않았다. 수백 명의 철도 노동자들을 처형했고 3천 명을 수용소로 강제 이송했다.●

독일군은 어쩔 수 없이 도로를 이용해 상당수의 병력과 장비를 이동해야 했으며, 그 자체로 독일군의 전투력은 약화되었다. 기갑부대를 구성하는 전차와 장갑차의 궤도는 하루에 이동할 수 있는 거리가 한정되어 있었다. 오랜 시간 이동으로 기갑 차량 궤도의 장력이 소실될 경우 전장에서의 신속한 기동을 장담할 수 없다. 무한궤도뿐만 아니라 엔진을 비롯한 여러 부품과 장비의 보수에 시간과 인력을 투입해야 하는 상황도 발생한다. 장시간 직접 이동에 따른 병사들의 피로도 문제였다. 더 큰 문제는 연합군 공군이 독일의 연료 저장 기지와 정유 시설 등을 전략 목표로 삼아 폭격을 하는 바람에 독일군이 심각한 연료 부족 상태에 빠져 있었다는 것이다. 두꺼운 철판으로 무장한 수십 톤 무게의 기갑 차량들은 연비가 형편없는, 기름 먹는 하마였다. 독일군은 도로를 이용하면 할수록 전투력이 고갈될 수밖에 없었다.

● 프랑스 사회는 오늘날에도 철도 노동자들에 대한 뜨거운 지지를 마다하지 않는다. 이것은 노동권에 대한 헌법적 가치를 존중하는 사회적 분위기 때문이기도 하지만, 고난의 시절 프랑스를 지키기 위해 헌신했던 철도 노동자들의 역사를 잊지 않고 있기 때문이다.

노르망디 해안을 중심으로 대서양 방어를 고민하던 롬멜Erwin Rommel은 히틀러와 독일 고위 장성들의 방어 전략을 안타까워했다. 아프리카 전선에서의 대승리로 '사막의 여우'라는 별칭을 얻은 독일의 명장 롬멜은 고립되어 있었다. 독일군 참모들은 연합군의 공격에 자신만만해 했다. 히틀러는 롬멜의 집중적인 해안 방어 전략보다는, 독일의 자랑인 기갑부대를 이용해 내륙에서 역습을 해야 한다고 주장하는 참모들을 지지했다. 롬멜은 상륙작전을 방어하기 위해 자신이 제안한, 육군과 공군의 통합 지휘 체계를 히틀러가 거부하자 불같이 화를 냈지만 히틀러를 거역할 수는 없었다. 그는 전선 뒤에 머물러 있던 기갑사단이 결정적인 역습으로 적을 타격해야 하는 순간에 전투 현장에 도착하지 못할 것임을 확신했다. 롬멜은 대서양 방벽이 무너지면 전쟁의 승패가 결정 날 것으로 예측했기 때문에, 방어 진지를 구축하고 장애물을 조성하는 데 힘을 기울였다. 하지만 단위 부대의 지휘관들과 병사들은 그의 지시를 달가워하지 않았다. 진지 구축과 개선에 내몰린 병사들은 연일 이어지는 노동으로 불만이 가득했기 때문이다.

노르망디 상륙작전 계획을 기획했던 사람들이 가장 중요하게 생각했던 것은 속도였다. 연합군은 독일의 지원부대가 도착하기 전에 대서양 방벽을 돌파해야 했다. 강력한 전투력을 가진 독일의 정예 기갑사단들과 친위 보병 사단들이 대서양 방어 부대에 합류하면 연합군의 대다수는 물고기 밥이 될 수도 있었다. 연합군이 총력을 기울인 전투에서 실패한다면 전쟁의 양상은 완전히 달라질 것이었다. 관건은 수송 수단을 봉쇄하는 것이었다. 디데이 다음날인 6월 7일 룬트슈테트Karl Rudolf Gerd von Rundstedt가 이끄는 독일군 서부 전구 사령부는 파리 서쪽 대서양 연안 브르타뉴와 남쪽 루아르Loire에 주둔하고 있던 지원군 부대들을 북쪽으로 전진 배치하라는 명령을 받았다. 독일군의 이동은 연합군이 곧 힘

노르망디 상륙 작전에 성공한 연합군은 군용 차량들의 바퀴를 개조해 철도 선로를 이용해 이동하기도 했다.

겨운 싸움을 면치 못하게 될 것임을 의미했다. 연합군이 믿는 것은 두 가지였다. 공군의 대규모 폭격과 레지스탕스의 철도 파괴와 습격이 독일군 지원부대가 전선으로 집결하는 것을 차단하거나 최대한 지연시키는 것이었다.

철도를 장악하라

레지스탕스가 노르망디 전투에서 기여한 가장 큰 공로 중의 하나는 독일군 전투 사단 다스 라이히Das Reich의 발을 묶은 것이었다. 런던에서 프랑스 레지스탕스 조직인 프랑스국내군FFI: Forces Françaises de l'Intérieur으로 날아온 명령에 따라 대원들은 루아르에 있는 '다스 라이히' 사단의 이동을 지연시켰다. 기관차와 화물차를 고장 냈고 선로를 폭파했다. 연료를 가득 채운 수송 탱크들도 파괴했다.[176] 도르도뉴Dordogne에서도 이동하는 독일군 부대를 48시간 동안 저지했다. 이 작전에 참가한 레지스탕스 대원은 28명이었는데 대부분이 현장에서 전사했다. '다스 라이히' 사단은 예정보다 3일이나 지체해 이동을 시작한 지 17일 만에 전선에 도착했다. 상륙작전에서 3일은 연합군이 교두보를 확보하기 위한 천금 같은 시간이었다. 제2차 세계대전의 운명을 바꾼 1944년 6월 6일 노르망디 상륙작전의 성공 배경 중의 하나는 철도망을 파괴해 프랑스 남부와 동부, 아프리카 북부의 독일군 주력부대의 발을 묶어 놓은 것이었다.

연합군은 상륙작전에 성공하자마자 독일군이 후퇴하면서 파괴한 철도를 재건했다. 한 달 만에 셰르부르Cherbourg에서 카랑탕Carentan까지의 철도 노선이 복구되어 열차가 운행됐다. 무엇보다 휘발유와 기계유를 실은 수송 열차의 운행이 중요했다.[177] 철도 재건은 전선의 이동을 따라 늘 최전선 가까이까지 이루어졌다. 이 때문에 철도 건설 부대는 종종 독일군의 공격으로 적지 않은 피해를 봐야만 했다.

연합군 공군 또한 독일이 장악하고 있는 주요 열차 노선에 대한 폭격을 멈추지 않았다. 선로가 꼭 필요했던 독일은 주요 역과 노선 주변에 철도 복구반을 대기시켰다. 철도 복구반은 공습이 끝나자마자 파괴된 선로를 정상화시키기 위해 투입되었다. 복구 작업에는 많은 인력이 소요되었는데 죄수들과 전쟁 포로, 수용소에 수감되었던 유대인들까지 동원되었다. 상륙작전이 있기 얼마 전인 1944년 4월 22일 밤에는 독일 베스트팔렌의 함Hamm 역과 주변 선로에 연합군 공군의 폭격기들이 1천3백 발이 넘는 폭탄을 투하하기도 했다. 이 공습으로 함 역의 철도 시설이 심각한 피해를 입었는데 공습이 끝나자마자 6천 명의 인부가 투입되어 바로 복구 작업이 시작됐고, 24시간 만에 다시 열차 운행이 가능해졌다. 철도를 두고 숨바꼭질을 하는 꼴이었다. 이렇게 철도 시설에 대한 공격과 복구가 끈질기게 반복될 수밖에 없었던 이유는 철도의 기능 마비는 곧 전투력의 상실을 의미했기 때문이다. 병력·연료·탄약을 대량 수송하지 못하면 그 수많은 전선에서 전투력을 유지할 수 없었기 때문이다. 예컨대, 미군 당국의 분석에 따르면 1944년 봄부터 1945년 3월까지 9천 회의 공습으로 철도차량으로 운송되는 독일의 생산품 4분의 3이 파괴되어 독일 경제에 심각한 타격을 주었다.[178]

디데이 이후 연합군은 독일군의 반격에 주춤하는 등 우여곡절을 겪으면서도 꾸준히 진격을 계속했다. 전선에서 독일군이 밀리고 있다는 소문은 프랑스의 수도 파리에도 퍼져 나갔다. 독일의 파리 점령군 사령관 디트리히 폰 콜티츠Dietrich Hugo Hermann von Choltitz 중장은 시름에 잠겼다. 이미 휘하의 병력 2만5천 명은 조지 S. 패튼George S. Patton Jr. 장군이 이끄는 파리 진격 부대를 막기 위해 전선으로 차출됐다. 콜티츠가 나중에 전범 재판에서 밝힌 바에 따르면 파리에 남은 병력이라고는 나이든 병사들이 주축인 1개 보안 연대와 전차 4대, 별 효용성이 없는 프랑스 장갑차 17대를 가진 1개 대대였다. 콜티츠가 걱정한 것은 코앞까지 진격한 연합군이 아니라 파리 레지스탕스의 봉기였다. 걱정은 곧바로 현실이 되었다. 8월 12일 프랑스 철도SNCF의 노동자들이 파업을 일으켰다. 파업 전에는 파리 지역에서 자유프랑스를 이끌던 공산주의자 롤 탕기Henri Rol-Tanguy 대령이 파리의 독일군 진지들에 연결된 통신선을 모두 끊으라고 대원들에게 명령을 내리면서 곳곳에서 독일군에 대한 저항이 시작되고 있었다.

8월 17일에는 독일군 고위 장성들이 파리 시내를 가로질러 떠나는 모습이 목격되었다. 이들의 차량에는 루이 16세 시대의 예술품을 비롯해 수많은 약탈품이 실려 있었다. 셰익스피어앤컴퍼니 서점의 창립자 실비아 비치Sylvia Beach는 파리 시민들이 탈출하는 독일군을 향해 야유하는 모습을 보면서 파리 해방이 얼마 남지 않았음을 직감했다.[179] 8월 18일 파리 시내 전역에는 봉기를 촉구하는 공산주의자들의 벽보가 붙었다. 8월 22일에는 자유프랑스가 "모두 바리케이드로!"라는 구호를 내걸고 독일군에 대한 공격을 시작했다. 이날 콜티츠에게는 베를린에서 긴급 전문이 전달됐다. 전문의 내용은 "파리를 파괴하라!"였다. 콜티츠는 고민 끝에 파리를 그대로 두기로 결정하고 투항을 준비했다. 만약 콜티츠가 최후까지 히틀러에게 맹종했다면 현대의 파리 관광객들은 에펠탑이나 노트르담 성당을 배경으로 사진을 찍을 수 없었을 것이다.

8월 24일 오후 7시 30분, 레이몽 드론Raymond Dronne 대위가 이끄는 프랑스 군 제2기갑연대 제9중대 병력이 반궤도 장갑차를 앞세워 파리 시내로 진격했다. 제9중대의 대다수는 스페인 공화국군 출신이었다. 제9중대가 탑승한 장갑차들은 '마드리드'Madrid, '과달라하라'Guadalajara, '브루네테'Brunete라는 이름을 갖고 있었는데, 모두 스페인 내전 때의 전투에서 가져온 것이었다. 파리 시민들은 자신들을 해방하기 위해 진격한 용사들이 미·영 연합군이 아니라 프랑스인이라는 사실을 믿을 수가 없었다.[180] 감격에 겨운 시민들은 병사들과 함께 프랑스 국가인 〈라 마르세예즈〉와 혁명의 노래 〈인터내셔널가〉를 목이 터져라 불렀다.

프랑스의 해방을 보면서 한반도의 해방을 생각하게 된다. 프랑스는 연합군의 지원이 있었음에도 국내 무장 저항 조직과 해외 망명정부를 비롯해, 해방 투쟁에 나섰던 주역들이 침략자를 몰아내고 다시 공화국을 세웠다. 독일에 부역했던 친독파들의 몰락과 단죄는 필연이었다. 우리는 어땠는가.

1914년	제1차 세계대전 발발
1917년	조선 철도가 만철에 위탁되어 산하 기관으로 편입됨(1925년 3월까지)
	서울에 만철 관리국 설치
1919년	6월 28일 베르사유 강화조약
1936년	스페인 내전
1939년	제2차 세계대전 발발
1944년	6월 6일 노르망디상륙작전

1914 – 1944

7

해방의 함성과 한국전쟁의 포화 속에서

1945년 9월 11일, 남과 북을 연결하던 철길이 끊겼다. 38도선 북쪽을 점령한 소련군은 남쪽으로 이어지는 철도 노선의 운행을 중지시켰다. 해방된 지 10일 만인 8월 25일부터 서울-신의주 간을 잇는 경의선이 신막에서 멈췄다.

서울-원산 간을 잇는 경원선은 전곡에서 더 이상 운행되지 못했다.

사리원-해주 간은 아예 열차 운행이 중단되었다.

해방, 그리고 철도 파업

해방은 도둑처럼 왔다

1945년 8월 15일, 해방은 도둑처럼 왔다. 광복군과 함께 조선 진격 작전을 준비하던 김구는 한숨을 쉬었다. 조선 청년들에게 천황 폐하의 성전에 기꺼이 나서자고 주장했던 이광수를 비롯한 많은 친일파들도 안타까워했다. 8월 15일 이후 미군이 인천에 들어오는 9월 8일까지의 24일간은 건국을 준비하는 건국준비위원회(이하 건준)와 조선총독부가 이중권력을 행사했다. 건준 위원장 여운형은 총독부로부터, 일본인에 대한 조선인들의 공격을 막아 달라는 부탁을 받았다. 총독부는 조선 민중에게 "경거망동하지 말고 절대 자중"할 것을 경고했다. 아직 군대와 경찰 물리력을 갖고 있던 총독부는 해방 뒤에도 질서를 유지한다는 명목으로 무력을 행사했다. 『뉴욕타임스』 9월 12일자 기사에 따르면 8월 15일 이후 일제 경찰에 의해 조선인 35명이 살해되었지만 단 한 명의 일본인도 조선인들에 의해 살해되지 않았다.

9월 8일 오후 2시, 미24군단 7사단 병력이 인천에 상륙했다.● 이들

● 해방 이후 38선을 기준으로 미군과 소련군은 남과 북을 분할 점령했다. 많은 사람들은 분할 점령이 해방 이후 단순한 행정상의 조치이며 곧 끝날 것으로 믿었다. 며칠 후 다시 보자며

은 서울로 가기 위해 항구에서 인천역까지 행진했다. 수만 명의 조선인들이 해방군을 맞이하겠다고 환영 길에 나섰다. 이때 일본 경찰들이 질서를 잡겠다고 기관총을 난사해 2명이 현장에서 사망하고, 9명이 중상을 입었다. 경상자도 수십 명이 발생했다. 그러나 새로 부임한 재조선 미 육군사령관 하지John Reed Hodge 중장은 질서 유지를 위해 노력해 준 일본 경찰들의 노고를 치하했다. 1945년 9월 9일 조선에 발표된 태평양 방면 미 육군 총사령관 더글러스 맥아더 명의의 포고문 제1호는 조선 사람들에게 꿈에서 깨어 현실을 보라는 다그침과 같았다.

> 북위 38도 이남의 조선과 조선 주민에 대하여 군사적 관리를 하고자 다음과 같은 점령 조건을 발표한다. …… 북위 38도 이남의 조선 영토와 조선 인민에 대한 통치의 전 권한은 나의 권한하에서 실시한다.
>
> 모든 사람은 급속히 나의 모든 명령과 나의 권한하에 발한 명령에 복종하여야 한다. 점령 부대에 대한 모든 반항 행위 혹은 공공 안녕을 문란케 하는 모든 행위에 대하여는 엄중한 처벌이 있을 것이다. ……

미 군정은 스스로를 점령자로 명시했듯이 점령군으로서 역할을 할 것이며 통치 대상도 그에 맞는 태도를 갖춰 줄 것을 바랐다. 반면 남한 민중들은 미 군정이 조선을 해방시키기 위해 온 의로운 군대이며, 조선의 자주적 건국을 물심양면 지원해 주는 고마운 존재라고 생각했다. 이 상반된 입장은 충돌할 수밖에 없었다. 이런 상황에서, 권력이 원하는 것이 무엇인지를 간파한 친일파들이 갑자기 친미·반공의 투사로 변신했

가족들에게 인사하고 남으로 혹은 북으로 발걸음을 옮겼던 이들은 분단이 70년 이상을 넘기리라고는 상상도 하지 못했다.

다. 반공 기조는 일제 강점기로부터 일관되게 이어져 온 것이었으므로 친일파들에게 이런 변신은 아주 쉬운 일이었다. 미 군정의 점령이 이들에게 새로운 기회를 부여한 셈이었다.

"인도 사람은 굶는데 조선 사람은 강냉이 먹어 행복"

혼란 속에서도 해방된 나라의 기틀을 세우려는 노력이 계속되었다. 1945년 10월 10일에는 최초의 전국적 노조 연합 조직인 조선노동조합전국평의회(이하 전평)가 등장했다.[181] 노동조합의 설립은 조선의 노동자들이 봉건적 주종 관계로부터 벗어나게 됨을 의미했다. 사농공상의 계급 서열과 노동에 대한 천시가 숙명처럼 여겨져 온 조선 땅에서 이른바 '주인'과 법적으로 대등한 계약 당사자로 마주선다는 것은 실로 엄청난 변화였다.

한편 1946년 미 군정 치하의 남한은 극심한 인플레로 치솟는 물가를 감당할 수 없었다. 실업자들은 말할 것도 없고 고용된 노동자들조차 삼시 세끼 입에 풀칠하기도 힘겨웠다. 이런 상황에서 고육지책으로 서울 지역의 철도 노동자들은 산지에서 직접 쌀을 구매하기로 했다. 중간 상인을 거쳐 서울에서 판매되는 쌀값을 감당하기에는 임금이 턱없이 적었기 때문이다. 3월 7일, 철도국 경성 공장 노동자 4백 명은 월급을 모아 성환에서 쌀을 사기 위해 대표 직원을 파견했다. 그런데 지역 경찰의 검문을 받아, 구매해 오던 쌀 2천여 말을 모두 빼앗기고 말았다. 더구나 구매단원으로 갔던 기관구 노동자가 달리는 열차에서 떨어지는 사고까지 일어났다. 친일 잔재를 청산하지 못한 경찰 조직이 해방 후에도 여전히 백성들을 괴롭히는 슈퍼 '갑'의 행태를 일삼고 있었던 것이다.

3월 19일, 철도 노동자들은 절박한 식량 사정을 호소하기 위해 철도 노조 서울 지부의 11개 분회와 노동단체 연명으로 미 군정 운수국에 진정서를 제출했다. 22일에는 군정청 운수국장 민휘식 고문관과의 면회도 있었다. 식량문제는 노조만의 문제가 아니어서 경성공장 후생과장과 서무과장도 면회에 참석했다. 그러나 이날의 면회는 파행으로 끝이 났다. 미 군정청은 통치의 편의를 위해 친일파들을 중용했는데, 자신들의 과거를 반공으로 세탁하면서 미 군정 곳곳에서 요직을 차지하고 있던 친일파들은 백성 위에 군림하던 버릇을 고치지 못하고 노동조합이나 집합행동에 대해 극단적인 반감을 보였다. 민휘식도 마찬가지였다. 그는 미 군정청 소속의 관청 기관에 무슨 노조냐며 노조 분회를 때려 부수어야 한다고 호령했다. 공무원이 무슨 노조냐는 것이었다. 노조가 제출한 진정서도 접수할 수 없다며 반환시켰다. 철도노조 조합원들은 운수국장을 제치고 미 군정장관 아처 러취Archer L. Lerch에게 영문 진정서를 보냈다.

이런 가운데 철도국은 29일 열차 식당 노동자 38명을 무단 해고했다. 또한 38도선 이남의 철도 노동자 4만 명 가운데 1만5천 명을 해고할 계획을 밝혔다. 해방 전에는 철도 1킬로미터당 14~16명의 노동자들이 필요했으나 이제는 8명이면 충분하다는 것이 이유였다. 철도 노동자들은 강제 해고 반대 투쟁을 결의했다.

전국의 철도 노동자들이 내건 첫 번째 요구는 '쌀을 달라'였다. 1946년 6월 부산 지역 철도 노동자들은 생활난에 대한 긴급 대책 회의를 갖고 부산시 당국과 교섭을 벌였으나 성과가 없자 서울로 향했다. 이들의 요구는 ① 종업원 가족 1인당 반미飯米 하루 3홉씩, ② 가족수당 1인당 2백 원 등이었다. 서울의 청량리 기관구에서도 1인당 3홉의 쌀을 달라며 군정청 운수국 운전과장에게 진정서를 제출했다.

7월 25일 오전, 철도노조 부위원장 오병모는 경성 철도 공장을 방문해 공장장을 면담했다. 이 자리에서 공장장은 "딱하다. 노동자들에게 점심으로 우동을 한 그릇씩 만들어 주었는데 그들은 먹지 않고 국물까지 자기 집으로 싸 가지고 가서 어린것들이나 늙은이들에게 먹이는데 실로 눈물 나는 일이 아니냐. 그래서 어떻게 노력해 우동이나마 한 그릇씩 더 주려고 한다. 잡곡이라도 입수해 보려고 애쓰겠다."[182]라고 말했다. 당시 노동자들의 상황이 어떠했는지를 알 수 있는 증언이다.

철도 노동자들이 생존할 수 있는 최소한의 식량을 배급하라는 요구에 대해 철도국의 답변은 9월 1일부터 월급제를 일급제로 바꾸겠다는 것이었다. 운수부장 코넬슨A. J. Cornelson은 한술 더 떴다. "인도 사람은 굶고 있는데 조선 사람은 강냉이를 먹으니 행복하다."[183]라고 발언해 민족 감정이라는 기름 위에 불을 붙였다.

9월 14일 철도 노동자들은 일급제 반대, 하루 3홉(약 540밀리리터) 이상의 식량 배급 등의 요구를 담은 진정서를 코넬슨 운수부장에게 제출하고 21일까지 회답을 달라고 청했다. 그러나 미 군정청은 아무런 반응이 없었다. 9월 23일 철도노조는 '남조선철도종업원대우개선투쟁위원회'를 결성해 24일부터 총파업에 들어갈 것을 결의했다. 성질이 급한 부산 지역 철도 노동자들이 23일 전격적으로 파업에 돌입하면서 그 유명한 1946년 9월 전평 파업의 막이 올랐다.

1946년의 '전평 파업', 미 군정은 "예고 없으니 불법"

철도 파업이 벌어지자 미 군정청은 긴급 담화를 발표해 철도노조를 비난했다. "이번 운수부원들의 맹휴[동맹휴업]는 불법이다. 그 까닭은 맹휴 전에 예고가 있어야 할 터인데 그러한 정당한 길을 밟지 않고 돌연 맹휴했다. 또한 철도국에 종사하는 직원은 군정청에서 일하는 사람이다. 소방서원, 경찰관과 같은 군정 직원이다. 그런데도 맹휴한 뒤에 요구 조건을 제출했다. 그 결과 지금 경부선에 입하 중이던 식량이 두절되었다. 미국에서 부산에 가져온 식량과 약품이 전 조선에 배치될 것이 맹휴로 인해 전 조선적으로 불필요한 곤란을 당하고 있다."[184]라며 러취 군정장관은 목소리를 높였다. 부산항에 도착한 식량이 철도 파업 때문에 운송되지 못해 조선 인민이 굶주림을 당하고 있다는 군정청의 발표는 민심을 철도노조로부터 돌려놓기에 충분했다.

이에 철도노조는 미 군정청의 발표를 전면 반박하고 나서며 군정청과 진실 게임에 돌입했다. 철도노조는 파업 예고가 없었다는 군정청의 주장에 대해, 9월 13일부터 세 차례나 운수부장에게 진정서를 제출하고 교섭을 했으며, 파업 전에는 노조 대표가 직접 군정청에 출두해 파업을 통보한 사실을 밝혔다. 이어서 "기차에는 인민에게 줄 쌀을 싣고 다니지 않는다. 화물이 산적한 중에도 소금과 쌀이 없으므로 철도 파업으로 식량 수송에 차질이 빚어지고 있다는 것은 거짓말"[185]이라고 폭로했다. 심지어 전라도에서 사 오는 두세 말의 소량의 쌀도 경찰이 압수하는 마당에 열차로 쌀이 운송된다는 것은 군정청의 거짓말이라고 철도노조는 밝혔다.

4만 명의 철도 노동자들이 일손을 멈추자 파업의 불길은 전 산업으로 확산되었다. 쌀 배급, 임금 인상, 해고 반대, 자유로운 노동운동의 인정, 민주 인사 석방 등의 요구를 내걸고 금속과 화학 업종을 비롯해 25만 명의 노동자들이 총파업에 가세했다. 9월 27일에는 서울의 중학교와 전문학교 학생 1만5천 명도 학원의 자유, 식민지 노예 교육 철폐 등을 요구하며 거리로 나섰다. 미 군정청은 전평 파업을 시급히 진압하기로 했다. 장택상 수도경찰청장은 9월 30일 새벽, 장갑차와 소총으로 무장한 2천여 명의 진압경찰을 동원해 '남조선총파업투쟁위원회'가 있는 용산의 경성 철도 공장을 포위했다.

진압조의 맨 앞은 1천여 명의 대한민주청년동맹, 독립촉성국민회 청년단과 대한노총 등 우익 단체가 맡았다. 새벽 두 시 기관총과 권총을 든 괴한들이 경찰의 지원을 받으며 파업 노동자들을 공격하기 시작했다. 이 과정에서 전평 조합원 두 명이 사살당하고 수십 명이 부상을 입었다. 대한민청의 감찰부장 김두한은 철도 노조원들에게 현장으로 복귀하지 않으면 가솔린으로 모두 불태워 죽이겠다고 협박했다. 용산 철도 공장 진압 소식을 듣고 많은 노동자들이 응원차 달려왔으나 우익 청년단들의 공격에 밀려 한강 백사장 쪽으로 쫓겨났다. 전평의 9월 파업은 미 군정과 우익 단체의 폭력 진압으로 한풀 꺾이는 듯 했으나 10월의 전국적인 민중항쟁으로 이어졌다.

하지는 10월 14일에 특별 성명을 발표했다. "남조선에는 세계에 손색이 없는 제일 좋은 노동법을 제정해 노동자들에게 세계적으로 부여한 모든 권리를 주었음"에도 제3세력에 휘둘려 파업이 일어났다는 것이었다.[186] 이후 대한노총에 대한 미 군정의 적극적인 지원과 전평에 대한 노골적인 탄압이 일상화됐다.

전평 파업을 겪고 난 1년 뒤 1947년 5월 1일 세계노동절 기념식이 두 곳에서 열렸다. 미 군정이 지원하는 대한노총은 동대문에 있는 서울운동장에서, 전평은 남산공원에서 대회를 열었다.● 그러나 불과 1년 전 1946년 5월, 서울 운동장 야구장에서 열렸던 제60주년 노동절 기념식의 모습은 이와 많이 달랐다. 운동장에는 20만 명이나 되는 참가자가 몰려

● 전평이 주최하는 집회에 참가할 것을 사전 모의했다는 이유로 철도·체신 노동자들 다수가 해고되었다. 또한 집회에 8백여 명의 학생들이 참가했는데 대한노총 주최 집회에 참가한 10여 명의 학생은 무사했던 반면, 전평이 주최한 노동자대회에 참가한 학생들은 모두 퇴학 처분을 받았다.

자리를 가득 메웠다. 정오쯤 박헌영·여운형·허헌 등, 노동계를 지지하는 정치 세력의 대표들이 등장했다. 개회사는 전평 위원장 허성택이 맡았다. 이어서 명예 의장이 추대되었는데 이오시프 스탈린Iosif Vissarionovich Stalin, 해리 트루먼Harry S. Truman, 박헌영, 김일성, 여운형, 허헌이 이름을 올렸다. 소련의 최고 통치자 스탈린과 미국 대통령 트루먼이 전평의 명예 의장으로 추대되고 김일성과 여운형 등이 나란히 거명된 것이다. 그만큼 해방 정국은 다양한 희망과 가능성, 그리고 폭발력을 가진 시공간이었다.

한국전쟁의 포화 속에서

남과 북의 철길이 끊겼다

1945년 해방 이후 한반도는 국제정치 공학의 복잡한 함수 속으로 빨려 들어갔다. 한반도 문제는 시간이 갈수록 해결의 기미가 보이기는커녕 새로운 문제들이 덧씌워졌다. 제2차 세계대전 이후 대립하고 있던 자본주의 진영과 공산주의 진영의 이해관계가 한반도에서 충돌했으며, 한국 현대사의 비극이 이로부터 시작되었다.

1945년 9월 11일, 남과 북을 연결하던 철길이 끊겼다. 38도선 북쪽을 점령한 소련군은 남쪽으로 이어지는 철도 노선의 운행을 중지시켰다. 해방된 지 10일 만인 8월 25일부터 서울-신의주 간을 잇는 경의선이 신막에서 멈췄다. 서울-원산 간을 잇는 경원선은 전곡에서 더 이상 운행되지 못했다. 사리원-해주 간은 아예 열차 운행이 중단되었다.[187] 남과 북, 두 지역은 완전히 이질적인 공간으로 전화될 운명만 남았다. 시간은 그 어떤 것보다도 무서운 차단 막이다. 시간이 흐를수록 남과 북을 이어 주는 철로는 녹이 슬었고 눈에 보이지 않는 장벽은 더 거대하게 공간을 갈랐다.

분단의 그림자가 드리우기 시작하던 1945년 해방 직후 38선을 넘는 마지막 열차가 운행된 것은 미소 공동위원회 기간이었다. 1947년 10월 미소 공동위원회가 결렬되기 두 달여 전인 8월 9일, 소련의 열차가 평양-경성 간을 2회 왕복한다. 1945년 해방되자마자 단절되었던 남북 간 열차 통행이 2년여 만에 재개된 것이었다. 이 열차는 미소 공동위원회에 참가하는 소련 측 인사들을 위한 것으로 추정된다. 이 마지막 열차를 끝으로 남북은 전쟁의 소용돌이 속으로 서서히 빨려 들어갔다.

한국전쟁 '제1호 피난민'은 이승만

1950년 6월 25일 아침, 대한민국 대통령 이승만은 경회루에서 낚시를 하고 있었다. 그의 부인 프란체스카는 오전 10시쯤 허겁지겁 달려온 신성모 국방장관이 전쟁 소식을 처음 전했다고 일기에서 밝히고 있다.[188]

오후 두 시에 이승만이 주재하는 국무회의가 열렸다. 긴급 현황 보고에 나선 채병덕 육군참모총장은 북한 인민군을 충분히 격퇴시킬 수 있다고 호언장담했다. 일본 육사를 졸업한, 조선 주둔 일본군 병기장교 출신으로, 야전 경험이라고는 아예 없었던 채병덕은 전황에 대해 아무 것도 모르면서 큰소리만 쳤다.[189] 군 총사령관의 장담과 달리 이승만에게 전달된 경찰의 정보 보고는 상황이 위급함을 알렸다. 오후 늦게 서울 상공에 나타난 북한 공군의 야크기는 이승만을 더욱 불안하게 했다.

밤 9시 이승만은 신성모 국방장관과 함께 미국 대사 무초를 만났다. 이승만은 무초를 보자마자 대통령이 공산군 손에 들어가면 나라가 곤란해진다는 이유를 들어 서울을 빠져나가야겠다는 뜻을 전했다. 그러나 무초 대사는 대통령이 수도 서울에 최대한 머물러야 한다고 주장했다. 한국전쟁사를 기록한 왕수쩡王樹增에 따르면, 그래도 한 나라의 대통령인데, 국가 위기 시에 그토록 죽음을 두려워하는 모습을 보고 무초

는 어이가 없었다고 한다.[190]

전쟁 발발 다음날인 6월 26일 새벽 6시, 주미 대사 무초의 성명이 방송됐다. 대통령보다 빠른 입장 발표였다. 국회에서는 26일 내내 서울을 사수할 것이냐 철수할 것이냐를 둘러싸고 격론이 벌어졌다. 다음날 새벽까지 이어진 토론 끝에 찬반 투표가 이루어졌으며, 결국 서울을 사수하기로 결정되었다. 국회 대표들은 이 결정을 대통령에게 알리고자 경무대를 찾았으나 대통령은 이미 사라진 뒤였다. 한국전쟁이 발발한 후 서울을 탈출한 피난민 제1호의 영예는 이승만의 차지였다. 이승만은, 지금의 태평로 프레스센터 맞은편 서울시의회 자리에 있던 국회에서 국회의원들이 서울 사수 문제로 토론을 벌이던 새벽 3시 경무대를 나섰다.

경무대에서 서울역으로 가려면 태평로의 국회 앞을 통과했을 텐데, 불을 환히 밝힌 국회를 보면서 그는 무슨 생각을 했을까? 국회에 알리지 않고 미 대사에게도 비밀에 부친 채 이승만은 새벽 3시 반이 못 돼 서울역에 도착했다. 대통령 부부와 비서관 황규면, 경호 책임자 김장홍 총경이 일행의 전부였다. 새벽 4시 긴급 준비된 특별열차가 서울역을 떠났다. 급조된 열차라 대통령이 타고 가는 열차임에도 차창은 깨져 있었고 좌석의 스프링이 튀어나왔으며, 먼지가 두껍게 앉은 3등 객차였다. 정신없이 달린 특별열차는 오후 12시 30분 대구역에 도착하자마자 열차를 되돌려 다시 대전으로 북상했다. 너무 멀리 온 것 같다는 지적에 이승만도 뻘쭘했던 것이다.[191]

이승만 일행은 오후 4시 30분이 되어서야 대전역에 도착했다. 하루 종일 남북을 달린 대통령은 충남 지사 관사로 이동해 피로를 푼 뒤 비서관을 불러 방송문을 받아 적게 했다. 곧이어 서울의 방송국에 전화를 걸어 대통령 특별 연설을 녹음했다. 연설문의 핵심은 "가만히 있으라"였다. 유엔에서 남한을 도와주기로 했고 국군도 적을 격퇴하고 있으니 국민들은 안심하고 기다리라는 것이었다. 방송을 들은 서울 시민들의 상당수는 피난을 가기 위해 쌌던 짐을 풀었다. 대통령도 서울에서 방송을 하고 있는 마당에 굳이 떠날 필요가 없다고 여겼기 때문이다.

서울 시민들이 안심하고 가만히 있는 동안 대통령이 서울을 탈출한 사실을 안 고위 공무원들과 권력자들은 앞을 다투어 서울을 빠져나갔다. 대통령도 야반도주할 정도면 전황이 매우 긴박하다고 본 것이다. 국무위원 대다수가 우왕좌왕하는 사이에 일단 수도를 수원으로 천도하는 결정이 내려졌는데, 정부를 이전하는 것이었을 뿐 서울 시민들에 대한 대책은 안건으로 꺼내 놓지도 못했다.

국무위원들과 고위 공직자들은 서둘러 짐을 챙겨 자동차에 실었다. 상당수는 서울역으로 향했다. 27일 오전 7시 이른바 사회 지도층 인사들로 이루어진 피난민을 태우고 열차가 서울역을 출발했다. 12시에 또 한 대의 열차가 역시 고위층 인사들을 태우고 서울역을 떠났다. 이것이 북한 인민군에 의해 서울이 함락되기 전 서울역에서 떠난 마지막 열차였다.

한강 다리가 폭파되다

고위 각료 및 정부 핵심 인사들은 귀중품과 현금, 고가의 가구까지 챙겨서 서울 엑서더스에 나섰다. 군 역시 서울을 포기하고 육군 본부를 한강 남쪽 시흥으로 철수하기로 결정했다. 채병덕 총참모장은 군의 서울 철수를 비밀에 부치도록 명령했다. 이런 사실을 까맣게 모르고, 가만히 있으라는 정부의 말을 믿었던 대다수의 서울 시민들은 6월 27일 오전 6시 라디오 뉴스를 통해 정부의 수원 이전 소식을 들었다. 서울 시민들은

미 공군의 폭격으로 파괴되는 한강철교

국군 제17연대가 북한군의 공격을 물리치고 해주를 점령했으며 38선 전역에서 북진을 감행하고 있다는 방송을 듣고 안심하고 있던 차였다. 그러나 전선에서 돌아오는 부상병들과 피난민들의 모습, 북한 전투기의 공습과 점점 가까워지는 포성 소리에 전장 상황이 심상치 않음을 알게 되었다. 해질녘이 되자 서울역에는 기차를 타려는 피난민들로 발 디딜 틈이 없었다. 열차를 기다리다 지친 피난민들은 다시 집으로 돌아가거나 걸어서 남쪽으로 향했다. 한강 인도교는 후퇴하는 군경과 피난민들로 사람들의 바다를 이루었다.

6월 28일 새벽 2시 25분경 한강 인도교에서 이시영 부통령을 태운 차량과 이 틈을 타고 뒤따르는 10여 대의 차량이 남쪽으로 넘어간 뒤, 한강 철교 교각들에 설치된 폭약의 도화선에 불이 붙었다. 어둠속에서 오렌지색 섬광이 밤하늘을 밝혔다. 용산과 노량진을 철도로 잇는 3개의 철교에서 거대한 폭음과 함께 불꽃이 일었다. 이어서 한강 인도교가 폭파되었다. 다리 위에 있던 40~50여 대의 차량이 날아가 버렸다. 수를 알 수 없는 군인, 경찰, 피난민들이 한강물 속으로 곤두박질쳤다. 사체들이 강물에 떠올랐고 강변은 부상자들의 신음 소리로 뒤덮였다. 군 고위 장교들은 조각배를 구해 타고 철모로 물을 헤치면서 강을 넘기도 했다. 서울 시민들의 피난길은 막혀 버렸고 용산 일대는 큰 혼란에 휩싸였다.

군수국장이던 양국진 대령이 군수국 부하 장교들과 용산역으로 갔을 때는 새벽하늘이 밝아 오고 있었다. 철도 노동자들은 상시적으로 철도의 상황을 분석해 운행 가능 여부를 파악하는 것이 몸에 배어 있다. 철교 폭파 직후에도 공작창과 기관구, 용산역의 철도원들은 교량 상태를 파악하기 위해 나섰을 것이다. 용산역으로 온 양국진 대령은 아직 파괴되지 않은 철교가 남아 있음을 알고 강을 건너는 기관차를 준비시켰다.● 이미 전시 운송 체계로 전환된 철도는 군의 명령을 따랐다. 양 대령 일행은 용산역에서 기관차를 타고 파괴되지 않은 철교를 이용해 강을 건넜다. 어떻게 남쪽으로 건너갈까 강변에서 고민하고 있던 군인들이 기관차가 철교를 넘는 것을 보고는 지프차를 몰고 철교 위로 올라섰다. 여러 대의 차량들이 뒤따랐고 그 뒤로 많은 병사들이 도보로 철교를 넘었다.[192] 결국 28일 먼동이 떠오를 때 용산역을 떠난 기관차는 조선민주주의인민공화국 군대가 서울을 장악하기 전 마지막으로 떠난 대한

● 한강에는 철도용으로 모두 3개의 철교가 있었다. 여의도 방면 하류 쪽에는 1905년 완공된 경부 복선 철교가 있고, 그 옆에 한강 인도교 쪽으로 1900년과 1912년 완공된 두 개의 단선 철교가 경인선 상하행용으로 이용되고 있었다. 이 철교들은 6월 28일 국군 공병대의 작전으로 폭파되었으나 이 가운데 경부 복선 하행과 경인선 상행 철교는 폭파 실패로 끊어지지 않았다.

민국의 열차였다.

6월 28일, 전쟁 발발 3일 만에 서울에는 인공기가 게양됐다. 정부도 군도 모두 떠난 자리에 미처 피난을 가지 못한 시민들만 남았다. 6월 29일에는 북한군의 도강을 지연하기 위해 미군 B-26 경폭격기가 한강 철교를 공중 폭격했으나 절단에 실패했다. 일본의 미 극동 공군 사령부가 6월 29일부로 한강의 모든 교량을 폭파하라는 명령을 내린 뒤였다.● 6월 30일에는 미 공군 제19폭격전대 소속의 B-29 중폭격기 15대가 한강철교와 강변 북쪽에 집결한 인민군의 머리 위로 폭탄을 퍼부었다. 한강 철교는 미 공군이 제공권을 완전히 장악한 뒤에 중요한 전략목표가 되어 수시로 폭격이 이루어졌다. 이런 가운데 B-29 9대가 동원된 8월 19일의 집중 폭격으로 한강철교가 끊어졌다.

개전 초기 북한 지상군의 일방적인 공세로 북한군 지휘부가 희희낙락하고 있었으리라 생각하기 쉽지만 평양은 공포와 조바심을 느끼고 있었다. 전쟁 발발 4일째인 6월 29일 평양 하늘에 나타난 극동 공군 산하 제3폭격전대의 B-29 편대 때문이었다. 미 공군의 공중폭격은 한국전쟁에서 '절대 반지'와도 같은 위력을 발휘했다. 그러나 눈이 감긴 거인인지라 인민군뿐만 아니라 유엔군과 국군, 피난민과 도시의 민간인들도 비행기가 나타나면 두려움에 떨어야 했다.

한편, 서울을 점령한 인민군은 서울의 철도 시설을 접수한 후 관리에 들어갔다. 철도 경성공장과 기관구 등이 몰려 있는 용산은 매우 중요한 전략적 요충지였다. 남진을 계속하려면 한강철교를 건너야 했기 때문

● 6월 28일 극동 공군 사령부는 미 공군의 폭격 목표 우선순위를 지정했다. 1순위가 북한군의 탱크였고, 2순위는 병력, 3순위가 열차가 다니는 철교를 포함한 모든 교량이었다. 폭격, 미공군의 공중폭격 기록으로 읽는 한국전쟁, 김태우, 창비, 239쪽.

에 용산역과 한강변 일대에는 인민군의 주력부대가 도하를 하기 위해 집결했다. 인민군의 입장에서는 다행히 폭파되지 않은 한강 철교가 남아 있었고 이를 통해 노량진과 영등포로 진출할 수 있는 길이 열렸다. 따라서 한강을 둘러싼 남북 군대의 공방은 치열했다. 전쟁 초기 기선 제압에 성공한 북한군은 기세를 그대로 이어나가기를 바랐고, 후퇴를 거듭하던 남한군은 적을 지연시키며 전열을 가다듬어 반격의 기회로 삼고자 했다. 큰 강은 그 자체로 천혜의 방어선이어서 국군은 한강변 남쪽 곳곳에 방어진지를 만들었다.

인민군은 국군에게 공포의 대상이었던 전차를 도하시키는 것이 무엇보다 중요하다는 사실을 알고 있었다. 7월 1일부터, 끊기지 않은 한강 철교에 대한 보강 공사가 시작됐다. 인민군 공병대는 철교 위에 두꺼운 목판을 깔아 탱크가 이동하기 쉽도록 했다. 7월 3일 새벽 4시, 보강 작업이 완료된 철교 위로 인민군 전차 4대가 한강을 넘었다. 국군의 한강 저지선이 무너진 것이다. 아침에는 선로 복구가 완료된 또 하나의 철교가 이용됐다. 탱크 13대를 평판 화차에 올린 화물열차가 철교를 넘었다. 이 화물열차에는 보병이 올라탄 전차가 실렸는데, 노량진 쪽을 향해 있었다. 기관차가 맨 뒤에 연결되어 용산 쪽에서 추진 운전을 한 것이다. 국군 수도사단 8연대 3대대장 박태운 소령은 이 광경을 망원경으로 확인하고 곧 영등포 방어선도 무너지게 될 것임을 직감했다.[193]

열차 지붕을 덮은 피난민

인민군의 서울 공세가 시작되자 영등포와 안양, 수원을 잇는 경부선 역들에는 피난민들이 몰려들어 커다란 혼잡을 빚었다. 혼란은 국군의 후퇴가 계속될수록 남쪽으로 이어진 역들로 전이됐다. 철도역에서 열차가 출발할 것 같으면 기를 쓰고 피난민들이 몰려들었다. 그러나 열차가 수용할 수 있는 피난민의 수는 제한되어 있었다. 피난민들은 열차 지붕을 가득 메웠다. 지붕에 자리를 잡지 못한 사람들은 객차나 화차의 연결 부위 위에 널빤지와 이불 등을 덮어 채우고 그 위에 올라앉았다. 열차가 달리기 시작하면 외부에 노출된 피난민들은 이중 삼중의 고통을 감수해야 했다. 잠깐 방심해, 달리는 열차에서 중심을 잃을 경우 바로 추락사하게 된다. 열차의 앞쪽에서 굴을 발견한 피난민들은 목청껏 굴이 다가온다는 것을 뒤쪽에 알려야 했다. 열차 지붕에서 몸을 숙이지 못하면 끔찍한 결과로 이어지기 때문이었다.

그러나 이런 고통스런 피난 열차도 선택받은 자의 몫이었다. 대다수의 피난민들은 철길을 따라 걸어서 남쪽으로 이동해야 했다. 더위와 추위, 굶주림 등으로 많은 사람들이 죽어 갔다. 게다가 피난민으로 가장한 간첩들을 잡겠다며 주기적으로 검문이 이루어졌다. 이 과정에서 무고한 희생자들이 발생했다. 미군과 한국군, 정부 당국은 피난민들이 작전에 방해되고, 적의 첩자가 진입할 수 있다며 피난민의 도별 분산 수용과 피난 행렬의 통제에 나섰다. 사회부, 국방부, 내무부 합동으로 피난민에 대한 증명서가 교부되었는데 '사상의 온건성'이 확인된 자에 한해서 발급되었다. 이 피난민 증명서는 생과 사의 갈림길에서 운명을 결정하는 표식이 되었다. 피난민 수용소에서는 피난민증을 가지고 있다 하더라도 수시로 이루어지는 감시와 심사를 통과해야 했다.

건강한 사람이라도, 먹을 것은커녕 식수도 없는 상황에서 오랜 도보 이동과 길바닥에서 노숙하는 생활이 반복되자 쉽게 병이 들었다. 굶어 죽는 사람들도 갈수록 늘어났다. 이런 상황에서도 갑과 을은 천지 차이였다. 고위층들은 귀중품과 애완동물을 챙겨 자동차나 열차에 싣고 편안하게 피난 대열을 지나쳐 피난민들의 원성을 샀다. 이진수 의원이

1951년 1월 17일 임시 수도 부산에서 열린 국회에서 행한 발언은 이런 상황을 고스란히 보여 준다. "나는 오산 지방을 순회하고 와서 피난민이 기아에 떨고 있음을 보고 정부 시책에 안심할 수 없었다. 피난민 구제 사업을 시급히 요하고 있다. 피아노와 개까지 싣고 피난하는 권력층의 가족이 있었으니 이런 분자들은 단호히 숙청하여야 할 것이다."[194]

미군의 공습과 북한군의 '철도 복구대'

인민군의 저돌적인 남진과 달리 하늘에서는 정반대의 상황이 벌어지고 있었다. 전쟁이 시작되자마자 북한의 도시들은 미 극동 공군의 지배 아래 들어갔다. 북한의 수도 평양을 비롯해 남포·해주·함흥 등 주요 군사·산업 도시들은 미 공군의 공습을 전쟁 내내 감수해야 했다. 이런 도시 가운데에서도 원산은 가장 끔찍한 공격을 받았다. 원산에는 북한 동부 최대의 철도 기지인 원산 조차장이 있었으며, 한국 3대 간선 철도 노선의 중심점이었다. 원산 기관차 공장은 한반도에서 두 번째로 큰 기관차 수리·제작 공장으로 1천 명의 노동자들이 근무했다. 또한 한반도 최대의 정유 공장이 있었고, 항구에 인접한 조선소에서도 많은 노동자들이 배를 만들었다. 따라서 원산은 미 공군의 가장 중요한 전략 폭격 목표가 될 수밖에 없었다. 7월 6일과 7일 각각 9대와 11대의 B-29 중폭격기 편대가 원산의 정유 공장과 항만 시설을 공습했다. 김일성은 바로 다음날 "미 제국주의자들의 무차별 폭격"을 비난하는 긴급 성명을 발표했다. 평양의 북한 수뇌부들은 손을 쓸 수 없는 공간에서 다가오는 엄청난 무력 앞에서 깊은 좌절감에 빠졌을 것이다.

김일성은 군사위원회 회의에서 미 공군의 철도 및 도로 차단 작전에 대응해 '전시 철도 복구 연대'를 조직할 것을 명령했다.[195] 전쟁의 승패

철도는 미군과 유엔군의 표적이었다. 원산의 남쪽 철도를 폭격하고 있다.

는 미 공군의 공습으로 인해 파괴된 철도를 복구하는 데 달려 있다는 것을 김일성과 북한군 수뇌부는 알고 있었던 것이다. 이런 가운데 일본에 주둔하고 있던 미 극동 공군의 전력을 강화하기 위해 미 본토의 제22폭격전대와 제92폭격전대가 7월 13일 오키나와에 도착했다. 이들 부대의 B-29 폭격기들이 배치된 당일 출동한 곳은 원산이었다. 무려 56대의 폭격기가 동해를 건너 원산의 철도역과 철도 차량 기지, 항만 시설들에 무차별 폭격을 가했다. 미 공군이 찍은 폭격 전후 원산 시가 사진을 보면 복잡한 시가지가 마치 쓰나미에 쓸려 간 것처럼 보인다. 한국전쟁 기간 동안 원산은 반복되는 폭격으로 인해 도시의 모습이 사라지고 폐허로 변했다. 포탄이 만들어 낸 구덩이들로 달 표면처럼 변한 원산에서는 생명체의 온기를 찾을 수 없었다. 원산폭격이 얼마나 심했으면 원산과 관계도 없는 남한의 군부대와 경찰서, 중고등학교에서 군기 잡기 가혹 행위인 '대가리 박기'의 다른 이름에 수십 년간 차용되기까지 했을까.

미 공군의 공습은 북한에 새로운 생활과 문화를 만들어 냈다. 주로 주간에 이루어지는 공습을 피해 낮과 밤의 생활 패턴이 완전히 바뀐 것이다. 미 국립문서보관소에는 평양 중앙우체국 소인이 찍혀 있는 당시 편지들이 있는데, 이 전달되지 못한 편지 속에도 이런 정황이 담겨 있다.

> 오는 중에 택시가 다리에서 굴러서 죽을 것을 죽음은 면하고 다시 떠나오다 적기의 습격으로 말미암아 큰일 났댔어. 우리 앞에서 가던 차 한 대는 폭격 당해서 사람 4명과 차가 박살하고 불이 붙었어. 그것을 본 우리들은 정신없이 뛰었으나 다행히 우리 자동차는 보지 못했는지 일 없어서 그다음 우리는 밤에만 오기 시작하고 낮에는 쉬었어. 평양에 도착되니 건물들이 형편없었어…….[196]

1950년 9월 25일 평양에 도착한 언니가 한 달 후 다시 만나자며 서울 혜화동의 동생에게 쓴 편지다. 편지에는 폭격으로 무너진 평양과 공습을 피해 밤에만 이동한 사실이 고스란히 적혀 있다. 전선의 북한군과 주민들은 낮에는 공습을 피해 숨어 있다가 밤이 되면 움직이는 올빼미 생활을 이어 가야 했다. 북쪽 지역 주민들이 마음 놓고 낮잠을 잘 수 있는 날은 비 오는 날이었다. 일기가 안 좋아 비행기가 이륙할 수 없는 날은 하늘이 목숨을 하루 연장해 주는 날이었다. 장마철은 연휴와도 같았다. 북한군과 주민들이 흐리고 비 오는 날을 고대했다면 미 공군 덕분에 제공권에 절대적 우위를 가졌던 남한은 반대였다.

> 오늘도 비행기는 출격하지 못했다. 찌푸린 하늘만 보면 가슴이 답답하다. 날

씨가 계속 이렇다면 큰 낭패다.[197]

이승만 대통령의 부인 프란체스카의 일기 가운데 한 대목이다. 맑은 날이면 하늘이 남한을 도우는 것이고 흐리면 북한을 도우는 셈이었다.

1951년 이후 북한군과 중국군은 사리원 남쪽 전투 지역에 60여 사단을 보유하고 있었다. 이들 각 사단은 하루 약 40톤의 보급품이 필요했고, 공산군 부대 전체에 하루 2천4백 톤이 보급되어야만 전쟁 수행이 가능했다.[198] 그러나 주력으로 쓰인 군용 수송 트럭 한 대의 적재량은 2.5톤 정도에 불과했다. 반면 화차 1량의 적재 능력은 20톤에 달했고, 10량 정도의 화차를 연결해 화물열차 1편성을 운용하면 2백 톤을 수송할 수 있게 된다. 하루 필요 보급품 2천4백 톤은 화차 120량, 즉 화물열차 12편을 조성해서 해결할 수 있는 양이었다. 미군이 북한의 철도망을 파괴하는 데 전력을 다할 수밖에 없었던 이유는 분명했다.

주 보급망인 철도를 둘러싼 미 공군과 북한의 대결은 38선 부근의 고지전만큼이나 격렬했다. 1951년 8월부터 1952년 6월까지 이른바 질식 작전으로 부르는 스트랭글 작전Operation Strangle과, 1952년 3월부터 5월까지 집중 폭격 작전으로 불린 새처레이트 작전Operation Saturate은 북한의 철도를 차단하기 위해 미 공군이 사활을 걸고 진행한 작전이었다.[199] 이미 제2차 세계대전 당시 연합군과 독일은 숨바꼭질하듯 철도에 대한 공습과 복구를 반복하면서 싸웠다. 이 같은 일이 한국전쟁 시기에도 벌어졌다.

세계 최강 미 공군의 철도 공습에 맞선 북한의 대응책은 인력을 투입하는 것이었다. 북한 철도 복구대와 동원된 주민들이 그 주인공이다. 김일성이 '조국 해방 전쟁의 승리를 위한 각 정당의 과업'을 밝히는 내용 가운데 "적기의 폭격으로 철도와 도로가 파괴될 경우 인민들을 동원,

제때에 복구해 군수품과 후방 물자 수송에 만전을 기해야 한다."라는 교시는 북한 철도 복구 사업의 방침이었다. 북한의 철도 복구 대원들은 철도 노선을 따라 일정한 장소에서 대기하고 있다가 폭격으로 선로와 노반이 붕괴되면 공습 직후 야음을 틈타 복구에 돌입했다.

미 공군 정보 보고서는 북한의 철도 복구 양상을 정확히 파악했다.

> 적은 그들의 복구 작업에 방대한 인적 자원을 계속 투입했다. 꽤나 정확한 정보에 의하면, 적은 주요 복구 사업을 해질녘에 시작하며, 통상 6~8시간 내에 파괴된 철도 수리를 마친다.[200]

항미 원조에 나선 중국군은 1950년 11월 철도 노동자들로 구성된 철도 원조 지원대를 만들어 북한의 철도 복구 사업에 힘을 보탰다. 철도 복구 사업에는 포로로 잡힌 국군도 동원되었다.

미군의 폭격은 북한의 주요 도시와 산업 시설들을 폐허로 만들어 놓았다. 그러나 철도를 둘러싼 첨단 기술의 미군과 인력을 동원한 북한의 싸움에서 승자는 북한이었다. 미군의 집중 폭격 작전은 그 엄청난 물량 동원에도 불구하고 철도를 무력화시키지 못했다. 철도를 유지한 북한은 장기전으로 변한 한국전쟁 기간 내내 한반도 허리에서 공방전을 지속할 수 있었다.

전쟁의 피해자는 언제나 민간인이었다

낙동강까지 밀렸던 미군과 국군은 9월 15일 인천 상륙 작전으로 전쟁의 양상을 바꿔 버렸다. 9월 28일에는 서울 광화문의 옛 조선총독부 건물 중앙청에 태극기가 게양되었다. 그리고 9월 29일 김포 비행장에

맥아더와 이승만이 도착했다. 국회의사당에서 중앙청까지 시가행진에 참여한 이승만은 서울 시민들의 열렬한 환호를 받았다.

인민군 치하에 있었던 서울 시민들은, 가만히 있으라는 대통령과 군의 발표만 믿고 있다가 피난을 떠나지 못한 사람들이었다. 한강 다리가 끊어져 남쪽으로 갈 수 없다는 소문이 퍼지면서, 늦게라도 피난을 떠나려 했던 사람들마저 주저앉았다. 극히 일부이지만 시민들에게 약속한 서울 사수 국회 결의를 지키겠다며 남은 반공 인사들도 있었다. 그런데 뒤늦게 나타난 정부가 자신들이 버리고 간 시민들에게 사상의 순결을 증명하라고 다그치기 시작했다. 군과 경찰, 반공 청년 단체들이 총부리를 겨누며 적성 분자들을 색출해 냈고 곳곳에서 피바람이 불었다.

전쟁의 한가운데로 내몰린 남북한의 평범한 사람들은 고통을 감내해야 했다. 그 고통은 반세기를 넘어 지금까지 이어져 오고 있다. 백번 양보해서 한국전쟁이 현대사의 우여곡절 끝에 불가피했다 치더라도 1951년 이후의 전쟁은 무의미했다. 휴전회담을 진행하면서 38선 언저리에서 부단히 일진일퇴의 살육전을 벌일 이유가 없었다. 한 치의 땅이라도 '북한 공산도당'에게 빼앗길 수 없었다거나 '미제의 괴뢰들'에게 넘겨줄 수 없었다는 수사는, 그 과정 속에 죽어 간 수많은 생명들을 생각하면 허망하기 그지없다.

남과 북의 아이들이 탄 열차를 운전하고 싶다

경부선 영동역에서 부산행 열차가 출발하면 계속 산등성이를 타고 오르막길을 달리게 된다. 산을 끼고 도는 선로라 최고 속도는 시속 1백 킬로미터로 제한 받는 곳이 많다. 엔진 출력을 최고로 해 약 7~8분여를 달리면 터널이 나오는데 이 터널을 지나면 고개 정상이다. 기관사들은 이곳에서 엔진 출력을 낮추고 타력으로 내리막길을 달린다. 2~3분 정도 달리다 보면 선로 밑으로 철도에 의해 나뉜 마을을 이어 주는 쌍굴이 있다. 이 굴을 지날 때쯤 왼쪽으로 고개를 돌리면 '노근리 포도 집하장'이라고 쓴, 파란색 지붕의 창고가 보인다. 차창 밖으로는 평화로운 농촌의 풍경도 보인다. 하지만 열차가 통과하는 철길 아래 쌍둥이 터널은 1950년 7월 26일부터 29일까지 수많은 피난민이 미군의 무차별 사격으로 생명을 잃은 상처를 안고 있는 곳, 노근리다. 1999년 공개된 미국 기밀문서들과 학살에 가담한 병사들의 참회 증언이, 사건에 끈질기게 달라붙은 기자들에 의해 AP통신에 보도되면서 오랫동안 봉인되었던 진실이 드러났다.

나는 종종 이 노근리 굴다리 위로 열차를 몰고 지나간다. 초록이 무성한 여름에 잠깐 운전실의 창문을 열고 바람을 맞으며 산등성이 사이를 뚫고 지나는 맛은 일품이다. 그때마다 이렇게 아름다운 곳에서 엄마의 손을 쥐고 공포에 떨다가 죽어 간 아이들을 생각한다. 비단 노근리뿐만 아니라 한반도 전역에서 이유도 모르고 죽어 갔던 생명들을 생각한다.

그리고 앳된 얼굴로 헤어졌을 이산가족들이 노구의 몸을 이끌고 서로의 주름을 어루만지며 부둥켜안는 모습을 보면 먹먹한 가슴을 가라앉힐 수 없다. 분단과 전쟁이 이 땅의 평범한 민초들 가슴에 얼마나 큰 상처를 주었는지. 남과 북에서 전쟁 불사를 외치는 사람들이 힘을 잃고 평화와 소통을 바라는 보통 사람들의 염원이 실현되었으면 좋겠다는 생각을 한다. 그날이 오면 서울과 평양을 오가는 열차 안에서 이산가족들이 삶은 달걀을 까먹으며 서로의 눈물을 닦아 주리라. 기관사는 남과 북의 아이들이 탄 열차 맨 앞 기관차에서 신나게 기적을 울릴 것이다.

1945년	8월 15일 해방
	9월 23일 철도 총파업
	11월 남북 연결 철도가 끊김
1946년	9월 조선노동조합전국평의회(전평) 파업
1947년	10월 미소공동위원회 결렬
1950년	6월 25일 한국전쟁 발발
	6월 28일 한강 인도교 및 철교 폭파
	7월 11일 유엔기 오폭으로 이리역 구내 대참사 발생
	9월 15일 유엔군 인천 상륙
1953년	7월 27일 한국전쟁 휴전 협정

1945 – 1953

자전거를 품은 열차

열차를 타고 근대를 달려왔던 이 글이 이제 종착역을 앞두고 있다. 원래는 한국전쟁 이후 현재까지 달려온 철도의 역사도 담으려 했지만 일단 여기서 멈추기로 했다. 열차 정비도 해야 하고 기관사도 휴식이 필요하기 때문이다. 숨 가쁘게 달려온 지난 길을 되돌아보니 제법 먼 거리였다. 이 정도에서 일단 멈추고 나중에 다른 노선을 운행할 때 독자들을 승객으로 모셔도 충분히 양해해 주시리라 믿는다. 이 글을 마치기 전에 꼭 하고 싶은 말이 있다. 너무도 매력적이고 사랑스러운 철도에 필적할 만한 또 다른 친구를 소개하고 싶다.

인류가 만든 가장 위대한 탈 것은 무엇일까? 이 책이 철도를 주제로 하기에 아마도 정답이 철도라고 생각할 수 있겠지만 안타깝게도 철도는 2위다. 그렇다면 영예의 1위는 무엇일까? 두구두구두구두구……. 바로 자전거다. 그렇다면 이 순위는 누가 정한 것일까? 유엔 국제환경자문기구나 국내외 자전거 생산업체연합, 대한사이클연맹 같은 단체와는 아무 상관없다. 내 맘대로 정했다. 혹시 다른 의견이 제시되더라도 30년간 세계 주류 무료 음주권 같은 것이 제시되지 않는 한 순위를 바꿀 생각은 없다.

철도가 제 기능을 하기 위해서는 동반자가 필요했으니 그것은 다름 아닌 자전거다. 철도가 자전거를 품을 때 그 시너지 효과는 더욱 커졌다. 런던을 중심으로 철도편이 늘어나자 런던과 대도시 곳곳에 자리 잡은 신문과 잡지, 출판사들이 덩달아 호황을 맞았다. 철도를 이용해 빠르게 전달되는 소식은 사람들로 하여금 세상에 더욱 관심을 갖게 만들었다. 철도역에 도착한 신문들은 각 지역의 보급소로 이송되어 신문 배달원들의 손에 전달되었다. 이들에게 자전거는 맡은 구역을 손쉽게 책임질 수 있는 최고의 장비였다.

코레일에서는 자전거 인구가 늘어나자 열차를 이용한 자전거 여행 상품을 내놓았다. 강원도 정선이나 충북 영동 등 경치 좋고 공기 맑은 시골길 자전거 여행을 열차를 이용해 즐기는 관광 상품이다. 이를 위해 자전거 거치대가 장착된 전용 차량이 연결된다. 이렇게 자전거를 품은 열차는 1935년 미국에서 시작됐다. 미 동부의 보스턴-메인 철도 회사 Boston and Main Railroad는 보스턴의 자전거 여행자들을 위해 뉴햄프셔 New Hampshire 주의 화이트 산맥까지 자전거 전용 열차를 운행했다. 이 철도가 호응을 얻자 1936년에는 뉴욕-뉴헤이븐New Haven-하트퍼드 Hartford 철도가 '자전거 타고 자연으로'Bike to Nature라는 프로그램을 운영해 자전거 여행자들에게 각광을 받았다. 자전거 열차는 오전 8시 맨해튼을 출발해 늦은 저녁 돌아왔다. 왕복 운임은 2달러였고 자전거 1대를 대여할 경우 1달러 50센트가 추가되었다. 첫 열차가 운행되던 날 2백 명이 넘는 자전거광들이 7개의 열차 칸을 가득 채웠다고 한다.[201]

철도의 장점은 입이 아프도록 나열해도 모자라다. 그러나 치명적인 약점이 있다. 철도를 타기 위해서는 비교적 먼 거리를 이동해야 한다. 현관문을 나서자마자 바로 올라탈 수 있는 자동차의 편리함을 따라잡을 수 없다. 이른바 '도어 투 도어'Door to Door 서비스가 안 되기 때문에 아무리 좋은 철도라도 이용자는 일단 역으로 가야 한다. 이때 역으로 가는 운송 수단을 자동차로 할 것인지 자전거로 할 것인지는 전적으로 그 사회의 성격과 역사성에 달려 있다. 정치인들이 검은 돈이나 이권에 열광하지 않는 사회에서는 지속가능한 공동체를 위한 정책, 시민 친화적이며 사회적으로도 유용한 도로 건설과 교통정책이 지속적으로 실현될 수 있을 것이다. 실제로 많은 선진국들의 교통정책은 일관성을 가지고 있다.

철도의 특성은 대중적이라는 점에 있다. 객실 한 칸을 수십 명이 공유한다. 따라서 뛰어난 수송능력을 보장할 뿐 아니라 공적 성격을 갖는다. 세상에 존재하는 모든 교통수단 가운데 자가용이 없는 유일한 탈것이 바로 철도이다. 반면 자전거는 지극히 개인적인 교통수단이다. 자전거의 장점도 목록을 만들자면 끝이 없을 정도이다. 자동차가 갈 수 없는 좁은 길도 다닐 수 있으며, 무엇보다 지구온난화의 주범인 화석연료를 연소시키지 않는다. 주차 공간도 많이 차지하지 않기 때문에 복잡한 도심의 주력 교통수단으로 삼기에 더 없이 좋다. 속도 측면에서도 뒤떨어지지 않는다. 사람들은 상식적으로 자동차가 매우 빠른 교통수단이라고 생각하지만 현실은 그렇지 않다. 322억 건의 시내 통행 차량 자료를 분석해 2015년 5월에 서울시가 발표한 '2014년 차량 통행 속도'는 시속 25.7킬로미터로 중세 시대 마차의 속도와 별 차이가 없었다. 도심은 더욱 느려서 시속 17.4킬로미터를 기록했다. 2013년과 비교해 보면 도심은 시속 1.3킬로미터, 그 밖의 도로는 시속 0.6킬로미터 느려졌다. 갈수록 속도가 떨어지는 추세이다. 이런 현실을 볼 때 굳이 자동차를 무한정 우대하는 현재의 교통정책이 타당한지 의문을 갖게 된다. 철도와 자전거의 결합은 온전히 대중적인 것과 완벽히 개인적인 것의 조화를 통해 시민들의 이동권을 제대로 보장하게 한다. 두 탈것은 완벽히 환경과 인간 친화적인 교통수단이다.

나는 네덜란드의 수도 암스테르담을 좋아한다. 그중에서도 암스테르담 중앙역을 좋아하는데 한눈에 반할 정도로 크고 멋진 역이다. 네오 르네상스 양식을 따랐다는 이 역은 멀리서 보면 중세의 성당이나 성처럼 보인다. 외관을 장식하는 붉은 벽돌이 햇빛에 반짝일 때면 그 웅장한 아름다움은 더욱 빛난다. 암스테르담 중앙역은 일본 도쿄 역의 모티브가 되었다고 한다. 도쿄 역을 그대로 본 딴 것이 경성역이었으므로 암스테르담 중앙역은 서울역과도 인연이 닿아 있다. 암스테르담 중앙역에서는 베를린, 프랑크푸르트, 파리, 브뤼셀, 취리히, 바르샤바, 프라하 등 동서 유럽의 여러 곳으로 향하는 열차를 탈 수 있다. 남과 북의 철도가 연결되어 대륙으로의 문이 열리게 되면 서울역에서 암스테르담까지 열차를 타고 갈 수도 있다.

내가 암스테르담 역을 좋아하는 또 다른 이유는 이곳에 세계 최대의 주차장이 있기 때문이다. 그런데 이 주차장의 주인공은 자동차가 아니라 자전거이다. 중앙역 바로 옆 운하 위에 4층으로 지어진 주차장에는 수천 대의 자전거가 빼곡히 들어차 있다. 그야말로 가장 멋진 탈것 두 가지, 열차와 자전거가 앙상블을 이루고 있는 곳이다. 네덜란드는 풍차의 나라라고들 하지만 제대로 된 풍차를 보려면 관광지로 조성된 곳까지 찾아가야 한다. 풍차의 나라라기보다는 오히려 자전거의 나라라고 하는 것이 맞을 것 같다. 암스테르담 중앙역을 나서는 사람이 제일 먼저 마주치는 것은 끊임없는 자전거의 행렬이다. 만약 출퇴근 시간과 겹친다면 이곳 사람들이 일제히 자전거를 타고 시위에 나선 것이 아닌가 의심이 갈 정도이다. 중앙역 앞을 오가는 트렘들 사이를 뚫고 자전거가 달리는 모습은 이 도시가 이미 1930년대에 자전거 통근자 수 40만 명을 기록했다는 사실을 증명해 주는 듯하다.

철도와 자전거가 이상적으로 결합한 또 하나의 현장은 런던에서 발견할 수 있다. 영국 철도 시스템을 조사하기 위해 들렀던 패딩턴 역 승강장에서 나는 눈을 의심했다. 통근 열차가 정차하는 승강장 가득 수백 대가 넘는 자전거가 들어차 있었다. 역이 아니라 자전거 폐차장이라고 불러도 하나도 이상하지 않을 풍경이었다. 거치대에 자리 잡지 못한 자전거들은 그대로 바닥에 겹쳐진 채로 누워 있었다. 열차를 타고 온 승객들은 출입문이 열리면 바로 몇 걸음 앞에 있는 자전거 더미 속에서 자신의 자전거를 찾은 뒤 안장에 올라타 승강장을 빠져나갔다. 열차에서 내리는 승객들 중에는 가방 이외에도 신발주머니 같은 것에 둥근 바가지 모양의 물건을 갖고 있는 사람들도 많았다. 머리 보호용 헬멧이었다. 통근자들이 열차에서 내리면서 헬멧을 머리에 쓰고 턱 끈을 조이는 모습이 아주 자연스러워 보였다. 아침마다 출근 전쟁에 투입되는 런던 사람들에게 열차와 자전거의 결합은 승리를 보장하는 최고의 무기였다.

스웨덴의 스톡홀름에서 지하철역을 나오면 출입구 바로 옆에 시에서 제공하는 자전거들이 주차되어 있다. 시민들은 자전거 이용 카드를 인식시킨 후 목적지를 향해 달리면 된다. 시내 곳곳에 위치한 공용 자전거 주차장은 자전거를 반납하기 위해 출발지로 돌아가는 수고를 덜어 준다. 프랑스 파리 시내에서도 스마트 시스템을 이용한 공공 자전거 대여 주차장을 쉽게 발견할 수 있다.

독일은 아예 철도공사가 나섰다. 독일의 철도역에서 광장으로 나오면 어디서든지 독일철도공사Deutsche Bahn 마크인 DB의 이니셜이 선명하게 찍힌 자전거를 이용할 수 있다. 유럽은 이미 미래 교통 정책의 중심이 철도여야 한다는 것을 인식하고 적극적인 투자를 아끼지 않고 있다. 이렇게 철도의 역할이 커질수록 자전거와의 조화로운 결합은 필수적이다. 자전거 전용 도로는 물론 역사와 열차를 설계할 때도 자전거를 더 편리하게 이용할 수 있도록 고려하고 있다.

자전거를 이야기할 때 둘째라면 서러워할 나라가 있다. 바로 이웃나라 일본이다. 철도 왕국이기도 한 일본은 자전거의 나라이기도 하다. 일본에서는 웬만한 비 정도에도 우산을 받친 채 자전거를 타고 출근하거나 등교하는 사람들을 볼 수 있다. 조그만 유치원생을 뒤에 태우고 다니는 엄마의 모습은 아침에 쉽게 볼 수 있는 풍경이다. 게다가 일본 철도 역들은 엄청난 자전거 주차장을 보유하고 있다. JR이 운행되는 역들을 보면 도심이나 시골 역 할 것 없이 역에서 가장 가까운 곳에 자전거 주차장이 있다. 도쿄를 방문하는 철도광들은 오미야大宮에 있는 철도 박물관을 꼭 들른다. 여행자들은 고속 전철 신칸센新幹線이나 일반 철도를 타고 오미야 역에 도착해, 이곳에서 3분 거리 정도에 있는 박물관으로 가기 위해 경전철로 갈아타야 한다. 이 경전철 승강장은 고속 전철이 다니는 오미야 역 고가 구조물 아래에 있다. 이 승강장 건너편의 고가 구조물 아래는 자전거 전용 주차장으로 수천 대의 자전거가 주차되어 있다. 1억의 인구가 도시에 꾸역꾸역 몰려 사는 나라가 일본이다. 이런 일본의 도시들이라면 교통 체증이 최소한 서울보다는 심각해야 하는데 막상 자동차를 이용해 보면 생각보다 교통 흐름이 원활하다. 원인은 철도와 지하철 같은 궤도 교통의 수송 분담률이 상당히 높기 때문이다. 게다가 철도와 연계된 자전거를 이용해 통학 및 출퇴근하는 것이 일상화되어 있기 때문이다.

한국에서도 자전거 열풍은 뜨겁다. 최근 몇 년간 자전거 이용자들이 급증하고 있다. 전국 도시의 주요 하천변과 공원에도 잘 닦인 자전거 도로가 깔렸다. 그러나 한국의 자전거 도로는 근본적인 한계를 갖고 있다. 생활 수단으로서의 도로가 아니라 철저하게 취미와 레저용 도로로만 계획되었다는 점이다. 이는 한국 교통정책의 수준을 보여 준다. 자동차

산업 자본과 토건족들의 이해관계, 정책을 총괄하는 관료들의 철학 부재가, 자전거가 창출할 수 있는 엄청난 사회적 유익을 차단하고 있는 것이다.

한국의 도시에서 자전거를 타고 일반도로의 차선이나 갓길을 점유하는 것은 목숨을 걸어야 하는 일이다. 처음부터 자전거를 고려하지 않고 만들어진 도로 구조상 자전거 이용자는 생각보다 심각한 위험에 노출되어 있다. 또한 그동안 도로에서 자전거는 오랫동안 배재되어 있었기 때문에 자동차 운전자들이 자전거를 배려하거나 주의할 수 있는 경험이나 준비도 되어 있지 않다.

도로 교통 정책에서 자동차 운행을 대폭 줄이고 자전거로 대체하는 혁명적인 대전환을 추진하지 않으면, 자전거 이용자가 일반도로를 주행하려면 먼저 생명보험부터 들어야 할 것이다. 지구 환경과 한국의 지속 가능성을 따져 봐도 자동차의 무한정 확대를 조장하는 현재의 교통 정책은 하루 빨리 바뀌어야 한다.

이제 자전거는 강변턱을 넘어 도로를 점령해야 한다. 그동안 주인 행세를 하면서 무소불위의 힘을 자랑했던 자동차들에게 권력을 이양 받아야 한다. 여러 도로의 최종 차선은 버스 전용 차선처럼 자전거 전용으로 만들어야 한다. 공공 대여 자전거가 도심 곳곳에 배치되어 시민들은 언제든지 편하게 자전거를 이용할 수 있는 환경을 만들어야 한다. 출퇴근 시민들이 주로 이용하는 전철 노선 역들의 가장 가까운 곳에 자전거 주차장이 들어서야 한다. 또 이런 철도역에는 공공 대여 자전거를 쉽게 이용할 수 있는 시스템을 구축해야 한다. 이렇게 되면 자동차가 만들어 내는 수많은 사회적 손실을 줄일 수 있다. 시민들의 건강이 증진되는 것은 덤이다.

사실 이동하는 데 있어 가장 보호받아야 할 대상은 보행자들이다. 그러나 도시의 도로들은 대체로 보행자가 안심하고 다닐 수 없는 구조를 갖고 있다. 지방 국도는 아예 보행자의 이동을 고려하지 않는 도로가 널려 있다. 자전거는커녕 걷는 사람들의 권리도 자동차에 빼앗긴 것인데 이런 현상이 오래 지속되다 보니 당연한 것처럼 인식되고 있다. 걷는 사람을 최우선으로 보호하는 안전한 보행 환경을 만들고, 나아가 자전거를 안심하고 탈 수 있는 사회가 된다면 우리의 삶은 훨씬 풍요로워질 것이다. 철도가 자전거를 품고 서로의 장점을 극대화시킬 때 우리 사회가 누릴 혜택들은 생각만으로도 가슴 벅차게 한다. 모든 혁명은 도로를 점거하는 것에서 시작됐다. 자전거 이용자들이 당당히 도로를 차지하고 주인으로 나설 때 진짜 교통 혁명은 시작된다. 만약 한국 사회에서 도심 한복판을 달리는 주인공이 자전거가 된다면 상상보다 훨씬 더 아름다운 세상이 열릴 것이다.

● ● ●

철도는 인류의 노스탤지어다. 그것도 쓰라린 추억으로 축적된 시공간이었으며 끔찍한 트라우마를 남긴 거인이었다. 하지만 우리는 알고 있다. 철도는 의지 없는 존재이자 도구에 불과하다는 것을. 또한 우리는 이 거인의 어깨를 타고 여행을 계속해야 한다는 사실도 알고 있다. 모든 드라마가 그렇듯이 이제 철도의 2막은 새로운 반전을 준비해야 한다. 식민지 침탈과 전쟁의 도구였던 철도가 소통과 연대의 도구로 변신하는 것이다. 세계 곳곳에서 일어나는 적대적 갈등을 불식시키고 더 가난한 나라와 사람들에게 희망을 나르는 착한 거인이 되는 것이다. 그 출발점이 서울과 평양, 신의주를 잇는 노선이 되었으면 하는 것이 나의 간절한 바람이다. 서울역에서 런던행과 파리행 열차표를 끊으며 미소 지을 수 있었으면 더할 나위가 없겠다.

“『달리는 기차에서 본 세계』 열차가
종착역에 도착했습니다.
내리실 문은 왼쪽입니다.
승객 여러분을 모시게 되어 영광이었습니다.
남은 목적지까지 안녕히 가십시오.
다음 여행에도 손님 여러분을 모시는
행운이 있기를 기원하겠습니다.
고맙습니다.
저는 이 열차의 기관사 박흥수였습니다.”

1 미로슬라프 베르너, 『피라미드』, 102쪽.

2 『피라미드』, 102쪽.

3 『피라미드』, 102쪽.

4 Lewis, M. J. T., "Railways in the Greek and Roman world," A. Guy, J. Rees eds., Early Railways. *A Selection of Papers from the First International Early Railways Conference* (2001).

5 한스 요아힘 슈퇴리히 지음, 박민수 옮김, 『세계철학사』, 190쪽.

6 "Castle of the week, Hohensalzburg castle, Austria," 〈Heraldic Times〉, https://heraldictimes.wordpress.com/tag/reisszug(검색일: 2015년 11월 2일).

7 시오노 나나미 지음, 김석희 옮김, 『로마인 이야기 10』, 5쪽.

8 『로마인 이야기 10』, 31쪽.

9 『로마인 이야기 10』, 97쪽.

10 『로마인 이야기 10』, 209쪽.

11 『로마인 이야기 10』, 61쪽.

12 가이우스 율리우스 카이사르 지음, 천병희 옮김, 『갈리아 원정기』(숲, 2012).

13 에드워드 기번 지음, 데로 손더스 엮음, 윤수인·김희용 옮김, 『로마제국 쇠망사』(까치, 2010).

14 『로마인 이야기 10』, 101쪽.

15 『로마인 이야기 10』, 212쪽.

16 새무얼 스마일즈 지음, 정경옥 옮김, 『의지의 힘』, 19쪽.

17 『의지의 힘』, 24쪽.

18 『의지의 힘』, 27쪽.

19 『의지의 힘』, 169쪽.

20 『의지의 힘』, 117쪽.

21 볼프강 쉬벨부쉬 지음, 박진희 옮김, 『철도여행의 역사』, 28쪽.

22 『의지의 힘』, 72쪽.

23 『의지의 힘』, 170쪽.

24 『의지의 힘』, 172쪽.

25 주경철, 『대항해시대』, 124쪽.

26 『철도여행의 역사』, 34쪽.

27 『의지의 힘』, 361쪽.

28 『의지의 힘』, 363쪽.

29 『의지의 힘』, 369쪽.

30 『의지의 힘』, 380쪽.

31 찰스 디킨스, 『두 도시 이야기』, 13-14쪽.

32 『두 도시 이야기』, 14-15쪽.

33 『두 도시 이야기』, 27쪽.

34 고세훈, 『영국노동당사』, 38쪽.

35 『영국노동당사』, 129쪽.

36 데이비드 하비 지음, 김병화 옮김, 『파리 모더니티』, 166쪽.

37 『철도여행의 역사』, 218쪽.

38 『철도여행의 역사』, 86쪽.

39 『철도여행의 역사』, 87쪽.

40 『철도여행의 역사』, 90쪽.

41 "Tradition Historic UK, Fish and Chips," Historic-UK.com(검색일: 2009년 6월 22일).

42 A. N. 윌슨 지음, 윤철희 옮김, 『런던의 짧은 역사』, 117쪽.

43 『런던의 짧은 역사』, 150쪽.

44 『런던의 짧은 역사』, 152쪽.

45 샌드퍼드 플레밍과 세계 표준시 채택의 일화는 클라크블레즈 지음, 이선주 옮김, 『모던 타임』, 120~127쪽을 참고해 재구성했다.

46 『모던 타임』, 288쪽.

47 『모던 타임』, 40쪽에서 재인용.

48 Felix Tourneux, *Encyclopédie des chemins de fer et des macbines à vapeur*, Paris, 1844, pp. 2~3; 『철도여행의 역사』, 171쪽에서 재인용.

49 『철도여행의 역사』, 171쪽.

50 마이클 크레이그 지음, 서민수 옮김, 『세계를 움직인 최고의 거래 최악의 거래 50가지』.

51 스티븐 E. 앰브로스 지음, 손원재 옮김, 『대륙횡단철도』, 22쪽. 이하, 링컨과 철도 사이의 인연에 대한 글은 이 책을 참조해 재구성한 것이다. 특히, 22-32쪽 참조.

52 『대륙횡단철도』, 27쪽.

53 『대륙횡단철도』, 23쪽에서 인용.

54 자세한 내용은 이 책 246-247쪽 참조.

55 앨런 브링클리 지음, 황혜성 옮김, 『있는 그대로의 미국사 2』, 55쪽.

56 『있는 그대로의 미국사 2』, 101쪽

57 『있는 그대로의 미국사 2』, 101쪽.

58 『대륙횡단철도』, 88쪽에서 재인용.

59 『대륙횡단철도』, 93-94쪽.

60 『있는 그대로의 미국사 2』, 132쪽.

61 『있는 그대로의 미국사 2』, 146쪽.

62 『있는 그대로의 미국사 2』, 157쪽.

63 강준만, 『미국사 산책 3』, 94쪽.

64 하워드 진 지음, 유강은 옮김, 『미국 민중사 1』, 343쪽에서 재인용.

65 『있는 그대로의 미국사』, 142쪽.

66 『대륙횡단철도』, 103쪽.

67 『대륙횡단철도』, 104쪽에서 재인용.

68 『대륙횡단철도』, 149쪽.

69 『대륙횡단철도』, 117쪽.

70 『미국사 산책3』, 182쪽.

71 『있는 그대로의 미국사 2』, 304쪽.

72 『대륙횡단철도』, 114쪽.

73 Don Keko, "Credit Mobilier : America's Greatest 19th Century Scandal," examiner.com, 2010/09/22.

74 『대륙횡단철도』, 493쪽.

75 『대륙횡단철도』, 123쪽.

76 『대륙횡단철도』, 53쪽에서 재인용.

77 『대륙횡단철도』, 146쪽.

78 『대륙횡단철도』, 184쪽.

79 『있는 그대로의 미국사 2』, 246쪽.

80 『대륙횡단철도』, 188쪽.

81 『대륙횡단철도』, 197쪽.

82 『대륙횡단철도』, 300쪽.

83 『대륙횡단철도』, 407쪽.

84 『대륙횡단철도』, 202쪽.

85 데보라 캐드버리 지음, 박신현 옮김, 『강철혁명』, 235쪽.

86 이하, 북군과 남군의 전투 상황에 대해서는 『있는 그대로의 미국사 2』, 『미국사 산책3』 등과 기타 자료들을 참조.

87 『있는 그대로의 미국사 2』, 273쪽.

88 『미국 민중사 1』, 413쪽.

89 『있는 그대로의 미국사 2』, 275쪽.

90 『대륙횡단철도』, 363쪽.

91 『강철혁명』, 243쪽.

92 『강철혁명』, 244쪽. 이하 내기 현장에 대한 묘사는 『대륙횡단철도』, 460-463쪽의 내용을 참조해 재구성했다.

93 『강철혁명』, 246쪽.

94 『강철혁명』, 248쪽.

95 『미국민중사 1』, 443쪽.

96 『있는 그대로의 미국사 2』, 308쪽.

97 『있는 그대로의 미국사 2』, 309쪽.

98 유길준, 『서유견문』, 491, 492, 493쪽.

99 김찬희, "한국 최초의 개신교 선교사 로버트 맥클레이(1824~1907)", 〈크리스천 위클리〉(2014/04/16).

100 돈 왓슨, 『기차를 타고 아메리카의 일상을 관찰하다』, 176쪽.

101 『기차를 타고 아메리카의 일상을 관찰하다』, 456쪽.

102 『기차를 타고 아메리카의 일상을 관찰하다』, 175쪽.

103 한국철도기술연구원 엮음, 『일본철도의 역사와 발전』, 51쪽.

104 『일본철도 역사와 발전』, 53쪽.

105 『일본철도 역사와 발전』, 52쪽.

106 센 코카이 지음, 황수정·최영수 옮김, 『조선교통사 1』, 15쪽.

107 『조선교통사 1』, 16쪽.

108 철도청, 『한국철도 100년사』, 62쪽.

109 신명호 지음, 『고종과 메이지의 시대』, 363쪽.

110 하라다 게이이치 지음, 최석완 옮김, 『청일·러일 전쟁』, 84쪽.

111 『청일·러일 전쟁』, 86쪽.

112 『청일·러일 전쟁』, 84쪽.

113 『청일·러일 전쟁』, 86쪽.

114 『청일·러일 전쟁』, 86쪽.

115 『조선교통사 1』, 17쪽.

116 『조선교통사 1』, 18쪽.

117 『청일·러일 전쟁』, 158쪽.

118 『철도로 보는 중국 역사』, 65쪽.

119 『조선교통사 1』, 19쪽.

120 『조선교통사 1』, 34쪽.

121 『조선교통사 1』, 35쪽.

122 한국언론진흥재단 기사검색(KINDS), 『독립신문』(1899/09/19), 3~4면. http://gonews.kinds.or.kr/OLD_NEWS_IMG3/DLD/DLD18990919u00_03.pdf; http://gonews.kinds.or.kr/OLD_NEWS_IMG3/DLD/DLD18990919u00_04.pdf(검색일: 2015년 11월 30일).

123 『한국철도 100년사』, 57쪽.

124 『조선교통사』, 51쪽.

125 『조선교통사』, 45쪽.

126 『동경상업회의소 연보』 1899년; 정재영, 『일제침략과 한국철도』, 69쪽에서 재인용.

127 이하, 궤도를 둘러싼 일본 내 논의에 대해서는 『조선교통사 1』, 49-50쪽을 참조.

128 『舊韓國外交文書』 제19권, 法案 1, 279문서; 『일제침략과 한국철도』, 79쪽에서 재인용.

129 『일제침략과 한국철도』, 84쪽.

130 "한일의정서," 국회도서관 입법조사국, 『舊韓末條約彙纂(1876~1945)』(上), 65-69쪽; 정재정, 『일제침략과 한국철도, 101쪽에서 재인용.

131 『일본외교문서』 제37권 511문서(1904, 3, 4); 『일제침략과 한국철도』, 102쪽 재인용.

132 『일제침략과 한국철도』, 280쪽.

133 F.A. 매켄지 지음, 신복룡 옮김, 『대한제국의 비극』, 113-114쪽.

134 『일제침략과 한국철도』, 314쪽.

135 『일제침략과 한국철도』, 328쪽.

136 『일제침략과 한국철도』, 337쪽.

137 『일제침략과 한국철도』, 346쪽.

138 니콜라스 V. 랴자놉스키·마크 D. 스타인버그 지음, 『러시아의 역사』, 600- 601쪽.

139 알렉쎄이 니콜라비츠 쿠로파트킨 지음, 심국웅 옮김, 『러일전쟁, 러시아 군사령관 쿠로파트킨 장군 회고록』, 108쪽.

140 『러일전쟁, 러시아 군사령관 쿠로파트킨 장군 회고록』, 108쪽.

141 조지 린치 지음, 정진국 옮김, 『제국의 통로』, 212, 213쪽.

142 『러일전쟁, 러시아 군사령관 쿠로파트킨 장군 회고록』, 105쪽.

143 『러일전쟁, 러시아 군사령관 쿠로파트킨 장군 회고록』, 109쪽.

144 황인평, 『볼세비키와 러시아 혁명 1』, 100쪽.

145 『고종과 메이지의 시대』, 21쪽.

146 『고종과 메이지의 시대』, 22쪽.

147 나카미 다사오·고미네 가즈오 외 지음, 박선영 옮김, 『만주란 무엇이었는가』, 19쪽.

148 김지환, 『철도로 보는 중국 역사』, 126쪽.

149 김철, 『韓國の人口と經濟〉(東京:岩波書店, 1965), 28-29쪽; 한석정·노기정, 『만주 : 동아시아 융합의 공간』, 206쪽에서 재인용.

150 니콜로 마키아벨리 지음, 박상훈 옮김, 『군주론』, 134-139.

151 『만주란 무엇이었는가』, 538쪽.

152 고바야시 히데오 지음, 임성모 옮김, 『만철: 일본제국의 싱크탱크』, 27쪽.

153 손기정, 『나의 조국 나의 마라톤』, 129쪽.

154 『나의 조국 나의 마라톤』, 129쪽.

155 『나의 조국 나의 마라톤』, 131쪽.

156 김효순, 『간도특설대』, 13-14쪽.

157 『만철』, 172쪽.

158 『만철』, 『만주란 무엇이었는가』 참조.

159 『만주란 무엇이었는가』, 329쪽.
160 에리히 마리아 레마르크 지음, 홍성광 옮김, 『서부 전선 이상 없다』(열린책들, 2009).
161 야마노우치 슈우이치로, 김해곤 옮김, 『철도 사고 왜 일어나는가』(논형, 2004), 115쪽.
162 존 엘리스 지음, 정병선 옮김, 『참호에 갇힌 제1차 세계대전 : 트렌치코트에 낭만은 없었다』, 57쪽
163 오토 카리우스 지음, 이동훈 옮김, 『진흙 속의 호랑이 : 독일전차에이스 오토카리우스 회고록』, 96쪽에서 재인용.
164 볼프강 벤츠 지음, 최용찬 옮김, 『홀로코스트』, 16쪽.
165 라울 힐베르크 지음, 김학이 옮김, 『홀로코스트, 유럽 유대인의 파괴 1』, 582쪽.
166 이상 일화는 로나 아라토 지음, 정영수 옮김, 『홀로코스트 마지막 기차 이야기』, 51, 93쪽 참조.
167 『홀로코스트』, 55쪽.
168 『홀로코스트』, 89쪽.
169 『홀로코스트』, 155쪽.
170 프리모 레비 지음, 이현경 옮김, 『이것이 인간인가』, 137쪽.
171 『홀로코스트 유럽, 유대인의 파괴』, 768쪽.
172 앤터니 비버 지음, 김병순 옮김, 『디데이』, 106쪽.
173 Christian Wolmar, *Engines of War*, 255쪽.
174 『디데이』, 113쪽.
175 『디데이』, 106쪽.
176 『디데이』, 284쪽.
177 『디데이』, 668쪽.
178 *Engines of War*, 262쪽.
179 『디데이』, 743쪽.
180 『디데이』, 768쪽.
181 이하 철도파업과 전평파업은 안태정, 『조선노동조합전국평의회』을 참고해 재구성한 것이다.
182 『조선노동조합전국평의회』, 367쪽.
183 한국노동조합총연맹, 『한국노종조합운동사』(1979), 319쪽; 『조선노동조합전국평의회』, 368쪽에서 재인용.
184 『조선노동조합전국평의회』, 371쪽.
185 『조선노동조합전국평의회』, 371쪽.
186 『동아일보』 1946년 10월 16일자; 『조선노동조합전국평의회』, 380쪽 재인용.
187 『경향신문』 1972년 7월 17일자.
188 프란체스카 도너 리 지음, 조혜자 옮김, 『6·25와 이승만: 프란체스카의 난중일기』, 22쪽.
189 신기철, 『국민은 적이 아니다』, 32쪽.
190 왕수쩡 지음, 나진희·황선영 옮김, 『한국전쟁 : 한국전쟁에 대해 중국이 말하지 않았던 것들』, 79쪽.
191 『국민은 적이 아니다』, 36쪽.
192 『국민은 적이 아니다』, 61쪽.

193 『국민은 적이 아니다』, 98쪽.

194 서중석·김학재 외, 『전장과 사람들: 주한유엔민간원조사령부자료로 본 한국전쟁의 일상』, 185쪽.

195 김태우, 『폭격, 미공군의 공중폭격 기록으로 읽는 한국전쟁』, 154쪽.

196 이흥환, 『조선인민군 우편함 4640호』, 286쪽.

197 『6·25와 이승만』, 65쪽.

198 『폭격, 미공군의 공중폭격 기록으로 읽는 한국전쟁』, 341쪽에서 재인용.

199 『폭격, 미공군의 공중폭격 기록으로 읽는 한국전쟁』, 343쪽.

200 『폭격 : 미공군의 공중폭격 기록으로 읽는 한국전쟁』, 344쪽.

201 데이비드 V. 헐리히 지음, 김인혜 옮김, 『세상에서 가장 우아한 두 바퀴 탈것』, 알마, 422쪽.

| 참고문헌 |

1부 철도의 기원을 찾아서

M. J. 트로우 지음, 정명진 옮김. 2007. 『스파르타쿠스: 신화가 된 노예』. 부글북스.

가이우스 율리우스 카이사르 지음, 김한영 옮김. 2005. 『갈리아 전쟁기』. 사이.

미로슬라프 베르너 지음, 김희상 옮김. 2004. 『피라미드』. 심산문화.

박종현. 2006. 『플라톤: 그의 철학과 몇몇 대화편』. 서울대학교출판부.

시오노 나나미 지음, 김석희 옮김. 2002. 『로마인 이야기 10』. 한길사.

에드워드 기번 지음, 데로 손더스 엮음, 황건 옮김. 2010. 『로마제국 쇠망사: 그림과 함께 읽는』. 까치.

에드워드 기번 지음, 윤수인·김희용 옮김. 2008. 『로마제국 쇠망사 1』. 민음사.

이종호. 2008. 『파라오의 저주』. 북카라반.

피터 A. 클레이턴 지음, 정영목 옮김. 2002. 『파라오의 역사』. 까치.

한스 요아힘 슈퇴리히 지음·박민수 옮김. 2008. 『세계 철학사』. 자음과모음(이룸).

2부 영국, 철도의 시대가 시작되다

A. N. 윌슨 지음, 윤철희 옮김. 2005. 『런던의 짧은 역사』. 을유문화사.

Christian Wolmar. 2008. Fire & Steam: How the Railways Transformed Britain. Atlantic Books.

고세훈. 1999. 『영국노동당사』. 나남출판.

김택현. 2008. 『차티스트 운동, 좌절한 혁명에서 실현된 역사로』. 책세상.

데이비드 보일 지음, 유강은 옮김. 2005. 『세계를 뒤흔든 공산당 선언』. 그린비.

데이비드 하비 지음, 김병화 옮김. 2010. 『파리, 모더니티』. 생각의나무.

도널드 서순 지음, 정영목·오숙은·한경희·이은진 옮김. 2012. 『유럽 문화사 2: 부르주아 문화 1830~1860』. 뿌리와이파리.

도널드 서순 지음, 정영목·오숙은·한경희·이은진 옮김. 2012. 『유럽 문화사 3: 혁명 1860~1920』. 뿌리와이파리.

박지향. 2002. 『슬픈 아일랜드: 역사와 문학 속의 아일랜드』. 새물결.

새무얼 스마일즈 지음, 정경옥 옮김. 2007. 『의지의 힘』. 21세기북스.

에릭 밀란츠 지음, 김병순 옮김. 2012. 『자본주의의 기원과 서양의 발흥 : 세계체제론과 리오리엔트를 재검토한다』. 글항아리.

주경철. 2008. 『대항해 시대 : 해상 팽창과 근대 세계의 형성』. 서울대학교출판부.

찰스 디킨스 지음, 바른번역 옮김. 2012. 『두 도시 이야기』. 더클래식.

3부 철도가 바꾼 것들

Simon Fowler. 2013. Railway Disasters. Pen & Sword Books.

김명환. 2008.『영국의 위기와 좌우파의 대안들: 사회주의, 보수주의, 파시즘(1880~1930년)』. 혜안.

막스 크루제 지음, 이희재 옮김. 2005.『 시간 여행 3: 혁명과 전쟁의 협주』. 이끌리오.

미하엘 보케뮐 지음, 권영진 옮김. 2006.『윌리엄 터너』. 마로니에북스.

볼프강 쉬벨부쉬 지음, 박진희 옮김. 1999.『철도 여행의 역사』. 궁리.

스티브 컨 지음·박성관 옮김. 2004.『시간과 공간의 문화사』. 휴머니스트.

앤드루 머리 지음, 오건호 옮김. 2003.『탈선』. 이소출판사.

야마노우치 슈우이치로 지음, 김해곤 옮김. 2004.『철도사고 왜 일어나는가』. 논형.

에릭 밀란츠 지음, 김병순 옮김. 2012.『자본주의의 기원과 서양의 발흥』. 글항아리.

에마뉘엘 레비나스 지음, 자크 롤랑 엮음. 김도형·문성원·손영창 옮김. 2013.『신, 죽음 그리고 시간』. 그린비.

외르크 뤼프케 지음, 김용현 옮김. 2011.『시간과 권력의 역사』. 알마.

전하현. 2011.『인상주의: 인상파 속 숨겨진 진실과 새로운 개척자들』. 생각의나무.

전하현. 2011.『인상주의 II: 공간을 읽으면 세계가 보인다』. 생각의나무.

주디스 코핀, 로버트 스테이시 지음, 손세호 옮김. 2014.『새로운 서양 문명의 역사(하): 근대 유럽에서 지구화에 이르기까지』. 소나무.

크리스토프 하인리히 지음, 김주원 옮김. 2005.『클로드 모네』. 마로니에북스.

클라크블레즈 지음, 이선주 옮김. 2010.『모던타임, 샌포드 플레밍과 표준시의 탄생』. 민음사.

통합유럽연구회. 2013.『도시로 보는 유럽통합사』. 책과함께.

프로보스트 미셸 글, 필리프 드 케메테르 그림, 김수진 옮김. 2013.『(과학 원리로 재밌게 풀어 본) 건축물의 구조 이야기 : 유명한 세계적 건축물을 찾아 떠나는 건축여행』. 그린북.

4부 대륙횡단철도와 아메리칸드림

강준만. 2010.『미국사 산책 3: 남북전쟁과 제국의 탄생』. 인물과사상사.

김건흡. 2002.『좋은 인디언은 죽은 인디언뿐이다』. 명조.

데보라 캐드버리 지음, 박신현 옮김. 2011.『강철혁명』. 생각의 나무.

돈 왓슨 지음, 정회성 옮김. 2013.『기차를 타고 아메리카의 일상을 관찰하다』. 휴머니스트.

로널드 라이트 지음, 안병국 옮김. 2012.『빼앗긴 대륙, 아메리카: 콜롬버스 이후 정복과 저항의 아메리카 원주민 500년사』. 이론과실천.

루스 슈워츠 코완 지음, 김명진 옮김. 2012.『미국 기술의 사회사: 초기 아메리카에서 20세기 미국까지, 세상을 바꾼 기술들』. 궁리.

스티븐 E. 암브로스 지음, 손원재 옮김. 2003.『대륙횡단철도』. 청아출판사.

앨런 브링클리 지음, 황혜성 외 옮김. 2005.『(있는 그대로의) 미국사 2: 하나의 미국(남북전쟁에서 20세기 초까지)』. 휴머니스트.

윌리엄 로젠 지음, 엄자현 옮김. 2011.『역사를 만든 위대한 아이디어』. 21세기북스.

유길준 지음, 허경진 옮김. 2004.『서유견문』. 서해문집.

하워드 진 지음, 유강은 옮김. 2006. 『미국 민중사 1, 2』. 시울.
한국미국사협회 엮음. 2006. 『사료로 읽는 미국사』. 궁리출판.

5부 철도, 제국의 무기가 되다

Christian Wolmar. 2013. To the Edge of the World: The Story of the Trans-Siberian Railway. Atlantic Books.
가와시마 신 지음, 천성림 옮김. 2013. 『중국근현대사 2: 근대국가의 모색(1894~1925)』. 삼천리.
강상중·현무암 지음, 이목 옮김. 2012. 『기시 노부스케와 박정희: 다카키 마사오, 박정희에게 만주국이란 무엇이었는가』. 책과함께.
고바야시 히데오 지음, 임성모 옮김. 2004. 『만철, 일본제국의 싱크탱크』. 산처럼.
김삼웅 외. 2005. 『(한 권으로 보는) 일제침략사 65장면』. 가람기획.
김지환. 2014. 『철도로 보는 중국역사』. 학고방.
김효순. 2014. 『간도특설대 : 1930년대 만주, 조선인으로 구성된 '친일토벌대'』. 서해문집.
나채훈·박한섭. 2006. 『인천개항사』. 미래지식.
나카미 다사오 외 지음, 박선영 옮김. 2013. 『만주란 무엇이었는가』. 소명출판.
다카시로 고이치 지음. 2006. 『일본의 이중권력, 쇼군과 천황』. 살림.
다카하시 치히야 지음, 김순희 옮김. 2003. 『에도의 여행자들』. 효형출판.
미야지마 히로시·와다 하루키·조경달·이성시 외 지음, 최덕수 외 옮김. 2011. 『일본, 한국 병합을 말하다 : 일본의 진보 역사학자들이 말하는 한국 강제 병합의 의미』. 열린책들.
미요시 도오루 지음, 이혁재 옮김. 2002. 『(史傳)이토 히로부미』. 다락원.
박천홍. 2003. 『매혹의 질주, 근대의 횡단』. 산처럼.
박환. 2003. 『대륙으로 간 혁명가들』. 국학자료원.
배경한. 2013. 『동아시아 역사 속의 신해혁명』. 한울.
서영희. 2012. 『일제 침략과 대한제국의 종말: 러일전쟁에서 한일병합까지』. 역사비평사.
센코카이 지음, 황세정·최영수 옮김. 2012. 『조선교통사1』. 북갤러리.
손기정. 2012. 『나의 祖國 나의 마라톤』. 학마을BM.
수요역사연구회. 2005. 『일제의 식민지 지배정책과 매일신보』. 두리미디어.
신동준. 2009. 『개화파열전 : 김옥균에서 김가진까지』. 푸른역사.
신명호. 2014. 『고종과 메이지의 시대 : 무엇이 조선과 일본의 운명을 결정했나』. 역사의아침(위즈덤하우스).
알렉세이 니콜라에비치 쿠로파트킨 지음, 심국웅 옮김. 2007. 『러일전쟁: 러시아군 사령관 쿠로파트킨 장군 회고록』. 한국외국어대학교출판부.
와다 하루키 지음, 이경희 옮김. 2011. 『러일전쟁과 대한제국』. 제이앤씨.
요시자와 세이이치로 지음, 정지호 옮김. 2013. 『중국근현대사 1: 청조와 근대 세계, 19세기』. 삼천리.
우메사오 다다오 편저, 최경국 옮김. 2007. 『일본문명의 77가지 열쇠』. 창해.
이광수. 2014. 『나의 일생 : 춘원 자서전』. 푸른사상.
이노우에 가쓰오 지음, 이원우 옮김. 2013. 『막말·유신』. 어문학사.
이노우에 유이치 지음. 석화정 옮김. 2005. 『동아시아 철도 국제관계사』. 지식산업사.

이상각. 2010. 『1910년, 그들이 왔다: 조선 병탄 시나리오의 일본인, 누구인가?』. 효형출판.
이와나미 신서 편집부 엮음, 서민교 옮김. 2013. 『일본 근현대사를 어떻게 볼 것인가』. 어문학사.
이와나미신서 편집부 지음, 서민교 옮김. 2013. 『일본 근현대사를 어떻게 볼 것인가』. 어문학사.
이용현. 2008. 『동아시아 철도네트워크의 역사와 정치경제학 2: 세계화 시대의 '철의 실크로드'』. 리북.
이준식. 2014. 『일제강점기 사회와 문화: '식민지' 조선의 삶과 근대』. 역사비평사.
이철우. 2009. 『한반도 철도와 철의 실크로드의 정치경제학』. 한국학술정보.
장밍 지음, 허유영 옮김. 2011. 『신해혁명 : 흔들리는 중국, 청대 말기의 격변에서 중국의 백년사를 읽는다』. 한얼미디어.
잭 런던 지음, 윤미기 옮김. 2011. 『잭 런던의 조선사람 엿보기』. 한울.
정재정. 1999. 『일제침략과 한국철도』. 서울대학교출판부.
정창석. 2014. 『만들어진 신의 나라: 천황제와 침략 전쟁의 심상지리』. 이학사.
제노네 볼피첼리 지음, 유영분 옮김. 2009. 『구한말 러시아 외교관의 눈으로 본 청일전쟁』. 살림.
조병로 외. 2011. 『조선총독부의 교통정책과 도로건설』. 국학자료원.
조지 린치 지음, 정진국 옮김. 2009. 『제국의 통로: 시베리아횡단철도와 열강의 대각축』. 글항아리.
조진구. 2008. 『동아시아 철도네트워크의 역사와 정치경제학 1: 근대화와 제국주의의 명암』. 리북.
철도청. 1986. 『한국철도요람집』. 철도청.
철도청. 1999. 『한국철도100년사』. 철도청.
최승표. 2007~2015. 『메이지 이야기 1, 2, 3』. 북갤러리.
판카지 미슈라 지음, 이재만 옮김. 2013. 『제국의 폐허에서: 저항과 재건의 아시아 근대사』. 책과함께.
프레더릭 C. 코니 지음, 박원용 옮김. 2008. 『10월 혁명: 볼셰비키 혁명의 기억과 형성』. 책세상.
하라다 게이이치 지음, 최석완 옮김. 2012. 『청일·러일전쟁』. 어문학사.
한국철도기술연구원. 2005. 『일본철도의 역사와 발전』. 북갤러리.
한석정 외. 2008. 『만주, 동아시아 융합의 공간』. 소명출판.
허우궁. 2010. 『일제 강점기의 철도수송』. 서울대학교출판문화원.
헤르만 라우텐자흐 지음, 김종규·강경원·손명철 옮김. 2014. 『코레아: 일제 강점기의 한국지리』. 푸른길.
호승 지음, 박종일 옮김. 2013. 『아편전쟁에서 5·4운동까지』. 인간사랑.
황인평. 1985. 『볼셰비키와 러시아 혁명 1, 2』. 거름.

6부 전쟁과 철도

Christian Wolmar. 2011. Engines of War. Public Affairs.
니얼 퍼거슨 지음, 이현주 옮김. 2010. 『증오의 세기 : 20세기는 왜 피로 물들었는가』. 민음사.
라울힐베르크 지음, 김학이 옮김. 2008. 『홀로코스트: 유럽유대인의 파괴 1, 2』. 개마고원.
로나 아라토 지음, 정영수 옮김. 2014. 『홀로코스트 '마지막 기차' 이야기』. 솔빛길.
볼프강 벤츠 지음, 최용찬 옮김. 2002. 『홀로코스트』. 지식의 풍경.
스티븐 배시 지음, 김홍래 옮김. 2006. 『노르망디 1944: 제2차 세계대전을 승리로 이끈 사상 최대의 연합군 상륙작전』. 플래닛미디어.
앤터니 비버 지음, 김병순 옮김. 2011. 『디데이: 1944년 6월 6일, 노르망디 상륙작전』. 글항아리.

오토카리우스 지음, 이동훈 옮김. 2012. 『진흙속의 호랑이』. 길찾기.
조르주 아감벤 지음, 정문영 옮김. 2012. 『아우슈비츠의 남은 자들』. 새물결.
존 엘리스 지음, 정병선 옮김. 2009. 『참호에 갇힌 제1차 세계대전: 트렌치 코트에 낭만은 없었다』. 마티.
존 키건 지음, 류한수 옮김. 2007. 『2차세계대전사』. 청어람미디어.
존 키건 지음, 조행복 옮김. 2009. 『1차세계대전사』. 청어람미디어.
줄리안톰슨·앨런 밀레트 지음, 조성호 옮김. 2013. 『2차 세계대전 시크릿 100선』. 책미래.
칼 하인츠 프리저 지음, 진중근 옮김. 2007. 『전격전의 전설』. 일조각.
프리모 레비 지음, 이현경 옮김. 2007. 『이것이 인간인가』. 돌베개.
피터 심킨스·제프리 주크스·마이클 히키 지음, 강민수 옮김. 2008. 『모든 전쟁을 끝내기 위한 전쟁: 제1차 세계대전 1914~1918』. 플래닛미디어.

7부 해방의 함성과 한국전쟁의 포화 속에서

국방부 전사편찬위원회. 1967. 『한국전쟁사1: 해방과 건군』. 국방부.
국방부 전사편찬위원회. 1968. 『한국전쟁사2: 북한괴뢰군의 남침』. 국방부.
김기협. 2013. 『해방일기: 1947.1.2~1947.4.30. 6, 냉전에 파묻힌 조선 해방』. 너머북스.
김동춘. 2013. 『이것은 기억과의 전쟁이다: 한국전쟁과 학살, 그 진실을 찾아서』. 사계절출판사.
김태우. 2013. 『폭격, 미공군의 공중폭격 기록으로 읽는 한국전쟁』. 창비.
김학재. 2015. 『판문점 체제의 기원』. 후마니타스.
마고사키우케르 지음, 양기호 옮김. 2013. 『미국은 동아시아를 어떻게 지배했나』. 메디치.
브루스 커밍스 지음, 김동노 외 옮김. 2001. 『한국현대사』. 창비.
서중석·김학재 외. 2010. 『전장과 사람들: 주한유엔민간원조사령부(UNCACK) 자료로 본 한국전쟁의 일상』. 선인.
신기철. 2014. 『국민은 적이 아니다: 한국전쟁과 민간인 학살, 그 잃어버린 고리를 찾아서』. 헤르츠나인.
안태정. 2002. 『조선노동조합전국평의회』. 현장에서미래를.
왕수쩡 지음, 나진희·황선영 옮김. 2013. 『한국전쟁: 한국전쟁에 대해 중국이 말하지 않았던 것들』. 글항아리.
이이화 외. 2003. 『다 죽여라, 다 쓸어버려라』. 한국전쟁전후민간인학살진상규명범국민위원회.
이흥환 엮음. 2012. 『1950년, 받지 못한 편지들: 조선인민군 우편함 4640호』. 삼인.
전쟁기념사업회. 1992. 『한국전쟁사3』. 행림출판.
조갑제. 2013. 『(트루먼과 스탈린의) 한반도 게임 秘史: 6·25 휴전 60주년 기념 출판』. 조갑제닷컴.
프란체스카 도너 리 지음, 조혜자 옮김. 2010. 『6·25와 이승만: 프란체스카의 난중일기』. 기파랑.

에필로그

데이비드 V. 헐리히 지음, 김인혜 옮김. 2008. 『세상에서 가장 우아한 두 바퀴 탈것』. 알마.

| 사진 및 그림 출처 |

12쪽 사진 | 철도청
28쪽 그림 | Sir John Gardner Wilkinson, 출처: Wikimedia
32쪽 사진 | Dan Diffendale
36쪽 사진 | Snotty, 출처: wikimedia
46쪽 그림 | Vincenzo_Giovannini(1884), 출처: Dorotheum
48쪽 사진 | 박홍수
49쪽 사진 | 박홍수
58쪽 그림 | 미상
64쪽 그림 | 출처: Science Museum, London
70쪽 사진 | Walton Adams(1893), 출처: Reading Borough Libraries
80쪽 그림 | 미상, 출처: London News
84쪽 그림 | 미상, 출처: Mechanics Magazine(1829)
86쪽 그림 | 미상, 출처: Mechanics Magazine(1829)
88쪽 그림 | 미상, 출처: The Mechanics Magazine(1829)
91쪽 그림 | 미상, 출처 | Mecahnics Magazine(1829)
94쪽 그림 | T.T. Bury(1833 revised edition), Coloured Views on the Liverpool and Manchester Railway. London: Ackermann & Co; plate 1
95쪽 그림 | Henry Pyall(1831), 출처: T.T. Bury (revised edition 1833), Coloured Views on the Liverpool and Manchester Railway, London: Ackermann &Co, plate 5
98쪽 그림 | B. Clayton(1830)
134쪽 사진 | 미상
152쪽 출처 | Imperial War Museaums
158쪽 사진 | 박홍수
177쪽 사진 | 박홍수
185쪽 그림 | 미상, 출처: English Wikipedia
212쪽 그림 | 미상, 출처: Wikimedia Commons
220쪽 그림 | 미상
235쪽 그림 | Joseph Becker(1870), 출처: Bancroft Library, University of California, Berkeley
246쪽 사진 | 출처: Interior of Wood Car 2, c. 1890, Pullman Company Archives, 13-01-01, Box 16, Folder 722
248쪽 사진 | 출처: Library of Congress
259쪽 그림 | Thomas Hill(1881)
261쪽 사진 | 미상, 출처: Nimitz Museum, Annapolis
265쪽 사진 | 미상
269쪽 사진 | 미상
284쪽 그림 | 미상
289쪽 그림 | Utagawa Kuniteru IV(1873)
301쪽 사진 | Roberto Fiadone(2007)
330쪽 사진 | 미상
340쪽 사진 | 미상
353쪽 사진 | 미상
413쪽 사진 | 미상, 출처: https://en.wikipedia.org/wiki/Holocaust_ trainSelection_Birkenau_ramp
415쪽 사진 | Michel Zacharz AKA Grippenn
421쪽 사진 | Zwirner, 출처: German Federal Archives
425쪽 사진 | 출처: U.S. National Archives and Records Administration
445쪽 사진 | 출처: National Archives and Records Administration
451쪽 사진 | 출처: U.S. Army Military History Institute